Zu diesem Buch

Der anhaltende Boom auf dem Graphikmarkt belegt es: Graphiken zu erwerben ist nicht mehr das Privileg weniger, sondern die Leidenschaft vieler.
Aber wie sich orientieren in der Vielfalt der Stile, Techniken und Fachtermini? Von A (wie Abdruck oder Airbrush) bis Z (Zinkographie oder Zyklus) informiert dieses Lexikon präzise und praktisch über alle Spielarten der Druckgraphik des 20. Jahrhunderts. Gleichgewichtig neben der Erläuterung technischer Verfahren steht die Charakterisierung stilistischer Begriffe und neuester künstlerischer Tendenzen wie Computergraphik oder Faxkunst.

Die Autoren

Markus Stegmann, geb. 1962 in Backnang, studierte Kunstgeschichte, Ur- und Frühgeschichte und Publizistik in Trier, Berlin und Bochum. 1990–91 Mitarbeiter am Skulpturenmuseum Glaskasten in Marl. Seit 1991 Promotion über architektonische Skulptur im 20. Jahrhundert. Mehrere Veröffentlichungen über zeitgenössische Kunst.

René Zey, geb. 1955 in Essen, studierte Kunstgeschichte, Germanistik und Philosophie in Essen, Bonn und Münster. Verantwortlicher Lektor der «Bibliophilen Taschenbücher» und der «DuMont Taschenbücher» von 1985–1990. Mehrere Buchveröffentlichungen. Kulturpreis der Stadt Essen (1982). Autorenstipendium des Landes NRW (1991).

Markus Stegmann
René Zey

Lexikon der graphischen Künste

Techniken und Stile

rororo

Rowohlt

Für Karin Thomas
und Peter Dreesen

Redaktion: Wolfgang Müller
Umschlaggestaltung: Büro Hamburg / Bettina Rosenow,
unter Verwendung des Gemäldes «Komposition mit Rot, Blau und Gelb»
von Piet Mondrian, 1944; VG Bild-Kunst, Bonn, 1991

Originalausgabe
Veröffentlicht im Rowohlt Taschenbuch Verlag GmbH,
Reinbek bei Hamburg, November 1992

Gesetzt aus der Times und Helvetica Narrow (Linotronic 330)
Satz und Umbruch: Königsdorfer Verlagsbüro, Frechen
Druck und Bindung: Clausen & Bosse, Leck
Printed in Germany
1990-ISBN 3 499 16338 1

Vorwort

Das vorliegende «Lexikon der graphischen Künste» behandelt in mehr als 700 Stichwörtern alle Formen der Graphik und Zeichnung, erläutert technische Begriffe und erörtert Stilfragen. Obgleich alle technischen Verfahren und Entwicklungen seit ihren Anfängen Berücksichtigung finden, stellt das 20. Jahrhundert einen Schwerpunkt dar, insbesondere bei den Stilbegriffen. Diese bewußte Eingrenzung ergab sich einerseits aus dem pragmatischen Anspruch dieses Buches, ein grundlegendes Nachschlagewerk nicht nur für Schüler und Studenten, sondern auch für Museums- und Galeriebesucher sowie Kunstsammler zu schaffen, zum anderen galten uns die Ausstellungsaktivitäten von Museen und Galerien als Richtschnur für die Auswahl der Stichwörter.

Neben allen Bereichen der Graphik finden umfangreiche Stichwortgruppen zur Fotografie und zu jungen Erscheinungen wie Graffiti, Holographie oder Copy Art Eingang in dieses Lexikon. Auch wichtige Termini der Buchkunst, die in den letzten Jahren durch zahlreiche Ausstellungen ins Bewußtsein der Öffentlichkeit geriet, werden hier berücksichtigt.

Der Aufbau der Artikel folgt dem Weg vom Allgemeinen zum Besonderen und führt in der Regel über eine begriffliche Klärung und allgemeine Definition zu spezifischer Charakterisierung und Einordnung in einen größeren Kontext. Die Artikel zu den graphischen Techniken (von René Zey) erläutern die zum Teil komplizierten technischen Abläufe, präzisieren die Unterschiede zu benachbarten Verfahren, geben einen kurzen Abriß der historischen Entwicklung und nennen die wichtigsten Künstler. Die Artikel zu den Stilströmungen (von Markus Stegmann) klären die Begriffsbildung, arbeiten grundlegende Charakteristika, Einflüsse, Auswirkungen und historische Entwicklungen heraus; außerdem werden zentrale Künstler vorgestellt.

Da sich innerhalb von Technik- und Stilbegriffen Berührungspunkte und Überschneidungen ergeben, deuten Querverweise (→) auf benachbarte Techniken, Strömungen und Begriffe. Kunsthistorische Fachwörter sind ebenfalls mit Querverweisen versehen, so daß sie mit Hilfe anderer Artikel rasch geklärt werden können.

Der Anhang bietet dem interessierten Leser eine kommentierte Übersicht über die wichtigste Fachliteratur, unterteilt in Lexika und Monographien. Die Auswahl aus der Literatur berücksichtigt vorwiegend solche Titel, die sich – verständlich und übersichtlich – als Einstieg in weiterführende und vertiefende Fragestellungen besonders eignen. Als Hinführung zum Ausstellungsgeschehen und zum Kunstmarkt versteht sich die kommentierte Darstellung der wichtigen Kunstzeitschriften im Anhang. Sie bieten aktuelle Informationen und Berichte zu Ausstellungen, Auktionen, Kunstmessen und Künstlern, darüber hinaus leisten sie wertvolle Dienste bei der Erweiterung des Hintergrundwissens, zur Erörterung der neuesten Tendenzen und Bewertungen; außerdem sind sie zur Planung von Ausstellungsbesuchen im In- und Ausland besonders hilfreich.

Das «Lexikon der graphischen Künste» geht von der Überlegung aus, daß in der sich überstürzenden Kunstentwicklung des 20. Jahrhunderts eine bloße Darstellung der künstlerischen Techniken das Verständnis von Kunst bzw. Graphik unnötig einschränkt und verkürzt. Daher werden in breitem Umfang stilistische Begriffe erörtert, wobei auch Kunstgattungen Berücksichtigung finden, die zunächst mit Graphik nicht in Verbindung gebracht werden. Eine solche «Ausdehnung» entspricht letztlich der Erweiterung des Kunstbegriffs und der Abspaltung vieler (untergeordneter) Kunstgattungen von den traditionellen Gattungen Malerei, Bildhauerei und Graphik. Nicht die Identifikation der Technik einer Graphik allein, sondern erst die Kenntnis der stilistischen und historischen Hintergründe ermöglicht ein hinreichendes Verständnis eines Werkes.

Selbstverständlich gehören hierzu auch Kenntnisse über die Werkentwicklung des Künstlers, der Stellung der jeweiligen Graphik innerhalb des Œuvres, biographische und zeitgeschichtliche Aspekte, die einschlägige Künstlerlexika und Monographien bearbeiten. Auch Gattungen, die für sich betrachtet nichts mit den graphischen Künsten gemeinsam haben, wie zum Beispiel Performance oder Videokunst, werden bewußt in dieses Lexikon aufgenommen, da graphische Techniken oft zur Vorbereitung anderer Kunstwerke herangezogen werden.

Der Umstand, daß eigenständige graphische Arbeiten von Künstlern aller Gattungen geschaffen werden, tritt gerade in der Kunst des 20. Jahrhunderts in besonderem Maße auf. Daneben unterliegen die graphischen Künste – wie jede andere Kunstgattung auch – den rasanten stilistischen Veränderungen seit dem Anbruch der Moderne mit dem Impressionismus (um 1870). In rasch aufeinanderfolgenden Intervallen lösten revolutionäre Stiltendenzen einander ab, die nie voraussetzungslos entstanden, sondern auf unmittelbar Vorangehendes aufbauten bzw. sich davon gezielt abzusetzen suchten. So findet man zeitgleich nebeneinander die unterschiedlichsten Strömungen, wie zum Beispiel in den zwanziger Jahren Bauhaus, Stijl, Konstruktivismus, Neue Sachlichkeit oder Surrealismus.

Obgleich Stilbegriffe gemeinhin eine erste, grobe «Ordnung» in der Entwicklung der Kunst ermöglichen, zeigt sich in der Praxis schnell, daß sie allzuoft auf unsicheren Fundamenten stehen. Undefinierbare Grauzonen und Übergangsbereiche tauchen auf, mit der Folge, daß sich eine Stilbezeichnung gerade im 20. Jahrhundert als nur eingeschränkt tauglich oder gar als unbrauchbar erweist. Somit dienen Stilbegriffe letztlich nur als pauschale Etiketten. In der eingehenderen Betrachtung wird man bald auf sie verzichten und dennoch (oder gerade erst dann) zu einem tieferen Verständnis von Kunst vordringen können. Daß dieses Verständnis zwar zu gewinnenden Einsichten führen kann, doch mit mühsamen und langandauernden Beobachtungs- und Lernprozessen einhergeht, ja diese geradezu zur notwendigen Bedingung hat, dessen sind sich die Verfasser wohl bewußt. Doch sie hoffen, mit diesem Lexikon eine sichere Basis, einen geeigneten Ausgangspunkt für die Beschäftigung mit (moderner) Graphik bereithalten zu können.

Markus Stegmann/René Zey

A

Abdruck Unter einem Abdruck versteht man das Abbild einer eingefärbten → Druckform, das mittels Druck, zum Beispiel einer Presse, oder durch Reiben mit der Hand auf einer Druckfläche wiedergegeben wird. Solche Abdrucke erscheinen bei den üblichen Verfahren des → Hochdrucks und → Tiefdrucks sowie bei der → Lithographie seitenverkehrt, weil sie das Spiegelbild der Druckform wiedergeben. Ausnahmen bilden der → Offsetdruck, der ein seitenrichtiges Abbild der Druckform liefert, der → Prägedruck, der ohne Farbe hergestellt wird, und der → Siebdruck, bei dem das Pressen entfällt.

Über die Qualität eines Abdrucks entscheidet sowohl der Zustand der Druckform als auch der gleichmäßige Druck auf das Papier und – bei Farbdrucken – die Paßgenauigkeit der Druckformen für die einzelnen Farben. Partien, die eine besondere technische Aufmerksamkeit verlangen, liegen in den Übergängen von hellen zu dunklen Tönen und in den Flächen von reinem Weiß und Volltönen.

Abdruckzustände Abdruckzustände dokumentieren die verschiedenen Arbeitsstadien an einer → Druckform. Dabei kann der Künstler sowohl vor der Fertigstellung der Druckform (Platte) die Zwischenergebnisse seiner Arbeit überprüfen (→ Probedruck) als auch nachträglich Änderungen und Ergänzungen (zum Beispiel durch Hinzufügen oder Entfernen von Motiven; durch Beschneiden oder Vergrößern der Platte) vornehmen. Bei älterer Reproduktionsgraphik findet man → Abdrucke einzelner Zustände, bei denen das Bild zwar vollendet ist, die Bildunterschriften sowie die Namen der Künstler, Stecher oder Drucker jedoch fehlen.

Man bezeichnet solche Abdrucke, die vor dem eigentlichen Auflagendruck hergestellt werden, als Abzüge «avant la lettre» (früher auch als «Abdruck vor der Schrift») im Gegensatz zu Abdrukken «avec la lettre» («mit Schrift»). Als Abdrucke vor dem Auflagendruck bezeichnet man auch die → Remarquedrucke, auf denen kleine Skizzen mit Ätzproben zu sehen sind, die vom Künstler am Rand einer Druckform angebracht wurden.

Beim eigentlichen Auflagendruck gibt es Varianten bei den Abdrucken, die durch die Abnutzung der Druckform oder durch Farbveränderungen bedingt sind. Daneben sind manchmal Korrekturen oder Zusätze durch den Künstler auch im Verlauf der Auflage üblich.

Abonnierte Graphik Über einen Abonnementsvertrag wird Kunstsammlern ausgewählte Graphik von bestimmten Galerien, Graphik-Verlagen oder Kunstkreisen zu ermäßigten Preisen angeboten. Oft muß dabei aus einem Angebot ausgewählt werden, das den Interessen des Sammlers nicht immer entspricht. Einige Kunsthändler räumen deshalb ein Umtausch- oder Gutschriftsrecht ein und ermöglichen dem Abonnenten den unbeschränkten Erwerb von Graphik zu Vorzugspreisen auch aus dem allgemeinen Galerieangebot.

Abstrakte Kunst Der Terminus Abstraktion (lat. *abstrahere* = abziehen, trennen) zählt zu den umstrittensten Begriffen in der bildenden Kunst des 20. Jh.s; sowohl seine Definition als auch seine Legitimation geben immer wieder Anlaß zu heftiger Diskussion. Grundsätzlich stellt jedes Abbild der Natur eine

Abstraktion dar, insofern der Künstler bestimmte Details hervorhebt, andere vernachlässigt oder nicht berücksichtigt. Im Hintergrund steht dabei die Frage, ob und inwieweit die äußere (das heißt die sichtbare) Realität mit der tatsächlichen Wirklichkeit identisch sei. Letztlich kann der Streit darüber, ob die gegenständliche Darstellung äußerer Realität oder die sich in gegenstandsloser Form äußernde (innere) Realität einer ultimativen Wirklichkeit jeweils näherkommt, nicht definitiv entschieden werden.
Abstraktion bedeutet in einem allgemeinen, weit gefaßten Sinne, daß sich im jeweiligen Kunstwerk keinerlei Anhaltspunkte der gegenständlichen Welt finden lassen. Oder anders formuliert: Ein Abbildcharakter liegt nicht vor. Doch bei genauer Betrachtung muß eine wichtige Differenzierung vorgenommen werden. Denn im engeren Sinne bedeuten abstrakte Arbeiten, daß ihre formale Bildorganisation auf einem Abstraktionsprozeß beruht, das heißt, die einzelnen Bildelemente lassen sich auf gegenständliche Motive zurückführen. Das sicherlich wichtigste Beispiel ist die sukzessive Lösung vom Gegenstand bei Piet Mondrian, eine Entwicklung, die sich beispielsweise in der Serie der «Bäume» zwischen 1908 und 1914 anschaulich beobachten läßt. Schritt für Schritt führt Mondrian den Baum auf seine wesentlichen Gestaltungsprinzipien zurück, die er in der Horizontalen und Vertikalen sieht. In dem Augenblick allerdings, da Mondrian das Bild aus sich heraus gestaltet, ist die Abstraktion im eigentlichen Sinne nicht mehr existent.
1930 gebrauchte Theo van Doesburg den Begriff → konkrete Kunst, um gegenstandslose Bilder zu bezeichnen, deren formale Elemente ohne jeden äußeren Bezug auskommen. Der Begriff konkrete Kunst, der im übrigen auch von Max Bill oder Wassily Kandinsky gefordert wurde, geht insofern noch über die abstrakte Kunst hinaus.
In ähnlicher Bedeutung findet manchmal auch der Begriff absolute Kunst Verwendung. Dessenungeachtet verbirgt sich hinter der abstrakten Kunst eine große stilistische Vielfalt, wobei die Grenze zur konkreten Kunst oft nicht genau bestimmt werden kann.
Die abstrakte Kunst findet ihre Grundlage in den verschiedenen Stilrichtungen (spätestens) seit dem → Impressionismus. Nicht nur der Impressionismus selbst, sondern beispielsweise → Neoimpressionismus oder → Jugendstil zeigen klare Abstraktionstendenzen. Ersterer vernachlässigt den inhaltlichen Bereich zugunsten formaler Aspekte, letzterer nähert sich in seiner ornamentalen Entwicklung abstrakten Regionen, was sich beispielsweise in einigen Arbeiten Henry van de Veldes beobachten läßt, in dessen Stilisierungen und Idealisierungen sich allerdings jederzeit bestimmte (vegetabile) Motive erkennen lassen.
In den Jahren 1910-14 vollzog sich in rasanten Schritten die Entwicklung der abstrakten bzw. konkreten Kunst. 1910 entstand das «Erste abstrakte Aquarell» von Kandinsky, das gemeinhin als erstes gegenstandsloses Werk überhaupt gilt. Frank Kupka malte um 1911 seine erste abstrakte Arbeit («Nocturne»), die wie viele seiner anderen Arbeiten eine Verbindung der Malerei zur Musik herstellt. Michail Larionow und seine Frau Natalia Gontscharowa entwickelten in den Jahren 1911 und 1912 den → Rayonismus, der auf der diagonalen Überkreuzung und auf der Durchdringung von Lichtstrahlen beruht. Obgleich nicht durchgängig gegenstandslos, leistete er einen wichtigen Beitrag zur Entstehung der Abstraktion. 1912 gelangte Robert Delaunay in seinen berühmten «Fensterbildern» zu weitestgehender Abstraktion. Ausgehend von Fensterausblicken

ins Freie, löste sich Delaunay nach und nach von der Motivwelt und konzentrierte sich statt dessen vollständig auf das Erscheinen der Farbe, auf deren Bewegungs- und Raumeigenschaften.
In ähnlicher Weise von seiner Frau Sonia Delaunay-Terk gefolgt, wurde dieses künstlerische Vorgehen auch als → Orphismus bekannt. Ca. 1912 schloß sich unmittelbar an den Orphismus der → Synchromismus von Morgan Russell und Stanton MacDonald-Wright an, der zu vergleichbaren Ergebnissen kam. Der langsame Abstraktionsprozeß bei Piet Mondrian wurde bereits erwähnt, so daß als eine weitere wichtige Station und zugleich als ein gewisser vorläufiger Endpunkt gegenstandsloser Entwicklung der → Suprematismus von Kasimir Malewitsch zu erwähnen bleibt. Das «Schwarze Quadrat auf weißem Grund» (1913) ist in seiner radikalen Reduktion das eindringlichste Beispiel.
Die weitere wechselvolle Geschichte der abstrakten Kunst kann hier nur in Stichworten skizziert werden. In den zwanziger Jahren stellen → Bauhaus, → de Stijl und → Konstruktivismus die wesentlichsten Stationen dar, wobei der → Surrealismus eine gewisse Gegenbewegung bildete. Erst ab 1945 erreichte die Abstraktion bis in die späten fünfziger Jahre hinein unter den Stichworten → Action Painting, → Abstrakter Expressionismus, → Informel oder → Tachismus eine international unumstrittene Vorrangstellung. Nachdem die → Pop Art in den sechziger Jahren wieder die Gegenständlichkeit kultiviert hatte, entstanden in → Minimal- und → Concept Art als Reaktion radikal gegenstandslose Strömungen, die bis weit in die siebziger Jahre hinein wirksam waren. Darauf antworteten die → Neuen Wilden Ende der siebziger Jahre mit radikaler, emotionaler Gegenständlichkeit. Um 1984/85 entstand die spielerische Abstraktion des → Neo Geo. In der → zeitgenössischen Kunst stehen sich bereits seit einigen Jahren gleichermaßen Abstraktion *und* Gegenständlichkeit gegenüber, beide Formen existieren heute ohne Verdrängungstendenzen parallel nebeneinander.

Abstrakter Expressionismus Der Terminus Abstrakter Expressionismus dient als Sammelbegriff für verschiedene, zum Teil nur schwer unterscheidbare Strömungen der amerikanischen Malerei im Zeitraum von etwa 1945-55. Bei näherer Betrachtung stellt sich allerdings der Begriff als ungenau und schwammig heraus. Gemeinhin zählt man sowohl das → Action Painting, das als zentrale Ausprägung gilt, als auch frühe Formen des → Colourfield Painting dazu, ferner alle Zwischen- und Übergangsbereiche dieser Strömungen, die als die wichtigste Gemeinsamkeit die Thematisierung von Malprozeß, Spontaneität und Zufall aufzeigen. Durch wechselseitige Beeinflussung und Begriffsüberschneidungen ist eine präzise definitorische Klärung kaum möglich. Der Schwerpunkt des Abstrakten Expressionismus liegt ohne Frage auf der Kategorie Expressivität, das heißt der von Verstand und Logik ungefilterten Äußerung innerer Befindlichkeiten. Der Abstrakte Expressionismus wurzelt allerdings weniger im → Expressionismus, wie der Begriff glauben machen will, sondern eher im → Surrealismus.
Der Terminus Abstrakter Expressionismus war bereits in den zwanziger Jahren gebräuchlich, wenngleich mit anderer Bedeutung. So bezog zum Beispiel A.H. Barr, der Direktor des Museum of Modern Art in New York, diesen Begriff auf die gegenstandslosen Arbeiten Wassily Kandinskys. Untersucht man die maßgeblichen Einflüsse, so kristallisiert sich die Wirkung der Exil-Surrealisten in New York als wichtigste Anregung

heraus. Doch weniger deren malerische Ergebnisse interessierten die Amerikaner, als vielmehr deren künstlerische Methode, die sog. → Écriture automatique. Als weitere Quelle trat die surrealistisch beeinflußte Malerei Arshile Gorkys hinzu.

Im Anschluß an die kriegsbedingte Emigration der Surrealisten von Paris nach New York ging zum erstenmal in Gestalt des Abstrakten Expressionismus der international tonangebende Impuls in der Kunst von den USA aus.

In Europa entstanden zeitgleich und unabhängig mit ihm verwandte Stilrichtungen unter den Bezeichnungen → Informel oder → Tachismus. Insbesondere Paris entwickelte sich unter den Malern Hans Hartung, Georges Mathieu, Jean-Paul Riopelle und Wols rasch zu deren Zentrum. In Deutschland nahmen Maler wie K.O. Götz oder K.R.H. Sonderborg die neuen Entwicklungen auf.

Zu den Hauptvertretern des Abstrakten Expressionismus zählt fraglos Jackson Pollock mit seinen charakteristischen → Drip Paintings, die auf extreme Weise psychische Zustände und innere emotionale Spannungen in Erscheinung treten lassen.

Als wesentlich flächiger angelegt, doch nicht weniger spannungsgeladen die Motorik der Bildentstehung darstellend, zeigen sich die Arbeiten von Franz Kline, Willem de Kooning und Robert Motherwell, die in gewisser Weise eine Verbindung schlagen zu den Künstlern des Colourfield Painting: Adolph Gottlieb, Barnett Newman, Mark Rothko und Ad Reinhardt werden ebenfalls zum Ab-

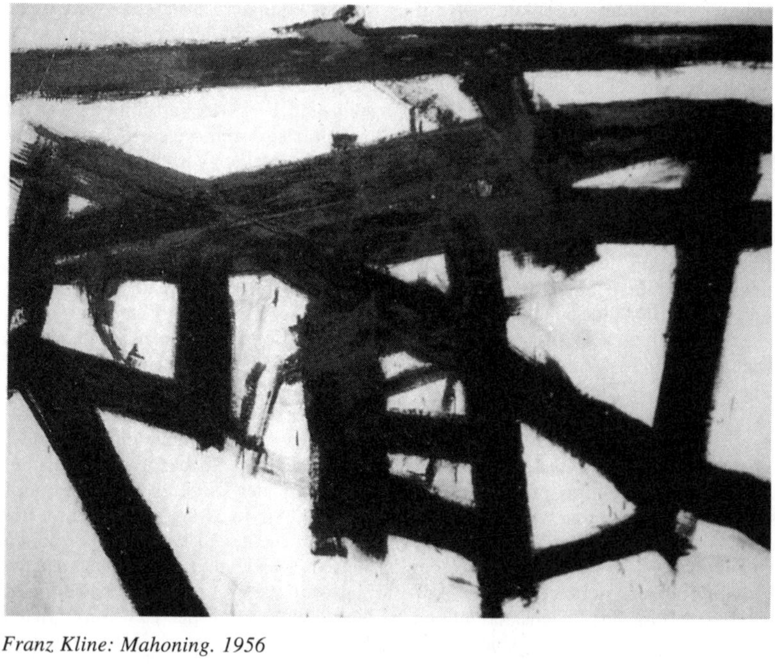

Franz Kline: Mahoning. 1956

strakten Expressionismus gezählt, wenngleich ihre Bilder verhaltener angelegt sind und eher zu stiller Kontemplation auffordern. Aber auch die Künstler der amerikanischen Westküste, Sam Francis, Clyfford Still und Mark Tobey, die in eine ähnliche Richtung weisen, sind als wichtige Vertreter aufzuführen.

Abziehbild Abziehbilder sind auf Papier oder Folie aufgebrachte Bild- und/oder Schriftdrucke, die sich von der Druckschicht abziehen und auf andere Materialien übertragen lassen. Vor dem eigentlichen Bilddruck wird der Papierbogen mit einer wasserlöslichen Schicht versehen und getrocknet. Auf das gedruckte Motiv wird eine Haftschicht aufgebracht, die sich später (zusammen mit dem Motiv) abziehen läßt.

Abzug Als Abzug bezeichnet man sowohl den von der eingefärbten → Druckform abgezogenen Druck als auch eine auf fotochemische Weise hergestellte → Reproduktion (Fotoabzug).

Accrochage Als Accrochage (frz. *accrocher* = an-, aufhängen) bezeichnet man eine Ausstellung von Werken verschiedener Künstler aus den Beständen einer → Galerie. Zumeist wird der Begriff, der seit den sechziger Jahren gebräuchlich ist, im Zusammenhang mit der Ausstellung einer Galerie genannt, seltener für die Hängung verschiedener Künstlerinnen und Künstler in einem → Museum. Oft erfolgt die Hängung der Werke auch in Anwesenheit des Publikums.

Action Painting Der Kunstkritiker Harold Rosenberg brachte diesen Begriff 1952 in die Diskussion ein, um eine maßgebliche Malweise der späten vierziger und frühen fünfziger Jahre in den USA zu kennzeichnen, die sich durch die direkte, beinahe unkontrollierte Äußerung des künstlerischen Willens beschreiben läßt. Jeglicher kalkulierte Bildaufbau wird aufgegeben und die rationale Kontrolle ausgeschaltet, mit dem Ziel, Schichten des Unbewußten freizulegen, um auf diese Weise emotionalen Zuständen zu un-

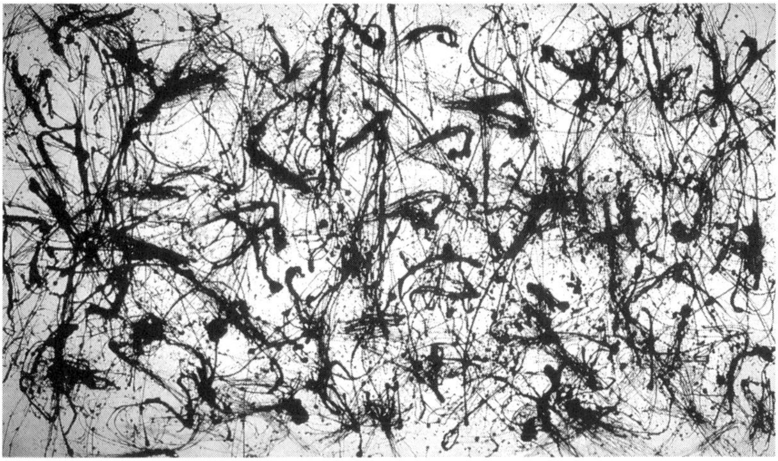

Jackson Pollock: Drip Painting Nr. 32 1950

verfälschtem Ausdruck zu verhelfen. Wesentliche Merkmale sind die Momente Spontaneität und Zufall, die in dieser radikalen Form erstmals in die Kunst Einzug halten.
Der oft rauschhafte Prozeß der «Bildbehandlung» findet seinen zentralen Impuls in einer Arbeitsmethode des → Surrealismus, der → Écriture automatique, die mit verschiedenen Mitteln die rationale Kontrolle zu unterbinden sucht. Während jedoch das Ergebnis der Surrealisten zumeist gegenständlich blieb, fand die Écriture automatique durch die Maler des Action Painting ihre Radikalisierung.
Das Action Painting als amerikanische Erscheinung besaß Auswirkungen von enormer Tragweite. Nicht nur die Malerei der USA in den fünfziger Jahren (zum Beispiel → Colourfield Painting) stand unter seinem Einfluß, sondern vor allem auch die europäische Kunst des → Tachismus und → Informel bis weit in die sechziger Jahre hinein. Das Action Painting wird gemeinhin als die wesentliche Kraft innerhalb des → Abstrakten Expressionismus betrachtet. Der maßgebende Künstler des Action Painting ist zweifellos Jackson Pollock mit seinen charakteristischen → Drip Paintings, die er bereits ab 1946 entwickelte. Aber auch die flächigeren Arbeiten Franz Klines und die zum Teil auf figürlichen Fragmenten beruhenden Bilder Willem de Koonings sind typische Beispiele.

Adresse Wird in der modernen Graphik der → Abzug signiert, datiert und bezeichnet, wurde in der älteren Druckgraphik (seit dem 16. Jh.) die Druckplatte mit sog. Adressen belegt. Diese gaben Auskunft über den Verleger, den Stecher, den Künstler und oft auch über den Drucker. Wechselte eine Druckplatte an einen anderen Verlag, so wurde mit dem Besitzerwechsel auch die Adresse geändert, was so ein Blatt vor unerlaubtem Nachdruck schützte.

Aerograph → Airbrush

Affiches lacérées Der Begriff (frz. zerrissene Plakate) bezeichnet durch Abreißen teilweise zerstörte Plakate. Darin äußert sich eine konsumkritische Haltung des → Nouveau Réalisme, der in den frühen sechziger Jahren diese Methode entwickelte. Durch das Abreißen der öffentlich angeschlagenen Plakate kommen zum Teil darunterliegende, ältere Plakate zum Vorschein. Die unkontrolliert ausfransenden Reißkanten lassen eine unregelmäßige Struktur entstehen, die formal an den → Abstrakten Expressionismus erinnert.
Doch auf einer inhaltlichen Ebene stehen die Affiches lacérées demselben diametral gegenüber, da Bildfragmente und Reste des Textes erhalten bleiben. Das Plakat wird so aus seiner werbenden Funktion entbunden und stellt durch die Teilzerstörung seine konsumorientierte Aufgabe in Frage.
Von den Künstlern des Nouveau Réalisme sind vor allem François Dufrêne, Mimmo Rotella, Jacques Villeglé, Raymond Hains und auch der ihnen nahestehende Wolf Vostell zu nennen.

Affiches originales → Plakat

Airbrush Der Airbrush (engl. = Spritzpistole), auch «Aerograph» genannt, ist ein pistolenartiges Malgerät, das in der → Spritztechnik – hauptsächlich im Bereich der → Gebrauchsgraphik – Verwendung findet. Es arbeitet mit Druckluft und ermöglicht extrem gleichmäßige Farbübergänge, «spiegelnde» Lichter und «glänzende» Flächen.
Komprimierte Luft wird durch eine Düse gepreßt, wobei sich die Farbe mit dem Luftstrom zu einem Farbnebel von win-

zigen Farbtröpfchen vermischt. Wegen des benötigten gleichmäßigen Drucks wird zumeist ein elektrischer Kompressor verwendet, der entsprechend präzises Arbeiten gestattet. Obgleich spezielle Airbrush-Farben auf dem Markt erhältlich sind, können auch → Acryl-, → Aquarell- oder Designerfarben benutzt werden, ebenso wie zum Beispiel → Gouache oder → Tusche. Entscheidend ist die Konsistenz der Farbe, die etwa milchartigen Charakter besitzen soll, auf keinen Fall jedoch zu dick sein darf, da sonst die feine Düse schnell verstopft. Aus diesem Grunde ist auch eine sorgfältige Reinigung des Geräts nach jedem Arbeitsgang erforderlich.

Akademie Der Name Akademie (griech. *akádémos*) leitet sich von einem dem Heros Akademos geweihten Hain bei Athen ab, der als Ort einer von Platon 387 v. Chr. gegründeten Philosophenschule bekannt wurde. Im ursprünglichen Sinn bezeichnete der Begriff Akademie einen Gelehrtenkreis. Die Gründung der ersten Akademien in Italien während der Renaissance brachte eine deutliche Trennung der bildenden Künste vom Handwerk mit sich, die im Mittelalter nicht unterschieden wurden. Wegweisenden Einfluß auf alle folgenden Akademien übte die 1599 gegründete «Accademia di San Luca» in Rom durch ihr festes Ausbildungsprogramm und ihre organisatorische Struktur aus.
Im 17. Jh. erfolgten zahlreiche Akademiegründungen, wobei die 1648 in Paris gegründete «Académie Royale de Peinture et de Sculpture» eine besondere Bedeutung besaß, nicht zuletzt wegen des hier ausgetragenen Streits der Poussinisten und Rubenisten um die Vorherrschaft von Zeichnung oder Farbe. Innerhalb der Akademien hielten sich Traditionen und Doktrinen bis weit in das 20. Jh. hinein erstaunlich zählebig und führten immer wieder zu erbitterten Diskussionen.
So kam es bereits im 19. Jh. zu Auflösungserscheinungen, die beispielsweise zur Gründung von privaten Akademien Anlaß gaben. Eine der bekanntesten war die «Académie Julian», die 1860 in Paris gegründet wurde. Der jüngste, entscheidende Einfluß auf die Struktur der Akademien rührt indes vom Unterricht des → Bauhauses her, wo man nicht nur methodisch neue Wege einschlug, sondern durch den Einbezug des → Kunstgewerbes eine umfassende, praxisnahe Ausbildung zu garantieren suchte.
Die Akademien oder «Kunsthochschulen» heute dienen nicht nur der Ausbildung der «freien» Künstler und Künstlerinnen, sondern auch das Fach Kunsterziehung für das höhere Lehramt kann dort studiert werden. Das Studienangebot umfaßt, neben den «klassischen» Fächern Malerei, Bildhauerei und Graphik, oft auch (Innen-)Architektur und gelegentlich verschiedene Bereiche des → Designs und des Kunsthandwerks. Die Aufnahmeprüfungen zu allen Studiengängen gelten als ausgesprochen schwierig, so daß nur ein kleiner Bruchteil der Bewerber einen Studienplatz erhält.
Im 20. Jh. besitzt das Adjektiv «akademisch» häufig eine negative Bedeutung, insofern man damit eine traditionelle, langweilig abgedroschene und phantasielos konservative (oft figürliche) Kunst verbindet.
Im Gegensatz dazu steht die innovative Kunst der → Avantgarde. Gründe dafür finden sich nicht zuletzt in einem Generationenkonflikt, der in der schnellebigen Kunst der → Moderne mitunter an den Akademien greifbar vor Augen tritt.

Akkumulation Die Akkumulation (frz. *accumuler* = anhäufen) ist eine Form der → Objektkunst, tritt manchmal aber auch in die Nähe der → Assemblage. Der Be-

griff bezeichnet die Anhäufung verschiedener, oft aber gleicher bzw. ähnlicher Gegenstände. Zumeist handelt es sich um Alltagsgegenstände wie Milchkannen, Kämme, Spielzeug, Industrieteile oder sogar Musikinstrumente. Durch ihre Anhäufung wird die Aufmerksamkeit des Betrachters auf die «gewöhnliche» Wirklichkeit gelenkt, zugleich ist damit aber auch eine gewisse Ästhetisierung der zumeist wertlosen Gegenstände verbunden, wobei diese deutliche Spuren des Gebrauchs tragen und somit beispielsweise die Kategorie Zeit ins Spiel bringen.
Besonders typisch ist die Akkumulation für den → Nouveau Réalisme, wie sich an Beispielen von Arman und Daniel Spoerri in besonders charakteristischer Form beobachten läßt.

Akt Der Akt (lat. *actus* = Handlung, Bewegung) ist die Darstellung eines nackten, menschlichen Körpers. Der Begriff meint im ursprünglichen Sinne die Pose und Bewegung des Aktmodells zu Studienzwecken sowie die danach gefertigte Studie. Manchmal wird zusätzlich in Halb- oder Rückenakt unterschieden. Obgleich der Akt eine der klassischen Gattungen der → Malerei ist, sind Aktdarstellungen auch in der → Skulptur und vor allem in der → Zeichnung anzutreffen. Häufig tritt der Akt nicht für sich allein, sondern auch in allegorischem oder mythologischem Gewand auf. Demgegenüber wird er im 19. und 20. Jh. oft als Möglichkeit betrachtet, verschiedene malerische Probleme zu untersuchen, die inhaltlich mit dem Akt eigentlich nicht in Verbindung stehen.
Wenn auch frühe Aktdarstellungen, beispielsweise als kleine Statuetten, bis in prähistorische Zeiten zurückreichen, so finden sich die ersten Akte im eigentlichen Sinne in der griechischen Antike. So war beispielsweise die Darstellung des durch sportliche Übungen durchtrainierten Jünglings ein beliebtes Motiv, das in seiner Ausführung auf eine sinnbildhafte, idealisierende Ebene gehoben wurde. Im Mittelalter war eine Aktdarstellung nur im christlichen Zusammenhang möglich (zum Beispiel Adam und Eva, Christus am Kreuz, Auferstehung) und beschränkte sich dabei auf eine reduzierte, manchmal sogar geschlechtsunspezifische Sichtweise.
Die Renaissance stellte die Aktmalerei durch das Naturstudium des Menschen auf eine neue Grundlage. Nicht nur die Proportionen weichen nun markant von der mittelalterlichen Überlängung der Gliedmaßen ab, auch die anatomischen Einzelheiten wie Sehnen, Muskelstränge oder Blutadern werden korrekt wiedergegeben. Daraus ergibt sich in der plastischen Durcharbeitung der Oberfläche ein weiteres, typisches Charakteristikum der Aktmalerei in der Renaissance. Neben biblischen Themen, wie beispielsweise die Darstellung Adams und Evas am Genter Altar (1432) von Jan van Eyck, finden sich auch mythologische Themen wie das berühmte Gemälde «Die Geburt der Venus» (um 1486) von Sandro Botticelli. Als eine eigene Sparte entwickelte sich in der venezianischen Malerei des 16. Jh.s der liegende Akt. Erwähnung verdient darüber hinaus das in reichen Farbvaleurs ausgestaltete Motiv der ruhenden Venus von Tizian, das für die nachfolgenden Künstlergenerationen wegweisend werden sollte. Während in der Renaissance beinahe ausschließlich nach männlichen Modellen gemalt wurde, setzten sich im Barock zunehmend auch weibliche Aktmodelle durch.
Im 19. Jh. löste sich die Aktdarstellung aus ihren religiösen und mythologischen Bindungen. Arbeiten wie das «Frühstück im Freien» (1863) von Édouard Manet zeigen den gewöhnlichen Menschen in

seiner Nacktheit, was – wie in diesem Fall – nicht geringen Protest auslöste. Gegen Ende des 19. Jh.s wurde die psychische Verfassung des Menschen ein Hauptthema, das sich beispielsweise im → Symbolismus bereits andeutet und im → Fauvismus, → Expressionismus oder etwa der → Neuen Sachlichkeit des frühen 20. Jh.s zur vollen Geltung kommt. Ein Beispiel für die Untersuchung malerischer Fragen anhand einer Aktdarstellung ist das zentrale Frühwerk des → Kubismus «Les Demoiselles d'Avignon» (1907) von Pablo Picasso. Doch mit dem Aufkommen der → Abstrakten Kunst ging die Bedeutung des Aktes rasch zurück, obgleich er vereinzelt unter ganz anderen Vorzeichen im → Kritischen Realismus oder in der Malerei der → Neuen Wilden wieder auftaucht.

Aktion → Aktionskunst

Aktionskunst In der Aktionskunst tritt, ganz allgemein gesprochen, anstelle des Kunstwerks die künstlerische Aktion, das heißt ein zeitlich begrenztes Geschehen, das durch die Künstler vorgetragen wird. Dabei kommen Elemente aus den Bereichen Musik, Theater, Tanz, Pantomime, bildende Kunst und zum Teil auch aus Film und Video zum Einsatz (→ Multi Media), so daß die Sinne des Zuschauers auf höchst unterschiedliche Weise angesprochen werden. Sensibilisierung der Wahrnehmung und Erweiterung des Bewußtseins sind das erklärte Ziel der Aktionskunst. Der Ablauf einer Aktion schließt häufig Improvisation und Spontaneität ein, da zum Beispiel die Abfolge der Ereignisse vorher nicht immer genau festgelegt ist. Letztlich geht es dabei einerseits um die Auflösung der Grenzen zwischen den → Kunstgattungen, andererseits um das Aufbrechen der Trennung von Zuschauer und Künstler. Überhaupt wendet sich die Aktionskunst gegen tradierte, festgefahrene Kunstanschauungen, indem sie zum Teil mit provozierenden und schockierenden Mitteln den Zuschauer wachrüttelt und eindringlich auf Abstumpfungsmechanismen hinzuweisen sucht. Insofern besitzt die Aktionskunst ein gelegentlich ausgeprägtes politisches und gesellschaftskritisches Bewußtsein. Das eigentliche Ziel ist jedoch die Durchdringung von Kunst und Leben. Als belastend und hinderlich wird die Isolation der Kunst von der Lebenswirklichkeit empfunden, so daß zum Beispiel durch Einbezug des Publikums in die Aktion (→ Happening) der Versuch unternommen wird, diese traditionelle Grenze zu überwinden.

Der Begriff Aktionskunst wird gemeinhin als Sammelbegriff gebraucht. Frühe Formen finden sich bereits im → Dadaismus und → Surrealismus. Das → Action Painting Jackson Pollocks enthält im spontanen, gestischen Farbauftrag und in der automatistischen Motorik des Arbeitens aktionistische Elemente. Doch der Begriff Aktionskunst bezieht sich wesentlich auf die Erscheinungen Happening und → Fluxus in den späten fünfziger und frühen sechziger Jahren. Allan Kaprow führte 1958 den Begriff Happening ein und verkündete als deren Absicht die Aufhebung der Grenze zwischen Kunst und Leben sowie die Überwindung eingefahrener Denk- und Verhaltensweisen. Als einer der wichtigsten Vertreter des Happenings bezog er zudem die Zuschauer in seine durch Improvisation gekennzeichneten Aktionen ein, um auf diese Weise seine künstlerischen Ziele zu erreichen. Ebendies ist ein Kriterium, das die Fluxus-Bewegung vom Happening unterscheidet. Beeinflußt durch den Musiker John Cage, vollzogen sich die Fluxus-Aktionen nach sog. Partituren, die eine Nähe zur Musik verraten und den Einbezug des Publikums weitgehend ausschlossen. Das

Zentrum der europäischen Fluxus-Bewegung war vor allem Wiesbaden in den Jahren 1962/63. Happening und Fluxus waren bestimmt durch Joseph Beuys, George Brecht, Jim Dine, Robert Filliou, Allan Kaprow, George Maciunas, Claes Oldenburg, Nam June Paik, Robert Rauschenberg, Wolf Vostell, Emmet Williams u.a.
Zur Aktionskunst wird auch der → Wiener Aktionismus gerechnet mit dem → Orgien-Mysterien-Theater von Hermann Nitsch und den erotischen Aktionen von Otto Mühl. Sexuelle Tabus und unterbewußte Gewalt sollten durch zum Teil langandauernde, ritualhafte Aktionen aufgebrochen und ins Bewußtsein gehoben werden. Nachdem Happening und Fluxus ihre provozierende, aufrüttelnde Sprengkraft verloren hatten, trat in den frühen siebziger Jahren die → Performance an ihre Stelle. Die Performance sah wieder eine klare Trennung von Publikum und Künstler/Künstlerin vor, auf eine Annäherung von Kunst und Leben wurde dagegen weitgehend verzichtet. Dafür bezog man oftmals Video und Film in den Aktionsablauf ein.

Albertotypie → Lichtdruck

Algraphie Die Algraphie, auch «Aluminiumdruck» oder «Metallplattendruck» genannt, ist ein Verfahren des → Flachdrucks. Im Gegensatz zur → Lithographie wird bei dieser Technik nicht ein Stein, sondern eine gekörnte Aluminiumplatte verwendet. Die Oberfläche der Platte wird für den Druck wasserabstoßend und fettanziehend gemacht, was später die Farbe an den fettanziehenden Partien haften läßt.
Aufgrund der Handlichkeit und Verfügbarkeit der Aluminiumplatten ist die Algraphie eine Technik, die dem Künstler ein unabhängigeres Arbeiten erlaubt als zum Beispiel mit den unhandlichen und schweren Lithographiesteinen (→ Offsetlithographie, → Zinklithographie).

Allonge Ausklappbares, zumeist eingeklebtes Blatt in einem Buch. Als Einzelblatt gut zu erkennen am Falzbruch.

All over Ein Kompositionsverfahren der Malerei, das die Bildfläche gleichmäßig mit Farbe (und Formelementen) bedeckt, so daß weder Schwerpunkte und Zentren noch eine Bildhierarchie entstehen kann. Das bedeutet einerseits den gleichen Rang aller Bildelemente, andererseits entsteht der Eindruck, als verlaufe das Bildgeschehen über den Rand/Rahmen hinaus weiter. Das All over wurde insbesondere von Jackson Pollock in seinen → Drip Paintings angewandt. Es findet sich auch bei anderen Malern des → Action Painting und im Bereich des → Colourfield Painting (zum Beispiel Barnett Newman, Clyfford Still).

Aluminiumdruck → Algraphie

Ambrotypie Bei der Ambrotypie, einem fotografischen Verfahren des 19. Jh.s, wurde eine mit Kollodium beschichtete und mit Kochsalz und Silbernitrat imprägnierte Glasplatte in noch feuchtem Zustand bewußt schwach belichtet und dann entwickelt. Das kaum ausgebildete und daher transparent wirkende Negativ, das auf der Rückseite der Glasplatte mit einer schwarzen Lackschicht (oder mit schwarzem Karton) versehen wurde, erschien vor diesem dunklen Hintergrund wie eine positive Abbildung (→ Daguerreotypie). Ambrotypien wurden unter dekorativen Messingpassepartouts in Etuis gerahmt und sind heute begehrte Sammlerobjekte.

American Scene Die American Scene ist eine realistische Strömung der nordamerikanischen Malerei der zwanziger

und dreißiger Jahre. Ihre Themen bezieht sie aus allen Bereichen des Alltagslebens, wobei allerdings ländliche Motive einerseits und nüchterne, kühl distanzierte Großstadtszenen andererseits im Vordergrund stehen. Insbesondere die Großstadtbilder schildern in ihren kalten Beleuchtungsverhältnissen und der Beziehungslosigkeit der dargestellten Personen untereinander die Isolation des Individuums und die Anonymität der Masse. Da die Maler auch bevorzugt Motive aus ihrer jeweiligen lokalen Region entnahmen, wurden sie auch als «Regionalisten» bezeichnet.
In vielen Punkten ist die Malerei der American Scene, zu der Thomas Hart Benton, Charles Burchfield, Edward Hopper und Grant Wood zählen, mit der → Neuen Sachlichkeit in Deutschland vergleichbar.

Analytische Malerei Die Analytische Malerei verfolgt gewissermaßen «Grundlagenforschung» im Bereich der Kategorien Format, Malgrund und Farben. Diese Strömung konkretisierte sich in den frühen siebziger Jahren und wurde auch unter dem Begriff «Geplante Malerei» bekannt. Die Analytische Malerei untersucht Mittel, Formen und Möglichkeiten der Malerei. Konkret stehen dabei einerseits das kreative Potential der Farben, andererseits die Aussagewerte des Bildträgers (zum Beispiel Leinwand, Pappe, Kunststoff und Metall) im Vordergrund.
Die Analytische Malerei zeichnet sich durch den Einsatz reduzierter, in ihrer Komplexität stark eingeschränkter Elemente aus, die einen klaren Bezug zur → Minimal Art aufzeigen. So setzt zum Beispiel Daniel Buren lediglich vertikale Farbstreifen ein, die eine Leinwand bedecken, aber ebensogut auch bestimmte Gegenstände besetzen können. Niele Toroni bringt in gleichen Abständen Farbtupfer auf weiße Leinwände auf, um die Eigenwertigkeit von Farbe im Verhältnis zum weißen Bildgrund zu untersuchen.
Das rationale Vorgehen der Analytischen Malerei zeigt ein intellektuelles Kalkül, das mit demjenigen der → Concept Art zu vergleichen ist. Neben Daniel Buren und Niele Toroni sind die unter vollständigem Verzicht auf Farbe entstandenen Bilder von Robert Ryman zu nennen. Und schließlich zählen auch die Mitglieder der französischen Künstlergruppe «Supports/Surfaces» zu den Vertretern der Analytischen Malerei.

Anastatischer Druck Mit diesem inzwischen als veraltet geltenden Nachdruckverfahren (griech. *anastasis* = Wiedererweckung) lassen sich einfarbige Drucke durch → Umdruck auf einen Stein oder eine Metallplatte reproduzieren. Die Vorlage wird dazu in einer Lösung aus verdünnter Schwefelsäure und Stärke eingeweicht, die das Papier in den unbedruckten Partien fettabweisend macht. Bringt man fetthaltige Druckfarbe auf die Vorlage auf, so wird diese von den bedruckten Partien angenommen, von den feuchten, unbedruckten jedoch abgestoßen. Dadurch wird der Umdruck auf den Lithographiestein oder eine Metallplatte möglich.

Andruck Beim industriellen Druckverfahren bezeichnet man die ersten → Abdrucke einer → Druckform als Andruck. Bei der farbigen Druckgraphik dient der Andruck zur Farbbestimmung für den Auflagendruck.
Bei maschinell gedruckten Auflagen von → Originalgraphik signiert der Künstler den Andruck und autorisiert ihn für die weitere Reproduktion.

Angewandte Graphik → Gebrauchsgraphik

Anti-Form Der Terminus Anti-Form bezeichnet Kunstwerke aus «formlosen» Materialien wie zum Beispiel Äste, Filz, Häute oder Steine, die eine wie auch immer geartete räumliche Gestalt bilden. Dabei besteht eine enge Verbindung zur → Arte povera, in deren Kontext die Anti-Form hauptsächlich anzutreffen ist. Der Begriff geht auf den Künstler Robert Morris zurück, dessen räumliche Gestaltungen aus Filz als bekannteste Beispiele anzuführen sind.

Anti-Kunst Der Begriff Anti-Kunst geht ursprünglich auf den → Dadaismus zurück und bezeichnet Kunstwerke, die aus einer Gesinnung des Protestes, der Provokation und Schockwirkung entstanden sind mit der erklärten Absicht, alle konventionellen Kunstanschauungen radikal zu erschüttern und außer Kraft zu setzen. Eine solche Haltung konnte im Dadaismus durch die Verzweiflung über Krieg und Militarismus entstehen, die nach Auffassung der Dadaisten wesentlich durch ein völlig überholtes gesellschaftliches System bedingt waren. Im Akt der Zerstörung aller bisher gültigen Konventionen und Normen durch die Anti-Kunst liegt indes ein befreiendes Moment verborgen, das die Möglichkeit zu einem Neuanfang einschließt, der durch keine der bestehenden Einschränkungen beschnitten wird.
In den fünfziger und sechziger Jahren knüpfte die Strömung des → Neodadaismus an die Idee der Anti-Kunst der Dadaisten an. Wiederum ging es um die Sprengung überkommener Kategorien: Der Neodadaismus unternahm mit den Mitteln der Provokation, die scharfe Proteste in der Öffentlichkeit hervorriefen, den Versuch, den Kunstbegriff vollständig neu zu definieren.

Aquarell Das Aquarell (lat. *aqua* = Wasser) beruht auf nicht deckenden, das heißt lasierenden (→ Lasur) Wasserfarben, die auf helles, saugfähiges Papier mit zumeist rauher, körniger Oberfläche aufgetragen werden. Die Aquarellfarben bestehen aus Mineral- bzw. Pflanzenpigmenten, die zumeist mit → Gummiarabikum als Bindemittel, seltener auch mit Leim oder Gelatine versetzt sind.
Im Unterschied zur ebenfalls wasserlöslichen, aber deckenden → Gouache wird kein Deckweiß verwendet, sondern weiße Stellen im Bild werden durch Aussparungen auf dem Blatt erzielt. Das Aquarell bleibt nach dem Trocknen wasserlöslich. Seine besondere Wirkung beruht einerseits auf den sinnlichen, atmosphärischen Farbwerten, die oft zart ineinander verlaufen und sich nebelartig auflösen. Außerdem scheint der weiße Grund des Papiers durch, wodurch das einfallende Licht reflektiert wird, das dem Aquarell seine besondere Transparenz verleiht.
Der Malvorgang beginnt stets mit den hellen Farben und endet mit den dunklen. Korrekturen sind nach dem Trocknen kaum möglich. Grundsätzlich unterscheidet man eine Trocken- und eine Naß-in-Naß-Technik. Erstere «schichtet» die Farbe auf das trockene Blatt, wobei für jeden neuen Farbauftrag die vorhergehende Farbschicht vollständig getrocknet sein muß, da das Blatt sonst keine Farbe annimmt bzw. unkontrollierte Farbmischungen die Folge sind. Die Naß-in-Naß-Technik trägt die Farben auf das aufgespannte, angefeuchtete Blatt auf, wobei mehr oder weniger kontrollierte Farbmischungen und -übergänge entstehen.
Die Geschichte der Aquarellmalerei, die bis in das 2. Jh. v. Chr. zurückreicht, zeigt, daß einige Illustrationen der ägyptischen Totenbücher mit Aquarellfarben ausgeführt sind. Ebenso auch einige Miniaturen der → Buchmalerei des Mittelalters. Außerdem dienten sie manchmal

zur → Kolorierung von → Federzeichnungen und → Holzschnitten. Große Meisterschaft erreichte Albrecht Dürer um 1500 mit Tier-, Pflanzen- und Landschaftsdarstellungen. Im 17. Jh. fand das Aquarell hauptsächlich in der niederländischen → Landschaftsmalerei seine Anhänger; unter ihnen zum Beispiel Paul Bril, Cornelis Dusart oder Tobias Verhaeght. Während es durch seine unpräzise, atmosphärisch-schleierartige Wirkung von der Malerei des 18. Jh.s und dem Klassizismus abgelehnt wurde, begann seine große Zeit um 1800 in England. Die Entwicklung der neuen Naß-in-Naß-Technik trug viel zur zunehmenden Beliebtheit des Aquarells bei, das gerade wegen seiner etwas diffusen, nebelartigen Wirkung und der Transparenz der Farben von den Malern der Romantik in England, Frankreich und in Deutschland geschätzt wurde. Zu den bekanntesten Vertretern zählen William Blake, Thomas Girtin, Paul Sandby, William Turner in England; Théodore Géricault und Eugène Delacroix in Frankreich sowie Caspar David Friedrich und Philipp Otto Runge in Deutschland.

Auch im weiteren Verlauf des 19. Jh.s genoß das Aquarell große Wertschätzung, wie Arbeiten von Oswald Achenbach, Georg Dillis, Adolph von Menzel oder Carl Rottmann beweisen. In der Kunst des 20. Jh.s sind vor allem die starkfarbigen, eruptiven Aquarelle des → Expressionismus zu erwähnen, zum Beispiel von Erich Heckel, Oskar Kokoschka, August Macke, Emil Nolde, Christian Rohlfs oder Karl Schmidt-Rottluff. Eine entscheidende Rolle spielte die Aquarelltechnik aufgrund ihrer auflösenden Eigenschaften in der Ent-

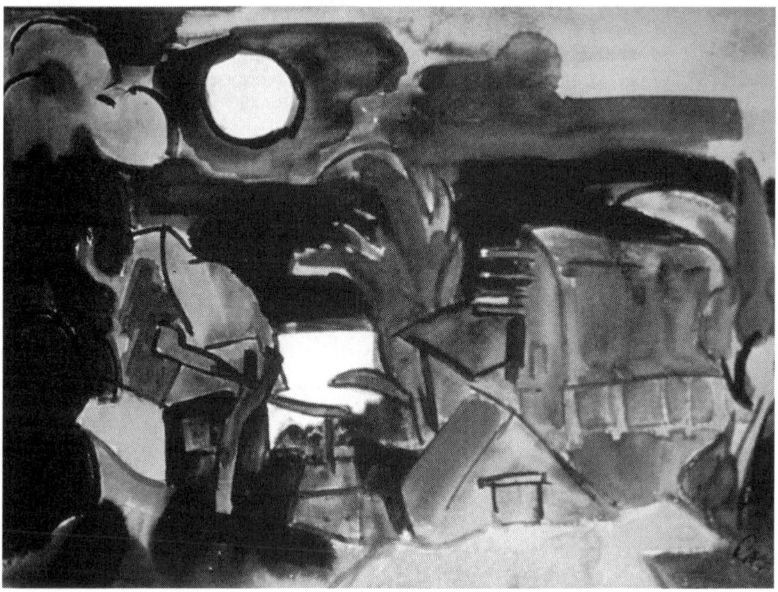

Karl Schmidt-Rottluf: Mond im Dorf. 1924

wicklung der → Abstrakten Kunst (Wassily Kandinsky: «Erstes abstraktes Aquarell»).

Aquatinta Die Aquatinta (ital. *aqua forte* = Scheidewasser, Säure; *tinta* = Farbe), auch «lavierende Manier» oder «Bleistiftmanier» genannt, ist ein Verfahren des → Tiefdrucks zur Erzielung halbtonähnlicher Effekte. Eine Metallplatte wird dabei gleichmäßig mit feinem Asphaltkorn oder Kolophoniumpulver bestreut (entweder mit einem Sieb oder in einem sog. Bestäubungskasten), das durch Erhitzen an der Oberfläche festgebacken wird (→ Aussprengverfahren, → Salz-Aquatinta, → Sandpapier-Aquatinta, → Weingeist- oder Krakelurenaquatinta, → Tiefätzung). Die Platte wird dadurch mit einem Netz feiner Körner besetzt, die beim nun folgenden Säurebad das darunterliegende Metall schützen.

In die Zwischenräume dieser körnigen Schicht dringt jedoch die Säure ein und hinterläßt, je nach Dauer des Ätzvorgangs, mehr oder weniger große Vertiefungen. Eine kurze, flache Ätzung ergibt später einen Grauton im Druck; eine tiefe Ätzung bringt eine satte, schwarze Tönung hervor. Die Vorzeichnung kann bei der Aquatintatechnik schon vor dem Körnen auf die Metallplatte übertragen werden, sofern man (durchsichtiges) Kolophoniumpulver benutzt.

Beim dunklen Asphaltkorn wird die Skizze der Zeichnung nachträglich auf die gekörnte Platte gebracht. Arbeitet man mit festen Umrißlinien, so müssen diese vorher durch eine lineare Technik (→ Radierung oder → Kaltnadeltechnik) auf die Platte gebracht werden. In ihrer reinsten Form erscheint die Aquatinta jedoch ohne lineare Zeichnung, das heißt ohne feste Umrißlinien und nur durch flächenhaftes, abgestuftes Tönen einzelner Partien. Dies geschieht durch ein stufenweises Ätzen der Platte, entweder vom Dunklen ins Helle oder umgekehrt, und verleiht der Aquatinta ihren lavierten, einer → Tusch- oder Sepiazeichnung ähnelnden Charakter. Wegen der Empfindlichkeit ihrer Druckform ist die → Auflage der Aquatinta begrenzt und schwankt um 100 Blatt.

Frühe Aquatinta-Blätter finden sich bei Jean Baptiste Le Prince, datiert 1768. Von herausragender Bedeutung sind die Arbeiten Francisco de Goyas mit dieser Technik, insbesondere die Werke «Caprichos» oder «Proverbios». Im 20. Jh. wird die Aquatinta oft mit anderen Verfahren kombiniert, u.a. von Friedrich Meckseper, Armin Sandig oder Ekkehard Thieme.

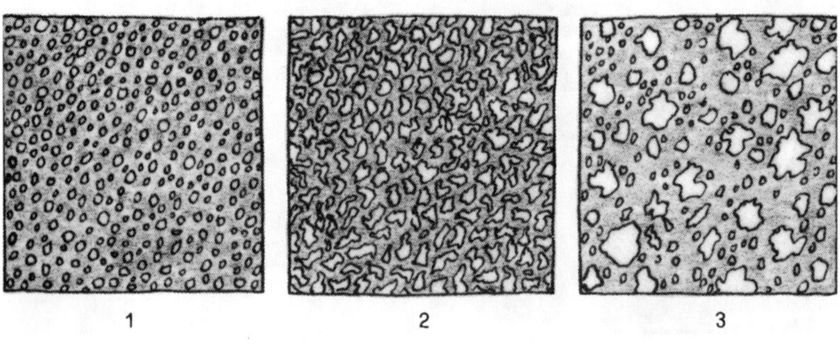

1 2 3

Aquatinta-Korn. 1 fein; 2 wurmförmig, stark erhitzt; 3 manuell aufgestreut

Architekturbild Das Architekturbild zeigt die Darstellung einer Architektur. Dabei sind menschliche Figuren nicht Gegenstand des Interesses, sie dienen als Staffage zur Veranschaulichung der Größenverhältnisse. Das Architekturbild ist mit dem → Interieur und besonders mit der → Vedute verwandt, wobei die Grenzen nicht immer klar zu ziehen sind.
In der Antike und im Mittelalter spielt die Architekturmalerei nur eine untergeordnete Rolle, sieht man von der pompejanischen Wandmalerei ab, die jedoch eher dekorativen Charakter besitzt. Mit dem Ausgang des Mittelalters nimmt das Interesse an der Darstellung von Architektur spürbar zu, wobei kirchliche Innenräume im Zentrum stehen.
Die Entdeckung der Zentralperspektive im 15. Jh. verhilft der sich langsam entwickelnden Gattung zu weiterem Fortschritt. Jan van Eyck und Albrecht Altdorfer sind als wichtige Protagonisten hervorzuheben. Im 16. Jh. wird die Architekturdarstellung zu einem bevorzugten Motiv der Graphik, wobei die Stiche von Jan Vredeman de Vries als bedeutende Beispiele, die der weiteren Entwicklung maßgebliche Impulse verliehen, anzuführen sind (u.a. die Folge «Architectura», 1560). In den Niederlanden ist das Architekturbild um 1600 als eigenständige Gattung ausgebildet, um seine Blüte schließlich im 17. Jh. zu entfalten. Im weiteren Verlauf wird die Architekturmalerei Gegenstand verschiedener Spezialisten, die bevorzugt kirchliche Innenräume und Stadtansichten darstellen. Zu den wichtigsten Malern des 17. Jh.s zählen Pieter Neefs, Hendrik Cornelisz van Vliet und Emanuel de Witte.
Im 18. Jh. kamen das → Capriccio – die phantasievoll-phantastische Ruinendarstellung – und die Vedute – die topographisch getreue Stadtansicht – hinzu. Beide Varianten entstanden in Italien, das Capriccio unter Francesco Guardi und Giovanni Battista Piranesi («Carceri», um 1745), die Vedute unter den beiden Canaletto und wiederum Guardi.
Im 19. Jh. treten Thomas Cole, Eduard Gärtner, Alfred Rethel oder Karl Friedrich Schinkel mit Architekturbildern auf, wobei Industrieanlagen und Fabriken als Motive Einzug halten. Im 20. Jh. dagegen verliert das Architekturbild im eigentlichen Sinne seine Bedeutung. Statt dessen interessieren malerische Probleme, die an Hand von Architekturdarstellungen untersucht werden, so beispielsweise die Architekturfassaden der → Pittura metafisica Giorgio de Chiricos, die «Fensterbilder» Robert Delaunays, die dem → Kubismus angehörenden Arbeiten Lyonel Feiningers oder die psychologisierenden Stadtansichten Oskar Kokoschkas.

Art autre Eine von dem französischen Kritiker Michel Tapié gewählte Bezeichnung (frz. *l' art autre* = die andere Kunst) für → Informel und → Tachismus, das heißt für europäische Kunstströmungen unmittelbar nach dem Zweiten Weltkrieg, die sich durch eine Absage an jegliche Bildordnung einerseits und die Hinwendung zu ungehindertem Ausdruck andererseits auszeichnen. Tapié konstatiert einen radikalen Bruch von Informel und Tachismus mit der Kunst vor 1945. Der Begriff Art autre ist zugleich der Titel eines 1952 erschienenen Buches, in welchem Tapié die genannten Strömungen durch Abgrenzung und historische Anbindung zu legitimieren sucht.

Art brut Eine vom Maler Jean Dubuffet eingeführte Bezeichnung (frz. *l'art brut* = die rohe Kunst) für die künstlerischen Äußerungen von Kindern, psychisch Kranken, Laienmalern (→ Naive Malerei) und die Kunst der Primitiven (→

Primitive Kunst). Dubuffet hob deren Ursprünglichkeit und unverbildete Eigenständigkeit hervor, um sie gegen den Akademismus positiv abzusetzen. In den künstlerischen Äußerungen dieser Personenkreise sah Dubuffet instinktiv und unreflektiert gefundene Kreativität, deren Impuls er selbst als Stilmittel in sein Werk einbezog. Eine von Dubuffet angelegte Sammlung schöpferischer Gestaltungen der Art brut war erstmals 1947 in der Galerie René Drouin in Paris zu sehen. Aber nicht nur die Malerei Dubuffets verdankt der Art brut entscheidende Anregungen, sondern auch andere Künstler griffen immer wieder auf deren vor allem mit archaischer Ursprünglichkeit in Verbindung gebrachtes kreatives Potential zurück, wie zum Beispiel Künstler des → Informel oder die Künstlergruppe COBRA.

Art-Consulting Dieser eher modische Begriff (engl. *art consulting* = Kunstberatung) bezieht sich allgemein auf die vermittelnde Tätigkeit der Kunstberatung. Der Art-Consultant schafft als Fachmann für Fragen der Kunst Verbindungen zwischen Sammlern und Künstlern, Künstlern und Galeristen, Galeristen und Museen sowie zwischen allen sonstigen Personenkreisen im Bereich der bildenden Kunst. Der Art-Consultant ist typischerweise selbständig und konzentriert sich vorzugsweise auf moderne und zeitgenössische Kunst.

Neben Fach- und Marktkenntnis entscheiden hauptsächlich zwei Faktoren über seinen Erfolg: beste Kontakte zu allen relevanten Personenkreisen und nicht zuletzt eine optimale Selbstdarstellung. Art-Consulting ist eine manchmal hektische, in jedem Fall jedoch risikofreudige Tätigkeit, da selbst für langjährige Fachleute die Marktentwicklung im Bereich der Kunst keineswegs vorauszusagen ist. Wer als Art-Consultant also vermitteln, das heißt verkaufen will, darf keine Ratschläge zu bisweilen aus wirtschaftlicher Sicht riskanten Investitionen scheuen.

Kritiker werfen dem Art-Consulting indes die klare Priorität des lukrativen Geschäfts vor den Belangen der Kunst vor. Anders formuliert: Das Art-Consulting unterstütze die radikale Vermarktung der Kunst. Ein Vorwurf, der im Kern sicherlich zutreffend ist, gleichwohl erscheint es als ein allgemeines Symptom der Zeit, als eine äußere Entsprechung innerer Einstellungen. Das sich in Deutschland im Laufe der achtziger Jahre in breiterem Stil entwickelnde Art-Consulting zeigt wie ein Spiegel den gesellschaftlichen Umgang mit der Kunst.

Art Déco Stilbezeichnung für eine sowohl französische als auch internationale Richtung des → Kunstgewerbes in den Jahren 1920-1940. Der Begriff «Art Déco» (abgeleitet von frz. *l' art décoratif* = dekorative Kunst) entstand im Zusammenhang mit der Ausstellung «Exposition Internationale des Arts Décoratifs et Industriels Modernes», die 1925 in Paris stattfand. Das Art Déco steht in direkter Nachfolge des → Jugendstils, von dem es zahlreiche Stilmerkmale aufnahm. Neben gewissen kubistischen (→ Kubismus) und futuristischen Einflüssen (→ Futurismus) sowie Formelementen des → Bauhaus und des niederländischen → Stijl sind insbesondere stilistische Impulse fremder Kulturen zu erwähnen, zum Beispiel der afrikanischen, altägyptischen oder chinesischen Kunst. Das Art Déco bewegt sich zwischen den floralen, rankenden Formen des Jugendstil und den strengen, geometrischen Elementen des internationalen Funktionalismus, wie sie beispielsweise am Bauhaus oder innerhalb des Stijl entwickelt wurden. Kennzeichnend ist einerseits ein ausgeprägter ornamentaler Sinn, der sich in üppiger, reicher Dekoration ausdrückt, und andererseits eine Vorliebe für kostbare, luxuriöse Materialien, wie zum Beispiel Bronze, Ebenholz, Elfenbein, Glas, Kristall, Leder oder Silber. Innerhalb des Kunstgewerbes wirkt sich das Art Déco insbesondere auf Möbel, Einrichtungsgegenstände (zum Beispiel Keramik), Innenausstattung und die Gestaltung von Stoffen aus. Aber auch in der Architektur, Bildhauerei, Dekorations- und Bühnenmalerei oder → Gebrauchsgraphik (etwa Plakate) der zwanziger und dreißiger Jahre zeigt sich die unterkühlte Ästhetik des Art Déco.

Zu den Hauptvertretern unter den bildenden Künstlerinnen und Künstlern zählen beispielsweise Léon Bakst, Marcel Breuer, Sonja Delaunay-Terk, Raoul Dufy, Nathalie Gontscharowa und Pierre Legrain.

Arte Cifra Als Gegenbewegung zur intellektuellen → Concept Art und zur reduzierten Materialerforschung der → Arte povera formierte sich in Italien ab etwa 1977 die Arte Cifra (ital. *cifra* = Ziffer, Chiffre), die von dem italienischen Kunstkritiker Achille Bonito Oliva als → «Trans-Avantgarde» (transavanguardia) bezeichnet wurde. Eine Strömung in der Malerei, die sich durch eine sehr subjektive Bildsprache charakterisiert und unter Einbezug des Unbewußten und der persönlichen Erinnerung zu höchst individueller, poetisch-sinnlicher Gestalt findet.

Häufig expressiv veranlagt, entwickelt die (gegenständliche) Arte Cifra einen enormen Vorrat an Symbolen, Zeichen und verkürzten Chiffren, die letztlich allerdings nur ansatzweise entschlüsselt werden können. Eine ihrer wesentlichen

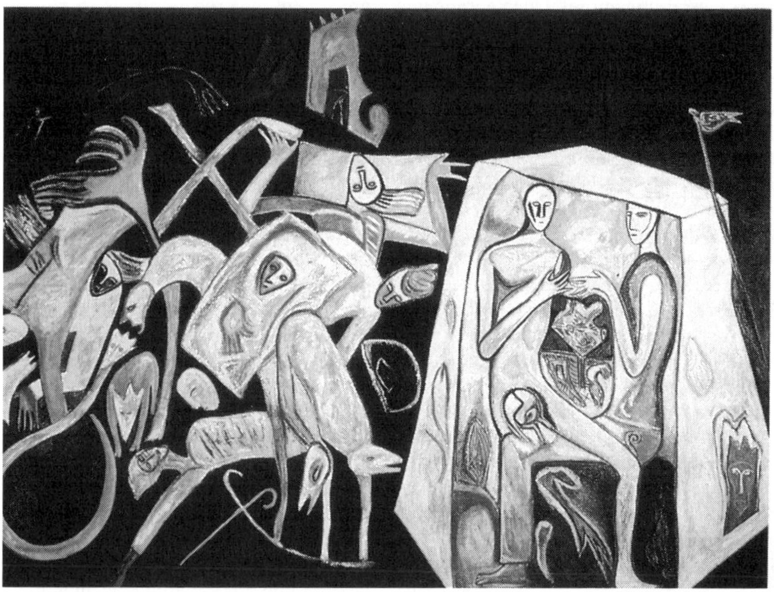

Mimmo Paladino: Ronda notturna. 1982

Leistungen besteht in der nicht mehr für möglich gehaltenen Wiederbelebung der Malerei, die bereits in den sechziger Jahren mehrfach für tot erklärt wurde. Anders als der → Expressionismus, mit dem die Arte Cifra der spontane → Duktus und die konzentrierte Farbkraft verbindet, kennt sie indes auch ruhige, kontemplative Formulierungen, die eher eine symbolistische Prägung besitzen.
Kombinationen gänzlich verschiedener, nicht zusammengehöriger Gegenstände schaffen entfernte Anklänge an den → Surrealismus. Die zum Teil gewaltigen Formate, die oft ausgedehnte Farbfelder enthalten, sind ohne die Erfahrung der → Abstrakten Kunst nicht denkbar.
Mit der zeitgleichen Malerei der → Neuen Wilden in Deutschland eint die Arte Cifra die radikale Individualität, die Rückkehr zur großformatigen Malerei und zum Teil auch der Einsatz expressiver Gestaltungsmittel. Doch gerade im letzten Punkt unterscheidet sich zum Beispiel die → Heftige Malerei in Berlin, die wesentlich radikaler einen ekstatischen Selbstausdruck sucht. Anknüpfungspunkte mit der Arte Cifra bietet dagegen eher die hintergründig witzige, äußerst vielgestaltige Malerei der Kölner Künstlergruppe «Mülheimer Freiheit». Ausgedehnte Berührungen gibt es mit der → Postmoderne, da die Arte Cifra immer wieder Stilzitate aus der Kunstgeschichte in ihre Bilder einfügt. Der Umgang mit der Kunstgeschichte ist von freudiger Unbekümmertheit geprägt, so daß Bildgegenstand und historischer Rückgriff bisweilen in subtiler Ironie miteinander kollidieren. Maßgeblich an der Entstehung der Arte Cifra waren u.a. folgende Künstler beteiligt: Sandro Chia, Francesco Clemente, Enzo Cucchi, Nicola de Maria, Mimmo Paladino.

Arte povera Die Bezeichnung Arte povera (ital. = arme Kunst) geht auf den italienischen Kunstkritiker Germano Celant zurück, der damit Skulpturen beschrieb, die sich aus «armen», das heißt scheinbar «wertlosen» (Natur-)Materialien konstituieren, wie zum Beispiel Asche, Erde, Filz, Holz, Reisig, Steine oder Ton. Die manchmal auftretenden Neonröhren brechen aus dieser Reihe aus, bilden gleichwohl markante Kontrastpunkte und führen in die Nähe der → Objektkunst. Die Skulpturen und → Environments der Arte povera bedienen sich bezüglich ihrer Materialanordnung collage- (→ Collage) und assemblageartiger Verfahren (→ Assemblage), wobei oft überraschende Materialkontrastierungen auftreten.
Die Arte povera tritt ab Mitte der sechziger Jahre mit Schwerpunkt in Italien auf. Beim künstlerischen Verfahren der Reduktion bestehen Berührungspunkte mit der → Minimal Art – wenngleich mit einem anderen Ergebnis –, bei der reflektierenden Grundhaltung gibt es eine Parallelität zur → Concept Art.
Ziele der Arte povera liegen in der Bekämpfung des der Skulptur zumindest latent innewohnenden Ästhetizismus, der sich zum Beispiel durch die Verwendung «edler» Materialien wie Bronze oder Marmor ausdrückt.
In dieser Grundeinstellung liegt ein zentraler kunst- bzw. gesellschaftskritischer Ansatzpunkt. Durch die Verwendung der nach konventioneller Werteskala «minderen» Materialien ergibt sich nicht nur eine neue Sichtweise der umgebenden Realität, sondern das scheinbar Nebensächliche, Unbedeutende gerät in das Blickfeld der Kunst und wird damit Gegenstand der Reflexion des Betrachters. Außerdem bestreiten die «armen» Materialien in der Regel den Ewigkeitsanspruch der klassischen Bildhauermaterialien. Sie thematisieren die Kategorien Zeit und Vergänglichkeit, indem sie sich ihnen unterordnen und nicht trotzig

entgegenstellen. Das Schwergewicht der Arte povera auf Wahl und Behandlung des Materials führt in diesem Punkt zu einer neuen Sensibilisierung und eröffnet überraschend ein weites Feld der Phantasie- und Assoziationstätigkeit.
Die Materialien selbst und ihr oft spannungsreicher Zusammenprall lösen Bedeutungsmöglichkeiten in viele Richtungen aus, die abschließend jedoch nicht einer stringenten Definition zugeführt werden können. Gerade die sinnliche Präsenz des Materials und seine vielfältigen Eigenschaften machen einen wichtigen Unterschied zur oftmals trocken theoretisch veranlagten Concept Art aus. Ursprünglich faßte Germano Celant unter dem Begriff Arte povera nur italienische bzw. in Italien lebende Künstlerinnen und Künstler zusammen, wovon Jannis Kounellis und Mario Merz die größte Bedeutung zukommt. Außerdem finden sich zum Beispiel Giulio Paolini, Giuseppe Penone oder Luciano Fabro erwähnt. In seiner 1969 erschienenen Publikation «Arte povera» erweitert Celant den Kreis der Künstler um weitere wichtige Vertreter, darunter Douglas Hueber, Richard Serra, Lawrence Weiner in den USA sowie Joseph Beuys und Reiner Ruthenbeck in Deutschland.

Art Nouveau → Jugendstil

Artothek Die Artothek, veraltet auch «Graphotek» genannt, ist eine (meist einer Bibliothek oder einem Museum angegliederte) öffentliche Einrichtung zur befristeten Ausleihe von Druckgraphik, in jüngster Zeit auch von Aquarellen, Ölgemälden, Plastiken und Objekten.

Assemblage Der Sammelbegriff Assemblage (frz. = Zusammenfügung) dient zur Bezeichnung von Kunstwerken, die vorgefundene Materialien und/oder Objekte (→ Objektkunst) in eine Bildstruktur einbinden (→ Materialbild). Dabei entsteht eine reliefartige Wirkung (→ Relief), die gemeinsam mit dem Gestaltungsprinzip der Zusammenfügung von unterschiedlichen Teilen auf die sehr enge Verwandtschaft zur → Collage verweist, als deren (räumliche) Weiterentwicklung die Assemblage gelten kann. Auswahl und Gestalt der zusammengestellten Teile sind höchst unterschiedlich, doch treten häufig gebrauchte und abgenutzte Gegenstände der Alltagswelt auf, die an sich so gut wie wertlos sind und somit einen Bezug zur → Junk Art herstellen. Insofern die in das Bild eingefügten Gegenstände vorgefunden bzw. vorfabriziert sind, kann man auch von → Objets trouvés sprechen. Sonderformen der Assemblage sind die → Akkumulation und das → Combine Painting, wobei die Grenzen oft fließend verlaufen, so daß eine zuverlässige Unterscheidung nicht immer möglich ist.
Obgleich bestimmte Äußerungen des → Dadaismus, → Konstruktivismus und → Surrealismus als Vorläufer angesehen werden können, entstand die Assemblage in ihrer heutigen Form gegen Ende der fünfziger Jahre. Bahnbrechend war in diesem Zusammenhang die Ausstellung «The Art of Assemblage», die 1961 von William C. Seitz im New Yorker Museum of Modern Art organisiert wurde. Bereits in den dreißiger Jahren schuf Joseph Cornell Assemblagen in Kastenform. Die umfangreichen, häufig altarähnlich aufgebauten Assemblagen von Louise Nevelson sind ebenfalls charakteristische Beispiele. Der Einbezug von Alltagsgegenständen in eine malerische Bildstruktur kann besonders eindrücklich bei Robert Rauschenberg beobachtet werden. Zur Assemblage zählen auch die → Fallenbilder von Daniel Spoerri.

Atelier Das Atelier (frz. = Werkstatt) ist der Arbeitsraum eines Künstlers. Für

Malerei werden im allgemeinen wegen des gleichmäßigen Lichtes Räume mit Fensteröffnungen nach Norden bevorzugt. Eine wichtige historische Voraussetzung der Entstehung des Ateliers bestand in der Auflösung des durch die Zünfte streng organisierten (kollektiven) Werkstattbetriebs im Spätmittelalter. Als weitere Voraussetzung kam die Gründung der → Akademien seit der Renaissance in Italien hinzu, die erst das individuelle Arbeiten im Atelier ermöglichten. Im späten 19. Jh. gelangten die aufwendig ausgestatteten Ateliers der «Malerfürsten» Franz von Lenbach oder Hans Makart als Orte des gesellschaftlichen Lebens zu großer Bekanntheit.

Ateliergemeinschaft Eine Gruppierung von Künstlerinnen und Künstlern, die zumeist aus Kostengründen ein → Atelier gemeinschaftlich benutzen. Viele Ateliergemeinschaften mieten beispielsweise eine (ehemalige) Fabriketage. Manchmal gibt es für solche Initiativen von staatlicher Seite eine finanzielle Unterstützung. Ateliergemeinschaften sind charakteristisch für die → zeitgenössische Kunst, da in den Großstädten Atelierräume knapp und entsprechend teuer geworden sind. Immer wieder finden sich auch Ateliergemeinschaften, die nicht nur die Mietkosten aufteilen, sondern auch im Sinne einer Künstlergemeinschaft zusammenarbeiten und gemeinsame Ausstellungen organisieren.

Ätzflüssigkeit Als Ätzflüssigkeit wird eine wasserverdünnte Salpetersäure bezeichnet, die zum Ätzen von → Radierungen verwendet wird.
Je konzentrierter die Ätzflüssigkeit ist, desto schneller und tiefer dringt sie in die Metallplatte ein.

Ätzgrund Der Ätzgrund, auch «Deckfirnis» genannt, ist eine säurebeständige Schicht, die aus einer Mischung von Asphalt, Wachs (oder Harz) besteht. Er wird beispielsweise bei der → Radierung in dünner Schicht auf die Metallplatte aufgetragen, um die nicht gravierten Partien entsprechend vor der Säure zu schützen. Ätzgrund gibt es in mehreren Härtegraden, wobei weiche Ätzgründe mit einer Walze, harte mit einem Tampon aufgetragen werden.

Auflage Die Auflage bezeichnet die Gesamtzahl der → Abzüge, die von einer → Druckform hergestellt wird. «Vor» der Auflage liegen dabei die → Künstlerdrucke, die → Probedrucke und die → Zustandsdrucke, die später auch nicht numeriert (→ Numerierung) werden. Die Höhe einer Auflage wird von den technischen Möglichkeiten der Druckform sowie von der Einschätzung des Marktes bestimmt. Ihre Festlegung ist willkürlich und wird durch bewußte → Limitierung oft künstlich niedrig gehalten.
Jeder Abzug einer Auflage wird in der Regel vom Künstler mit Bleistift numeriert, das heißt, es werden Angaben über die Höhe der Auflage und die Nummer des Abzugs gemacht, etwa 8/200 (→ Numerierung). Werden mehrere Auflagen von einer Druckform hergestellt, so wird die jeweilige Auflage durch eine römische Ziffer (etwa III 27/100) gekennzeichnet.
Bei älterer Druckgraphik, so bei Goyas «Caprichos», sind mehrere Auflagen zu verschiedenen Zeitpunkten die Regel; sie werden als «Neudrucke» bezeichnet. Im 20. Jh. sind Künstler dazu übergegangen, ihre Druckformen nach dem Auflagendruck für einen eventuellen Neudruck unbrauchbar zu machen. Gelegentlich findet man deshalb bei Beschreibungen graphischer Blätter Hinweise wie «Platte nach Druck abgeschliffen» oder «Platte nach Druck gekreuzt», oft auch «rayiert» (durchgestrichen).

Auflagenbegrenzung → Limitierung

Auktion Auf Auktionen werden Kunstwerke und Kunstgegenstände aller Art an den Meistbietenden versteigert. In Deutschland existiert eine ganze Anzahl von Auktionshäusern, die sich auf bestimmte Bereiche der Kunst spezialisiert haben. Neben Auktionen von Bildern und Skulpturen machen Kunsthandwerk und Antiquitäten einen Großteil der Versteigerungen aus.
Die großen Auktionen finden zumeist zweimal jährlich im Frühjahr und im Herbst statt. Die Auktionshäuser geben dazu zum Teil umfangreiche Kataloge heraus. Eine gewisse Zeit vor dem Versteigerungstermin sind in der Regel die Kunstwerke im Auktionshaus zu besichtigen, so daß Interessenten hier weitere Informationen einholen können.
Die auf Auktionen erzielten Preise gelten als internationale Richtlinien der (wirtschaftlichen) Wertschätzung eines Künstlers. Die seit Jahrzehnten überproportional ansteigende Preisentwicklung für fast alle Bereiche der Malerei und Skulptur fand erstmalig im Sommer 1990 eine deutliche Abschwächung.

Auktionskatalog → Katalog

Aussprengverfahren Das Aussprengverfahren, auch «Reservage» genannt, ist eine Technik der → Aquatinta zur Schaffung körniger, linearer Zeichnungen. Die Umrißlinien werden dabei mit einer Lösung aus Zucker, Wasser und Tusche direkt auf die Metallplatte gezeichnet. Nach dem Trocknen bringt man eine säurebeständige Schicht, den sog. Ätzgrund, auf die Platte und legt sie in ein warmes Wasserbad.
Der Zucker, der sich allmählich darin löst, sprengt den darüberliegenden Ätzgrund ab, so daß die aufgezeichneten Linien (oder Flächen) präzise auf der Metallplatte freigelegt werden. Ist eine Zeichnung solcherart aus dem Ätzgrund herausgelöst, wird die Platte mit Aquatintakorn versehen und geätzt.
Im → Flachdruck (beim «lithographischen Aussprengverfahren») wird die Zeichnung mit Pinsel oder Feder und einer Zuckerlösung auf den Stein bzw. auf eine Metallplatte aufgetragen. Die Zeichnung wird dann mit Lithokreide oder Lithotusche vollständig bedeckt. Die durch den Ätzvorgang freigelegten Partien der Zeichnung werden für den lithographischen Druck weiterbehandelt und stoßen später die Druckfarbe ab.
Im → Siebdruck bringt man die Zeichnung mit fetthaltiger Kreide auf die Gaze auf und bedeckt sie anschließend mit einem wasserlöslichen Leim. Da dieser nicht auf der fetthaltigen Kreide haften kann, wird er weggesprengt, wenn die Zeichnung später mit Terpentin «ausgewaschen» wird.

Ausstellung → Wechselausstellung

Ausstellungseröffnung → Vernissage

Ausstellungskatalog → Katalog

Autographie → Umdruck

Automatismus Automatismus (griech. *autómatos* = sich selbst bewegend) ist ein künstlerisches Verfahren, das allgemein auf der Ausschaltung rationaler Kontrolle beruht, das heißt, der künstlerische Schaffensprozeß vollzieht sich aufgrund einer auf intuitiver Spontaneität beruhenden Haltung des Künstlers. Darüber hinaus sucht der Automatismus das Unbewußte als fruchtbare Quelle der Inspiration auszuschöpfen.
Während der Begriff Automatismus allgemeine Bedeutung besitzt, versteht man unter der → Écriture automatique speziell das automatistische Arbeitsver-

fahren der Surrealisten, das André Breton bereits 1924 im ersten «Manifest des Surrealismus» theoretisch formulierte. Der → Surrealismus erprobte zwar in breitem Umfang den Automatismus, doch in seinem eigentlichen Sinne wurde derselbe erst vom amerikanischen → Action Painting bzw. dem europäischen → Informel und → Tachismus seit etwa der Mitte der vierziger Jahre angewandt. Eine zentrale Rolle spielte hier der surrealistische Maler André Masson, der einen konsequenten Automatismus verfolgte und Künstler wie Arshile Gorky oder Jackson Pollock maßgeblich mit seiner Arbeitsweise beeinflußte. In dem psychisch motivierten Automatismus dieser Jahre artikuliert sich ungefiltert die innere, emotionale Befindlichkeit der Künstler, geprägt von der Katastrophe des Weltkriegs und nicht zuletzt von der Erfahrung des Existentialismus.

Autotypie Die Autotypie (griech. *autos* = selbst; *typos* = Druck) ist ein fotomechanisches Reproduktionsverfahren zur Erzielung von Halbtönen. Das zur Herstellung einer Autotypie erforderliche Negativ wird durch Zwischenschaltung eines Kreuzrasters hergestellt, wobei ein in Punkte zerlegtes Bild entsteht. Zur Übertragung dieses Bildes auf die → Druckform wird das Negativ zusammen mit einer lichtempfindlich gemachten Metallplatte in einen Kopierrahmen gelegt, belichtet und später geätzt.
Man erkennt den → Abdruck einer Autotypie an ihrem Raster aus verschieden großen Punkten. Da diese Punkte von einheitlicher Farbsättigung sind und Tonabstufungen nur durch den Abstand des Betrachters bzw. der unterschiedlichen Dichte der Punkte zueinander erzeugt werden, spricht man im Gegensatz zum → Lichtdruck bei der Autotypie von «unechten Halbtönen».

Avantgarde Allgemeine Bezeichnung für künstlerische Wegbereiter mit der Absicht, neue Entwicklungen einzuleiten . Der Begriff wird zeitlich unspezifisch eingesetzt, bezieht sich jedoch in jedem Fall auf Künstlerinnen und Künstler, die durch ihre Ideen und Kunstwerke ihrer Zeit vorgreifen. In der Regel ist damit zugleich die Erschütterung und letztlich auch die Überwindung traditioneller Kunstauffassungen impliziert.
Die avantgardistische Wirkung eines Künstlers oder einer Künstlergruppe läßt sich u.a. am Einfluß der Kunstwerke auf die zeitgenössische Kunstszene und/oder auf nachfolgende Künstlergenerationen bemessen. Der Begriff Avantgarde ist für die → Moderne gebräuchlich, im wesentlichen ab dem → Impressionismus. So waren etwa → Expressionismus, → Kubismus, → Surrealismus, → Action Painting, → Pop Art oder → Minimal Art avantgardistische Bewegungen. Eine gewisse Tendenzwende wurde mit dem Einsetzen der → Trans-Avantgarde sichtbar, die durch Stilzitate aus der Kunstgeschichte und den «Rückgriff» auf das traditionelle → Tafelbild nicht mehr im eigentlichen Sinne als Avantgarde bezeichnet werden kann. Doch damit wird zugleich deutlich, daß mit dem Avantgarde-Begriff des 20. Jh.s stets das Kriterium des «Neuen» verknüpft ist, das heißt, eine «echte» Avantgarde bereichert die Kunst – wenngleich nicht immer um einen neuen Stil, so doch um grundlegend neue Aspekte.

avant la lettre → Abdruckzustände

avec la lettre → Abdruckzustände

B

Bauhaus, Staatliches 1919 gründete Walter Gropius in Weimar das Staatliche Bauhaus, eine interdisziplinär konzipierte Hochschule der Künste und des Kunsthandwerks. In seinem Gründungsmanifest formulierte Gropius die Ziele des neuen Instituts, die er in erster Linie durch die Einheit aller Künste unter der Führung der Architektur sowie durch die Synthese von Handwerk und Kunst zu erreichen suchte. Auf diese Weise sollten einerseits die Kunst aus ihrer Wirklichkeitsdistanz befreit und andererseits im Bereich von → Kunsthandwerk und → Design grundsätzliche Erneuerungen eingeleitet werden. Letztlich bestand ein wichtiges Ziel in der Erschließung des Kreativitätspotentials für die industrielle Massenproduktion. Ebenso wichtig wie neuartig war das kunstpädagogische Konzept, das sich in eine sechsmonatige Vorlehre, in eine dreijährige handwerkliche und eine abschließende künstlerische Ausbildung unterteilte. Die Bauhauslehrer im Bereich von Handwerk und Kunst waren der Idee nach als «Meister des Handwerks» und «Meister der Form» einander gleichgestellt, was sich indes in der Praxis nie ganz durchhalten ließ. Der Begriff Bauhaus deutet auf den Gemeinschaftssinn und auf die Gleichstellung von Kunst und Handwerk unter der Führung der Architektur, wie sie in mittelalterlichen Dom-Bauhütten gepflegt wurden.
Vorläufer lassen sich beispielweise in den Erneuerern des englischen Kunsthandwerks, William Morris und John Ruskin, finden. Wichtigen Einfluß übte auf Gropius die Darmstädter Künstlerkolonie (gegr. 1898/99) unter Josef Maria Olbrich und Peter Behrens aus; nicht zuletzt auch der Deutsche Werkbund (gegr. 1907), dem Gropius selbst angehörte und der in besonderem Maße die Verbindung von bildender Kunst und Industrie forderte.
Die Entwicklung des Bauhauses von 1919 bis 1933 läßt sich in verschiedene Phasen unterteilen, wobei eine zunehmende Funktionalisierung auf Kosten der bildenden Künste zu beobachten ist. Die Gründungsphase zwischen 1919 und 1924 ist durch den Einfluß des → Expressionismus und die besondere Bedeutung der bildenden Künste gekennzeichnet. Seit 1919 waren als Lehrer Lyonel Feininger, Johannes Itten, Adolf Meyer und Gerhard Marcks unter der Führung von Walter Gropius tätig.
1920 wurden Georg Muche, 1921 Paul Klee und Oskar Schlemmer, 1922 Wassily Kandinsky und schließlich 1923 László Moholy-Nagy an das Bauhaus berufen. Moholy-Nagy löste Johannes Itten und dessen meditativ geprägten Unterricht ab und nahm statt dessen deutlich konstruktive Ausrichtungen vor, wodurch sich eine Tendenzwende in eher funktionalistische Richtungen ergab. Theo van Doesburg hielt 1921/22 am Bauhaus vielbeachtete Seminare, in welchen er die Theorien des → Neoplastizismus vorstellte. 1924 machten dem Bauhaus heftige Angriffe reaktionärer Kreise zu schaffen, so daß ein großzügiges Angebot des Dessauer Stadtrates mit Erleichterung angenommen und 1925 der Umzug nach Dessau durchgeführt wurde, womit zugleich die zweite Phase 1925-1928 einsetzte. Gropius hatte den Gebäudekomplex in Dessau 1925/26 errichtet; er zählt heute zu den bedeutendsten Beispielen der Avantgarde-Architektur der zwanziger Jahre in Deutschland. 1925 stießen Josef Albers und der erst 23jährige Marcel Breuer, ehemali-

ger Bauhaus-Student, zum Lehrkörper. Die Ausbildungsmethodik wurde zugunsten einer Stärkung von Architektur und Design verändert, was eine Zunahme sachlicher, auf industrielle Verwertung ausgerichteter Konzeptionen bedeutete. Nicht zuletzt auch aufgrund der schwierigen politischen Situation legte Gropius 1928 den Vorsitz nieder, der in der Folge bis 1930 von dem Architekten Hannes Meyer übernommen wurde. Diese dritte Phase wird durch eine Neuorientierung des Bauhauses gekennzeichnet, denn die bildenden Künste hatten ab 1928 weitgehend einer rigorosen Technisierung und Funktionalisierung zu weichen. Auch ein weiterer Führungswechsel 1930 zum Architekten Ludwig Mies van der Rohe brachte nicht die erhoffte Wende und Rückbesinnung.
1932 wurde das Bauhaus in Dessau geschlossen. Ein Umzug nach Berlin in eine stillgelegte Telefonfabrik konnte das Ende nicht mehr abwenden: Am 20. Juli 1933 wurde das Bauhaus nach massivem Druck der Gestapo aufgelöst.
Die Wirkung des Bauhauses auf die künstlerische Situation der zwanziger Jahre, auf Kunsthandwerk, Design und Architektur kann gar nicht überschätzt werden. Die Emigration wichtiger Bauhauslehrer wie Josef Albers, Marcel Breuer, Lyonel Feininger, Walter Gropius, László Moholy-Nagy oder Mies van der Rohe in die USA setzte den Einfluß des Bauhauses auf internationaler Ebene fort, mit nicht zuletzt für die amerikanische Kunst und Architektur initiierender Bedeutung.

Behaviour Art Ausgehend von der → Prozeß- und → Aktionskunst, entstand um 1970 in enger Verquickung mit der → Body Art die Behaviour Art (engl. = Verhaltenskunst). Sie zielt darauf ab, durch bestimmte Trainingsprozesse zu einer neuen Art des Sehens und Handelns zu gelangen, mithin zu einem bewußteren und in seiner Sensibilität gesteigerten Wahrnehmungsverhalten, das dazu befähigen soll, konventionelle Verhaltensmuster und überkommene Denkstrukturen aufzubrechen und abzubauen. Dabei spielt die Körpergestik eine entscheidende Rolle, indem bestimmte Bedingungen, welche die menschliche Existenz determinieren, sichtbar gemacht und zum Gegenstand bewußter Erfahrung erhoben werden. Nur schwer von der Body Art abzugrenzen, leistet die Behaviour Art einen «aufklärerischen», da kunst- und gesellschaftskritischen Beitrag, wie er für viele Kunstströmungen um 1970 bezeichnend ist. Zu Aufzeichnung und Dokumentation der Aktionen dienen Fotografie, Film und Video.
Zu den Hauptvertretern zählen Vito Acconci, Dennis Oppenheim, Klaus Rinke und Franz Erhard Walther. Letzterer verfolgt mit seinen → «Prozeßdemonstrationen» eine systematische «Einübung» neuer Erfahrungsbereiche.

Bestand Unter dem Bestand eines → Museums versteht man solche Kunstwerke, die zu dessen Besitz zählen. Die neben den → Wechselausstellungen in einem Museum gezeigten Kunstwerke entstammen in der Regel dem Bestand. Eine der vorrangigen Aufgaben des Museums besteht in der Erhaltung, dokumentarischen Aufarbeitung und sinnvollen Erweiterung seines Bestandes.
Jedes Museum ist in seinen Beständen auf bestimmte Richtungen oder Epochen der Kunst spezialisiert, wobei Schenkungen und Vermächtnisse in der Ausrichtung eine nicht unwesentliche Rolle spielen. Im Idealfall sind alle Kunstwerke des Bestandes genau inventarisiert und wissenschaftlich bearbeitet. Das Ergebnis liegt zumeist in Form des Bestandskataloges vor, eine Publikation

von in erster Linie wissenschaftlichem Wert, die sämtliche Kunstwerke eines Museums aufführt. In der Regel kann aus Raumgründen stets nur ein kleiner Teil des Bestandes gezeigt werden. Der weit größere Teil ruht unterdessen im Depot des Museums und wird von Zeit zu Zeit ausgewechselt.
Nachdem in der Vergangenheit die finanziellen Aufwendungen für Wechselausstellungen durch Versicherungs- und Transportkosten enorm in die Höhe geschnellt sind, kommt dem Bestand als einem wichtigen Reservoir möglicher Ausstellungen vermehrte Bedeutung zu.

bezeichnet Begriff für die Namens- oder Schriftzeichen auf den jeweiligen Druckplatten bzw. für typographische Vermerke vom Künstler (oder von anderer Hand) auf der Graphik.

Bilderrahmen → Rahmen

Bildgattungen Seit der Renaissance entwickelte sich innerhalb der → Malerei eine Klassifizierung nach verschiedenen Bildgattungen, auch «Genres» genannt. Grundsätzlich wird zwischen sakralen und profanen Bildthemen unterschieden. Die Differenzierung der Bildgattungen im profanen Bereich trat zeitgleich mit der Entstehung des Bürgertums auf. Insbesondere seit der (niederländischen) Barockmalerei entstanden folgende Bildgattungen: → Architekturbild (→ Interieur, → Vedute u.a.), → Genre (Gesellschaftsstück, Jagdstück, Küchenstück u.a.), → Historienbild (Ereignis, Mythologie u.a.), → Landschaft (Marine u.a.), → Porträt (Gruppenporträt, → Selbstporträt u.a.) und → Stilleben. Wie in den Klammern angedeutet, läßt sich jede Bildgattung in weitere Untergattungen aufgliedern. Insbesondere im 19. Jh. wurde ihnen große Bedeutung zugemessen, es bildete sich sogar eine Rangfolge der Gattungen heraus. Danach kam zum Beispiel dem Historienbild die höchste und dem Stilleben die geringste Wertschätzung zu. Doch bereits der → Impressionismus löste diese starren Festlegungen auf. Zwar erscheinen die Bildgattungen bis ins 20. Jh. hinein, doch läßt ihre Bedeutung spätestens mit der Entstehung der → Abstrakten Kunst um 1910 rapide nach.

Bildhauerei Neben der → Malerei und → Graphik ist die Bildhauerei die dritte große Gattung der bildenden Künste. Sie schließt alle körperbildenden, das heißt dreidimensionalen Kunstwerke ein. Die Begriffe → Plastik und → Skulptur werden heute gleichbedeutend gebraucht. Manchmal finden auch die Begriffe Bildhauerkunst oder seltener Bildnerei Verwendung. Ursprünglich umfaßte die Bezeichnung Plastik nur Arbeiten, die aus weichen, formbaren Materialien in antragendem Verfahren modelliert wurden, zum Beispiel aus Gips, Ton oder Wachs (vgl. → Plastik). Außerdem fielen die Gußtechniken (zum Beispiel Bronzeplastik) unter diesen Begriff. Dem stand die Skulptur diametral gegenüber: Sie bezeichnete ursprünglich nur Arbeiten, die aus festen Materialien in abtragendem Verfahren durch Abschlagen oder Schnitzen gewonnen wurden (vgl. → Skulptur). Durch eine Vielzahl neuer Arbeitsverfahren und Materialien hat sich im 20. Jh. diese Unterscheidung praktisch aufgelöst.
Im wesentlichen eigenständige Bereiche bilden → Relief und Objekt (→ Objektkunst), in besonderem Maße → Installation und → Environment. Das Relief steht seinem flächigen Charakter nach zwischen Bildhauerei und Malerei. Ein Merkmal der Malerei findet sich in seiner Einansichtigkeit (nur von vorn), ein Merkmal der Bildhauerei im dreidimensionalen Ausgreifen in den Raum.

Das Objekt besteht aus einem oder mehreren vorgefundenen (Abfall-)Teilen des täglichen Konsums und wird zumeist nicht mehr wesentlich verändert. Es ist damit außerhalb von Skulptur und Plastik im eigentlichen Sinne angesiedelt und prägt seit dem Ende des Ersten Weltkriegs maßgeblich das dreidimensionale Schaffen. Installation und Environment stehen noch weiter von der traditionellen Bildhauerei entfernt. Der Bezug auf den umgebenden (architektonischen) Raum gliedert vor allem die Installation oft in viele, auseinanderliegende Einzelteile auf. Ohne ihren spezifischen Umraum sind die meisten Installationen und Environments nicht denkbar.
Kennzeichnend für die dreidimensionale Kunst des 20. Jh.s ist nicht nur die Entwicklung zur Abstraktion (und seit den frühen achtziger Jahren zum Teil wieder zur Gegenständlichkeit), nicht nur der Einbezug völlig neuer Materialien (Abfall, Aluminium, Eisen, Glas, Kunststoffe, Schrott, Stahl u.a.), sondern auch eine neue Auseinandersetzung mit dem Raum. Unter dem Stichwort → Kunst im öffentlichen Raum greifen beispielsweise dreidimensionale Kunstwerke in eine städtische Umgebung ein und bilden kreative Äquivalente zur Architektur, wodurch latente Raumbezüge und verborgene topographische Besonderheiten sichtbar werden.

Bildhauerzeichnung Die Bildhauerzeichnung dient der Vorbereitung und Planung einer → Skulptur bzw. → Plastik. Dabei können ganz unterschiedliche Stufen der Ausarbeitung entstehen. Die Spannbreite reicht von der flüchtigen → Skizze, die nur einige wenige und dabei recht vage Angaben enthält, bis hin zur detailliert ausgearbeiteten Zeichnung, die ein genaues (maßstabgerechtes) Bild von der noch auszuführenden dreidimensionalen Arbeit bietet.
Bereits im Mittelalter finden sich in den Musterbüchern frühe Beispiele der Bildhauerzeichnung, wie etwa das bekannte Skizzenbuch des Villard de Honnecourt. Bedeutende Bildhauerzeichnungen haben sich von Michelangelo, Giovanni da Bologna, Giovanni Lorenzo Bernini oder von Ignaz Günther erhalten, während im 19. Jh. insbesondere die Zeichnungen von Auguste Rodin und Aristide Maillol zu erwähnen sind, die zugleich den Beginn der → Moderne markieren. Davon zu unterscheiden ist eine Variante der Bildhauerzeichnung, die vorhandene dreidimensionale Werke (beispielsweise zu Studienzwecken) wiederzugeben sucht. Oft findet hier die Form des Skizzenbuchs Verwendung; die Zeichnungen erfüllen keinen unmittelbar vorbereitenden Zweck für ein auszuführendes Werk. Unabhängig davon entwickelte sich seit der Renaissance die selbständige Bildhauerzeichnung, die als ein autonomes Kunstwerk für sich steht und keinen planenden Charakter besitzt.
Gerade im 20. Jh. kommt diesem Typus eine große Bedeutung zu. Viele Künstler, die (vorwiegend) als Bildhauer arbeiten, entwickeln parallel dazu ein oft erstaunliches zeichnerisches Œuvre, das sich völlig unabhängig von ihren dreidimensionalen Arbeiten behauptet.

Bildnis → Porträt

Bildpostkarte Zu den Bildpostkarten, die ab 1870 in Gebrauch kamen, zählen vor allem die Ansichts-, Glückwunsch- oder Kunstpostkarten. Für ihre Herstellung wurden die unterschiedlichsten Verfahren benutzt (vom → Holzstich über die → Lithographie und → Radierung bis zum → Prägedruck), heute zumeist der Bromsilberdruck.
Bevorzugte Objekte für Sammler sind die sog. «Freundschaftskarten» geworden, die von Künstlern bemalt oder spe-

ziell gezeichnet wurden. Daneben gibt es zahlreiche, von Künstlern entworfene Bildpostkarten, so von Walter Crane, Kate Greenaway, Gustav Klimt, Max Ernst, Emil Nolde oder Egon Schiele.

Bindemittel Unter Bindemitteln versteht man die in der Maltechnik verwendeten (zumeist farblosen) Substanzen, die sowohl die → Pigmente binden als auch das Haften auf dem Malgrund und die Oxidation an der Luft ermöglichen. Bindemittel beeinflussen sowohl den Charakter der Bildoberfläche (matt, glänzend, durchscheinend etc.) als auch den Galerieton bei der Alterung einer Malerei. Zu den bekanntesten Bindemitteln gehören Leinöl, das aus Flachssamen gewonnen wird, sowie Mohn- und Walnußöl. Gebräuchlich sind auch Kunstharze oder Mischungen aus Pflanzenölen und Chemikalien (wie zum Beispiel Mangan oder Kobalt).

Binderfarben → Dispersionsfarben

Bister Bister (frz. *bistre* = rußbraun) ist eine schwarzbraune Farbe aus Buchen-Kienruß, die seit dem 14. Jh. zur → Lavierung von Zeichnungen verwendet wird. Aufgrund seiner mäßigen Lichtbeständigkeit wurde Bister seit etwa 1800 durch das Pigment Umbra ersetzt.

Bleigriffelzeichnung Die Bleigriffelzeichnung besitzt große Ähnlichkeit mit der → Bleistiftzeichnung. Der Bleigriffel ist ein Metallstift mit grauem Strich, dessen Legierung zu etwa zwei Dritteln aus Blei und zu etwa einem Drittel aus Zinn, seltener aus Wismut besteht. Er ist sehr weich, so daß er auch auf relativ glatten Untergründen sicher haftet. Die Bleigriffelzeichnung diente überwiegend als Entwurfs- bzw. Vorzeichnung, da sie leicht zu korrigieren ist und keine Fixierung benötigt. Nur selten tritt sie hingegen als selbständige, autonome Zeichnung auf.
Bereits die Antike kannte den Bleigriffel als Schreib- und Zeichenmittel. Im Mittelalter war er aufgrund seines niedrigen Preises ein beliebtes Arbeitsgerät. Ein bekanntes Beispiel aus der Frührenaissance ist eines der «Skizzenbücher» des venezianischen Malers Jacopo Bellini. Doch bereits mit dem Beginn des 16. Jh.s wurde die Bleigriffelzeichnung zunehmend von → Graphitstift sowie der → Kreide- und → Rötelzeichnung zurückgedrängt.

Bleischnitt Vergleichbar etwa dem → Holzschnitt, ist der Bleischnitt bzw. Bleistich ein Verfahren des → Hochdrucks, wobei der → Druckstock aus einer Bleiplatte besteht, die aufgrund ihrer Weichheit gut mit Stichel und Fräse bearbeitet werden kann. Durch Nachgießen von Blei sind Korrekturen möglich.
Der nicht weiterbehandelte Druckstock erlaubt keine hohen → Auflagen, kann jedoch verkupfert, vernickelt oder verstählt werden (→ Verstählung), so daß sich die Auflage steigern läßt. Der Bleischnitt findet vor allem in der → Gebrauchsgraphik Verwendung, so im → Buchdruck. Zu Beginn des 20. Jh.s diente er bevorzugt zur Herstellung von → Exlibris und → Vignetten.

Bleistich → Bleischnitt

Bleistiftdruck Der Bleistiftdruck ist ein Verfahren des → Flachdrucks und ermöglicht die mechanische Vervielfältigung einer (präparierten) → Bleistiftzeichnung. Als Zeichengrund dient eine mit Phosphorsäure und → Gummiarabikum behandelte Aluminiumplatte. Nach dem Auftragen der Zeichnung wird die Platte vorsichtig mit Stearinöl eingerieben. Abschließend erfolgt der Druck auf der Offsetpresse.

Bleistiftlithographie Die Bleistiftlithographie ist eine Sonderform der → Lithographie, bei der mit Bleistift auf den Stein gezeichnet wird. Sie ermöglicht die Wiedergabe sehr dünner Striche, die mit Lithokreide nicht erzielt werden kann.

Bleistiftmanier → Aquatinta

Bleistiftradierung Bei der Bleistiftradierung, einem Verfahren des → Tiefdrucks, wird mit einem Bleistift direkt auf den → Ätzgrund einer Kupferplatte gezeichnet. Nach der Ätzung in einem Säurebad drucken nur die mit dem Stift freigelegten Linien.

Bleistiftzeichnung Der Bleistift, der um 1790 von Jacques Louis Conté erfunden wurde, erreichte bald nach 1800 große Popularität und trat erfolgreich die Nachfolge des Bleigriffels (→ Bleigriffel-

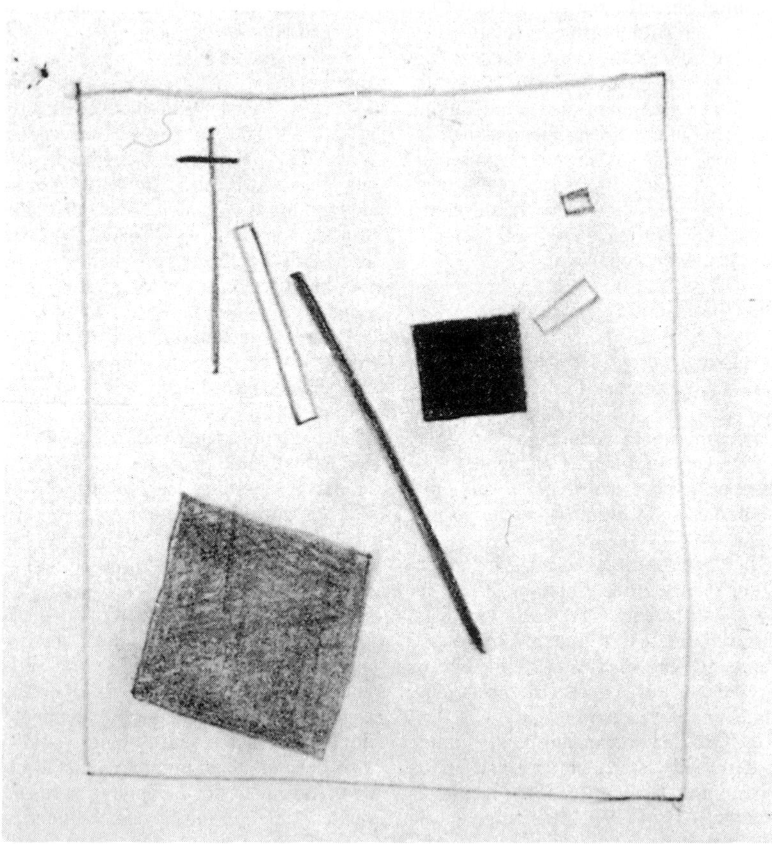

Kasimir Malewitsch: Ohne Titel. Um 1915/17

zeichnung) an. Die korrektere Bezeichnung → Graphitstift deutet auf die materielle Zusammensetzung, eine Mischung aus pulverisiertem Graphit – ein weiches, grauschwarzes Mineral – und Ton hin, die abschließend gebrannt wird. Je nach Mischungsverhältnis lassen sich viele verschiedene Härtegrade erreichen; so sind heute mehr als 20 Härtestufen gebräuchlich.

Harte Blei- bzw. Graphitstifte ergeben einen dünnen, hellen Strich, während die weichen Stifte eine dunkle, leicht verwischbare Linie entstehen lassen. Dementsprechend unterscheidet man manchmal eine harte, klassische Bleistiftzeichnung von einer weichen, malerischen. Aufgrund ihrer leichten Verwischbarkeit erfordert die Bleistiftzeichnung eine abschließende Behandlung mit einem → Fixativ.

Die früheste Verwendung des Graphits wird im 16. Jh. vermutet. Zu Beginn des 19. Jh.s wurde in Frankreich die eher harte Linie der Bleistiftzeichnungen Dominique Ingres bekannt, während diejenigen von Eugène Delacroix sich durch ihre weiche Linienführung auszeichnen. In Deutschland war die Bleistiftzeichnung vor allem bei der von Johann Friedrich Overbeck und Franz Pforr 1809 gegründeten Künstlergruppe der Nazarener beliebt, die sich im Kloster Sant' Isidoro in Rom an den Idealen Albrecht Dürers oder Raffaels orientierten.

Auch die Bleistiftzeichnungen Adolph von Menzels zählen zu den hervorragenden Beispielen des 19. Jh.s, die unter Verwendung eines besonders breiten, weichen Stiftes nahezu impressionistische Wirkung erreichen.

Im 20. Jh. büßte die Bleistiftzeichnung nichts von ihrer Faszination ein und wird von vielen Künstlern bis in die Gegenwart hinein gepflegt. Als «klassische» Beispiele gelten gegenständliche Zeichnungen von Henri Matisse und Pablo Picasso sowie gegenstandslose des russischen → Konstruktivismus.

Blinddruck Unter einem Blinddruck, auch «Gaufrage» genannt, versteht man den Druck ohne Farbe. Er dient zur Überprüfung der → Druckform (→ Prägedruck, → Reliefdruck).

Blockbuch Vor der Erfindung der Buchdruckerkunst mit beweglichen → Lettern druckte man Bücher (nachweislich in Holland und Deutschland) von Holztafeln, in die Text und Bild gemeinsam geschnitten wurden (→ Holzschnitt). Gedruckt wurde im Reiberdruckverfahren, bei dem jedes Blatt von der Rückseite her einzeln mit einem Falzbein abgerieben wurde.

Weil auf diese Weise nur ein einseitiges Bedrucken der Blätter möglich war, klebte man die unbedruckten Rückseiten zusammen und verschnürte dann die Druckbogen am Rücken zu Blockbüchern. Aus China stammende Blockbücher bestanden aus einseitig bedruckten Doppelblättern, die am Vorderschnitt geschlossen waren, um das Druckrelief auf der Rückseite zu verdecken.

Blueprint Der Blueprint (engl. = Blaudruck) ist ein Reproduktionsverfahren ohne Zwischennegativ, bei dem eine auf Transparentpapier oder fotografischen Film aufgebrachte Zeichnung unmittelbar auf lichtempfindliches Papier kopiert wird. Dabei ergibt sich eine weiße Zeichnung auf blauem Grund.

Body Art In der Body Art (engl. = Körperkunst) dient der Körper des Künstlers bzw. der Künstlerin als Medium des schöpferischen Ausdrucks. Gegen Ende der sechziger Jahre – zunächst eng verflochten mit der → Behaviour Art – entwickelte sich die Body Art in New York als neue Kunstform aus dem → Hap-

pening und der → Prozeßkunst, wobei die teilweise öffentlichen Körperaktionen durch → Fotografie, Film oder Video dokumentiert wurden. Aber nicht nur Aktionen mit dem Körper, sondern auch Manipulationen oder gar Verletzungen der Körperoberfläche sind typische, wenngleich zum Teil extreme Ausprägungen.
Anknüpfungspunkte fanden die Künstler beispielsweise bei den «Anthropometrien» Yves Kleins, den «Selbstübermalungen» Arnulf Rainers, den Happenings des → Wiener Aktionismus oder verschiedenen Arbeiten Bruce Naumans der Jahre 1966-68.
Zur Body Art zählen die reduzierte Körpersprache von Gilbert & George, die Aktionen mit gezielten Sonneneinstrahlungen auf die Haut bei Dennis Oppenheim, aber auch radikalere Formulierungen wie die Selbstverletzung mit Rasierklingen bei Gina Pane in der Aktion «Nourriture» (1971) oder das «Self-Burial Piece» (1969) von Keith Arnatt, eine Aktion, in der sich der Künstler lebendig begraben ließ.
Zu den bekannten Vertretern der Body Art ist außerdem Vito Acconci mit seinen Aktionen zu rechnen, in welchen er sich zum Beispiel durch Abbrennen oder Ausreißen der Körperhaare Verletzungen zufügt. In Deutschland sind Jürgen Klauke oder Timm Ulrichs zu erwähnen. Rebecca Horn inszeniert Aktionen mit ihrem eigenen Körper, dessen Sensorien durch Tastinstrumente, Federfächer, Masken u.ä. erweitert werden.

Bromöldruck Der Bromöldruck ist ein fotografisches Edeldruckverfahren, das kurz nach 1900 erfunden wurde. Das Bromsilberbild wird hierbei in einem Gerbbad ausgebleicht, wodurch die Gelatine überall dort, wo sich Bildsilber befindet, gehärtet wird. Im anschließenden Wasserbad nimmt diese gehärtete Gelatine – im Gegensatz zu den übrigen Partien – nur wenig Wasser auf. Beim Einfärben mit fettiger Farbe stoßen die ungefärbten, jetzt wasserhaltigen Stellen die Farbe ab, wogegen die gehärteten Partien sie annehmen. Druckt man von dem so präparierten Gelatinerelief, erzielt man ein Halbtonbild von malerischer Wirkung.

Bruitismus Der Bruitismus (frz. *le bruit* = Lärm) verkörpert sich in interdisziplinären Veranstaltungen des → Dadaismus. Verschiedene Disziplinen wie zum Beispiel Literatur, Musik oder Theater werden simultan miteinander in Beziehung gebracht, so daß der Zuschauer auf verschiedenen Sinnesebenen zugleich angesprochen wird. Die Veranstaltungen des Züricher «Cabaret Voltaire» um 1916 gelten als typische Beispiele des Bruitismus, einer Vorform von → Happening und → Fluxus sowie den → Multi-Media-Veranstaltungen der späten fünfziger und frühen sechziger Jahre.

Buchdruck Unter Buchdruck versteht man ein von Johannes Gutenberg Mitte des 15. Jh.s entwickeltes Hochdruckverfahren (→ Hochdruck). Die Druckformen bestanden dabei aus beweglichen → Lettern oder Einzelteilen wie → Klischees, die für jedes Druckwerk neu zusammengesetzt und wieder auseinandergenommen wurden. Dieses Verfahren wurde im Laufe der Jahrhunderte ständig verbessert (zum Beispiel durch den Maschinensatz, in jüngster Zeit durch modernste Computertechnologie, insbesondere Desktop Publishing).
Gedruckt wird sowohl auf Handpressen wie auch auf Industriepressen (Rotations-, Tiegeldruck- oder Zylinderpressen). Seit etwa Mitte der siebziger Jahre dieses Jh.s setzt sich im Buchdruck zunehmend das Verfahren des → Offsetdrucks durch.

Buchillustration Im Unterschied zu manuellen Illustrationstechniken wie Buchmalerei oder Illuminierung definiert sich die Buchillustration als eine mit drucktechnischen Verfahren hergestellte bildliche Erläuterung eines Textes. Hierunter fällt auch der Buchschmuck (→ Initialen, Titelbordüren u.ä.), der seit Beginn des 16. Jh.s gebräuchlich wurde.
Zu Beginn des → Buchdrucks war die Buchillustration fast ausschließlich dem → Holzschnitt vorbehalten, ab Mitte des 16. Jh.s gewannen dann die Verfahren des → Tiefdrucks größere Bedeutung. Auf gesonderten Blättern wurden beispielsweise → Kupferstiche oder → Radierungen gedruckt und in die Bücher eingefügt (geklebt oder nach besonderer Bogenfolge eingebunden). Mitte des 19. Jh.s setzten sich dann die fotomechanischen Reproduktionsverfahren durch (insbesondere → Lichtdruck und → Offsetdruck), die auch der quantitativen Zunahme der Buchproduktion besser entsprachen.
Zu den bekanntesten Buchillustratoren des 20. Jh.s gehören Alfred Kubin und Karl Rössing. Daneben haben sich auch andere Künstler, zum Beispiel Ernst Barlach, Marc Chagall, Oskar Kokoschka, Aristide Maillol, Frans Masereel, Max Slevogt oder Heinrich Vogeler als Illustratoren für Bücher betätigt.

Buchkunst Bezeichnung für Bücher, die mit künstlerischen Mitteln gestaltet wurden. Die Buchkunst umfaßt Elemente wie → Typographie, Illustration, Layout oder Einbandgestaltung und wird insbesondere von Minipressen oder → Privatpressen eingesetzt, die sich vom Buch als maschinell hergestellter Massenware distanzieren.

Buchmalerei Unter Buchmalerei versteht man handgemalte Bilder, Überschriften und Verzierungen (zum Beispiel Randleisten oder Initialen) in Handschriften. Als Malgrund diente in der Antike Papyrus, später Pergament. Ab dem 14. Jh. wird auch Papier verwendet. Man zeichnete in der Antike und auch noch im frühen Mittelalter mit dem sog. Schreibrohr, später mit Vogelfedern oder Borstenpinseln. Bei → Federzeichnungen verwendete man eine Tinte, die aus Ruß oder aus Galläpfeln und Eisenvitriol hergestellt wurde. Ein weiteres beliebtes Malmittel war das aus Bleimennige hergestellte «Minium». In Privathandschriften verwendete man auch Gold oder Silber für die Deckfarbenmalerei.
Die figürliche und ornamentale Ausstattung der Handschriften gehört zu den wichtigsten Zeugnissen früher Kunstausübung und ist bereits in den ägyptischen Totenbüchern aus der Zeit des Neuen Reiches (um 1550 bis 712 v. Chr.) nachweisbar. Auf Papyrusrollen findet man dort am oberen und unteren Rand kleine → Tuschzeichnungen. Die Buchmalerei ist aber auch in den Handschriften der griechischen und römischen Antike überliefert, sie wurde ebenso in China, Japan, im Islam und in der altamerikanischen Kunst praktiziert.
Ihre Blütezeit hatte sie in der byzantinischen Kunst und im europäischen Mittelalter. Sie brachte eindrucksvolle Werke wie etwa die «Bamberger Bibel», die «Manessische Liederhandschrift», die «Stundenbücher des Duc de Berry» oder die «Wenzelsbibel» hervor.
Nach der Erfindung des → Buchdrucks und dem Siegeszug des → Holzschnitts im 15. Jh. wurde die Buchmalerei immer mehr zurückgedrängt, bis sie letztlich verschwand.

Buch mit Originalgraphik Oft als Werkverzeichnis herausgegebene Vorzugsausgabe (→ Vorzugsdruck), der eine limitierte Graphik (→ Limitierung) beigegeben wird.

Büste Entsprechend dem → Porträt in der Malerei, versteht man unter einer Büste die plastische Darstellung eines Menschen in der → Bildhauerei. Sie umfaßt den Kopf bis zu den Schultern bzw. einschließlich des Oberkörpers. Die Büste existiert auch als reliefplastische Darstellung und besitzt in aller Regel Porträtcharakter. Die Büste war zwar bereits in der ägyptischen Kunst bekannt, gewann indes in der römischen Kaiserzeit als Bildnisplastik große Bedeutung. In der Renaissance erlebte sie eine weitere Blüte. Im 20. Jh. besitzt die Büste nur noch geringe Bedeutung.

Büttenpapier Handgeschöpftes Papier, dessen Kennzeichen seine unregelmäßig geformten Ränder sind. Vor Einführung der Papiermaschine entfernte man diese Ränder, läßt sie jedoch heute stehen, insbesondere bei bibliophilen Buchausgaben. Neben handgeschöpftem Büttenpapier gibt es das sog. Imitierte Bütten, das für Briefpapier oder künstlerische Drucke verwendet wird.
Schwach geleimtes Büttenpapier eignet sich für die Technik des → Holzstichs oder → Kupferstichs; auf stärker geleimtes Papier greift man bei → Lithographien zurück.

Cadavre exquis Der Begriff Cadavre exquis (frz. = köstlicher Leichnam) bezeichnet eine collagenartige (→ Collage) Technik, die von den → Surrealisten als geselliges Spiel gepflegt wurde. Auf ein Blatt Papier werden Worte geschrieben und das Blatt so gefaltet, daß diese nicht mehr sichtbar sind. Der nächste Teilnehmer schreibt seine Worte an die vorausgehenden und so fort. So entstehen Sätze bzw. Wortverkettungen, die keinen logischen Sinn, dafür überraschende Kombinationen ergeben. Surrealistische Cadavres exquis sind auch als gezeichnete Versionen bekannt.

caelavit, cael. Lat. Bezeichnung (= hat graviert) auf älterer Druckgraphik, die neben dem Namen des Graveurs steht.

Camaieudruck Der Camaieudruck, auch «Grau-in-Grau-Schnitt» genannt, ist eine Mehrplattentechnik, die die Wiedergabe lackierter Pinselzeichnungen anstrebt. Die verschiedenen Abstufungen eines Farbtons werden durch Übereinanderdruck mehrerer Platten erreicht.
Gedruckt werden zunächst die dunklen Töne (Umrisse und Schatten), dann die helleren und Mitteltöne. Die letzte Platte trägt die Grundfarbe oder weiße Töne. Auf eine Schwarzplatte wird in der Regel verzichtet.

Camera obscura Die Camera obscura (lat. = dunkle Kammer), auch «Lochkamera» genannt, ist bereits seit der Antike bekannt. Ein lichtundurchlässiger, innen geschwärzter Kasten mit transparenter Rückwand (aus Glas oder Papier) enthält auf seiner Vorderseite eine kleine Öffnung bzw. eine kleine Sammellinse. Auf der Rückwand entsteht das verkleinerte, auf dem Kopf stehende Abbild des anvisierten Gegenstandes. Die Camera obscura wurde seit der Renaissance bis ins 19. Jh. hinein in der Malerei als Hilfsmittel für Komposition und Perspektive geschätzt. Ausgerüstet mit lichtempfindlichem Papier anstelle der transparenten Rückwand, stellt sie die Urform des Fotoapparates dar.

Capriccio Capriccios nennt man kleinere → Zeichnungen (auch Druckgraphiken) einer Künstlerserie, die bestimmte Themenkomplexe spielerisch und phantasievoll behandeln. Der Begriff wurde 1617 durch die Radierungen von Jacques Callot in die bildende Kunst eingeführt. Unter einem Capriccio versteht man auch eine fiktive Architekturdarstellung. Bedeutende Capriccios stammen von Künstlern wie Giovanni Battista Piranesi, Francesco Guardi, Giambattista Tiepolo oder Francisco de Goya.

Cartoon → Karikatur

Chalkographie Chalkographie (griech. *chalcos* = Kupfer; *graphein* = schreiben) ist eine alte Bezeichnung für → Kupferstich.

Chemigramm Das 1956 vom Belgier Pierre Cordier erfundene Chemigramm ist ein fotochemisches Verfahren, das ohne Kamera und Vergrößerungsgerät fein strukturierte, farbige Bilder hervorbringt. Chemigramme entstehen durch chemische und mechanische Beeinflussung der Emulsionsschicht, zum Beispiel durch Verwendung von Entwicklungs- und Fixiersubstanzen oder spezieller Farbpigmente. Die Zufälligkeit der ablaufenden Prozesse gilt dabei als wesentliches gestalterisches Element.

Chiaroscuro-Druck → Clair-obscur-Holzschnitt

Chinapapier Chinapapier ist ein sehr weiches, saugfähiges Papier (meist leicht gelblich gefärbt), das insbesondere für → Kupferstiche und → Radierungen verwendet wird.

Chromolithographie → Farblithographie

Chromotypie → Farbdruck

Cinematismus Der Cinematismus ist ein vom → Futurismus entwickeltes Verfahren, das der Darstellung eines schnellen Bewegungsablaufes innerhalb eines Bildes dient. Das sich bewegende Bildmotiv wird gewissermaßen in einer seriellen Reihe, das heißt in verschiedenen Bewegungsstadien festgehalten. So ergibt sich gewissermaßen eine Auffächerung des Gegenstandes, und es entsteht der Eindruck eines dynamischen, ruckartigen Bewegungsablaufes.
Bekannte Bilder des Cinematismus sind «Hund an der Leine» (1912) von Giacomo Balla und «Akt, eine Treppe hinabsteigend» (1911) von Marcel Duchamp.

Clair-obscur-Holzschnitt Der Clair-obscur-Holzschnitt, auch «Chiaroscuro-Druck» oder «Hell-Dunkel-Holzschnitt» genannt, hat seinen Ursprung im späten 15. Jh. Seine Technik ist angelehnt an die Hell-Dunkel-Zeichnung, die durch Deckweiß auf farbigem Papier ihre besondere Wirkung erzielt. Beim Clair-obscur-Holzschnitt wird dieser Effekt erreicht, indem man zwar das Papier bedruckt, die Linien oder Flächen auf den Druckstöcken jedoch ausspart, so daß dort das Weiß des Papiers unbedruckt bleibt.
Beim farbigen Clair-obscur-Holzschnitt wird die Farbfläche mit einer Tonplatte (wobei oft noch eine dunkle Farbvariante hinzutritt) gedruckt, die schwarzen Konturen der Linien dagegen mit einer sog. Stichplatte.

Cliché verre → Glasklischeedruck

Cloisonnismus Die vermutlich von Émile Bernard konzipierte Malweise sieht eine Umrahmung von kontrastierenden Farbfeldern durch dunkle Linien vor, so daß sich die Bildmotive aus gegenseitig abgegrenzten Farbflächen konstituieren. Den Begriff Cloisonnismus (frz. *la cloison* = Scheidewand) prägte 1888 Édouard Dujardin am Beispiel des Bildes «Die Vision nach der Predigt – Jacobs Kampf mit dem Engel» (1888) von Paul Gauguin. Die durch Flächen und Farbfelder bestimmte Malweise stand in ihrer Entstehungsphase unter dem Eindruck → japanischer Farbholzschnitte und wurde in den späten achtziger und frühen neunziger Jahren des 19. Jh.s hauptsächlich von Louis Anquetin, Émile Bernard und Paul Gauguin gebraucht.
Der Cloisonnismus bildet mit seiner Flächigkeit einen interessanten Gegensatz zum zeitgleichen → Neoimpressionismus von Georges Seurat und Paul Signac, deren Malweise vollständig auf den isolierten Farbpunkt konzentriert ist. Die durch → Komplementär- und → Simultankontraste sich wechselseitig dynamisierenden Farbfelder übten vor allem auf den → Jugendstil einen wichtigen Einfluß aus.

Clouage Die Clouage (frz. *le clou* = Nagel) bezeichnet eine bildnerische Gestaltung, deren Oberfläche durch eine Vielzahl von Nägeln strukturiert ist und so den Charakter eines → Reliefs entstehen läßt. Je nach Lichteinfall, dem Neigungswinkel der Nägel und deren Tiefe entsteht ein rhythmisches Spiel von Licht- und Schattenwirkungen. Der Begriff bezieht sich in erster Linie auf die

«Nagelbilder» Günther Ueckers aus den späten fünfziger und frühen sechziger Jahren.

Collage Die Collage (frz. *coller* = kleben), auch «Klebebild» genannt, besteht aus verschiedenen (kunstfremden) Alltagsmaterialien, die auf die Bildfläche geklebt werden und so zu überraschenden, irritierenden und auch provozierenden Wirkungen führen. Häufige Verwendung finden zum Beispiel Drahtgaze, Fahrkarten, Fotos, Furniere, Holzteile, Karton, Papier, Stoffe, Tapeten- und Zeitungsstücke etc.

Die Intention der Collage besteht einerseits in einer radikalen Annäherung an die Wirklichkeit durch die Integration von Gegenständen des Alltags, womit zugleich der Schritt von der Abbildung zur realen Präsentation vollzogen und die Frage nach der Realität neu gestellt wird. Andererseits erzielt sie ihren besonderen Reiz durch das unvermittelte Aufeinanderprallen von nicht zusammengehörenden Gegenständen auf inhaltlicher und von konträren Oberflächenstrukturen und Materialeigenschaften auf formaler Ebene.

Zumeist besitzt die Collage flächigen Charakter, der allerdings häufig, zum Beispiel durch eingefügte → Objets trouvés, auch die Struktur eines → Reliefs annehmen kann.

Die Entstehung der Collage ist eng mit den Namen Georges Braque und Pablo Picasso verbunden, die um 1911/12 im Zusammenhang mit dem synthetischen → Kubismus die → Papiers collés schufen – erste collageartige Arbeiten. Sie enthalten gelegentlich durch täuschend ähnliche Abbildung → Trompe-l'œil-Effekte, die in spielerischem Kontrast zu den eingeklebten, realen Gegenständen stehen und außerdem auf die illusionistische Trompe-l'œil-Malerei des 17. Jh.s verweisen.

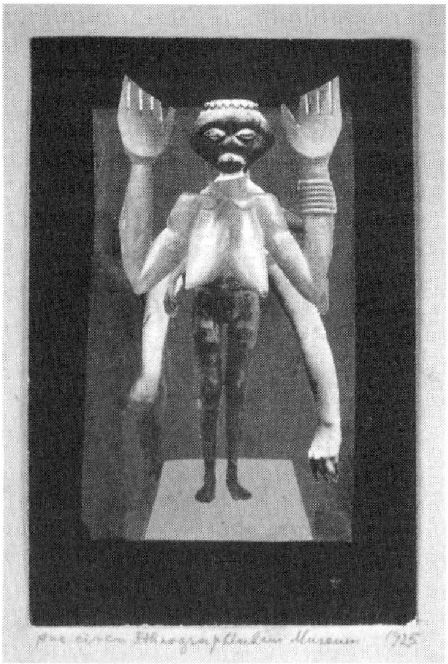

Hannah Höch: Trauer/Aus einem Ethnographischen Museum. 1925

Bereits im April 1912 forderte Umberto Boccioni im «Technischen Manifest der futuristischen Bildhauerei» die Verwendung alltäglicher Materialien wie Glas, Holz, Karton oder Stoff. Neben den Kubisten wurde die Collage in ihrer Entstehungszeit vor allem von den Künstlern des → Futurismus entwickelt, wobei insbesondere die Arbeiten Carlo Carràs um 1914 zu erwähnen sind, die durch fächerförmige Papierreihungen Dynamik und Geschwindigkeit einzufangen suchen. Die persönliche Begegnung Wladimir Tatlins mit Pablo Picasso 1913 in Paris hatte die Umwandlung des flächigen Collageprinzips in die dreidimensionalen Materialkombinationen der → Kontra-Reliefs Tatlins zur Folge, die wiederum für die Entwicklung des russischen → Konstruktivismus sehr große Bedeutung besitzen.

Der → Dadaismus in Zürich und wenig später vor allem die Berliner Variante verliehen der Collage einen provozierenden, die soziale Wirklichkeit bissig entlarvenden Charakter. Aus der Collage entstand durch die Verwendung von Fotos aus den Printmedien die → Fotomontage, die in ihrem Bauprinzip der Collage gleichkommt, allerdings auf einer heftigen, politischen Aussage gründet, wie Arbeiten von Herbert Bayer, Raoul Hausmann, John Heartfield oder Hannah Höch eindrucksvoll zeigen. In einem dadaistischen Zusammenhang stehen auch die «Merzbilder» von Kurt Schwitters. Sie entstanden ab 1919 und zeichnen sich durch die Ansammlung verschiedenster Abfallstücke des Alltags (Objets trouvés) auf der Bildfläche aus. Der → Surrealismus bediente sich ebenfalls der Collage und Fotomontage, wobei die Interessen in der unerwarteten Konfrontation völlig verschiedener Motive und Gegenstände liegen.
Absurdität und Irrationalität als reale Kategorien der Wirklichkeit äußern sich beispielsweise in den «korrigierten Ready-mades» von Marcel Duchamp, Collagen aus plakativen Elementen der Werbung, oder auch in dem Zyklus «La femme 100 têtes» von Max Ernst, der aus collagierten Holzstichen des 19. Jh.s aufgebaut ist. Außerhalb jeder stilistischen Kategorisierung steht Henri Matisse, dessen ab 1931 entstandene «Papiers découpés» durch ihre leuchtenden Farben und unbeschwert dekorative Wirkung einen eigenständigen Beitrag zur Collage bilden.
In den fünfziger und sechziger Jahren wurde das Collageprinzip zum Beispiel durch das → Combine Painting in die Dreidimensionalität ausgeweitet, wodurch der Collagecharakter im eigentlichen Sinne jedoch verlorenging. Dagegen kehrten die → Nouveaux Réalists in ihren → Décollagen das Verfahren gerade um, indem sie Plakate von Plakatwänden abrissen, um zufällige Strukturen freizulegen.

Colourfield Painting Eine gegen Ende der vierziger Jahre in den USA entstandene Stiltendenz in der Malerei (engl. *Colourfield Painting* = Farbfeldmalerei), die sich durch große Formate und den Einsatz ausgedehnter (gegenstandsloser) Farbfelder auszeichnet.
Das Anliegen der Maler besteht in der Untersuchung der Erscheinungsformen von Farbe. Dabei stehen Fragen nach deren räumlicher Struktur sowie den unterschiedlichen Bewegungsverläufen im Vordergrund. Eine Malerei also, die zunächst ganz von der äußeren Wirklichkeit absieht und sich statt dessen auf die malerischen Mittel konzentriert, um durch deren präzise Beobachtung zu transzendenten Wirklichkeitswerten zu gelangen, wie sie beispielsweise mit dem Begriff des «Erhabenen» umschrieben werden. Damit ist zum Beispiel die Erfahrung von grenzenloser Ausdehnung bzw. Unendlichkeit gemeint, die sich im Zuge der Bildwahrnehmung einstellen kann. Ebendiese Erfahrungswerte schaffen eine interessante Verbindung zur künstlerischen Grundhaltung der Romantik (beispielsweise Caspar David Friedrich: «Der Mönch am Meer», um 1809).
Zu den Hauptvertretern zählen Adolph Gottlieb, Barnett Newman, Ad Reinhardt und in besonderer Weise Mark Rothko. Die zum Teil jegliche gewohnten Dimensionen sprengenden Arbeiten von Barnett Newman zeigen gleichmäßige Farbfelder, die durch vertikale Farbbänder rhythmisiert werden. Dadurch wird das, was als gesichert scheint, immer wieder in Bewegung versetzt und somit in Frage gestellt. Ad Reinhardt ist bekannt für die subtile Behandlung der Farbe Schwarz, die, in immer anderen

Nuancen erscheinend, bald in die eine, bald in die andere Farbabstufung tendierend, den Betrachter zu immer neuer Wahrnehmung und Überprüfung herausfordert.

Die ständige Überprüfung und Korrektur der Wahrnehmungsinhalte gilt auch für Rothko, dessen fließende Farbübergänge und nebelartig sich überlagernde Farbschichten in seinen Bildern den Eindruck eines sich permanent wandelnden Farbentstehungs- und Vergehensprozesses vor Augen führen. Dadurch entsteht ein ungreifbarer, spiritueller Farbraum, der sich einer Festlegung durch den Betrachter immer wieder entzieht.

Das Colourfield Painting setzt sich durch seine kontemplative Haltung vom dynamisch bewegten → Action Painting deutlich ab. Sam Francis, Robert Motherwell oder Clyfford Still nehmen beide Impulse auf und gelangen zu Arbeiten, die Momente der spontanen Gestik mit einer eher konzentrierten Versenkung in das Erscheinen der Farbe verbinden. Beide Strömungen praktizieren indes das Prinzip des → All over, das heißt der vollständig gleichmäßigen Bedeckung der Leinwand mit Farbe, ohne daß dabei Zentren oder Bildhierarchien entstehen.

Der Begriff → Post-Painterly Abstraction wurde 1964 geprägt und bezeichnet verschiedene Strömungen gegen Ende der fünfziger Jahre in den USA, die sich bewußt vom emotionalen Action Painting abwandten.

Somit trifft er gewissermaßen als Oberbegriff auch für das Colourfield Painting zu, das sich im übrigen recht eindeutig vom → Hard Edge durch transzendente Momente unterscheidet, obwohl sich auch das Hard Edge aus Farbfeldern konstituiert, die allerdings plakativ und scharfkantig ausfallen, so daß sie klar definierbar sind und dadurch ein rationales Kalkül verraten, das dem Colourfield Painting unbekannt ist.

Combine Painting Der Begriff Combine Painting (engl. *to combine* = zusammenstellen, verbinden) stammt von Robert Rauschenberg, mit dessen Werk es eng verbunden ist.

In Anlehnung an → Collagen des → Dadaismus und → Surrealismus schuf er bereits ab 1953 erste Combine Paintings, die sich als Verbindung von Objekten (→ Objektkunst) mit → Malerei charakterisieren lassen. Verwendung finden Materialien und Objekte (→ Objet trouvé) wie Holz, Metall, Glas, Stoff, Tapetenreste, Stühle, Uhren, Kissen, Radios, Lampen und sogar ausgestopfte Tiere. Teilweise sind diese übermalt, so daß eine partielle Integration in das Bild stattfindet, auf das die Materialien montiert sind.

Das Combine Painting ist eng verbunden mit dem → Materialbild, das jedoch nicht in dem Maße die traditionelle Tafelmalerei sprengt, da hier das (Natur-) Material die Malerei unterstützt, indem es sie plastisch erhöht. Die Materialien des Combine Painting dagegen unterwandern die Malerei, brechen aus dem Bildrahmen aus und schaffen in höherem Maße eine Auflösung der → Kunstgattungen.

Die Verwendung abgenutzter Alltagsgegenstände industrieller Massenproduktion rückt das Combine Painting in die Nähe der → Assemblage und der Objektkunst. Mit beiden Bereichen verbindet das Combine Painting die Hinwendung zu den scheinbar nebensächlichen und wertlosen Gegenständen des Alltags.

Das Combine Painting steht kunsthistorisch betrachtet in einer Übergangszone vom → Abstrakten Expressionismus der fünfziger zur → Pop Art der sechziger Jahre.

Neben den klassischen Combine Paintings von Robert Rauschenberg sind solche der amerikanischen Künstler Jim Dine und Jasper Johns bekannt.

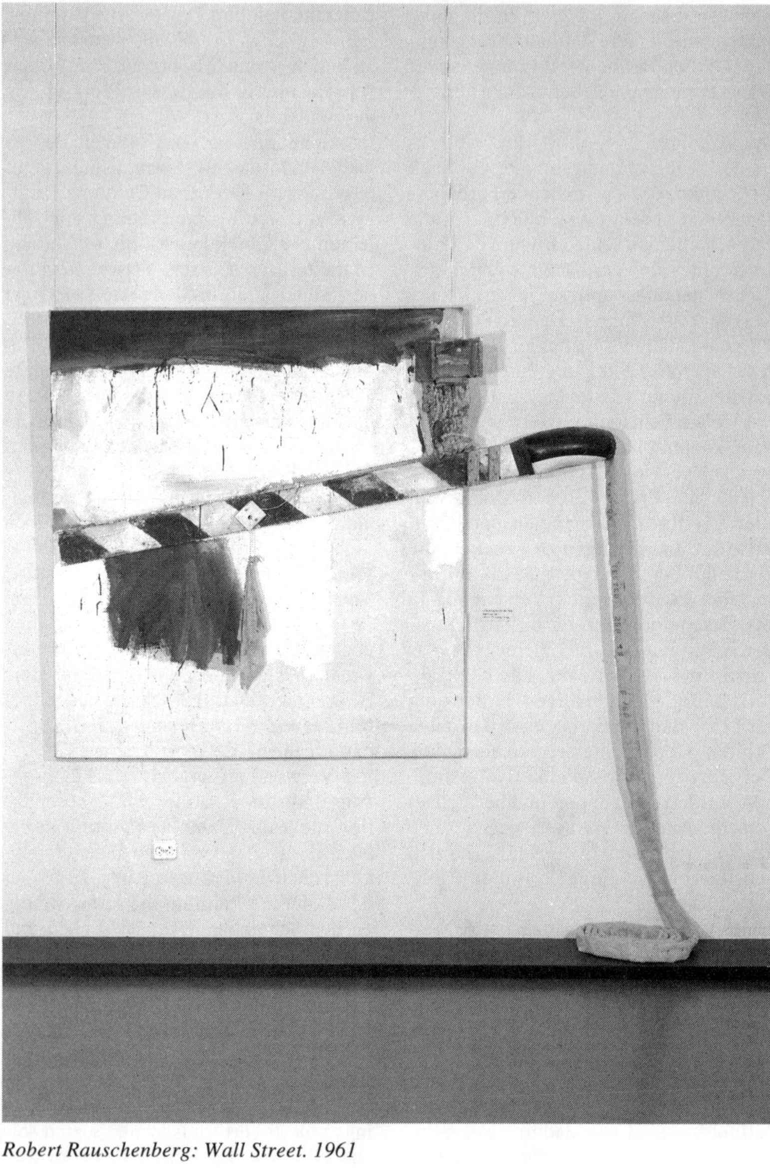

Robert Rauschenberg: Wall Street. 1961

Comic Erste Comics (engl. *comic* = lustig, amüsant) entstanden gegen Ende des 19. Jh.s in den USA. Comics sind Bildergeschichten, die, in einzelne Bildkästchen («panels») aufgeteilt, entweder als kurze Bildstreifen («comic-strips») in fortlaufender Folge in Zeitungen und Zeitschriften oder als eigenständige Hefte («comic-books») erscheinen.
In der Regel dominiert in den Comics das Bild gegenüber dem Text, der in Sprechblasen («speech balloons») innerhalb des Bildes angeordnet ist. Der Comic bedient sich typischerweise lustiger, tollpatschiger Figuren und kreiert idealisierte Helden, die wie Batman oder Superman die waghalsigsten Abenteuer zu bestehen haben. Charakteristisch ist das Festhalten (zum Teil über Jahre und Jahrzehnte) an der einmal «erfundenen» Figur bzw. Figurenfamilie.
Rascher Szenenwechsel, furchterregende Perspektiven, Großaufnahmen, Rück- und Vorblenden, Ineinanderfließen verschiedener Szenen u.a. künstlerische Mittel zeigen den großen Einfluß des Films. Kennzeichnend ist weiterhin die optische Vermittlung von Emotionen und Befindlichkeiten durch mehr oder weniger einheitlich chiffrierte Kürzel und Signale. So bedeuten beispielsweise Sternchen die Wirkung eines Schlages, eine Glühbirne verkörpert einen Einfall, oder stark gezackte Sprechblasen zeigen Lautstärke bzw. Ärger an. Grundsätzlich werden verschiedene Gattungen wie Abenteuer-, Horror-, Kriminal-, Science-fiction- oder Wildwestcomics unterschieden.
Bekannt und beliebt wurden Comics wie «Mickey Mouse» (ab 1930), «Donald Duck» (ab 1938), «Peanuts» (ab 1950), «Fix und Foxi» (ab 1953), «Asterix» (ab 1959).
In den sechziger Jahren kam es zu einem wichtigen Austausch von Comic und Malerei, von dem besonders die bildende Kunst profitierte. Die amerikanische → Pop Art entnahm der trivialen Bildwelt der Comics wichtige Anregungen. Deren standardisierter Aufbau und typisierte Bildsprache bedeuteten beispielsweise für Roy Lichtenstein die Möglichkeit, emotionale Aussage und kühle, mechanisierte Darstellungsform miteinander spannungsreich zu kombinieren.

composuit, comp. Lat. Bezeichnung (= hat gemacht) auf älterer Druckgraphik, die nach dem Namen des Zeichners oder Malers steht.

Computergraphik → Computerkunst

Computerkunst Die Computerkunst umfaßt Kunstwerke, die ganz oder teilweise von Computern und deren Software hergestellt wurden, oder Arbeiten, die aus Computern skulpturen- bzw. installationsartig aufgebaut sind. Den größten Anteil nimmt dabei die Computergraphik ein, deren Formensprache auf den unendlich vielen Möglichkeiten der graphischen Gestaltungsfähigkeit des Computers beruht.
Das Ziel der Computerkunst liegt in einer Zusammenführung von Technik und Kunst. Dadurch soll einerseits eine kreative Belebung der computerisierten, entmenschlichten Spitzentechnologie und andererseits die Erschließung der modernen technischen Möglichkeiten für die Kunst erreicht werden.
Erste Computergraphiken entstanden bereits in den fünfziger Jahren: Ben F. Laposki gebrauchte 1952 für seine Graphiken ein Analog-Rechensystem, und Herbert W. Franke entwickelte 1956 unterschiedliche Oszillogramme. Doch erst im Laufe der sechziger Jahre entstanden Computergraphiken in breiterem Umfang, die sich in ihrem seriellen, konstruktiven Erscheinungsbild zunächst

deutlich an der → Op Art orientierten. Je nach Leistungsfähigkeit der Software ergeben sich Formmodule, die – zum Teil von Zufallsgeneratoren durchkreuzt – beliebig verändert und in unendlich viele Variationen überführt werden können. Ähnlich einem Fernsehbild konstituiert sich die Computergraphik aus einer aus winzigen Rasterpunkten zusammengesetzten Bildfläche.
Die Graphik erscheint zunächst auf dem Bildschirm, wo sie beliebig verändert werden kann, danach erfolgt der Ausdruck auf Papier. Bekannte Computerkünstler der sechziger Jahre sind beispielweise Frieder Nake, Georg Nees oder A. Michael Noll.
Doch entgegen der allgemeinen Erwartungen blieb die stürmische Entwicklung der Computerkunst in den siebziger und achtziger Jahren weitgehend aus. Nicht zuletzt dürfte einer der Gründe in einem hartnäckigen negativen Image liegen, das sich möglicherweise am unsicheren Originalbegriff, der beliebigen Möglichkeit zu Veränderung und Wiederholung sowie am sterilen Charakter des Computers selbst festmachen läßt. Seit den achtziger Jahren treten unterdessen zunehmend Bilder in zum Teil größeren Formaten auf, die mit Hilfe des Computers erstellt wurden und die eine breite stilistische Vielfalt aufweisen.

Concept Art Die Concept Art (engl. *concept* = Begriff, Vorstellung, Idee), auch «Conceptual Art» oder auf deutsch «Konzeptkunst» bzw. «Konzeptuelle Kunst» genannt, entstand Mitte der sechziger Jahre in den USA. Sol LeWitt gebrauchte den Begriff zum ersten Mal 1966, ursprünglich noch im Zusammenhang mit der → Minimal Art. In der Tat stellt die Concept Art unter dem Gesichtspunkt extremer Reduktion die Fortführung der Minimal Art mit anderen Mitteln dar. Sie strebt eine Entmaterialisierung des Gegenstandes an, so daß derselbe in letzter Konsequenz überhaupt nicht mehr materielle Gestalt annimmt, sondern statt dessen als Idee, Planung, Fotografie, Skizze oder Beschreibung vorliegt.

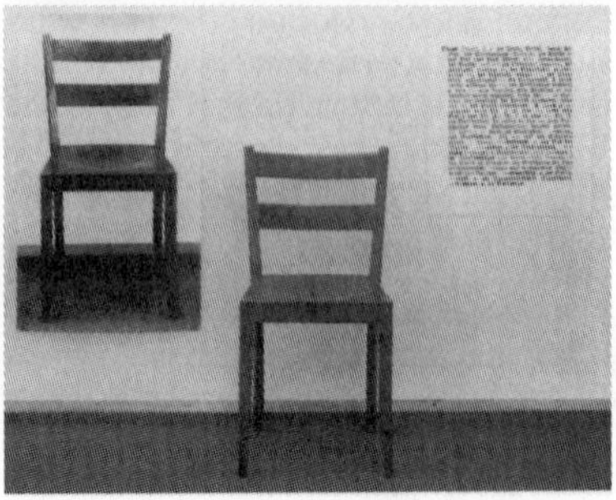

J. Kosuth: Einer und drei Stühle. 1965

Typische Kunstwerke der Concept Art verzichten weitgehend auf eine sinnliche Präsenz, das heißt auf Farbe, Form, Material, Raumgestaltung etc. Stattdessen besitzen sie den Charakter von Anleitungen, Beschreibungen oder planerischen Konzeptionen. Der Betrachter ist gewissermaßen auf «abstrakte» Angaben und Daten angewiesen, die er in seiner Vorstellung entfalten kann, sofern er ein «Bild» vom jeweiligen Kunstwerk erhalten möchte. Auf diese Weise wird er selbst durch seine Vorstellungstätigkeit aktiv und erfüllt ein wichtiges Ziel der Concept Art, das in der intellektuellen Aktivierung von Vorstellung, Bewußtsein und Phantasie besteht. So ist der individuelle Betrachter der Vollender des Kunstwerks.
Eine der bekanntesten Arbeiten ist «One and three chairs» (1965) von Joseph Kosuth. Sie besteht aus einem Stuhl, einer Fotografie desselben und einem lexikalischen Text zum Stichwort Stuhl. Der an sich einfache, unspektakuläre Gegenstand des Stuhls findet sich in drei völ-

lig unterschiedlichen Zuständen von Realität: Als real existierender Gegenstand, als präzise Abbildung und als prägnante Beschreibung, wobei in dieser Reihenfolge der Realitätsgrad ab- und die Allgemeingültigkeit zunimmt. Kosuth zählt zu denjenigen Künstlern innerhalb der Concept Art, welche die Existenzbedingungen von Kunst analysieren, wie Victor Burgin oder die Mitglieder der «Art & Language«-Gruppe. Zur zweiten großen Richtung gehören Robert Barry, Douglas Huebler oder Lawrence Weiner. Sie konzentrieren sich auf die Beschreibung nicht existenter Kunstwerke. So formuliert Weiner in seinen «Statements» ein Kunstwerk in einem einzigen Satz. Hervorzuheben sind außerdem die «Date-Paintings» von On Kawara, kleine Tafeln, die jeweils ein Datum tragen. Doch abgesehen von der sich ändernden Zahl sind sie in Größe, Proportion, Farbe etc. genau gleich. Die Bilder verweisen auf ein Datum, auf einen bestimmten Tag, doch was an diesem Tag geschah, bleibt trotz aller gedanklichen Anstrengung im dunkeln.
Außerdem sind die Deutschen Hanne Darboven, Timm Ulrichs sowie der Engländer Richard Long zu nennen, der in den frühen siebziger Jahren mit präzise geplanten Wanderungen durch unwegsames Gelände nach genauen Zeitplänen bzw. streng geometrischen Marschrouten bekannt wurde. Die Bedeutung der Concept Art, die Berührungspunkte mit → Body Art, → Land Art und → Prozeßkunst aufweist, liegt in der gedanklichen Aktivierung des Betrachters. Sie besaß auf die gesamte Kunstentwicklung der siebziger Jahre einen wesentlichen Einfluß, wurde jedoch um 1978 von den → Neuen Wilden in Deutschland und dem → New Image Painting in den USA verdrängt, bezeichnenderweise von sehr subjektiven, emotional veranlagten Strömungen.

Conceptual Art → Concept Art

Contre-Épreuve Von einem frisch gedruckten Blatt, dessen Farbe noch feucht sein muß, wird ein «Gegendruck» hergestellt, der das Motiv seitenverkehrt zum ersten Papier, aber seitenrichtig zur → Druckform zeigt. Dieser Gegendruck dient dem Künstler zur Kontrolle und erleichtert die Weiterbearbeitung (→ Probedruck).

Copy Art Der Begriff Copy Art (engl. *to copy* = vervielfältigen), anfangs auch «Elektrografie» oder «Xerografie» genannt, verknüpft den Wunsch nach exakter Reproduktion eines Objekts oder eines Sachverhalts mit dem Streben nach künstlerischem, innovativem Ausdruck. Dem anfangs spielerisch-gestalterischen Umgang mit dem 1940 erfundenen Trokkenkopiergerät folgte etwa ab 1960 eine Phase, die ein breites künstlerisches Spektrum von Bildtechniken und Mischverfahren hervorbrachte.
Seit Erfindung der Farbkopie (1968) wurde das gestalterische Repertoire beachtlich erweitert, zum Beispiel durch technische Manipulationen der Geräte oder durch manuelle Weiterbehandlung der Fotokopie.
Zu den bekanntesten «Copier artists» gehören Herbert W. Franke, Roland Henss-Dewald, Rainer Malich, Jürgen O. Olbrich, Timm Ulrichs oder Klaus Urbons.

Craquelé Ein Netz feinster Risse in der Glasur von Porzellan und Keramik, das durch unterschiedlich schnelles Abkühlen von Ton und Glasur nach dem Brennen entsteht. Das altchinesische Porzellan kennt ein absichtlich entstandenes Craquelé (frz. = rissig), das die Oberfläche lebendig strukturiert. Durch die allmähliche Färbung der Risse entwickelt sich im Laufe der Zeit außerdem eine Art → Patina.

Craquelure Craqueluren (frz. = Risse) sind Risse, die im → Firnis oder der Farbschicht eines Gemäldes durch Alterungsprozesse bzw. durch Austrocknen entstehen können.

Crayonmanier Bei der Crayonmanier oder «Kreidetechnik», einem Verfahren des → Tiefdrucks, wird die Oberfläche einer Metallplatte so bearbeitet, daß sie im Druck einer → Kreidezeichnung ähnelt. Dazu werden verschiedene Werkzeuge benutzt, wie → Roulette, → Mattoir oder → Échoppe, die die Linien einer Zeichnung in zahlreiche kleinere Punkte zerlegen. Werden diese Punkte in einem Säurebad geätzt, so ergibt sich im → Abdruck eine dem Kreidestrich sehr ähnliche Form, die von diesem fast ununterscheidbar wird, wenn man nicht schwarz, sondern farbig druckt. Die Crayonmanier war im 18. Jh. eine beliebte Reproduktionstechnik, die heute jedoch nur noch selten angewandt wird.

Dadaismus Die Entstehung des Begriffs Dadaismus ist von Legenden umwoben. Nach einer wahrscheinlichen Version stießen Hugo Ball und Richard Huelsenbeck auf der Suche nach einem passenden Namen in einem Lexikon auf den französischen Begriff «dada», der soviel wie Pferdchen oder Steckenpferd bedeutet. Unter dem Eindruck des Ersten Weltkrieges entstand der Dadaismus zeitgleich in Zürich und New York, von wo aus er sich rasch ausbreitete. Als eine radikal antibürgerliche Strömung lehnte er alle gesellschaftlich verhärteten Konventionen, lärmenden Hurra-Patriotismus und sogar die Traditionen der Kunst mit schneidender Provokation, ätzender Satire und offener Rebellion ab, ohne öffentliche Schockierungen und Skandale zu scheuen.

Am 8. 2. 1916 gründete der Schriftsteller und Regisseur Hugo Ball in Zürich das «Cabaret Voltaire», um das sich rasch Emigranten wie der elsässische Maler und Bildhauer Hans Arp, der deutsche Schriftsteller Richard Huelsenbeck, der rumänische Architekt und Maler Marcel Janco oder der rumänische Schriftsteller Tristan Tzara scharten. Der Dadaismus läßt sich als eine heterogene, experimentelle Stilrichtung beschreiben, die von der interdisziplinären Verbindung von → Malerei, → Bildhauerei, → Typographie, Musik, Theater und Literatur lebt. Die Kluft zwischen den edlen Werten traditioneller Kunst und dem katastrophalen Verfall derselben in den Kriegswirren war für die Dadaisten unerträglich. Statt dessen wollten sie eine von Grund auf neue, alle engen Grenzen sprengende, elementar angelegte Kunst initiieren, doch ohne dabei eine Stilrichtung oder gar einschränkende Programmatik herauszubilden.

Stets in oppositioneller Haltung gegenüber den gesellschaftlichen Mißständen, untersucht der Dadaismus in vielfältiger Variation neue Entstehungsmöglichkeiten von Kreativität, um den Protestschrei produktiv umzusetzen. Neben der (Material-) → Collage pflegte man bruitistische Lärmmusik (→ Bruitismus) und die simultane Dichtung, das zeitgleiche, meist aktionistisch (→ Aktionskunst) vorgetragene Sprechen von Satzteilen, Wortfetzen und Lauten ohne jeden Sinnzusammenhang. 1917 wurde in Zürich die Galerie «Dada» gegründet, und im Juli desselben Jahres gab Tzara die Zeitschrift «Dada» heraus, von welcher bis Mai 1919 insgesamt vier Ausgaben erschienen. Am 4. April 1919 fand in Zürich die letzte Dadaveranstaltung unter handgreiflichen Protesten der Zuschauer statt. Im Anschluß zerstreuten sich die Dadaisten in verschiedene Großstädte, um weiterhin dadaistisch tätig zu sein. Bereits 1917 ging Huelsenbeck nach Berlin, wo er mit Johannes Baader, John Heartfield und Walter Mehring den sog. Berlin-Dada initiierte, dem sich wenig später George Grosz, Raoul Hausmann und Hannah Höch anschlossen. Die Berliner Dadaisten gewannen bald durch ausgeprägt politisches Engagement vor allem mit den Mitteln der → Collage und → Fotomontage eigenständigen Charakter. Hans Arp, Johannes Baargeld und Max Ernst nahmen 1919 in Köln dadaistische Aktivitäten auf, die sich ebenfalls durch provozierende Sozialkritik kennzeichnen und von einer Reihe öffentlicher Skandale begleitet wurden. In Hannover nannte Kurt Schwitters seine Dada-Variante → «Merz», die sich allerdings vom Dadaismus etwas absetzt. Der New Yorker Dadaismus gruppierte

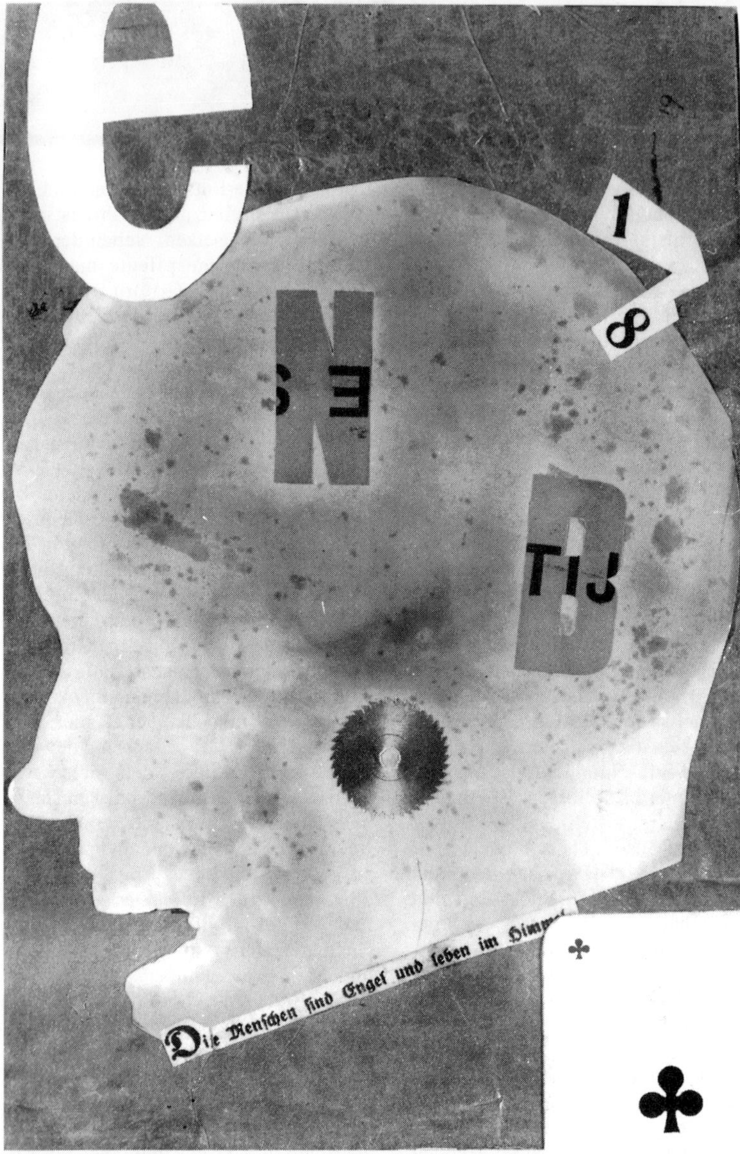

TIJ
Die Menschen sind Engel und leben im

sich um die Galerie «291» des Fotografen Alfred Stieglitz. 1915 ließ sich Marcel Duchamp in New York nieder und erregte mit seinen → Ready-mades großes Aufsehen. Ebenfalls 1915 traf Francis Picabia in New York ein und stellte mit seinen Maschinenbildern den konventionellen Kunstbegriff in Frage. Als weiteres Mitglied ist Man Ray mit seinen Objekten zu erwähnen. Direkte Kontakte zum Züricher Dadaismus ergaben sich ab 1918 über Picabia.
Ab 1919 entstand in Paris unter Tzara und den französischen Schriftstellern Louis Aragon, André Breton, Paul Éluard und Philippe Soupault eine wichtige Fortführung des Züricher Dadaismus, der sich 1920 Picabia, 1921 Man Ray sowie 1922 Max Ernst und Hans Arp aus Köln anschlossen. Im Herbst 1922 leitete in dieser Gruppe die Auseinandersetzung zwischen Dadaisten und den frühen surrealistisch orientierten Künstlern die Entwicklung des → Surrealismus ein, der sich 1924 in Paris offiziell konstituierte und ohne den direkten Einfluß des Dadaismus nicht zu denken wäre. Damit beschränkt sich allerdings dessen außergewöhnliche Anregerfunktion bei weitem nicht. Die gesamte Aktionskunst (→ Happening, → Fluxus), der → Neodadaismus der späten fünfziger Jahre in Paris und New York (→ Nouveau Réalisme, → New Realists) sowie die → Concept Art und selbst dadaistische Rückgriffe in der → zeitgenössischen Kunst verdanken dem Dadaismus entscheidende Impulse.

Daguerreotypie Die Daguerreotypie ist ein Anfang des 19. Jh.s von Louis Jacques Mandé Daguerre erfundenes fotografisches Verfahren, das nur eine einzige Aufnahme ohne weitere Vervielfältigungen erlaubte. Es gilt als erstes brauchbares fotografisches Verfahren (→ Fotografie) und wurde bis etwa 1860 verwendet.
Eine versilberte Metallplatte, die man unter Einwirkung von Joddampf lichtempfindlich machte, wurde in einer Kamera belichtet (ursprünglich bis zu 30 Minuten) und anschließend verdampfendem Quecksilber ausgesetzt. Das durch diesen chemischen Prozeß entstandene Positiv wurde anschließend in eine lauwarme Kochsalzlösung gelegt und fixiert. Das Motiv, das seitenverkehrt und auf dem Kopf stehend erscheint, zeigt je nach Lichteinfall weiche und zart abgestufte Halbtonwirkung.
Aufgrund ihres Unikat-Charakters sind Daguerreotypien heute zu gefragten und wertvollen Sammlerobjekten geworden.

Datierung Die Datierung ermöglicht die zeitliche Zuordnung eines künstlerischen Werkes. In der Graphik wird sie (oft handschriftlich) am unteren Rand eines Blattes vermerkt. Bei älterer Druckgraphik war die Datierung Bestandteil der Druckform (→ bezeichnet).

Deckfarben Sammelbezeichnung für gut deckende, das heißt undurchsichtige Farben mit hohem Pigmentanteil (→ Pigment), die im Gegensatz zu den Lasurfarben (→ Lasur) den Malgrund bzw. darunterliegende Farben *nicht* durchscheinen lassen. Deckfarben sind → Gouache, Öl (→ Ölmalerei), → Pastell und → Tempera.

Deckfirnis → Ätzgrund

Décollage Im engeren Sinne bezeichnet der Begriff Décollage (frz. *décoller* = losmachen) die Technik des Plakatabrisses, die insbesondere von den Künstlern des → Nouveau Réalisme entwik-

Raoul Hausmann: Die Menschen sind Engel und leben im Himmel. Um 1918

kelt und gepflegt wurde. Dabei rissen sie die (an Plakatwände geklebten) Plakate in Teilen ab. Die so gewonnenen (oft informellen) Strukturen stehen durch ihre destruktive, «substrahierende» Entstehungsform dem additiven Verfahren der → Collage diametral gegenüber.

Darüber hinaus gibt es eine allgemeinere, jedoch relativ unscharf verlaufende Bedeutung, die einerseits verschiedene Arten von Oberflächenzerstörungen und -einschneidungen einbezieht, andererseits (seltener) auch Übermalungen und Materialverformungen.

Die Décollagen der Nouveaux Réalistes bestehen bevorzugt aus Plakaten trivialen Inhalts, zum Beispiel aus Kinoplakaten. Die subtil gesetzten Abrisse schaffen einen ruinösen Eindruck, doch oder gerade deshalb treten die verbleibenden Partien in ein spannungsreiches Beziehungsgefüge, wobei die Schriftzüge und Wortfetzen effektvoll mit den Bildfragmenten kombiniert werden. Daraus klingen ambivalente Töne, die zwischen affirmativer Nähe und kritischer Distanz zu den noch sichtbaren Figuren und Gegenständen pendeln. Zu den Künstlern des Nouveau Réalisme, die an der Entstehung der Décollage maßgeblich beteiligt waren, zählen François Dufrêne, Raymond Hains, Mimmo Rotella und Villeglé.

Decorative Art → Pattern Painting

Dekorative Graphik Seit Beginn der → Druckgraphik entstanden neben Künstlergraphik (den selbständigen Kunstwerken) druckgraphische Bilderzeugnisse, die als Illustrationen von wissenschaftlichen, informativen oder unterhaltenden

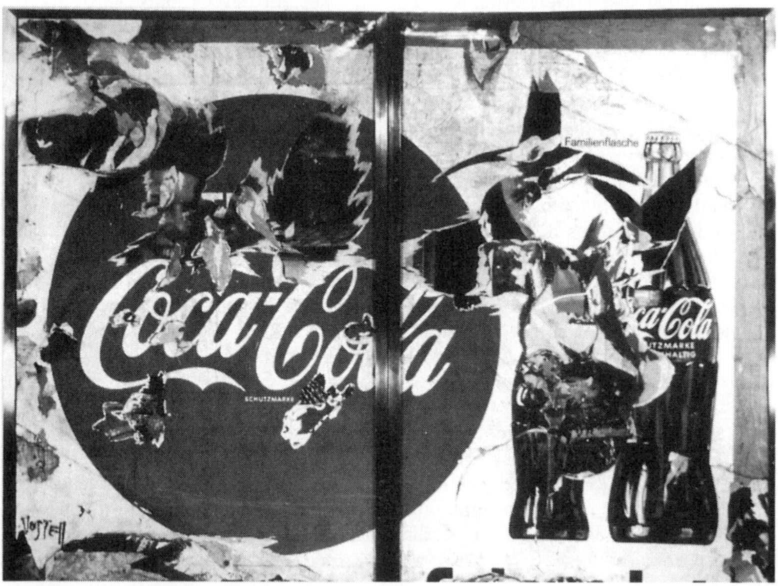

Wolf Vostell: Coca-Cola. 1961

Werken dienten. Sie zählen ebenso zur dekorativen Graphik wie Einzelblätter mit besonderen Themenbereichen, darunter Landkarten, Botanik, Mode, Jagd, Stadtansichten, Militaria u. a.

delineavit, del., delin. Lat. Bezeichnung (= hat gezeichnet) auf älterer Reproduktionsgraphik, die neben dem Namen desjenigen Zeichners steht, der die Vorlage nach einem Original gestochen oder radiert hat.

Design Unter Design (engl. *design* = Zeichnung, Formgebung; engl. *industrial design*, frz. *esthétique industrielle*) versteht man die zweckmäßige Gestaltung von Industrieprodukten aller Art. Neben einer ansprechenden Formgebung liegt das Ziel des Designers darin, den Gegenständen eine möglichst optimale Funktionalität und Bedienungsfreundlichkeit zu verleihen.
Grundsätzlich wird zwischen verschiedenen Formen des Designs unterschieden: Das Produktdesign gestaltet Industrie- und Konsumgüter (zum Beispiel Möbel, Bügeleisen, Türgriffe, Bohrmaschinen), das Graphikdesign bzw. die → Gebrauchsgraphik umfaßt die Gestaltung von für Werbung und Konsum bestimmten Druckerzeugnissen (etwa Plakate, Etiketten, Broschüren o.ä.), darüber hinaus kommen die Bereiche Fotodesign, Kfz-Design, Modedesign, Schmuckdesign und Textildesign hinzu.
Zwischen bildender Kunst und Design treten dabei immer wieder charakteristische stilistische Parallelitäten auf, so daß bestimmte Stilmerkmale in eine bestimmte Zeitepoche weisen. Demgegenüber ragen aber auch zeitlose Formen hervor, deren stilistische Kennzeichen sich entsprechend zurückhaltend und allgemein präsentieren. Zweifelsohne verdankt das moderne Design entscheidende Anregungen dem «Arts and Crafts Movement» von William Morris und John Ruskin, die sich gegen Ende des 19. Jh.s für die Rückkehr zur handwerklichen Qualität und zu einem schlichten, überschaubaren Formenvokabular entschieden. Damit standen sie in krassem Gegensatz zu der industriellen Massenproduktion historistischer Formelemente ihrer Zeit.
Weitere wichtige Stationen sind die Darmstädter Künstlerkolonie (gegründet 1898/99), der Deutsche Werkbund (gegründet 1907) und schließlich in besonderem Maße das → Bauhaus (1919-33). Die ästhetischen Impulse von Josef Albers, Herbert Bayer, Marcel Breuer, Walter Gropius, Wassily Kandinsky oder László Moholy-Nagy entfalteten eine sachliche, geometrische, kühl-funktionalistische Formensprache, die jedes überflüssige Ornament streng vermeidet. Eine vergleichbar strenge, elementare Richtung schlagen die Künstler der zeitgleichen → Stijl-Bewegung ein, wie etwa Gerrit Rietveld, dessen «Rot/Blau«-Stuhl (1917/18) gewissermaßen zu einem gestalterischen Prototyp wurde.

Dispersionsfarben Die Dispersionsfarben (lat. *dispergere* = verteilen), auch «Binderfarben» genannt, enthalten fein verteilte Kunstharze als → Bindemittel und zeigen in ihren Eigenschaften gewisse Ähnlichkeiten zu → Temperafarben. Sie sind wasserlöslich, trocknen sehr schnell und können sowohl deckend als auch lasierend (→ Lasur) verwendet werden. Nach dem Trocknen sind sie in der Regel wasserunlöslich.
Insbesondere die → Neuen Wilden in Deutschland um 1980 gebrauchten für ihre großformatigen Bilder bevorzugt Dispersionsfarben, die durch ihre schnelle Trocknungszeit ein rasches Arbeiten ermöglichen und darüber hinaus fast geruchsfrei und zudem relativ preiswert zu erwerben sind.

Divisionismus → Neoimpressionismus

divulgavit, div. Lat. Bezeichnung (= hat verbreitet) auf älterer Druckgraphik, die neben dem Namen des Herausgebers steht.

Doppeldrucke Bezeichnung für Drucke derselben Auflage, die sich durch geringfügige Druckfehler oder während des Drucks vorgenommene Änderungen (etwa kräftigen Druck oder besseres Papier) unterscheiden.

Drip Painting Eine Maltechnik (engl. *drip painting* = Tropfmalerei), auch «Dripping» genannt, bei der dünnflüssige Farbe direkt auf die Leinwand getropft wird, die zumeist horizontal auf dem Boden liegt. Das Auftropfen kann entweder mit einem satt getränkten Pinsel oder mit einer durchlöcherten Blechbüchse geschehen. Durch den relativ unkontrollierbaren Tropfvorgang hält die Kategorie des Zufalls Eingang in die Malerei, so daß in hohem Maße die Subjektivität des Malers zum Ausdruck kommt. In gewisser Weise ist die Geschwindigkeit des Auftropfens nachvollziehbar: Je schneller der Malvorgang, desto dünner die Linie. Das Drip Painting steht vor allem im Zusammenhang mit dem → Action Painting Jackson Pollocks.

Drucken Drucken bezeichnet den Arbeitsvorgang, bei dem eine eingefärbte → Druckform auf einen Druckträger (Papier, Pappe, Textilien o. ä.) gepreßt wird, wodurch ein Teil der Farbe abgegeben wird.
Bedruckt man einen Druckträger beidseitig, so bezeichnet man die erste Seite als «Schöndruck», die zweite Seite als «Widerdruck». Man unterscheidet nach den gängigen Verfahren des → Hochdrucks, des → Tiefdrucks, des → Flachdrucks und des → Siebdrucks.

Druckfarbe Druckfarbe setzt sich in der Regel aus → Pigment und Füllstoff zusammen sowie aus einem klebstoffähnlichen → Bindemittel, das den Farbstoff zusammenhält und das Haften der Farbe auf Papier ermöglicht. Abhängig vom Druckverfahren werden der Farbe besondere Zusätze (Harze, Leinöl etc.) beigegeben, die sie entweder weich und flüssig (→ Siebdruck) oder zäh (→ Tiefdruck, → Hochdruck) machen. Eine weitere Notwendigkeit zur Anpassung der Farbe besteht bezüglich der Trocknungseigenschaften, des Pressentyps und des verwendeten Papiers. Beim Farbdruck unterscheidet man außerdem zwischen deckenden und lasierenden Farben.

Druckform Bezeichnung für die Platte, von der ein → Abdruck auf den Druckträger erfolgt. Solche Platten können aus Metall (Kupfer, Aluminium, Zink) bestehen, wie beim → Tiefdruck, aus Holz, wie beim → Hochdruck, aber auch aus Kunststoff (→ Linolschnitt), Kalkstein (→ Lithographie), Gewebe (→ Siebdruck) oder Glas (→ Lichtdruck). In den meisten Fällen ist die Druckform aus einem Stück gefertigt, beim → Buchdruck oder → Farbholzschnitt kann sie jedoch auch aus mehreren Einzelteilen zusammengesetzt sein.

Druckgraphik Bezeichnung für graphische Erzeugnisse, die durch Druck vervielfältigt werden (→ Graphik). Zu den wichtigsten druckgraphischen Verfahren gehören → Hochdruck, → Tiefdruck, → Flachdruck, → Siebdruck, → Monotypie und → Glasklischeedruck.

Druckstock Allgemeine Bezeichnung für die → Druckform im manuellen und industriellen → Hoch- und → Tiefdruck.

Druckträger Allgemeine Bezeichnung für das zu bedruckende Material. Druckträger können Papier, Stoff, Kunststoff, Blech o.ä. sein.

Druckvermerk Ältere, im Buchdruck übliche Bezeichnung für die Aufzählung der Drucker, die am Entstehungsprozeß eines Buches beteiligt waren. Ein Druckvermerk stand in den Frühdrucken am Ende eines Buches, heute (als → Impressum) auf der Rückseite des Titelblatts.

Duktus Wird auch «Pinselduktus» genannt (lat. *ductus* = Schriftzug, Führung). Damit bezeichnet man die Art und Weise der individuellen Pinselführung eines Künstlers. Von Duktus kann immer dann gesprochen werden, wenn der einzelne Pinselstrich zu sehen ist. In den Fällen einer plakativen Malweise verschwindet der Duktus hinter einer gleichmäßigen Farbfläche. Durch den Duktus äußert sich ein Teil der Persönlichkeit des Künstlers, daher spielt seine Beurteilung bei emotional aufgeladenen Stilrichtungen eine wichtige Rolle, wie → Action Painting, → Expressionismus, → Informel, → Neue Wilde.

Durchdruckverfahren → Siebdruck

E

e. a. → Künstlerdruck

Earthwork Die Kunstwerke der → Land Art werden manchmal auch als Earthworks (engl. = Erdarbeit) bezeichnet. Sie ziehen sich als überdimensionale Gräben, Spiralen oder Linien durch einsame, unzugängliche Landschaften, wo sie nach einiger Zeit aufgrund der natürlichen Erosion wieder verschwinden.
Andere Arbeiten bestehen aus Beton oder Metall und stehen ebenfalls in spezifischer Beziehung zur umgebenden Landschaft, deren Unendlichkeit und unbeherrschbare Naturgewalten sie subtil unterstreichen.
Bekannte Beispiele sind «Complex One/City» (1972-76) von Michael Heizer, ein architekturähnliches Gebilde aus Erde und Beton, «Lightning Field» (1974-77) von Walter de Maria, ein ausgedehntes, mit Stahlstangen bestücktes Gelände, oder «Spiral Jetty» (1970) von Robert Smithson, eine immense Erd- und Steinspirale im Great Salt Lake in Utah, USA. Doch Earthworks sind auch in kleineren Maßstäben bekannt und werden manchmal in Ausstellungsräumen präsentiert (etwa Arbeiten von Richard Long).

Eat Art Ende der sechziger Jahre entwickelte der Künstler Daniel Spoerri die Eat Art (engl. = eßbare Kunst). Aus Lebkuchenteig geformte Kunstobjekte waren bewußt für den Verzehr geschaffen worden, um die konventionelle Wertvorstellung von Kunst anzugreifen und außer Kraft zu setzen.
1968 eröffnete Spoerri in Düsseldorf ein Restaurant, wo er bizarre, zum Teil eingefärbte Speisen servierte. Damit wurde der (lebensnotwendige) Vorgang des Essens zum → Happening und die in den sechziger Jahren oft geforderte Einheit von Kunst und Leben wie selbstverständlich und nebenbei praktiziert.

Échoppe Die Échoppe ist eine schräg angeschliffene, breite Radiernadel, die insbesondere bei der → Crayonmanier eingesetzt wird.

École de Paris Die Sammelbezeichnung «École de Paris» umfaßt verschiedene Künstlerinnen und Künstler, darunter viele ausländische Emigranten, die zwischen den beiden Weltkriegen in Paris eine gegenständliche, manchmal expressive oder auch stille, lyrische Malerei verfolgten. Ein weiteres Kennzeichen besteht in der gemeinsamen Ablehnung des → Kubismus.
Wegen ihrer mitunter melancholischen, zum Teil fatalistischen Haltung wurden sie auch «Peintres maudits» (verwünschte Maler) genannt. Zu diesem Kreis zählen Marc Chagall, Moïse Kisling, Amedeo Modigliani, Jules Pascin und Chaim Soutine.
Im weiteren Sinne bezeichnet der Begriff alle Künstler, die in Paris an der Entwicklung der → Moderne beteiligt waren, so auch die Maler des → Fauvismus und Kubismus. Allerdings ist diese Bezeichnung recht ungenau. Fest steht, daß mit dem Ausbruch des Zweiten Weltkrieges und der sich daran anschließenden Emigration der führenden Künstlerpersönlichkeiten in die USA das Ende der École de Paris gekommen war. Dennoch spricht man da und dort von einer zweiten École de Paris in den Jahren nach 1945, als in Paris → Informel und → Tachismus zur Entfaltung kamen.

Écriture automatique Der Begriff Écriture automatique (frz. = automatische Nie-

derschrift) bezeichnet das zentrale Arbeitsverfahren des → Surrealismus, das eine wichtige Anregung der Psychoanalyse Sigmund Freuds verdankt.
Auf unterschiedliche Weise (etwa durch Hypnose, Meditation, Alkohol) in Trance versetzt, galt das Anliegen des surrealistischen Künstlers der Ausschaltung von Bewußtsein und rationaler Kontrolle, so daß die Bereiche des Unbewußten ungehindert zur Entfaltung gelangen konnten (→ Automatismus). Somit diente die Écriture automatique als ein wichtiges Verfahren, um zu tieferliegender Inspiration und letztlich gar zu neuen Wirklichkeitswerten zu gelangen. Denn alle Bereiche, die nicht mit Verstand und Logik zu entschlüsseln sind, galten dem Surrealismus als vordringliches Interessengebiet.
Die Écriture automatique war indes nicht nur ein Verfahren der Malerei, sondern ebenso eine Methode surrealistischer Literatur.

Edition Bezeichnung für die Ausgabe von Büchern und Graphiken wie auch für einen Verlag (zum Beispiel Edition Harenberg).
Bei einer Neuausgabe älterer Texte umfaßt das Edieren sowohl das Kollationieren (Vergleichen) der Handschrift wie auch das Revidieren von Rechtschreibung und Interpunktion (kritische Ausgabe).

Einblattholzschnitt Bezeichnung für im → Hochdruck entstandene → Holzschnitte, die als Einzelblätter gedruckt werden und deren Rückseite frei bleiben. Zahlreiche Einblattdrucke, auch «Holztafeldrucke» genannt, werden von sog. Karten- oder Briefmalern handkoloriert, oft mittels aufgelegter Schablonen. Einblattholzschnitte gelten als früheste Zeugnisse des Bilddrucks; sie erlebten ihre Blüte zwischen 1400 und 1550.

Einschaltbild Bildtafel innerhalb eines Buches, die für Sammler oft einzeln und getrennt vom Buch angeboten wird.

Eisenradierung Bezeichnung für frühe → Radierungen auf Eisenplatten. Diese Technik wurde Anfang des 16. Jh.s erstmals von Daniel Hopfer angewendet, später auch von Hans Burgkmair und Albrecht Dürer. Da Eisenplatten Rost ansetzen, wurden sie durch Kupfer-, ab dem 19. Jh. durch Aluminium- und Zinkplatten ersetzt.

Elementarismus 1924 formulierte Theo van Doesburg erstmals die Theorie des Elementarismus, um sie dann 1926 in einem Manifest in der Zeitschrift «De Stijl» programmatisch zusammenzufassen. Dem von Piet Mondrian in den Theorien des → Neoplastizismus aufgestellten Prinzip von horizontalen und vertikalen Strukturen stellt der Elementarismus die bewegungserzeugende Diagonale entgegen.
Auch wenn der rechte Winkel als elementares Gestaltungselement nicht aufgegeben wird, gewinnen die diagonalen Linien und Farbflächen doch eine dynamische Struktur und brechen das ruhige Gefüge des Neoplastizismus auf. Ebendiese «Störung» der absoluten Harmonie gab den Anlaß zu heftigen Diskussionen zwischen den Hauptvertretern der → Stijl-Bewegung, Mondrian und van Doesburg, die damit endeten, daß Mondrian die Bewegung verließ.
Neben van Doesburg erprobten auch andere Mitglieder des Stijl die neuen ästhetischen Grundsätze des Elementarismus, zum Beispiel César Domela und Friedrich Vordemberge-Gildewart. Die Impulse des Elementarismus wirkten sich auf die 1931 gegründete Künstlervereinigung «Abstraction-Création» und verschiedene Vertreter der → Konkreten Kunst aus.

Empaquetage Unter dem Begriff Empaquetage (frz. *empaqueter* = einpacken) versteht man die Verpackung von Gegenständen. Bereits 1920 schuf Man Ray eine Empaquetage, der er den Titel «Das Rätsel der Isidore Ducasse» gab. Dahinter verbirgt sich eine mit Decke und Schnur verpackte Nähmaschine. Durch ihre Unkenntlichkeit ruft diese Arbeit ein breites Spektrum an Assoziations- und Interpretationsmöglichkeiten hervor, die sich stets mit Erinnerungsmomenten an den möglichen Gegenstand auseinandersetzen.
Im Prinzip sind damit bereits wesentliche Aspekte der bekannten Empaquetagen von Christo angesprochen, der unbestritten als ihr Hauptvertreter gilt (→ Nouveau Réalisme). 1958 mit kleinen Gegenständen beginnend, verpackte dieser zunächst Flaschen, Dosen und Ölfässer. In den sechziger und siebziger Jahren wurden seine Empaquetagen immer umfangreicher und ihre Vorbereitung immer komplizierter:
So realisierte er beispielsweise 1968 die Verpackung der Kunsthalle Bern, plant seit 1972 die Verpackung des Reichstages in Berlin und verpackte 1985 den Pont Neuf in Paris. Durch die Verpakkung verschwindet zunächst (optisch) der Gegenstand. Erst die aktive Erinnerungstätigkeit des Betrachters ist in der Lage, einen Gegenstand in der Vorstellung wieder neu zu erwecken. Damit wird nicht nur der Betrachter zu konzentrierter Wahrnehmungstätigkeit angeregt, sondern das scheinbar Wohlbekannte, das jedoch ins Unbewußte abgerutscht ist, erfährt eine bewußte Reflexion und wird zum Ausgangspunkt vielfältiger Assoziationen.

Englische Manier → Schabkunst

Enkaustik Die Enkaustik (lat. *encausis* = Wachsmalerei) ist ein altes Verfahren der Malerei, bei dem Farben unter Anwendung von Wärme mit Wachs gebunden und flüssig gemacht werden, um sie anschließend in einen geeigneten Malgrund einzuschmelzen. Zum Verteilen der aufgesetzten Farben dienen Spachtel, bei sehr dünnflüssigen Wachsfarben wird mit einem Borstenpinsel gearbeitet. Die Enkaustik läßt einen lasierenden (→ Lasur) und pastosen Auftrag zu sowie die Techniken des Schabens, Punktierens oder Linierens.
Die ältesten Zeugnisse der Enkaustik sind die antiken Mumienporträts aus der Zeit des 1. bis 4. Jh.s n. Chr. Die Malereien wurden dabei entweder auf Holz oder auf einer auf Holz aufgezogenen Leinwand ausgeführt. Im 8. Jh. n. Chr. wurde die Enkaustik von der Temperamalerei abgelöst.
Vereinzelt wird im 20. Jh. wieder von der Enkaustik Gebrauch gemacht, zum Beispiel von Jasper Johns.

Entartete Kunst Diffamierende Bezeichnung der nationalsozialistischen Diktatur für diejenige bildende Kunst, die nicht ihrer eigenen ideologisch korrumpierten Kunst entsprach. Darunter fiel praktisch die gesamte → Avantgarde des frühen 20. Jh.s und sogar einige zentrale Wegbereiter der → Moderne wie Paul Cézanne, Paul Gauguin oder Vincent van Gogh. In der Ausstellung «Entartete Kunst» wurden 1937 zahlreiche als minderwertig, degeneriert und volksschädigend gebrandmarkte Kunstwerke vom → Impressionismus bis in die dreißiger Jahre an den Pranger gestellt.
Die Ausstellung fand im neu eröffneten «Haus der deutschen Kunst» in München statt und war anschließend noch in zahlreichen Städten Deutschlands zu sehen. Viele → Exponate wurden 1938 über die Galerie Fischer in Luzern an ausländische Museen und Sammler verkauft. 1939 wurden in Berlin mehrere

tausend Bilder und etwa 4000 Graphiken verbrannt. In deutschen Museen und privaten Sammlungen beschlagnahmten die Nationalsozialisten insgesamt mehr als 16 000 Kunstwerke. Die betroffenen Künstlerinnen und Künstler erhielten – sofern sie nicht ins Ausland emigrieren konnten – Ausstellungs- und Malverbot. Die schweren Verluste der Museen, die sich auf die Moderne spezialisiert hatten, konnten nach 1945 nicht mehr durch neue Ankäufe ausgeglichen werden. Längst waren die Preise gestiegen und die guten Werke vernichtet oder in fester Hand. An dem tragischen Unrecht, das den als entartet erklärten Künstlerinnen und Künstlern zugefügt wurde, änderten auch einige in den fünfziger Jahren getätigte Ankäufe von öffentlicher Seite oder Ausstellungen nicht viel. Einige der Künstler erfuhren durch Professuren an den Akademien der Bundesrepublik eine späte Ehrung.
Doch viele sahen ihr Lebenswerk gescheitert oder waren längst zuvor an den herrschenden Zuständen zerbrochen, wie zum Beispiel Ernst Ludwig Kirchner, der sich in seiner Verzweiflung 1938 im Schweizer Exil das Leben nahm. Andere wiederum gingen in die innere Emigration, das heißt, sie blieben zwar in Deutschland, versuchten jedoch trotz Malverbot mit allen Mitteln, unter großen Entbehrungen und strenger Geheimhaltung ihr Werk fortzusetzen.
Zu den entarteten Künstlern zählten Ernst Barlach, Georges Braque, Marc Chagall, Giorgio de Chirico, Lovis Corinth, Otto Dix, Max Ernst, Erich Heckel, Ernst Ludwig Kirchner, Paul Klee, Oskar Kokoschka, August Macke, Franz Marc, Henri Matisse, Emil Nolde, Pablo Picasso, Karl Schmidt-Rottluff u.a.

Entwurf Unter einem Entwurf versteht man die zeichnerische Umsetzung einer Idee. Entwürfe dienen zur kompositorischen Vorbereitung von künstlerischen Werken (Gemälden, Skulpturen oder Bauwerken) und sind komplexer und vollständiger als → Skizzen. Im Bereich der Architektur dient die sehr genaue → Architekturzeichnung oder das Architekturmodell als Entwurf; in der Bildhauerei werden Entwürfe in Ton, Wachs oder Gips ausgeführt (hier spricht man von sog. Bozzettos).

Environment Unter einem Environment (engl. = Umgebung, Umwelt) werden komplexe, dreidimensionale Raumgestaltungen verstanden, die in der Regel begehbar sind, oft einen ganzen Raum ausfüllen können und mitunter auch im Außenraum ein städtisches Architekturgefüge akzentuieren. Das Environment läßt sich in einem schwer definierbaren Zwischenbereich von → Malerei, → Objektkunst, → Skulptur und → Installation lokalisieren, wobei die Anteile dieser → Kunstgattungen ganz unterschiedlich ausfallen können. Neben der charakteristischen Gattungsüberschneidung – letztlich handelt es sich um eine grundlegende Erweiterung der Skulptur – tritt als weiteres Merkmal oft ein szenisches Moment hinzu, das bühnenbildartig die einzelnen Bestandteile arrangiert, so daß in hohem Maße eine erzählerische Struktur entstehen kann. Darüber hinaus reagiert das Environment bisweilen auf vorhandene Architektur, was besonders auf Arbeiten im Außenraum zutrifft und zugleich eine gewisse Nähe zur Installation bedeutet.
Als Vorläufer können der «Prounen-Raum» (1923) von El Lissitzky und der «Merzbau» (ab 1923) von Kurt Schwitters betrachtet werden. Die Entstehung des Environments im eigentlichen Sinne (gegen Ende der fünfziger Jahre) war eng verbunden mit dem → Happening, als dessen räumliche Relikte es bezeichnet wurde, so im Zusammenhang mit

Aktionen von Allan Kaprow. Doch bald schon, in den sechziger Jahren, änderte sich der begriffliche Kontext im obenbeschriebenen Sinne einer begehbaren Raumgestaltung.
Mittlerweile gelten die Environments von Edward Kienholz und George Segal bereits als «klassische» Beispiele, wobei die Arbeiten des ersteren auch mit dem Begriff → Tableau bezeichnet werden. Die bühnenbildartige Anordnung kann besonders gut bei George Segal beobachtet werden, wohingegen zum Beispiel Joseph Beuys ganze Räume in seine Environments einbezog. Die Arbeiten von Kienholz und Segal stehen in gewisser Nähe zur → Pop Art und erhalten ihre spezifische Aussage und psychologische Komponente erst durch das Auftreten etwa lebensgroßer Figuren. Die Environments von Beuys reflektieren dagegen transzendente Wirklichkeitswerte ihrer Materialien. Dani Karavan greift mit seinen ausgedehnten Arbeiten bevorzugt in (Park-)Landschaften und die städtische Umgebung ein, so daß Raumbezüge sichtbar werden und die jeweiligen Orte eine neue Definition erhalten. Weitere Beispiele von Michael Buthe, Jannis Kounellis, Maria Nordman, Robert Rauschenberg oder Wolf Vostell lassen sich anschließen.

Épreuve d'artiste → Künstlerdruck

Épreuve d'état → Zustandsdruck

Erstdruck Als Erstdruck bezeichnet man den ersten → Abzug von einer → Druckform.

Event Der Begriff Event (engl. = Ereignis) wurde von George Brecht für eine bestimmte Variante des → Happenings

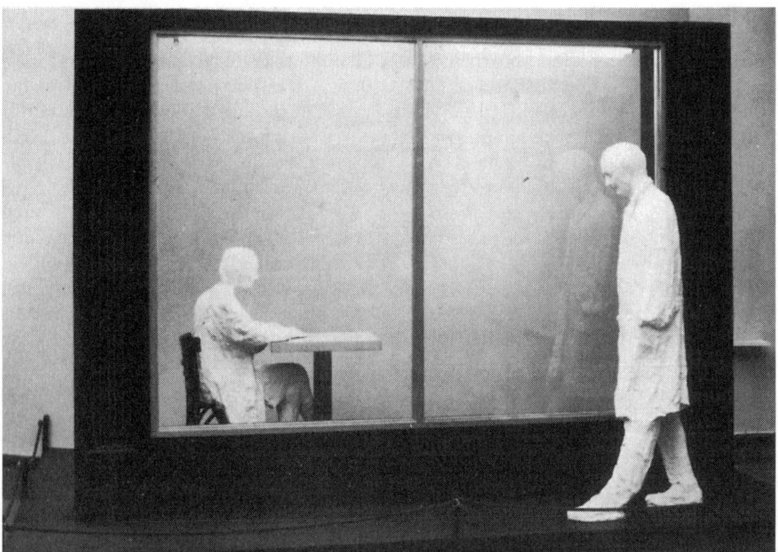

George Segal: The Restaurant Window. 1967

gebraucht, dessen Abläufe sich auf einfache, elementare Gesten konzentrieren.

excudit, exc., ex., e. Lat. Bezeichnung (= hat herausgegeben) auf älterer Druckgraphik, die neben dem Namen des Verlegers steht.

Exlibris Unter einem Exlibris (lat. *ex libris* = aus den Büchern) versteht man ein individuell gestaltetes, kleinformatiges Eignerzeichen, das auf die Innenseite des vorderen Buchdeckels geklebt wird. Zumeist mit Wappen und Namen bzw. → Monogramm des Buchbesitzers sowie mit allegorischen oder symbolischen Zeichnungen bedruckt, sind Exlibris seit Ende des 15. Jh.s gebräuchlich. Ihre Blütezeit erlebten sie zwischen 1890 und 1925, insbesondere im deutschsprachigen Raum. Bedeutende Exlibris schufen u.a. Otto Hupp, Otto Krebs und Alfred Kubin.

Experimentelle Fotografie Im Unterschied zur abbildenden → Fotografie, die auf eine naturgetreue Wiedergabe zielt, verändert die Experimentelle Fotografie bewußt ihr Abbild. Techniken wie Doppel- oder Mehrfachbelichtungen, der Einsatz von Trick- und Effektfiltern oder die Verwendung spezieller Filme (Infrarot- oder grobkörnige Schwarzweißfilme) sind Beispiele für Experimente auf der Ebene der Aufnahmetechnik. Der Einsatz moderner Labor- und Vergrößerungsgeräte führt ferner zu zahlreichen gestalterischen Varianten (Lichtmontagen, Tontrennungen, Übereinanderlegen mehrerer Negative etc.) und subjektiven Ausdrucksmöglichkeiten.
Der Ursprung der Experimentellen Fotografie liegt im → Fotogramm, ihre künstlerische Etablierung gelang jedoch erst in den zwanziger Jahren dieses Jh.s, insbesondere durch die Schadographie sowie die → Rayogramme und → Fotomontagen der Dadaisten (→ Dadaismus) und Surrealisten (→ Surrealismus).
Nach dem Zweiten Weltkrieg bildete die → Subjektive Fotografie einen bedeutenden Teilbereich der Experimentellen Fotografie, in neuerer Zeit die sog. Generative Fotografie mit ihrer programmatischen Betonung subjektiver Strukturen.

Expertise Unter einer Expertise (lat. *expertus* = erfahren), die eine besondere Bedeutung für den Kunsthandel hat, versteht man das Gutachten eines Sachverständigen über ein Kunstwerk. Expertisen enthalten präzise Stellungnahmen über Datierung, Zuschreibung, Format, Zustand, Herkunft und Stil.

Exponat Unter einem Exponat versteht man ein Ausstellungsstück, das heißt, das einzelne Kunstwerk einer Ausstellung. Dabei ist es von untergeordneter Bedeutung, welcher → Kunstgattung es angehört oder in welchem Ausstellungszusammenhang es sich befindet.

Expressionismus Der Expressionismus (frz. *l'expression* = Ausdruck) ergriff zu Beginn des 20. Jh.s alle Bereiche der Kunst: Architektur, Malerei, Graphik, Bildhauerei, Literatur und Musik.
Als Gegenbewegung zum → Impressionismus zählt zu seinen wesentlichsten Kennzeichen die Abkehr von der äußeren Wirklichkeit zugunsten des Ausdrucks der inneren, seelischen Empfindung und Befindlichkeit des Künstlers. An die Stelle des idealistisch geprägten Menschenbildes des 19. Jh.s tritt die psychologisierende Darstellung des von Anonymität, Isolation und Entfremdung der Großstadt gezeichneten Individuums. Die künstlerischen Mittel entsprechen in der radikalen Reduktion von Perspektive, Bildaufbau, Realitätsnähe und im Primat der reinen Farbe vollständig dem zutiefst emotional-dynamischen Subjek-

tivismus. Die Entstehung des Begriffs ist umstritten und läßt sich nicht mehr genau rekonstruieren; fest steht dessen Gebrauch seit dem Jahre 1911. Der Zeitraum expressionistischer Kunst konzentriert sich im wesentlichen auf die Jahre 1905-25, der Schwerpunkt ist fraglos in Deutschland zu finden.

Zu den Vorläufern rechnen Vertreter des späten → Impressionismus, des → Symbolismus und des → Jugendstils. Darunter sind insbesondere die expressiven Arbeiten der letzten Lebensjahre Vincent van Goghs (1887-90) und die suggestiven Bilder Edvard Munchs hervorzuheben, die bereits typische Charakteristika expressionistischer Kunst vorwegnehmen. Aber auch Bilder von James Ensor, Paul Gauguin oder Henri de Toulouse-Lautrec wurden von den Expressionisten geschätzt, ebenso wie Arbeiten der → Primitiven Kunst (Masken und totemistische Skulpturen Afrikas und der Südsee) sowie der Volkskunst und → Naiven Malerei.

Zwei Künstlergruppen bilden die «Kristallisationspunkte» der Bewegung und formulieren zugleich zwei Polaritäten des expressionistischen Schaffens: die «Brücke» in Dresden, ab 1910 in Berlin (1905-13; Erich Heckel, Ernst Ludwig Kirchner, Karl Schmidt-Rottluff sowie zeitweise Fritz Bleyl, Otto Mueller, Emil Nolde, Max Pechstein u.a.) und der «Blaue Reiter» in München (1911-12; Wassily Kandinsky, Franz Marc u.a.). Kennzeichnend für die «Brücke» ist die enge Zusammenarbeit der Künstler, die sich in stilistisch zum Teil sehr ähnlichen Bildern äußert. Die Themen variieren zwischen Natur und Großstadt, während sich die künstlerischen Mittel durch grelle, vom Naturvorbild abweichende Farben und enorme Flächigkeit der Form von der äußeren Realität entfernen und statt dessen eine suggestive Eigendynamik entwickeln – ein Charakteristikum, das in der transzendenten Malerei des «Blauen Reiter» noch wesentlich deutlicher hervortritt. Insbesondere die Arbeiten von Kandinsky tendieren weit in die Abstraktion, während die Bilder des 1916 gefallenen Franz Marc kubistischen Einfluß (→ Kubismus) verraten. Beide Künstler unterscheiden sich von der «Brücke» durch ihre Intention, geistige Werte und Kategorien in Form und Farbe (Kandinsky) bzw. im Motiv des als unschuldig empfundenen Tieres (Marc) darzustellen. Der 1912 erschienene «Almanach» enthält programmatische Texte und auch Beiträge befreundeter Künstler.

Die stürmische Aufbruchstimmung des Expressionismus und dessen provozierende Ablehnung aller überkommenen Traditionen der ausgehenden Kaiserzeit zeigen sich in den Arbeiten vieler weiterer Künstler, beispielsweise in den apokalyptischen Kriegsahnungen Ludwig Meidners oder den psychologisierenden, gewissermaßen «sezierenden» Porträts Oskar Kokoschkas.

Ein weiteres Zentrum entstand in Berlin im Umkreis von Herwarth Waldens Galerie «Der Sturm» (gegr. 1912), die eine gleichnamige Zeitschrift (1910-32) begleitete. Beide Einrichtungen entwickelten sich zu einem Forum expressionistischer Kunst, welchen im besonderen die Bedeutung zukam, grenzüberschreitenden Kontakt zu anderen avantgardistischen Bewegungen (wie → Fauvismus und → Kubismus) hergestellt zu haben, wovon die deutschen Expressionisten manche Anregung bezogen.

Im Bereich der Graphik nimmt der → Holzschnitt einen besonderen Rang ein, der eine wahre Wiederbelebung erfuhr. Harte Kontraste von Schwarz und Weiß, verbunden mit ausgeprägter Flächigkeit, kamen dem konzentrierten Ausdruck des Expressionismus sehr entgegen. Neben den charakteristischen Holzschnitten der

«Brücke» verdienen diejenigen Frans Masereels Beachtung. In der Bildhauerei tritt die «Brücke» mit roh behauenen Holzskulpturen hervor, die deutlich den Einfluß der Primitiven Kunst zeigen. Demgegenüber ist das Werk Ernst Barlachs eher von einer stillen Innerlichkeit geprägt, während aus den Plastiken Wilhelm Lehmbrucks in ihrer charakteristischen Überlängung das tragische Scheitern des Individuums spricht. Nach dem Ersten Weltkrieg wurden große, leuchtend bemalte Holzskulpturen von Hermann Scherer bekannt.
Eine zeitliche Phasenverschiebung wird insbesondere in der expressionistischen Architektur deutlich, die erst nach dem Ersten Weltkrieg für nur kurze Zeit in wenigen Beispielen zur Entfaltung gelangen konnte, um dann funktionalistischen Tendenzen (zum Beispiel → Bauhaus) Platz zu machen.
Unmittelbar vor dem Ersten Weltkrieg erreichte der Expressionismus seinen Höhepunkt. In der Nachkriegszeit erschöpfte er sich rasch und setzte sich in den Tendenzen der → Neuen Sachlichkeit fort, wobei der bissige, sozialkritisch-karikierende → Verismus von Otto Dix und George Grosz hervorzuheben ist. Die Wirkung der expressionistischen Geste zeigt sich erneut direkt nach 1945 im → Abstrakten Expressionismus, dem → Informel und der → Art brut. Um 1980 griffen die → Neuen Wilden auf den Expressionismus zurück, was insbesondere in der Berliner → Heftigen Malerei zum Vorschein kam.

F

Fälschung Als Fälschung bezeichnet man die Nachbildung eines Werkes der bildenden Kunst, die so gefertigt wurde, daß sie vom Original weitgehend ununterscheidbar wird. Eine Fälschung unterscheidet sich von einer → Kopie oder einer → Replik durch wissentlich falsche Deklaration der Urheberschaft (was oft durch Anbringen falscher → Signaturen auf Gemälden oder Graphiken geschieht). Als «freie Fälschung» gilt eine nachahmende Neuschöpfung eines Werkes, die in betrügerischer Absicht dem Œuvre eines Künstlers oder einer bestimmten Kunstepoche zugeschrieben wird.

Faksimile Als Faksimiledruck (lat. *fac simile* = mache ähnlich) bezeichnet man eine Reproduktion, die sich um höchstmögliche druckgraphische Wiedergabetreue einer Vorlage (Handschriften, → Frühdrucke, → Gemälde o. ä.) bemüht. Zu den bevorzugten Faksimiletechniken gehörten in der Vergangenheit → Crayonmanier (für → Kreidezeichnungen), → Aquatinta (für lavierte → Zeichnungen und → Aquarelle), → Lithographie und → Holzstich. In jüngster Zeit bedient man sich vor allem des → Lichtdrucks und fotomechanischer Verfahren.

Fallenbild Ein von Daniel Spoerri (→ Nouveau Réalisme) entwickeltes Verfahren der Fixierung von zufälligen Gegenstandsanordnungen mittels Kunstharzbinder auf einer Unterlage.
Dabei handelt es sich zum Beispiel um (beendete) Mahlzeiten mit vollständigem Geschirr, so daß – vertikal an der Wand befestigt – eine Reliefstruktur (→ Relief) entsteht und damit Kategorien wie Vergänglichkeit und Erinnerung in den Vordergrund treten. Aber auch andere Gegenstandsanordnungen, zumeist auf Tischen, werden als Fallenbild fixiert und besitzen oft dokumentarischen Charakter. Eine gewisse Nähe besteht zu → Assemblage und → Junk Art.

Falsifikat → Fälschung

Farbendruck Unter Farbendruck, auch «Chromotypie» genannt, versteht man die farbige Reproduktion von Abbildungen mit Hilfe unterschiedlicher Druckverfahren. Beim sog. synchronen Verfahren, das inzwischen allerdings kaum noch Anwendung findet, koloriert man die → Druckform manuell (etwa bei der Farbheliogravüre) und druckt sämtliche Farben in einem Druckvorgang. Beim asynchronen Verfahren, das im industriellen Druck üblich ist, wird für jede Grundfarbe eine eigene Druckform hergestellt (dazu kommt eine Schwarzform, die zur Erzielung größerer Kontraste und von Mischfarben dient).
Man unterscheidet hier zwischen Vier- und Mehrfarbendruck. Farbnuancen entstehen dabei durch Übereinanderdrucken (beim → Offsetdruck bis zu acht, beim → Licht- und → Steindruck oft bis zu 20 Farben).

Farbfeldmalerei → Colourfield Painting

Farbfotografie Die Farbfotografie ist ein Verfahren, Objekte in ihren natürlichen Farben wiederzugeben. Schon Ende des 19. Jh.s gelang es, mit Hilfe von sog. Dreifarbenkameras farbige Fotografien herzustellen. Ein Motiv wurde dabei nacheinander durch rote, grüne und blaue Filter belichtet und nach der Entwicklung entweder übereinanderprojiziert oder -gedruckt (subtraktives Verfahren).

Die industrielle, das heißt massenhaft verbreitete Farbfotografie setzte dann 1903 mit der Erfindung der Autochrometechnik durch die Gebrüder Auguste und Louis Lumière ein. Sie brachten rot, blau und grün gefärbte Stärkemehlkörner in einem vollkommen gleichen Mischungsverhältnis auf eine Glasplatte (sog. Autochromeplatte) und gossen darüber eine lichtempfindliche Schicht (die sog. panchromatische Emulsion). Das farbige Bild erschien nach der Belichtung und Entwicklung «pointillistisch», aus unzähligen kleinen Farbpunkten zusammengesetzt (additives Verfahren). Der Durchbruch der Farbfotografie gelang dann Mitte der dreißiger Jahre dieses Jh.s durch die Erfindung des Mehrschichten-Farbumkehrverfahrens durch die Firmen Agfa und Kodak, das im Ergebnis ein positives Bild ohne Negativ (Farbdiapositiv) hervorbrachte. Die Weiterentwicklung dieses Verfahrens führte 1940 zum Farbnegativfilm, der bis heute von Fotoamateuren und professionellen Fotografen verwendet wird.

Farbholzschnitt Besteht beim → Holzschnitt prinzipiell die Möglichkeit, die → Druckform anstelle des Schwarz mit einer anderen Farbe einzufärben (oder verschiedene Farben auf einer einzigen Druckform aufzutragen), verlangt man vom echten Farbholzschnitt, daß für jede gedruckte Farbe eine Druckplatte angefertigt wird. Diese Druckplatte enthält nur den Teil einer Zeichnung, der in einer bestimmten Farbe erscheinen soll, so daß erst das Übereinanderdrucken der verschiedenen Platten die vollständige Darstellung ergibt. Neben dem Übereinanderdruck unterschiedlich eingefärbter Einzelplatten gibt es ferner die Möglichkeit, den Druckstock zu zersägen und die Einzelteile nach der unterschiedlichen Einfärbung wieder zusammenzufügen. Edvard Munch wie auch Erich Heckel, Ernst Ludwig Kirchner und Karl Schmitt-Rottluff bedienten sich dieser Technik (→ Camaieudruck, → Clair-obscur-Holzschnitt).

Farblithographie Die Farblithographie, die auch «Chromolithographie» (griech. *chroma* = Farbe) genannt wird, ist ein Verfahren der → Lithographie zur Reproduktion farbiger Vorlagen.

Dabei werden die Umrißkonturen und die Grenzen der einzelnen Farbflächen mit Pauspapier auf den Stein übertragen, wobei die Anzahl der gewünschten Farben die Anzahl der zu bearbeitenden Druckstöcke bestimmt.

Im Prinzip werden für die Farblithographie so viele Druckstöcke benötigt (oft bis zu 15 und mehr), wie Farben vorgesehen sind, doch sind durch geschicktes Übereinanderdrucken Mischtöne möglich. Die farbigen Partien werden jeweils mit → Tusche oder Kreide auf die Steine gebracht und wie bei der → Lithographie präpariert.

Die handwerklichen Anforderungen bei diesem Verfahren sind sehr groß. Zum einen muß die Paßgenauigkeit der verschiedenen Drucksteine gewährleistet sein, zum anderen muß der Lithograph die in der farbigen Vorlage enthaltenen Farben auf mehrere Druckformen zerlegen, was eine mühsame Arbeit ist und viel Erfahrung voraussetzt. Die Farblithographie wurde deshalb durch die Fotochromlithographie (→ Fotolithographie) abgelöst.

Erkennungsmerkmal der Farblithographie ist ihr glänzender, fetter Druck, der aufgrund des mehrfachen Übereinanderdrucks oft an den dunklen Bildstellen verklebt bzw. verharzt. Berühmt wurden die Farblithographien von Henri de Toulouse-Lautrec, der sie vor allem für seine Plakatkunst nutzte.

Im 20. Jh. arbeiteten u.a. Pierre Bonnard, Georges Braque, Picasso, Robert Rauschenberg, Charles Sorlier und Édouard Vuillard mit dieser Technik.

Farbradierung Bei der Farbradierung (→ Radierung) ist der Druck von einer oder mehreren Platten möglich. Im ersten Fall wird die Platte eingefärbt und in einem Durchgang gedruckt; verwendet man mehrere Platten, so erfolgt der Zusammendruck nacheinander, was eine exakte Paßgenauigkeit verlangt.

Farbstich Der Farbstich, ein um 1710 von Christoph Le Blon erfundenes Verfahren des → Tiefdrucks, gilt als praktische Anwendung der → Schabkunst auf die Newtonsche Farbmischungstheorie. Diese geht davon aus, daß alle Farben aus den drei Primärfarben Rot, Gelb und Blau zusammengesetzt sind. Für jede dieser Farben wurde eine eigene Mezzotinto-Platte (das heißt eine mit dem Wiegestahl aufgerauhte Platte → Schabkunst) angefertigt, die man nacheinander – naß in naß – übereinanderdruckte. Als ergänzende Farbe nahm man später noch eine Schwarzform (insbesondere für Konturen und Schatten) hinzu.

Fassung → Replik

Fauvismus Der Fauvismus (frz. *les fauves* = wilde Tiere) gilt in den Jahren 1905 bis 1907/08 als führender Impuls der modernen Malerei in Frankreich.
Der bedingungslose Kampf um die Vorherrschaft der Farbe, die sich konsequenterweise von der Bezeichnung des Gegenstandes löst und statt dessen einen autonomen, vom Gegenstand unabhängigen Charakter annimmt, stellt das markanteste Kennzeichen dieser Stilrichtung dar. Die lose Gruppierung der Fauvisten um Henri Matisse trat zum ersten Mal 1905 im Pariser Herbstsalon auf, wo sie sofort wegen ihrer explosiven Farbigkeit einen Skandal erregten und massiv beschimpft wurden. Anläßlich dieser Ausstellung prägte der französische Kunstkritiker Louis Vauxcelles den Begriff «Fauves», wovon sich die Stilbezeichnung ableitet.
Der Fauvismus basiert einerseits auf dem → Neoimpressionismus, der von Georges Seurat und Paul Signac in den achtziger Jahren des 19. Jh.s formuliert wurde, und andererseits auf dem Werk großer Einzelgänger, die am Ende des 19. Jh.s die Voraussetzungen der → Moderne schufen, z.B. Paul Gauguin oder Vincent van Gogh.
Die Bildinhalte und Motive wie → Landschaft, → Porträt oder → Stilleben erinnern an den → Impressionismus, doch die Neuerungskraft der Fauves bezieht sich auf die Art und Weise der Darstellung. Die souveräne Handhabung von Primär- und Sekundärfarben, die sich zum Teil radikal von ihrem Motiv ablösen, die Vernachlässigung von Perspektive und Proportionsverhältnissen sowie die Abkehr von einer detailreichen Malweise zeichnen die Strömung aus. Ein unmittelbarer, spontan gesetzter Pinselduktus verrät die emotionale Beteiligung des Künstlers, die sich gleichfalls in den geschickt durch → Komplementär- und → Simultankontraste dynamisierten Farben ausspricht.
In allen Bereichen verschwindet zunehmend die illusionistische Darstellung äußerer Realität, die letztlich nur noch den Anlaß bietet, um den subjektiven Ausdruck des Künstlers ins Bild umzusetzen.
Ein charakteristisches Kennzeichen ist die Reduktion der Bildelemente auf große Farbflächen, die manchmal neben ihrer emotionalen auch eine dekorative Komponente zeigen. Diese Tendenz zum spielerisch gesetzten, ornamentalen Dekor bildet ein wesentliches Unterscheidungskriterium zum → Expressionismus

in Deutschland, der etwa zur selben Zeit in der radikalen Reduktion des Illusionismus und in der Konzentration auf intensive Farbigkeit das innere Empfinden des Künstlers zu formulieren sucht und damit sehr ähnliche Ziele wie der Fauvismus verfolgt. Außerdem verzichtet der Fauvismus auf die Thematisierung gesellschaftlicher Fragen, was sich beispielsweise am Fehlen düsterer Großstadtmotive zeigt, die wiederum den Expressionismus kennzeichnen.
Doch bereits ab 1907 machen sich erste Auflösungserscheinungen innerhalb der Fauvisten bemerkbar, die durch die Abkehr von Georges Braque und André Derain zum → Kubismus sehr wichtige Künstlerpersönlichkeiten verlieren.
Als zentrale Vertreter sind zu erwähnen: Georges Braque, André Derain, Raoul Dufy, Othon Friesz, Henri Matisse, Maurice de Vlaminck u.a. Fauvistische Traditionen leben in der → École de Paris der zwanziger und dreißiger Jahre weiter, wie auch in der heftigen Malerei der → Neuen Wilden um 1980.

Faxkunst Wie die → Computerkunst oder die → Videokunst gründet sich die Faxkunst auf die technische Entwicklung der neuen Medien.
Die Faxkunst basiert auf dem Telefax, einer Fernkopiereinrichtung, die über das öffentliche Fernsprechnetz abgewickelt wird. Das zu kopierende Blatt Papier wird von einem Lichtstrahl abgetastet und in Frequenzen umgesetzt, die durch das Empfängergerät dekodiert und auf ein entsprechendes Blatt übertragen werden. Die Geräte sind international genormt, so daß eine weltweite Übertragung möglich ist. Neben Text können ebenso bildliche Darstellungen übermittelt werden.
Die Faxkunst entwickelte sich im Laufe der achtziger Jahre. Der Vorgang der Übertragung besitzt oft aktionistischen Charakter (→ Aktionskunst). Dabei kann sich im (Ausstellungs-)Raum des Übertragungsempfangs eine große Menge endloser Papierbahnen ansammeln, die letztendlich einer → Installation vergleichbar sind. Das Interesse an der Faxkunst besteht in der Vergegenwärtigung der spielerischen Überbrückung enormer Distanzen mit Hilfe technischer Möglichkeiten. Andererseits liegt ihr Reiz in der Veranschaulichung der durch die Maschine entindividualisierten Handschrift des Künstlers, da die durch das Telefax übermittelten Zeichen eine charakteristische Rasterstruktur aufweisen.

fecit, fec., fe., f. Lat. Bezeichnung (= hat gemacht) auf älterer Druckgraphik, die neben dem Namen des Graveurs oder Radierers steht.

Federlithographie Die Federlithographie, auch «Federmanier» genannt, ist ein besonderes Verfahren der → Lithographie, bei dem mit einer Zeichenfeder direkt auf den Stein, auf die Metallplatte oder auf Umdruckpapier gezeichnet wird. Man verwendet hierzu eine fetthaltige lithographische → Tusche, die gut von der Feder fließen muß. Der Vorteil dieses Verfahrens liegt in der freien, natürlich wirkenden Strichführung. Korrekturen können mit Hilfe eines kantigen Schabers oder eines Stäbchens aus künstlichem Bimsstein vorgenommen werden.

Federmanier → Federlithographie

Federpunktiermanier Bei der Federpunktiermanier, einem Verfahren der → Lithographie, zeichnet man ein rasterähnliches Bild aus winzigen Punkten, die – aus einem gewissen Abstand betrachtet – ein halbtonartiges Bild ergeben.

Federzeichnung Die Federzeichnung gehört zu den ältesten und zu den wichtig-

sten Techniken der → Zeichnung und war bereits in der altägyptischen Kunst bekannt. Grundsätzlich lassen sich drei verschiedene Arten von Federn unterscheiden: Die zumeist aus Schilf geschnittene Rohrfeder (lat. *canna*) mit gespaltener Spitze ergibt einen relativ breiten Strich und war insbesondere im Altertum bis in das Mittelalter hinein gebräuchlich, erlebte jedoch im 16. Jh. eine erneute Blüte. Seit dem 6. Jh. fand die Kielfeder (lat. *penna*) Verwendung, die aus den Schwungfedern von Gans oder Schwan gewonnen wird und eine deutlich feinere Linie ermöglicht.
Nachdem die Kielfeder im Mittelalter die Rohrfeder abgelöst hatte, wurde sie im 19. Jh. von der aus rostfreiem Stahl bzw. Edelmetallegierungen bestehenden Metallfeder verdrängt, die Aloys Senefelder im Zusammenhang mit der Erfindung der → Lithographie für das Zeichnen populär machte. Die Metallfeder wurde in England ab 1830, in Deutschland ab 1856 industriell hergestellt.
Als Zeichengrund dient im allgemeinen (getöntes) Papier, im Altertum war es Papyrus, im Mittelalter Pergament. → Tusche und Tinte werden als Zeichenmittel gebraucht, wobei die schwarze bzw. violette Gallustinte, die sich nach einiger Zeit in einen Braunton verfärbt, zu den ältesten zählt. Weite Verbreitung erreichten die schwarze Chinatusche und seit dem 18. Jh. die schwarzbraune → Sepia. Im 20. Jh. werden manchmal auch synthetisch hergestellte farbige Tuschen gebraucht. Die Federzeichnung kennt zahlreiche Variationsmöglichkeiten zwischen expressiver Anwendung mit hohen Kontrasten und zarten, durchsichtigen Übergängen von lyrischer Vertie-

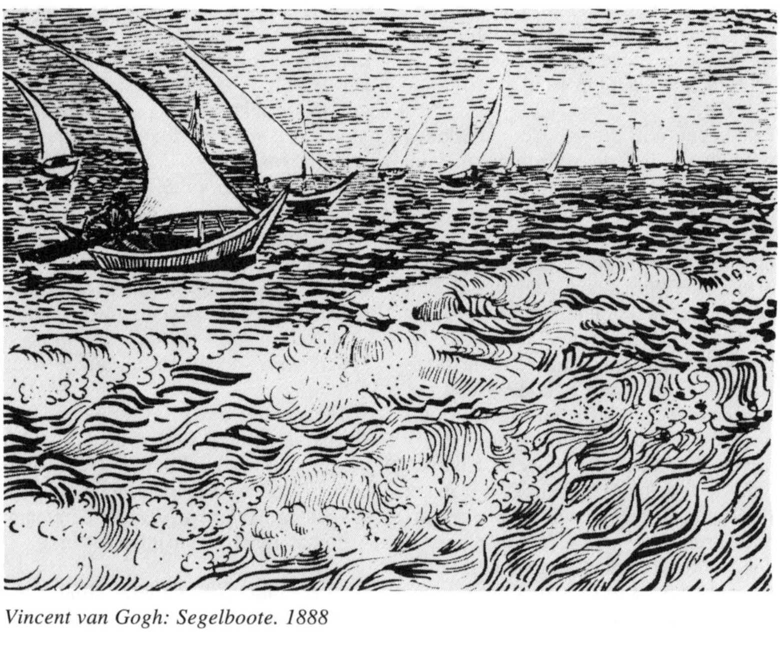

Vincent van Gogh: Segelboote. 1888

fung. Häufig finden sich → Lavierungen und außerdem Kombinationen mit der → Pinselzeichnung, wobei die Federzeichnung typischerweise durch ihre linearen, eher stabilisierenden Eigenschaften das Bildgerüst sichert, während die Pinselzeichnung eine malerische Wirkung entfaltet.

Ein frühes Meisterwerk der Federzeichnung des Mittelalters ist der karolingische «Utrechtpsalter» aus dem 9. Jh., der sich durch seine formale Leichtigkeit und Bewegungsfülle auszeichnet. Das um 1240 entstandene Bauhüttenbuch des französischen Baumeisters Villard de Honnecourt bietet einen einzigartigen Einblick in Ornamentik, Konstruktionen und Bauwesen der frühen Gotik. Um 1440 trat dann eine Differenzierung der Strichtechnik ein, die der Plastizität der Figuren und Gegenstände sowie der Realitätsnähe des Raumes zugute kommt. Darüber hinaus lösten spitze, lineare Formen den bis dahin vorherrschenden «weichen Stil» ab.

In Arbeiten von Albrecht Dürer oder Leonardo da Vinci erreichte die Federzeichnung in der Renaissance eine neue Blüte, hervorgerufen durch eine weitere Verdichtung der → Schraffur, ausgeprägte Hell-Dunkel-Kontraste und das beginnende Studium der Natur. Zu den herausragenden Meisterwerken gehören die Illustrationen Botticellis zu Dantes «Göttlicher Komödie» (1492-97). Im Barock gewann die Mischtechnik von Feder- und Pinselzeichnung an Gewicht, während im 18. Jh. die reine Federzeichnung seltener zu finden ist.

Im 19. Jh. nahmen hingegen Bedeutung und vor allem formale Eigenständigkeit wieder zu, was in ausdrucksstarken Federzeichnungen von Honoré Daumier oder Wilhelm Leibl klar zutage tritt. Die Arbeiten Vincent van Goghs aus den achtziger Jahren des 19. Jh.s schaffen in ihrer subjektiven Expressivität bereits grundlegende Voraussetzungen für die Kunst des 20. Jh.s. → Expressionismus und → Neue Sachlichkeit gebrauchten bevorzugt die Feder, um einerseits mittels harter Kontraste und spontaner Geste die inneren Spannungen und Ängste zu formulieren (so Oskar Kokoschka) und andererseits mit «spitzer Feder» soziale Mißstände und gesellschaftliche Doppelmoral karikierend zu entlarven (so George Grosz).

In den vierziger und frühen fünfziger Jahren zeigt sich beispielsweise in gegenstandslosen Arbeiten von Arshile Gorky, Jackson Pollock oder Wols ein betont automatistisches Moment (→ Automatismus), das jede geregelte Form auflöst und in spontaner Gestik erstmals den Zufall als ein künstlerisches Gestaltungselement einbezieht. Vergleichbare Eigenschaften weisen die gegenständlichen Arbeiten von Pierre Alechinsky oder Emilio Vedova auf.

Fehldruck Als Fehldruck bezeichnet man einen fehlerhaften Druck in einer → Auflage, der vom Künstler in der Regel vernichtet wird.

Ferrotypie Wie bei der → Ambrotypie ist das negative Bild einer Ferrotypie nur schwach ausgebildet. Es erscheint als ein vermeintliches Positiv, wenn man es schwarz unterlegt, was bei der Ferrotypie dadurch geschieht, daß man die lichtempfindliche Schicht nicht auf eine Glasplatte aufträgt, sondern auf schwarz lackiertes Eisenblech. Ferrotypien waren von Mitte des 19. Jh.s bis Anfang des 20 Jh.s stark verbreitet; vereinzelt wurden sie Bestandteil von Fotoschmuck (auf Ringen, Broschen oder Anhängern).

figuravit, fig. Lat. Bezeichnung (dt. = hat dargestellt) auf älterer Druckgraphik, die neben dem Namen des Zeichners oder Malers steht.

Figurenalphabet → Initial

Figurenfotogramm Beim Figurenfotogramm (→ Fotogramm), das auch «Körperfotogramm» genannt wird, agieren in der Regel Menschen vor einer lichtempfindlich gemachten Stoff- oder Papierwand, auf die sie mittels einer starken Fotoleuchte in typischen Posen oder Bewegungsphasen aufbelichtet werden. Die Aufnahme der (lebensgroßen) Bilder geschieht zum Teil in der Öffentlichkeit (in Form eines → Happening) und wird gestalterisch durch Mehrfachbelichtung, Überlagerung, Verwischung oder besondere Entwicklungsverfahren (Sprayentwicklung, Bleichen o. ä.) variiert. Auch die Aufbelichtung von Gegenständen findet beim Figurenfotogramm vereinzelte Anwendung.

Filigramm → Chemigramm

Finissage Unter einer Finissage (frz. *finir* = beenden) versteht man die Beendigung einer Ausstellung. Im Gegensatz zur → Vernissage entspricht die Finissage keinesfalls der Regel und tritt nur relativ selten auf. Dabei ist die Form der Finissage ganz unterschiedlich. Sie folgt keiner bestimmten Vorgabe, wird aber häufig von dem/den Künstler(n) selbst gestaltet.

Firnis Als transparente und meist schnelltrocknende Lösung schützt der Firnis (frz. *le vernis* = Lack) Gemälde gegen Feuchtigkeit, Staub und den Sauerstoff in der Luft. Darüber hinaus erscheinen die Farben tiefer und brillanter. Die Zusammensetzung der sowohl matten wie auch glänzenden Firnisse ist sehr unterschiedlich, entsprechend weichen auch die Eigenschaften voneinander ab.
Grundsätzlich unterscheidet man Alkohol-, Harz-, Kunstharz-, Leinöl- und Terpentinölfirnisse. Zumeist werden Harze, wie zum Beispiel Dammar oder Mastix, in flüchtige Lösungen versetzt, die durch Sikkative (Trockenstoffe) rasch auftrocknen. Je nach ihrer Zusammensetzung vergilben einige Firnisse nach sehr langer Zeit und verändern bzw. dunkeln die Farben des Gemäldes ab, so daß eine entsprechende Reinigung erforderlich wird.

Fixativ Das Fixativ (lat. *fixus* = fest) besitzt eine klebende Wirkung, um beispielsweise → Bleistift-, → Graphit-, → Kohle-, → Kreide-, → Pastell- oder → Rötelzeichnungen zu fixieren, das heißt unverwischbar zu machen. Das Fixativ ist eine farblose Lösung, die zumeist aus Schellack oder Zaponlack besteht. Es trocknet schnell und wird mit einem Zerstäuber aufgesprüht.
Besonders bei reichlicher Verwendung müssen manchmal leichte Farbveränderungen in Kauf genommen werden. Die Verwendung von Fixativen kann bis ins 15. Jh. zurückverfolgt werden.

Flachdruck Anders als beim → Hochdruck oder → Tiefdruck, die sich durch Höhenunterschiede zwischen nicht-druckenden und druckenden Partien einer Platte definieren, liegen beim Flachdruck die druckenden und nicht-druckenden Teile auf einer Ebene. Die druckenden Elemente einer Zeichnung (oder Schrift) werden mit wasserabstoßenden, fetthaltigen Substanzen (Kreiden, Stiften oder Tuschen) auf die Druckplatte gebracht; die nicht-druckenden Partien werden mit Wasser angefeuchtet. Bringt man nun (fettige) Druckfarbe auf die Platte, so wird diese vom Wasserfilm abgestoßen, von den fetthaltigen Partien jedoch angenommen und im späteren Druck wieder abgegeben. Wesentlich wird diese Trennung durch die chemischen und die oberflächenphysikalischen Eigenschaften der Druckplatte bestimmt, die beim

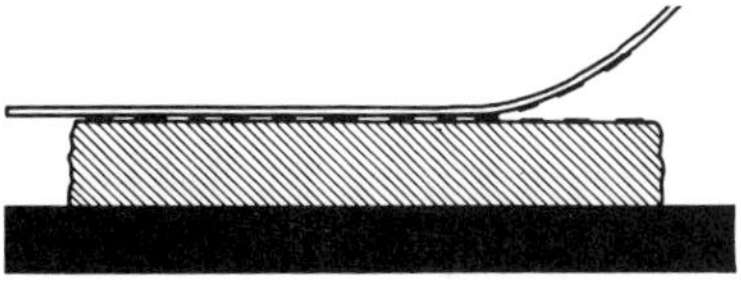

Schema des Flachdrucks. Deutlich ist die auf der Oberfläche des Steines haftende und auf das Papier druckende Farbe erkennbar

Flachdruck ursprünglich aus Kalkstein bestand (→ Lithographie). Heute werden auch Platten aus Zink oder Aluminium verwendet.
Aloys Senefelder entdeckte dieses Prinzip 1787 und entwickelte daraus die wichtigsten Flachdruckverfahren und Hilfstechniken. Charakteristisch für den Flachdruck ist sein weiches, «flaches» Bild, das auf der Oberfläche des Papiers zu ruhen scheint. Dem Künstler ermöglicht der Flachdruck größte technische Freiheiten und Entfaltungsmöglichkeiten, weil ihm durch das Material der Platte keine Widerstände entgegengesetzt werden.
Zu den bekanntesten Flachdruckverfahren gehören → Algraphie, → Lichtdruck, → Lithographie und → Offsetdruck.

Flimmereffekt Durch die begrenzte Auflösungsfähigkeit des Auges können hin und wieder stark kontrastierende, regelmäßige Strukturen nicht mehr als einzelne Elemente wahrgenommen werden, sondern erscheinen als sich vibrierend bewegende Einheit.
Den auf diese Weise entstehenden Flimmereffekt macht sich vor allem die → Op Art zunutze, indem sie dadurch nicht nur flirrende Bewegung, sondern auch illusionistische Raumwirkungen erzielt (zum Beispiel Bridget Riley, Jesus Raphael Soto, Victor Vasarely).

Fluxus Fluxus (lat. = fließend) ist eine Form der → Aktionskunst und vom zeitgleichen → Happening nur sehr schwer zu unterscheiden. Als ein szenisches Geschehen verbindet es die unterschiedlichsten künstlerischen Disziplinen wie bildende Kunst, Musik, Pantomime oder Theater. Dabei spielen Musik bzw. akustische Signale und Effekte eine hervorgehobene Rolle.
Im Gegensatz zum Happening ist eine Beteiligung der Zuschauer nicht vorgesehen. Anders als das Happening folgt das Fluxus einer «Partitur», das heißt, der Ablauf des Geschehens (auch «Konzert» genannt) ist vorherbestimmt.
Wichtige Anknüpfungspunkte bestehen dabei zu den gattungsübergreifenden Aktionen des → Dadaismus. Keimzellen des Fluxus waren die von John Cage an der «New School of Social Research» in New York Ende der fünfziger Jahre durchgeführten Kurse für «Experimentelle Komposition». Unter wesentlichem Einbezug von Musik und akustischen Elementen entstanden aus den Teilnehmerkreisen (George Brecht, Al Hansen, Dick Higgins u.a.) die ersten Fluxusaktivitäten. Die Publikation «An Anthology» (1961) enthält als erste Sammlung zahlreiche Texte, Proklamationen und Gedichte der Fluxusaktionisten um John Cage. Die großen Fluxus-Konzerte fanden 1962/63 zum Beispiel in folgenden westeuropäischen Städten statt: Kopenhagen, Den Haag, Amsterdam, London, Düsseldorf, Nizza, Paris und in besonderem Maße Wiesbaden. Um 1962 erfolgte eine Verschmelzung mit dem Happening und in den späten sechziger Jahren trat die → Performance an die Stelle von Happening und Fluxus.
Die grundlegenden Ziele des Fluxus sind mit denjenigen des Happening weitgehend identisch: Verbindung von Kunst und Leben, Abbau von gesellschaftlich determinierten Normen, Erweiterung des

Kunstbegriffs durch eine radikale Auflösung der Grenzen zwischen den → Kunstgattungen und eine Steigerung der Erlebnisfähigkeit des Publikums. Durch die multimediale Anlage (→ Multi Media) des Fluxus erfordert die Wahrnehmung aller Elemente einer Aktion große Konzentration auf seiten der Zuschauer. Die Fluxusaktionen wirkten sich belebend auf die experimentelle Musik und das moderne Tanztheater aus.
Zu den Fluxusaktionisten zählen: Joseph Beuys, George Brecht, John Cage, Robert Filliou, Al Hansen, Dick Higgins, Allan Kaprow, Jean-Jacques Lebel, George Maciunas, Claes Oldenburg, Wolf Vostell u.a.

Format Das Format bezeichnet in der Graphik die Abmessung und die Hauptform (zum Beispiel Hoch- oder Querformat) eines → Abdrucks. Beim Buch mißt man das Format in Zentimetern (Breite mal Höhe), nach DIN oder nach der Anzahl der Falzungen (zum Beispiel Folio, Quart, Oktav etc.).

Fotochromtechnik → Fotolithographie

Fotocollage → Fotomontage

Fotografie Fotografie (griech. *phos* = Licht; *graphein* = schreiben) ist ein Verfahren, Abbildungen von Gegenständen auf lichtempfindlich gemachten Schichten (Glasplatten oder Film) zu erzeugen. In der Regel bestehen solche Schichten aus Halogensilber, das (zusammen mit Gelatine) auf einen Schichtträger wie Glas oder Film aufgebracht wird. Belichtet man diese Schicht direkt (→ Fotogramm) oder mit Hilfe einer Kamera, so zeigt sie nach ihrer Entwicklung und Fixierung ein Negativ (bei sog. Umkehrfilmen ein Positiv). Durch Kopierung oder Vergrößerung ergibt sich aus einem solchen Negativ in einem nochmaligen Umkehrverfahren ein seitenrichtiges und in seinen Tonwerten adäquates Positiv (auf Papier).
Vom ersten fixierten Foto, das Joseph Nicéphore Niepce 1822 mit der sog. → Camera obscura herstellte, gingen die technischen Entwicklungsstufen der Fotografie über die → Daguerreotypie zur → Kalotypie. 1839 setzte das für die fotografische Praxis typische (wenn auch noch vorläufige) Negativ-/Positivverfahren ein. Um 1850 etablierten sich erste Fotostudios, in denen Glasplatten mit einer Kollodiumschicht belichtet und auf Albuminpapier umkopiert wurden.
Mit der Verwendung von Gelatine als Emulsionsträger wurde es ab ca. 1885 möglich, das Aufnahmematerial über längere Zeit zu lagern und zu transportieren. Verbesserte technische Verfahren erhöhten kurz darauf die Lichtempfindlichkeit der Filme, was die Fotografie von Schnappschüssen und schnellen Bewegungen ermöglichte. 1894 gelang die Erfindung des Rollfilms, zwischen 1936 und 1937 die des Farbumkehrfilms (→ Farbfotografie).
Die ersten künstlerisch anerkannten Werke der Fotografie entstanden zwischen 1844 und 1846 und sind in Talbots Buch «The Pencil of Nature» dokumentiert. Zwischen 1900 und 1920 setzte sich die Fotografie dann, vorbereitet durch zahlreiche Ausstellungen, als künstlerisches Medium auch in der Öffentlichkeit durch. Fotografen wie Eugène Atget, August Sander, Carl Bloßfeld oder Albert Renger-Patsch fanden zu ihrem eigenen Stil, aber auch die Künstler des → Bauhauses, die → Konstruktivisten (insbesondere El Lissitzky, Alexander Rodtschenko und László Moholy-Nagy), → Surrealisten, → Futuristen und → Dadaisten nutzten die Ausdrucksmöglichkeiten der Fotografie. Zu den bekanntesten Fotografen dieser Zeit gehören Raoul Hausmann, Hannah Höch,

Herbert Bayer, Paul Citroen, Heinz Hajek-Halke und Man Ray.
Als «reine» Fotografie machten die Arbeiten der Gruppe 61 (der u.a. Ansel Adams und Edward Weston angehörten) in den dreißiger Jahren von sich reden. Nach 1945 gewann die Reportage- und Industriefotografie große Bedeutung, insbesondere die Arbeiten von Henri Cartier-Bresson oder Robert Doisneau.
Die Erfindung des → Sofortbilds inspirierte zahlreiche Künstler (zum Beispiel Richard Hamilton oder Andy Warhol) zu fotografischen Experimenten, aber auch die avantgardistische Kunst der sechziger und siebziger Jahre zeigte sich durch die Fotografie beeinflußt. Es entstanden Fotoübermalungen (zum Beispiel von Arnulf Rainer), serielle und konzeptionelle Arbeiten oder Werke im Sinne des → Fotorealismus (etwa von Ger Dekkers, Chuck Close oder Franz Gertsch). In jüngster Zeit gewann die → Fotoinstallation an Einfluß.
Die Anwendungsbreite der Fotografie reicht außerhalb des künstlerischen Bereichs von der Amateurfotografie über die Akt- und Modefotografie bis zu verschiedenen Disziplinen der Technik, Wirtschaft und Wissenschaft.

Fotogramm Beim Fotogramm werden ein oder mehrere Gegenstände auf lichtempfindliches Papier gebracht (der Gegenstand hat dabei direkten Kontakt mit der lichtempfindlichen Schicht) und belichtet. Als «kameralose» Fotografie entstehen dadurch silhouettenhafte Darstellungen weiß auf schwarzem Grund (→ Figurenfotogramm, → Luminogramm, → Nudogramm). Die Mischung der Materialien und Formen, ihre Anordnung auf dem Fotopapier sowie die Anordnung der Beleuchtung (starre, bewegliche, einzelne oder mehrere Lichtquellen) lassen eine Vielfalt künstlerischer Ausdrucksmöglichkeiten zu, die insbesondere Christian Schad in seinen «Schadographien» und ab 1920 Man Ray in seinen oft abstrakt angelegten → Rayogrammen entwickelten. Beide Künstler erprobten verschiedene Techniken wie z. B. die Vergrößerung und partielle Aufbelichtung bestimmter Formen oder den Effekt sich überlagernder Halbtöne. Man Ray beeinflußte dabei das Werk von László Moholy-Nagy, insbesondere die → Fotomontagen von George Grosz und John Heartfield. Als Vertreter des russischen → Konstruktivismus nutzten El Lissitzky und Alexander Rodtschenko die Fotogrammtechnik.
Als Erfinder des Fotogramms gilt der Engländer William Henry Fox Talbot, der um 1840 erstmals mit einer Auswahl seiner «fotografischen Zeichnungen», die er mit Sonnenlicht belichtet hatte (Motive wie Schmetterlinge, Blumen und Pflanzen), an die Öffentlichkeit trat. Im 20. Jh. verwendeten v.a. Burchfield, Chargesheimer, Joann Frank, Heinz Hajek-Halke, Gyorgy Kepes, Floris Michael Neusüss, Otto Steinert und Judith H. Steinhauser das Fotogramm als künstlerisches Ausdrucksmittel.

Fotogravüre → Heliogravüre

Fotoinstallation Die Fotoinstallation ist eine Mischform aus → Fotografie und → Installation. Sie bedient sich fotografischer Mittel und kombiniert diese mit den Möglichkeiten der Installation. Dadurch stehen die zum Teil überdimensionalen Fotos nicht isoliert, sondern treten in einen wechselseitigen Austausch mit der umgebenden Architektur.
Damit verbunden ist der Eintritt der Fotografie in den realen Raum. Durch das Übertragen der Fotos auf räumliche Gegenstände oder Werkstoffe unterschiedlichster Art wird der illusionistische Raum des Fotos mit dem realen Raum konfrontiert.

Die Fotoinstallation gewann in der zweiten Hälfte der achtziger Jahre an Bedeutung, wobei sich auch gewisse Einflüsse der → Videoinstallation bemerkbar machen. Als Vorläufer gelten zudem Jochen Gerz und Gilbert & George mit ihren auf viele Bildtafeln aufgeteilten fotografischen Arbeiten aus den siebziger Jahren.
Unter den Künstlern, die sich mit der Fotoinstallation beschäftigen, ist vor allem Ulrich Görlich zu erwähnen, der seine meterhohen Fotos direkt auf die Wände des Ausstellungsraumes aufträgt. Nach dem Einsprühen der Wände mit einer lichtempfindlichen Emulsion werden dieselben durch die Projektion von Dias belichtet. Auch die Entwicklung und Fixierung geschieht direkt auf der Wand. So werden Architektur und Fotografie identisch, und der Innenraum erfährt eine völlig neue, räumlich-illusionistische Bestimmung.
Die großformatigen, plakatartigen Fotoarbeiten von Barbara Kruger, die ein breitenwirksames, gesellschaftliches Interesse verraten, greifen durch ihre Plazierung im öffentlichen Raum direkt in die städtische Umgebung ein. Darüber hinaus bleibt die installationsartige Verknüpfung von monochromen Wandbildern mit großformatigen Architekturfotografien bei Günther Förg zu nennen.

Fotolithographie Bei der Fotolithographie, die man insbesondere für Halbtonbilder und Farbreproduktionen verwendet, wird die Zeichnung durch einen fotografischen Kopierprozeß auf den Stein oder die Metallplatte übertragen. Man unterscheidet dabei Negativ- und Positivverfahren.
Im ersten Fall wird das (durch ein Raster aufgenommene) Negativ auf einen mit einer lichtempfindlichen Schicht versehenen Stein gelegt und belichtet. Die unbelichteten Partien werden ausgewaschen, die belichteten Stellen bleiben stehen und nehmen später die Druckfarbe an. Beim Positivverfahren wird statt des Negativs ein (durch ein Raster aufgenommenes) Positiv auf die lichtempfindliche Schicht kopiert. Wieder werden die unbelichteten Stellen ausgewaschen; die belichteten Partien läßt man stehen und ätzt anschließend noch einmal. Eine mehrfarbige Fotolithographie läßt sich durch Kopieren einzelner Farbauszüge aus den farbigen Diapositiven gewinnen (Fotochromtechnik).

Fotomontage Bei der Fotomontage, die ihren Ursprung in der → Collage hat, entstehen durch Kombination von fotografischen Motiven, die durch zeichnerische oder andere Elemente ergänzt werden, völlig neue und oft überraschende Bildinhalte. Man unterscheidet im wesentlichen drei Techniken. Bei der Positivmontage oder Fotocollage werden Details aus vorhandenen oder speziell für die Montage erstellten Fotos (auch aus Zeitschriften oder Zeitungen) ausgeschnitten und zu einem neuen Bild zusammengeklebt; bei der Belichtungsmontage verändert man in der Dunkelkammer bestimmte Motive oder Details durch fotochemische oder labortechnische Verfahren und kopiert sie direkt als Fotomontage zusammen. Bei der «Filmmontage», auch «Sandwich-Verfahren» genannt, werden mehrere Filme übereinandergelegt und gemeinsam vergrößert bzw. kopiert, was eine optimale Kontrolle der Komposition und der beabsichtigten Effekte zuläßt.
Bedeutende, oft provozierende und experimentelle Fotomontagen entstanden Anfang des 20. Jh.s. In den Arbeiten der → Dadaisten (vor allem bei Raoul Hausmann, Hannah Höch und Richard Huelsenbeck) erscheint die Wirklichkeit als brüchig und vorbildlos. In den Fotomontagen John Heartfields manifestiert

sich eine eher gesellschaftskritische, mit feiner Ironie durchsetzte Haltung. Bedeutende Fotomontagen schufen die Künstler des → Bauhauses im Zusammenhang mit der Plakatgestaltung. In den fünfziger Jahren erlebte diese Technik durch den → Nouveau Réalisme eine fruchtbare Wiederbelebung. Als zeitgenössische Künstler sind u.a. Herbert Bayer, Rudolf Bonvie, Les Krims, Klaus Staeck, Wolf Vostell oder Ingrid Webendoerfer zu nennen.

Fotorealismus Gegen Ende der sechziger Jahre entstand in den USA der Fotorealismus (auch «Hyperrealismus») als Gegenbewegung zur Dominanz der → Abstrakten Kunst und → Aktionskunst. Der Begriff umfaßt sowohl die Malerei als auch die Skulptur und wurde spätestens im Zusammenhang mit der Ausstellung «The Photographic Image» gebräuchlich, die 1966 im Guggenheim-Museum in New York stattfand.

Der Fotorealismus in der Malerei bedient sich neben dem → Porträt vorwiegend trivialer Motive wie Stadtlandschaften, Läden, Autos etc. Die häufig mit dem → Airbrush und Acryl (→ Acrylmalerei) technisch perfekt gemalten Darstellungen nehmen zum Teil lange Arbeitszeit in Anspruch. In der Regel gebrauchen die Maler bei der Erstellung der zumeist überdimensional großen Bilder fotografische Hilfsmittel. Häufig dient ein sorgfältig ausgewähltes Foto als Vorlage und wird beispielsweise als Dia auf die Leinwand des zu malenden Bildes projiziert, so daß nicht nur die Proportionen garantiert, sondern auch die Farbvaleurs genau festgelegt sind. Daß dennoch ein breiter Spielraum für die Interpretation besteht, zeigen zum Beispiel die Arbeiten Franz Gertschs. Doch an der überbetonten Wirklichkeitsnähe des Fotorealismus entzündete sich bald eine heftige Diskussion, die der mit Besorgnis konstatierten Wiederaufnahme figürlicher,

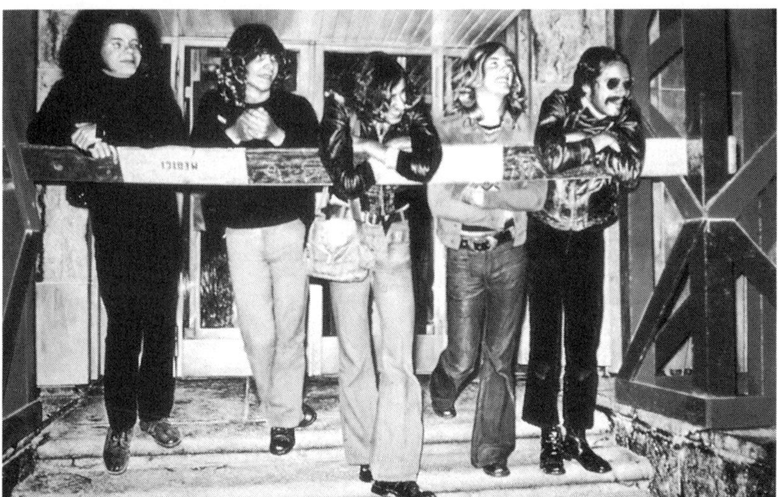

Franz Gertsch: Medici. 1979

akademischer Malweise, die offensichtliche Leistung einer kritischen Reflexion von Wirklichkeit gegenüberstellte. Die Leistung des Fotorealismus besteht nicht nur in einer Momentaufnahme oder Dokumentation des Alltagslebens, sondern vor allem in der kritischen Hinterfragung von Realität, die scheinbar notwendig in ein seltsames Paradoxon mündet: Obwohl größtmögliche Realitätsnähe hergestellt wird, ist die dargestellte Wirklichkeit nicht mit der Lebenswirklichkeit identisch, sondern die Abbildung erscheint steril und erfroren, eine merkwürdige Verunsicherung tritt ein. Damit entlarvt der Fotorealismus die im Bilde imitierte Wirklichkeit als Illusion – eine Sicht, die sich auch gerade umkehren läßt: Was in den Bildern des Fotorealismus Bestand hat, ist nicht die Darstellung der Wirklichkeit, sondern diejenige der Illusion. Die sich in der Rezeption des Fotorealismus einstellende Notwendigkeit nach einer unvoreingenommenen Wahrnehmung der Wirklichkeit wird ganz offenkundig und stellt sich gewissermaßen «nebenbei» ein.

Mit Ausnahme des Schweizers Franz Gertsch sind die bekanntesten Fotorealisten in den USA beheimatet. Chuck Close tritt mit riesigen Porträts auf, die nicht das kleinste Detail verbergen. Franz Gertsch wurde mit manchmal genrehaft angelegten Porträts seiner Künstlerfreunde in schillernden Valeurs und (aus der Nähe) unscharfer Malweise bekannt. Richard Estes malt bevorzugt spiegelnde Schaufensterauslagen. Überhaupt fällt die motivische Spezialisierung der Fotorealisten auf. Zu erwähnen sind außerdem: Don Eddy, Ralph Goings, Howard Kanovitz, Richard McLean, Malcolm Morley, Ben Schonzeit u.a.

Vergleichbare fotorealistische Formulierungen entwickelte auch die amerikanische Skulptur, wobei allerdings das Motiv auf die menschliche Figur begrenzt bleibt. Durch Abgüsse vom «lebenden» Modell, sorgfältigste Bemalung und detailgetreue Ausstattung erreichen zum Beispiel John de Andrea und Duane Hanson im Verhältnis zum lebenden Modell täuschend ähnliche Skulpturen. Im Gegensatz zu John de Andrea bekleidet Hanson seine Figuren und macht sie so als Angehörige der amerikanischen Unter- und Mittelschicht kenntlich, was eine subtile sozialkritische Dimension impliziert.

Der Fotorealismus kennt viele ineinander verlaufende Realitätsgrade und zeigt bisweilen Anknüpfungspunkte an die → Neue Sachlichkeit und den amerikanischen → Präzisionismus sowie eine unübersehbare Nähe zur → Pop Art (Motivwahl). Seine Wirkung auf die gesamte realistische Malerei (→ Realismus) der siebziger Jahre in den USA und Europa ist unbestritten. Gelegentlich wird das Synonym «Hyperrealismus» auch als eine Steigerungsform verstanden.

Fotosequenz Die Fotosequenz, deren Erfindung den beiden Amerikanern Duane Michals und Dennis Oppenheim zugeschrieben wird, besteht aus mehreren Einzelbildern, die durch Reihung bestimmte Ideen und Vorgänge visualisieren. Die Ausdrucksmöglichkeiten sind dabei zahlreich; so können Motive mit feststehender oder beweglicher Kamera fotografiert werden, sie können zeitgleich und räumlich weit auseinander liegen oder werden mit experimentellen Techniken (beispielsweise Stroboskop- und Wischeffekt) verfremdet.

Freilichtmalerei Freilichtmalerei, auch «Hellichtmalerei» oder «Pleinairmalerei» genannt, bezeichnet eine Malweise in der freien Natur, direkt vor dem Motiv. Die helle Farbgebung und der natürliche Blickwinkel des Malers gelten als ihre besonderen Kennzeichen.

Erste Ansätze zur Freilichtmalerei finden sich in der Renaissance und wurden theoretisch von Leonardo da Vinci formuliert. Bis Ende des 18. Jh.s wurde jedoch ausschließlich im Atelier gemalt, und einzig Vorstudien (zum Beispiel von Landschaften) entstanden in der freien Natur. Erst als die englischen Maler John Constable und Richard Parkes Bonington damit begannen, Landschaften und Stimmungen (zum Beispiel Wolkenbilder) im Freien zu malen, folgten ihnen auch andere Künstler und Künstlergruppen nach. Ihren Höhepunkt erreichte die Freilichtmalerei im französischen → Impressionismus zwischen 1870 und 1890.

Freskomalerei Die Freskomalerei (ital. *al fresco* = auf das Frische) ist eine Technik der → Wandmalerei, die auf den feuchten Kalkputz aufgebracht wird. Ihre Dauerhaftigkeit erklärt sich durch die chemische Umwandlung von Weißkalk in kohlesauren Kalk und durch die Einbeziehung der auf den feuchten Putz aufgetragenen Farben.
Der Trocknungsprozeß dauert zwischen sechs und zehn Stunden, so daß ein Maler jeweils nur solche Partien ausputzen kann, die er in dieser Zeit bemalen kann (Tagwerke), danach bildet sich eine Sinterhaut an der Oberfläche, die einen schwachen Glanz erzeugt.
Um ein zügiges Arbeiten zu gewährleisten, werden die Freskofarben unmittelbar nach dem Verputzen in Kalkwasser eingeweicht und Werkzeuge wie Reibebrett, Mauerkelle, Spachtel, Pinsel etc. bereitgelegt. Ist die Nässe aus der Oberfläche der Putzschicht gezogen, wird der → Karton, auf den zuvor der Entwurf gebracht wurde, auf die Mauer übertragen. Im Anschluß werden die Konturen nachgezogen und die Flächen ausgemalt.
Die ältesten Freskonachweise finden sich auf Kreta und in Mesopotamien und stammen aus dem 18. bis 13. Jh. v. Chr. In der abendländischen Kunst finden sich frühe Beispiele der Freskotechnik in süditalienischen und spanischen Klöstern. Künstler wie Piero della Francesca, Raffael oder Michelangelo führten die Frescomalerei zur Blüte. Ihr letzter großer Vertreter war Giovanni Battista Tiepolo, der im 18. Jh. in zahlreichen italienischen und deutschen Kirchen, Schlössern und Villen Fresken malte.

Frontispiz Unter einem Frontispiz (lat. *frons* = Stirn, Vorderseite) versteht man die Illustration auf der Titelseite eines Buches. Sie wurde im älteren Buchdruck als → Holzschnitt gedruckt (oft als allegorische Darstellung), später als → Kupferstich. Ab dem 18. Jh. erhielt das Frontispiz eine eigene, dem Titelblatt gegenüberliegende Seite.

Frottage Die Frottage bezeichnet ein manuelles Durchreibeverfahren von Oberflächenstrukturen. Dünnes, jedoch festes Papier wird angefeuchtet und über einen Gegenstand gelegt. Mit einer Bürste oder einem Tampon wird das Papier auf die Struktur des Reliefs gedrückt und dann mit einer Walze eingefärbt. Auf diese Weise kann ein plastischer → Abzug des durchgedrückten Objekts erzielt werden, ohne das Objekt selber durch Einfärben zu entwerten. Max Ernst entwickelte die Technik der Frottage für zahlreiche surrealistische Blätter.
1992 brachte der amerikanische Kunsthändler Joe Di Bella mit dieser Technik erstellte Inschriften vom Grabstein Andy Warhols auf den Markt, die zu sehr begehrten Anlage- und Sammlerobjekten wurden.

Frühdruck Als Frühdruck bezeichnet man Druckwerke aus der Frühzeit des Buchdrucks (ab 1450), oft auch Inkunabeln, die bereits vor der Erfindung des Buchdrucks hergestellt wurden.

Funk Art Als Gegenbewegung zur → Pop Art entstand in den sechziger Jahren in Kalifornien die Funk Art (engl. *funk* = Angst), die sich durch den Einsatz besonders schockierender und provozierender Mittel auszeichnet. In → Assemblagen und → Environments wurden Alltagsgegenstände, Schrott und manchmal verrottende Fundstücke zu bizarren Ensembles zusammengestellt. Makabre und obszöne Inhalte sollten den Betrachter wachrütteln und dessen Aufmerksamkeit vom farbigen Glimmer der Pop Art auf die erschütternden Probleme und unglücklichen Seiten der Lebenswirklichkeit lenken. Bekannte Vertreter der Funk Art sind beispielsweise Bruce Corner und Edward Kienholz.

Futurismus Mit dem am 20.2.1909 im «Le Figaro» erschienenen ersten Manifest des Futurismus des Schriftstellers Filippo Tommaso Marinetti entstand die kämpferische Bewegung des italienischen Futurismus (lat. *futurus* = zukünftig), die sich mit seltener Radikalität gegen jegliche Tradition und historische Kontinuität richtete.
Stattdessen proklamierten die Futuristen Giacomo Balla, Umberto Boccioni, Carlo Carrà, Marinetti, Luigi Russolo und Gino Severini neue, provozierende ästhetische Prinzipien, indem sie zum Beispiel die Schönheit eines aufheulenden Autos über diejenige der Nike von Samothrake stellten.
In einer solchen Werteskala äußert sich zugleich die euphorische Technikbegeisterung der Gruppierung, die gänzlich der Gegenwart zugewandt war und darüber hinaus einen ausgeprägten Hang zu Vision und Utopie entwickelte.
Die Vorstellungen und Ziele traten in einer Fülle futuristischer Manifeste zutage, wie etwa in dem «Manifest der futuristischen Maler» (11.2.1910) oder dem «Technischen Manifest der futuristischen Malerei» (11.4.1910). Manifeste zu Architektur, Literatur oder Skulptur folgten nach. In Anlehnung an den → Kubismus suchten die Futuristen Bewegungsenergien in das Bild umzusetzen, sahen sie doch in Bewegung und Tempo den technischen Fortschritt wirksam werden. Frühe Arbeiten verraten noch den Einfluß des → Neoimpressionismus, doch die dynamische Zerlegung des Gegenstandes mit Hilfe kubistischer Elemente bedeutet den Beginn futuristischer Malerei.
Entscheidende Bedeutung erhielt die simultane Darstellung von Bewegungsabläufen, wie sie in der Technik des → Cinematismus umgesetzt wurde. Ein und derselbe Gegenstand wird in verschiedenen Bewegungsphasen festgehalten. So schiebt sich beispielsweise in dem Bild «Über den Balkon laufendes Mädchen» (1912) von Giacomo Balla gewissermaßen eine «Kette» unterschiedlicher Ansichten des Mädchens von links nach rechts durch das Bild. Die Reihungen und Mehransichtigkeiten dienen dabei letztendlich der Verkörperung von Geschwindigkeit. Ein weiteres Gestaltungsprinzip findet sich zum Beispiel in dem Bild «Der Lärm der Straße dringt in das Haus» (1911) von Umberto Boccioni, das eine räumliche Durchdringung der Gegenstände zeigt, wobei deren tatsächliche Lage, ob fern oder nah, ob innen oder außen, vollständig nebensächlich wird. Darüber hinaus ist die (an sich) statische Architekturkulisse in durcheinanderspringende Formen und Farben aufgelöst.
Großstädtische Themen, welche die Entfaltung von Bewegung, von Kraft und Rhythmik ermöglichen, zählen zu den bevorzugten Motiven der Futuristen, die – vergleichbar dem Kubismus – zwar einen gewissen Abstraktionsgrad erreichen, doch letztlich nie die Gegenständlichkeit verlassen.

Eine große Wanderausstellung 1912 bedeutete den internationalen Durchbruch des Futurismus. Daraus ergab sich beispielsweise ein wichtiger Einfluß auf die russische Kunst, der im → Kubo-Futurismus und → Rayonismus fruchtbar wurde. Auch der → Dadaismus in Zürich und der → Orphismus Robert Delaunays erhielten entscheidende Anregungen. Die Abkehr Carràs 1915 zur → Pittura metafisica und der Tod Boccionis 1916 beendeten die futuristische Bewegung, die eine heute nicht mehr nachvollziehbare Begeisterung für den Krieg und eine Sympathie für faschistische Tendenzen zeigte.

G

Galerie Der Begriff Galerie (ital. *galleria* = Galerie, Passage) leitet sich von den großen Galerien der französischen Barockschlösser des 17. und 18. Jh.s ab. Als langgestreckter, saalartiger Bau verbindet die Galerie mehrere Festräume, sie wurde vorwiegend als Empfangsraum genutzt. Ausgestattet mit einer langen Fensterreihe auf einer Seite, diente sie wegen ihrer guten Lichtverhältnisse bevorzugt zum Aufhängen von Gemälden. Eine Galerie im heutigen Sinn ist ein kleines, selbständiges Unternehmen, das mit Kunstwerken aller Art handelt und darüber hinaus zwischen Künstlern und Öffentlichkeit vermittelt. Zu diesem Zweck werden mehrere Ausstellungen pro Jahr durchgeführt und zum Teil auch die internationalen → Kunstmessen mit ausgewählten Arbeiten besucht. Sinnvollerweise ist eine Galerie auf eine bestimmte Stilrichtung, Zeitepoche oder geographische Region spezialisiert, um auf diese Weise ein möglichst prägnantes Profil zu gewinnen. Oft werden bestimmte Künstlerinnen und Künstler über Jahre und Jahrzehnte hinweg betreut, so daß die Galerien – neben ihren kommerziellen, an der Entwicklung des → Kunstmarktes orientierten Interessen – auch eine fördernde, Kontinuität herstellende Funktion übernehmen.
Diejenigen Galerien, die das (finanzielle) Wagnis eingehen, noch junge, unbekannte Künstlerinnen und Künstler zu präsentieren, leisten außerdem wichtige Beiträge zur öffentlichen Diskussion → zeitgenössischer Kunst.
Von der gewöhnlichen Galerie unterscheidet sich grundsätzlich die Produzenten- oder Selbsthilfegalerie. Organisiert und verwaltet von mehreren Künstlerinnen und Künstlern, stellt sie in erster Linie für diese ein öffentliches Forum dar, mit der Möglichkeit zum Verkauf der Arbeiten. Durch den oftmals geringen wirtschaftlichen Erfolg (und nicht selten durch Meinungsverschiedenheiten) besitzen die in Eigeninitiative gegründeten Selbsthilfegalerien häufig nur eine kurze Lebensdauer. Dennoch stellen sie einen wichtigen Bestandteil der Galerienszene dar und zeigen oft nachhaltige Wirkungen, was bekannte Selbsthilfegalerien wie «Großgörschen 35» oder die «Galerie am Moritzplatz» (beide Berlin) unter Beweis stellten.
Eine weitere Variante sind die sog. Poster-Galerien, die strenggenommen gar keine Galerien sind, da sie in der Regel keine Originale, sondern Drucke bekannter Gemälde, Poster aller Art, Kunstpostkarten und sonstige Druckerzeugnisse führen. Diese Galerien betreuen keine Künstler und führen auch keine Ausstellungen durch. Statt dessen treten kommerzielle Gesichtspunkte und modische Ausrichtungen besonders deutlich hervor. Allerdings besitzen sie große Breitenwirkung und bieten, durch entsprechende Rahmung eines Drucks, in gewisser Weise einen Ersatz für die für viele Personenkreise unerschwinglichen Originale.

Gaufrage → Blinddruck

Gebrauchsgraphik Die Gebrauchsgraphik, auch «Graphikdesign» genannt, umfaßt als Sammelbezeichnung eine Vielfalt graphischer Gestaltungen im Bereich von Werbung und Druckerzeugnissen. Als eine Variante des → Design besitzt sie funktionalen Charakter und unterscheidet sich somit von der (rein künstlerischen) → Graphik. Obgleich die

Formgebung von Plakaten, Bucheinbänden, Etiketten, Verpackungen etc. kreatives Gespür und Phantasie erfordert, liegt das Ziel doch stets in einem möglichst zweckorientierten Ergebnis, um das Produkt im harten Konkurrenzkampf des Marktes bestehen zu lassen. Die unterschiedlichen Druckerzeugnisse werden dabei durch Schrift, Farbe, Form und Layout gestaltet, wobei im originellen und möglichst einprägsamen Zusammenspiel von Text und Bild ein Kernproblem liegt.
Gemeinhin unterscheidet man nach Aufgabenfeldern die Werbegraphik, Buch- und Zeitschriftengraphik, Kartengraphik (Glückwunsch-, Trauer-, Einladungskarten etc.) und die amtliche Graphik (Banknoten, Briefmarken, Wappen etc.). Von allen Kategorien nimmt die Werbegraphik den größten Raum ein und umfaßt neben Anzeigen, Katalogen, Verpackungen, Warenzeichen etc. auch die optisch ansprechende Gestaltung von Schaufenstern und Messeständen. Die Produkte der Gebrauchsgraphik werden durch Offset-, Hoch- und Tiefdruckverfahren in enormen Auflagen maschinell hergestellt und liegen damit naturgemäß jenseits des Originalbegriffs, wie ihn die Graphik kennt.

Gegendruck → Contre-Épreuve

Gegenwartskunst → Zeitgenössische Kunst

Gemälde Im 20. Jh. wird jedes gemalte Bild (→ Malerei) als Gemälde bezeichnet, wobei die Technik (→ Dispersions, → Öl-, → Temperafarben etc.) keine Rolle spielt. Im Gegensatz zu den flächig angelegten Gemälden stehen die auf der Linie beruhenden Kunstwerke der → Graphik, das heißt → Druckgraphik und → Zeichnung. Im 19. Jh. galt nur das Ölbild als Gemälde.

Gemäldeberatung Einige größere Museen bieten die Möglichkeit, → Gemälde, → Zeichnungen und → Druckgraphik von Privat kunsthistorisch zu bestimmen. Dabei stehen Fragen zu Künstler/Künstlerin, Datierung und Technik im Vordergrund. Im Falle eines weniger guten Erhaltungszustandes können erste Hinweise zur → Restaurierung gegeben werden. Echte «Entdeckungen», das heißt Kunstwerke von Rang, sind jedoch trotz des guten Zuspruchs von seiten des Publikums große Ausnahmen. Oft besteht eine nicht unerhebliche Diskrepanz zwischen Erwartung und Realität.

Gemeinschaftsbild An der Erstellung eines Gemeinschaftsbildes sind zwei (oder mehr) Künstlerinnen und Künstler beteiligt. Nach der Fertigstellung können manchmal noch stilistisch die Anteile der einzelnen Teilnehmer bestimmt werden. Doch in vielen Fällen ist der gemeinsame Arbeitsprozeß so intensiv, daß eine solche Bestimmung nicht mehr möglich ist und zum Verständnis des Bildes geradezu unsinnig wird.
Gemeinschaftsbilder wurden vor allem durch die → Neuen Wilden bekannt. In enger freundschaftlicher Verbindung entstanden Gemeinschaftsbilder von Georg Jiři Dokoupil und Walter Dahn, Luciano Castelli/Salomé, Georg Herold/Albert Oehlen u.a., die deutlich von gemeinsamen Erfahrungen und Bildvorstellungen geprägt sind. Aber auch in den Bereichen Skulptur (zum Beispiel Brigitte und Martin Matschinsky-Denninghoff) und → Fotografie (etwa Bernd und Hilla Becher, Peter Fischli/David Weiss) sind Gemeinschaftsarbeiten bekannt.

Genremalerei Die Genremalerei (frz. *le genre* = Gattung, Art), seltener auch «Sittenmalerei» genannt, umfaßt als Gattung der → Malerei die Darstellung von All-

tagsszenen. Sie war vor allem im 17. Jh. in den Niederlanden verbreitet. Die Motive der Genremalerei schildern die Lebensgewohnheiten der Bürger und Bauern, zeigen sie bei ihrer täglichen Arbeit und veranschaulichen Sitten, Gebräuche und gesellschaftliche Konventionen.
Manchmal unterscheidet man ein bäuerliches, bürgerliches oder höfisches Genrebild, wobei die Grenzen zu anderen Gattungen der Malerei fließend sind und nicht immer klar definiert werden können. Obwohl spezifische Personen oder Berufsgruppen im Vordergrund stehen, verfügt die Genremalerei weniger über den Charakter eines → Porträts, sondern besitzt eine gewisse Allgemeingültigkeit und vermittelt bisweilen auch historische Einblicke. Daneben existierte auch eine weitgesteckte Bedeutung des Begriffs Genremalerei, die die «niederen» → Kunstgattungen wie zum Beispiel Porträt, Seestück oder → Stilleben einschloß. Die Einengung des Begriffs im obengenannten Sinne geschah 1769 durch die Aufnahme von Jean Baptiste Greuze in die Französische Akademie als «Peintre du Genre».
Die Anfänge der Genremalerei zeigen sich um 1500, v.a. in der deutschen → Graphik. Ein erster Aufschwung entwikkelte sich im 16. Jh. in den Niederlanden: Bekannt sind die Bauernbilder von Pieter Bruegel d.Ä. Doch erst im 17. Jh. erreichte die Genremalerei ihre Blütezeit und nahm vor allem in den Niederlanden einen außerordentlichen Umfang an. Alle Bereiche des gewöhnlichen, alltäglichen Lebens wurden dargestellt: humorvolle Possen, Wirtshausszenen oder festliches Treiben. Typisch ist eine Spezialisierung der Maler auf bestimmte Sparten innerhalb der Genremalerei, die eine weitere Differenzierung erfuhr, zum Beispiel in das Soldatengenre oder das Konversationsstück, welches beispielsweise von Pieter de Hooch oder Gerard Terborch gepflegt wurde. Adriaen Brouwer oder David Teniers sind dagegen als vorzügliche Bauernmaler bekannt. Ferner sind als herausragende Meister des niederländischen Genres Adriaen van Ostade, Jan Steen und Jan Vermeer van Delft hervorzuheben.
Im 18. Jh. trat das höfische Genre in den Vordergrund, das die vielfältigen Begebenheiten am fürstlichen Hofe schildert und sich unter François Boucher oder Antoine Watteau besonders in Frankreich entfaltete.
Dem steht das bürgerliche Genre mit Jean-Baptiste-Siméon Chardin und Jean Baptiste Greuze gegenüber, der seinen Bildern oft eine gewisse Sentimentalität verlieh. In England entwickelte das Genrebild unter William Hogarth sozialkritische und bisweilen satirische Züge. Auch im 19. Jh. erfreute es sich, nicht zuletzt durch das neu erstarkende Bürgertum, einer großen Beliebtheit. Behagliche und zufriedene Idyllen des Biedermeier stehen gesellschaftskritischen Genrebildern des → Realismus gegenüber. Doch mit dem Ende des 19. Jh.s war auch das Ende der Genremalerei gekommen, deren Thematik sich angesichts der anbrechenden → Moderne überlebt hatte.

Geometrische Abstraktion Der Begriff Geometrische Abstraktion dient als Sammelbezeichnung für bestimmte Tendenzen innerhalb der → Abstrakten Kunst, die auf einem geometrischen Formenvokabular gründen und einen rational kalkulierten Bildaufbau zeigen. Damit steht die Geometrische Abstraktion in enger Nachbarschaft zur → Konkreten Kunst, setzt sich indes deutlich von gestischer, emotional-dynamischer Gegenstandslosigkeit ab, wie zum Beispiel der → Lyrischen Abstraktion (→ Informel, → Tachismus). Die letztlich nur schwer einzugrenzende und von der Konkreten Kunst kaum klar zu trennende Geometrische Abstraktion läßt sich auf Konstruktionsprinzipien des → Bauhauses und des → Neoplastizismus zurückführen. Als theoretische Grundlage kommt darüber hinaus den programmatischen Formulierungen Theo van Doesburgs zur Konkreten Kunst (1930) elementare Bedeutung zu. Anknüpfend an die Gruppierung «Abstraction-Création» (gegr. 1931 in Paris), kam die Geometrische Abstraktion hauptsächlich in den vierziger und fünfziger Jahren zur Entfaltung.

Glasklischeedruck Der Glasklischeedruck, auch «Cliché verre» oder «Glasradierung» genannt, ist ein fotografisch-graphisches Verfahren aus der Frühzeit der → Fotografie. Man graviert dabei auf eine mit Ruß und schwarzer Ölfarbe lichtundurchlässig gemachte Glasplatte und kopiert die so gewonnene (negative) Zeichnung auf hartes Fotopapier, das anschließend entwickelt und fixiert wird. Dieser fotografische → Abzug, im strengen Sinne kein eigentlicher «Druck», ist charakterisiert durch einen leichten, zarten Strich, ähnlich dem einer → Federzeichnung.

Glasradierung → Glasklischeedruck

Glasur Glasartiger Überzug auf keramischen Gegenständen und Gefäßen, der die Oberfläche sowohl glättet als auch abdichtet. Als Dekorelement kann die Glasur selber zum Farbträger werden.
Man unterscheidet Glasuren v.a. nach ihrer Verwendung für keramische Techniken (zum Beispiel Fayence-, Steinzeug- oder Porzellanglasur), nach dem Flußmittel (zum Beispiel Blei-, Zinn- oder alkalische Glasur) und nach der Dekoreigenschaft (zum Beispiel Kunstglasuren, Mattglasuren oder Lüsterglasuren). Zu den bekanntesten Glasuren gehört die (zumeist farblose) «Bleiglasur», die auf jeder Tonsorte haftet. Die «Zinnglasur», die durch den Zusatz von Zinnoxid zur Bleiglasur entsteht, ist weiß und dickflüssig und dient vor allem zur Herstellung der Fayence (einer ursprünglich porösen Tonware). Die «alkalische Glasur», die aus Quarzsand, Tonerde und Alkalien besteht, wird überwiegend bei der Porzellanherstellung verwendet, die «Salzglasur», eine harte und farblose (allerdings einfärbbare) Glasur, dient speziell für Steinzeug. Außerdem sind noch Lehm- , Lüster- und Laufglasuren gebräuchlich.

Goldener Schnitt Der Goldene Schnitt ist ein mathematisches Proportionsverhältnis, das die Teilung einer Strecke in eine kleine und eine größere Einheit postuliert, wobei sich die gesamte Strecke zum größeren Teil verhält wie dieser zur kleineren Einheit. Die bekanntesten Maßverhältnisse sind 3 : 5, 5 : 8 und 8 : 13. Der Goldene Schnitt wurde 1494 von Luca Pacioli entdeckt und beeinflußte die künstlerische Gestaltung zum Beispiel des Klassizismus oder des Kubismus (→ Section d'Or), die der Proportionslehre besondere Aufmerksamkeit schenkten. Daneben tritt der Goldene Schnitt als harmonisches Proportionsverhältnis immer wieder in der Gestaltung der Komposition von Malerei, Graphik und Bildhauerei auf.

Gouache Die Gouache (frz. = Wasserfarbenmalerei) ist eine Malerei mit deckenden → Wasserfarben und wird daher zu den → Deckfarben gezählt. Den wasserlöslichen Farben ist ein harzhaltiges Bindemittel beigemischt (→ Gummiarabikum). Im Gegensatz zum nicht deckenden und deshalb durchscheinenden → Aquarell wird in der Gouachemalerei zum Aufhellen Deckweiß verwendet, während das Aquarell durch Aussparen der jeweiligen Stelle des Blattes das

Weiß erreicht. Die Gouache wird häufig in mehreren Farbschichten angelegt, wobei die hellen Farben und das Deckweiß zuletzt aufgebracht werden. Nach dem Trocknen wird die Gouache heller und bekommt ein kalkartiges Aussehen, das etwas an das → Pastell erinnert. Durch ihre Eigenschaften ist die Gouache mit der → Tempera verbunden, wobei hin und wieder sogar auf eine Unterscheidung verzichtet wird.
Die Tradition der Gouache reicht bis in die altägyptische Kunst zurück. Sie war vor allem in der mittelalterlichen Miniaturmalerei beliebt, wurde im 17. und 18. Jh. erneut aufgegriffen und fand bis ins 20. Jh. hinein Anwendung, wo allerdings ihre Bedeutung rasch nachließ. Hier erreichte die Gouachemalerei der deutschen Impressionisten Max Liebermann und Max Slevogt einen gewissen Bekanntheitsgrad.

Graffiti Graffiti (ital. *graffiare* = kratzen, einkratzen) ist der Oberbegriff für (zumeist mit Hilfe von Spraydosen gesprühte) Inschriften, Zeichen oder Bilder auf Mauern, Wänden oder anderen – meist öffentlichen – Flächen (→ Spraybild). Die eigentliche Graffiti-Bewegung begann Ende der sechziger Jahre dieses Jh.s, als Jugendliche in den New Yorker Gettos mit gesprühten (oft politischen) Parolen und Bildern auf sich und ihre soziale Situation aufmerksam machten. In Europa entstanden etwa zeitgleich die Polit-Graffiti, die insbesondere während der Studentenunruhen, später aber auch bei Demonstrationen (Friedenskundgebungen, Umweltproteste) an Hauswände oder auch auf Straßen gesprüht wurden. In Deutschland wurde die Berliner Mauer zu einem überaus beliebten Malgrund für Graffiti-Sprayer. Diese spontan entstandenen graphischen Konfigurationen übten auf Künstler wie zum Beispiel Jean Dubuffet, John Forrester und Cy Twombly einen großen Reiz aus, so daß sie mit eigenen Bilderfindungen darauf reagierten.
Man unterscheidet vier Hauptgattungen von Graffiti: die Schrift-Graffiti (Abkürzungen, Einzelwörter und Einzelsätze), Symbole und Zeichen (Peace-Zeichen, Anarcho-Zeichen, Friedenstaube etc.), Bilder der unterschiedlichsten Art und das amerikanische → Piece. Neben Harald Nägeli, dessen Sprühbilder um 1985 für Aufsehen sorgten, wurden vor allem die Arbeiten von CRASH, DAZE, DONDI, QUIK, RAMMELLZEE oder ZEPHIR bekannt. Seit Ende der siebziger Jahre gingen viele Künstler, darunter Keith Haring, FUTURA 2000 (= Leonard McGurr) oder Lee Quinones dazu über, Graffiti auf Leinwand zu übertragen und über Galerien vertreiben zu lassen. Doch mit zunehmender Kommerzialisierung verloren sie ihre kreative und politische Sprengkraft.

Graphik Sammelbegriff für alle Formen zeichnerischen Gestaltens und künstlerischer oder industrieller → Zeichnung. Man unterscheidet zwischen der → Originalgraphik als ursprünglichem, vom Künstler geschaffenem Werk, und der → Reproduktionsgraphik, bei der nach einer fremden Vorlage oder im Auftrag des Künstlers gearbeitet wird (→ Druckgraphik), ferner nach der freien Graphik und der → Gebrauchsgraphik, die sich bestimmten Zwecken (zum Beispiel der Buchillustration, der Werbung oder der Agitation) unterordnet.
Ihre besondere Bedeutung als drittes großes Gebiet der bildenden Kunst (neben der Malerei und der Plastik) hat die Graphik einerseits durch ihre vielfältigen Ausdrucksmittel gewonnen, die vom → Holzschnitt über den → Kupferstich bis zur → Lithographie und zum → Siebdruck reichen, andererseits durch ihre herausragende Bedeutung als Kommu-

nikationsmittel. Sie ist eines der beweglichsten künstlerischen Medien, da sie ein sofortiges Reagieren auf bestimmte Zeiterscheinungen ermöglicht und parallel eine massenhafte → Reproduktion erlaubt.

Graphikdesign → Gebrauchsgraphik

Graphik-Edition Von Verlagen, Graphik-Gemeinschaften, Kunstvereinen o.ä. herausgegebene → Druckgraphik, zumeist als → Mappenwerk.

Graphik-Gemeinschaft Neben den Galerien gibt es Gesellschaften (etwa die Griffelkunst-Vereinigung Hamburg), die sich speziell mit Graphik beschäftigen und ihren Mitgliedern regelmäßig Angebote verbilligter Einzelblätter oder → Mappenwerke zukommen lassen (→ Kunstverein). Oft treten Graphik-Gemeinschaften dem Künstler gegenüber auch als Verleger auf.

Graphikschrank Aus Holz oder Metall gefertigter, speziell für Graphiksammlungen konzipierter Schrank mit mehreren, auf Rollen und Gleitschienen laufenden Schubladen.

Graphische Blätter Als graphische Blätter bezeichnet man künstlerische → Handzeichnungen und Abdrucke von original gearbeiteten → Kupferstichen, → Holzschnitten und → Lithographien. Sie werden entweder von Künstlern gedruckt oder über Verlage, → Graphik-Gemeinschaften oder → Graphik-Editionen verbreitet. Eine bekannte Folge solcher graphischen Blätter ist die 1924 aufgelegte Mappe «Hunger» (u.a. mit Beiträgen von Otto Dix, Käthe Kollwitz und Otto Nagel).

Graphische Sammlung In sog. Kupferstichkabinetten, die zumeist Museen angegliedert sind, werden → Zeichnungen und → Druckgraphiken gesammelt und konserviert. Aus Gründen der Lichtempfindlichkeit werden die Blätter in speziellen Schränken oder in geschlossenen Kästen aufbewahrt; sie sind einer öffentlichen Präsentation entzogen. In Studiensälen werden sie dem Besucher jedoch auf Wunsch vorgelegt.
Die bedeutendsten graphischen Sammlungen befinden sich in Berlin (Kupferstichkabinett der Staatlichen Museen Preußischer Kulturbesitz; Graphische Sammlung der Akademie der Künste), Dresden (Kupferstichkabinett der Staatlichen Kunstsammlung), Frankfurt (Städelsches Kunstinstitut), Paris (Louvre, Cabinet des Dessins; Bibliothèque Nationale, Cabinet des Estampes), London (British Museum, Department of Prints and Drawings) und Wien (Graphische Sammlung Albertina).

Graphitstift Schreib- und Zeicheninstrument aus schwarzem, metallisch glänzendem Mineral (erscheint auf Papier leicht fettig), das seit dem Mittelalter verwendet wird.

Graphotek → Artothek

Grattage Die Grattage (frz. *gratter* = kratzen, schaben) ist eine Maltechnik, die von Max Ernst im Zusammenhang mit dem → Surrealismus entwickelt und von seiner Technik der → Frottage abgeleitet wurde. Eine dick mit verschiedenen Farben bemalte Leinwand wird nach dem Trocknen mit einem Messer wieder (partiell) abgeschabt, so daß die unten liegenden Farbschichten zum Vorschein kommen. Max Ernst legte unter die Leinwand reliefartige Gegenstände, die ihre Struktur durch das Abkratzen in die Leinwand einprägten.

Grau-in-Grau-Schnitt → Camaieudruck

Gravur Die Herstellung einer → Druckplatte durch manuelles Einritzen mit Hilfe von Radiernadel oder Stichel (ein bei → Radierungen und → Kupferstichen übliches Verfahren) nennt man Gravur (frz. *graver* = graben, eingraben).

Grisaille Die Grisaille (frz. *gris* = grau) ist eine Ton-in-Ton-Malerei in grauen Farbwerten. Sie diente zumeist der malerischen Imitation von Steinskulpturen. Auch bei der Reproduktion von Gemälden als Graphiken wurde oftmals eine Grisailleskizze gebraucht. Die Farbwerte des Bildes wurden durch die Grisailleskizze in abgestufte Grauwerte übersetzt, was für den Stecher eine entscheidende Arbeitserleichterung bedeutete.
Die Grisaille tritt erstmals in der spätmittelalterlichen Glasmalerei der Zisterzienser auf. Ein bekanntes Beispiel sind darüber hinaus die personifizierten Tugenden und Laster auf der Sockelzone der Arenakapelle in Padua, die 1304-13 von Giotto ausgemalt wurde. Die gemalten Figuren sind Steinskulpturen bis ins kleinste Detail nachempfunden. Auch die an wirkungsvollen Effekten reiche Dekorationsmalerei des 18. Jh.s bediente sich der Grisaille, um beispielsweise Marmorstrukturen zu imitieren.

Gummiarabikum Gummiarabikum ist eine gelbe oder farblose Flüssigkeit, die aus dem Rindensaft indischer und afrikanischer Akaziengewächse gewonnen wird. Gummiarabikum ist wasserlöslich und eignet sich als → Bindemittel für Aquarellfarben (→ Aquarell) und → Öltempera. Bedingt wird es auch zur → Lasur verwendet.

Gummidruck Beim Gummidruck, einem fotografischen Edeldruckverfahren, wird ein Gemisch aus Gummiarabikum, Bichromat, Farbstoff (Pigment) und Wasser in dünner Schicht auf Papier aufgetragen. Nach dem Trocknen kopiert man ein Negativ auf die lichtempfindlich gemachte Schicht und erhält durch anschließendes «Entwickeln» in einem warmen Wasserbad ein Positiv.
Der Engländer John Pouncy, der 1858 die ersten Gummidruckbilder einer größeren Öffentlichkeit vorstellte, gilt als Erfinder dieses Verfahrens.

Handdruck Der Handdruck ist eine manuelle Drucktechnik, bei der man den → Druckträger mit dem Falzbein oder einem mit Filz beklebten Reiber abreibt. Solche durch Handabrieb hergestellten Drucke erkennt man an den glänzenden, durch Abrieb bedingten Konturen auf der Rückseite des gedruckten Papiers. Als Handdrucke werden ferner handgestempelte Drucke oder in der → Handpresse gefertigte Drucke bezeichnet.

Handpresse Die Handpresse ist eine Druckpresse einfacher Bauart, auf der → Probedrucke, aber auch kleine, sorgfältig ausgestattete Druckauflagen (→ Auflage, → Privatdrucke) hergestellt werden. Das Einlegen des Papiers, das Einfärben der Druckform etc. werden dabei von Hand vorgenommen.
Der Handpressendruck gelangte in England durch William Morris (ab 1891) und in Deutschland durch die Bremer Presse (1901-1934) zu hohem buchkünstlerischem Ansehen.

Handzeichnung Der Begriff «Handzeichnung» steht für die (künstlerische) → Zeichnung und zieht eine klare Unterscheidung zur technischen (Konstruktions-)Zeichnung. So gesehen kann der Begriff Handzeichnung in der bildenden Kunst gleichbedeutend mit «Zeichnung» gebraucht werden.
Grundsätzlich läßt sich die zweckbestimmte Vorzeichnung oder → Skizze zur Vorbereitung eines Bildes oder einer dreidimensionalen Arbeit von der eigenständigen, autonomen Zeichnung als selbständiges Kunstwerk unterscheiden. Darüber hinaus unterteilt man die Handzeichnung bzw. Zeichnung nach den Kriterien der Technik und des Materials, in → Bleistift-, → Feder-, → Kohle-, → Kreide-, → Pinsel-, → Ritz-, → Rötel-, → Silberstift- oder schließlich → Tuschzeichnung (→ Zeichnung).

Happening Das Happening ist neben dem → Fluxus die wichtigste Form der → Aktionskunst. Es besteht aus einer Verbindung und Vermischung verschiedenster künstlerischer Disziplinen, beteiligt die Zuschauer am Geschehen und besitzt improvisierte Teile, das heißt ist in seinem Ablauf nicht genau vorherbestimmt. Als wichtige Vorformen sind die Aktionen des → Dadaismus, → Futurismus und → Surrealismus zu betrachten, die bereits ansatzweise ein Hauptziel des Happening verwirklichten: nämlich die Verbindung von Kunst und Leben und damit die Erweiterung des traditionellen Kunstbegriffs. Doch auch das gestische, aktionsartige Verfahren des → Action Painting in New York (Jackson Pollock) und des → Tachismus in Paris (Georges Mathieu) wirkten sich vor allem in der Anfangsphase inspirierend aus. Maßgeblichen Anteil an der Entwicklung des Happening hatten dabei John Cage und Allan Kaprow.
Der Begriff stammt von Kaprow, der ihn erstmals 1958 für eine Aktion in der Reuben-Gallery in New York benutzte («18 Happenings in 6 Teilen»), wobei die Zuschauer durch Hinundhertragen von Materialien etc. in das Geschehen einbezogen wurden.
Nach einer programmatischen Erklärung von Kaprow sollte durch das Happening die Grenze zum alltäglichen Leben unbestimmbar werden. Die Happenings selbst sollten nicht geprobt und nur einmalig von nicht-professionellen Künstlern aufgeführt werden.
Durch den partiellen Einbezug der Zuschauer wurde außerdem die traditionelle

Trennung von Künstler und Publikum außer Kraft gesetzt. Neben der Aufhebung der Gattungsgrenzen in der Kunst und der Angleichung von Kunst und Leben bestand ein wesentliches Ziel des Happening in der Sensibilisierung des Betrachters, dessen Erlebnis- und Wahrnehmungsfähigkeiten man durch gezielte Schockierungen und verblüffende Überraschungen im Verlauf eines Happening zu aktivieren und letztlich zu intensivieren suchte. Erstarrte Denkmuster und konventionelle Verhaltensweisen sollten auf diese Weise aufgebrochen und abgebaut werden.
Zu Beginn der sechziger Jahre breitete sich das Happening in fast allen großen westeuropäischen Hauptstädten aus. Um 1962 gab es dann Verschmelzungstendenzen mit dem Fluxus, so daß in der Folge beide Strömungen kaum mehr getrennt werden konnten, zumal die Akteure in wechselnden Gruppierungen sowohl im Fluxus- als auch im Happeningbereich tätig waren. In den späten sechziger Jahren gingen Happening und Fluxus dann in der → Performance auf.
Zu den Aktionisten des Happening, die trotz intensiver Zusammenarbeit keine Künstlergruppe bildeten, zählen Joseph Beuys, George Brecht, Bazon Brock, John Cage, Jim Dine, Robert Filliou, Eric Hansen, Dick Higgins, Tadeusz Kantor, Jean-Jacques Lebel, Claes Oldenburg, Nam June Paik, Robert Rauschenberg, Robert Watts, Emmet Williams u.a. Anzuschließen sind die sozialkritischen Happenings von Wolf Vostell und die ritualartigen des → Wiener Aktionismus mit Otto Mühl und Hermann Nitsch.

haptisch Der Begriff haptisch (griech. *háptein* = heften, anfassen) bezeichnet eine Wahrnehmungstätigkeit, die sich des Tastsinns bedient. Dadurch kann insbesondere zu Skulpturen ein spontaner, unmittelbarer Zugang gewonnen werden.

Hard Core Bezeichnung (engl. = harter Kern) für eine bestimmte Tendenz der Malerei innerhalb der → Pop Art, die sich durch eine entindividualisierte, sterilisierte Bildsprache beschreiben läßt. Figuren und Gegenstände werden nicht von der subjektiven Geste des Malers getragen, sondern erscheinen versachlicht – wie in kühles Neonlicht getaucht. Das Hard Core wird beispielsweise vertreten durch Mel Ramos oder Wayne Thiebaud und findet im amerikanischen → Fotorealismus eine gewisse Fortführung.

Hard Edge 1958 prägte der Kunstkritiker Jules Langsner den Begriff «Hard Edge Painting» (engl. *hard edge* = harte Kante), eine Stilbezeichnung für großformatige, gegenstandslose Malerei in den USA gegen Ende der fünfziger Jahre. Das Hard Edge verbindet zwar mit dem → Colourfield Painting die großen Farbfelder, doch verzichtet es auf dessen reiche Farbvaleurs und fließenden Übergänge.
Beide Strömungen werden hin und wieder unter dem Begriff → Post-Painterly Abstraction subsumiert, da sie sich gegen den emotional gestimmten → Abstrakten Expressionismus wenden.
Das Hard Edge kennzeichnen scharfkantig aufeinanderstoßende Farbfelder von hoher Präzision und Klarheit, die glattflächig und ohne farbliche Nuancierung geometrische Kühle und rationale Distanz verkörpern. Damit zeigt sich das Hard Edge nicht nur als eigenständige Entwicklung gegenüber dem Colourfield Painting, sondern zugleich als Bindeglied zum rationalen Kalkül der → Minimal Art der sechziger Jahre.
Einfluß auf das Hard Edge übten die Bilder («Hommage to the Square») und Schriften von Josef Albers aus. Aber auch die frühen Arbeiten von Barnett Newman, Ad Reinhardt und Mark Roth-

ko um das Jahr 1950 mit ihren ausgedehnten Farbfeldern spielen eine wichtige Rolle. Zu den bekanntesten Vertretern des Hard Edge zählen Al Held, Ellsworth Kelly, Morris Louis, Kenneth Noland und Frank Stella.

h. c. → Künstlerdruck

Heftige Malerei → Neue Wilde

Hektographie Die Hektographie (griech. *hekatòn* = hundert; *graphein* = schreiben) ist ein veraltetes und durch das moderne Trockenkopierverfahren abgelöstes Reproduktionsverfahren, bei dem ein mit Kreide präpariertes Papier und ein spezielles Farbblatt so aufeinandergelegt werden, daß sich beim Beschreiben eine Zeichnung – als Negativbild – auf die Rückseite überträgt. Durch Anfeuchten dieses Negativbildes mit Spiritus können durch Umdruck bis zu 150 (Positiv-)Abzüge angefertigt werden. Die Hektographie eignet sich insbesondere für anspruchslose Kombinationen von Schrift und Bild.

Heliogravüre Die Heliogravüre (griech. *helios* = Sonne), auch «Fotogravüre» genannt, ist ein Verfahren des → Tiefdrucks, bei dem die Zeichnung fotomechanisch auf eine Kupferplatte übertragen wird. Von einer Bildvorlage wird ein Halbton-Diapositiv hergestellt, das in einem zweiten Arbeitsgang auf lichtempfindliches, mit Gelatine überzogenes Pigmentpapier kopiert wird. Auf eine mit Asphaltstaub präparierte Kupferplatte (→ Aquatinta) preßt man dann das leicht angefeuchtete Pigmentpapier und

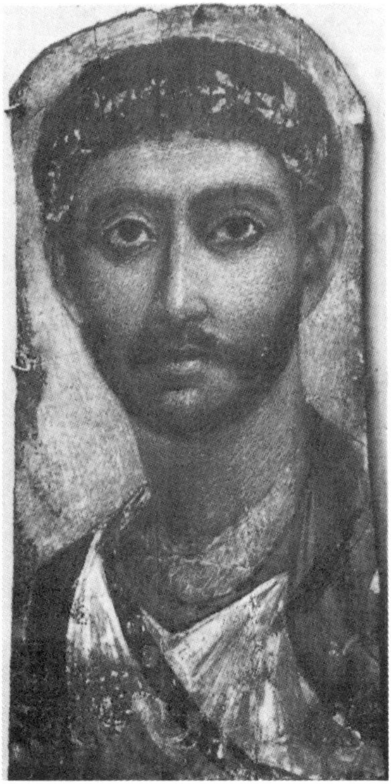

Links: Heliogravüre, fotografischer Tiefdruck auf Aquatintagrund
Unten: Detail aus der Heliogravüre in fünffacher Vergrößerung

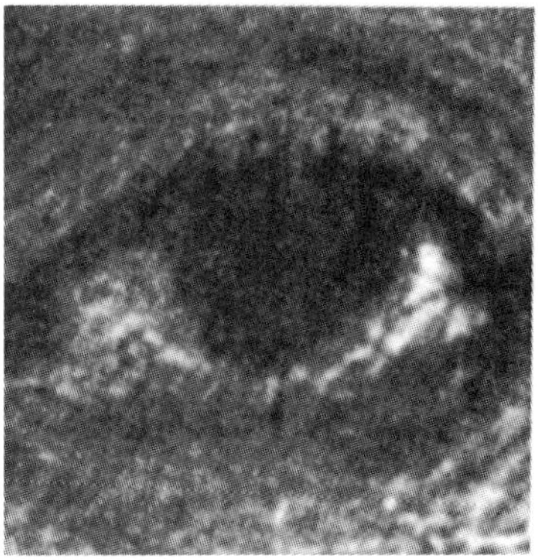

löst in einem warmen Wasserbad das Papier von der Gelatineschicht. Da sich je nach Stärke des Lichteinfalls die Dikke der Gelantineschicht verändert, folgt das Gelantinerelief in seiner Schichtdicke exakt den Halbtonwerten des aufkopierten Bildes und läßt die Säure beim anschließenden Ätzvorgang unterschiedlich tief in die Metallplatte dringen.
Der Vorteil der Heliogravürtechnik gegenüber der → Aquatinta liegt in ihren weichen Tonwertübergängen; bei vollkommener Beherrschung erlaubt sie nahezu die Wiedergabetreue einer → Fotografie.
Die 1878 von Karl Klietsch erfundene Technik wird im 20. Jh. u.a. von Lambert Maria Wintersberger und Gerhart Richter angewendet. Georges Rouault schuf mit dieser Technik seinen berühmten «Miserere«-Zyklus und überarbeitete dazu die Heliogravürplatten mit manuellen Mitteln.

Hell-Dunkel-Holzschnitt → Clair-obscur-Holzschnitt

Historienmalerei Als eine Gattung der Malerei schildert die Historienmalerei geschichtliche Ereignisse, im weiteren Sinne auch Themen der Mythologie, Legende, Literatur und Religion. Typisch für das Historienbild ist eine idealische Überhöhung, die das Geschehen bisweilen sinnbildhaft verklärt. Grundsätzlich ist zwischen der Darstellung eines zeitgenössischen Ereignisses (auch «Ereignisbild» genannt) und einer allegorisch-symbolischen Heroisierung zu unterscheiden. Im 17. und 18. Jh. genoß das Historienbild bei den akademischen Theoretikern von allen → Bildgattungen das höchste Ansehen.
Früheste Historienbilder lassen sich als → Reliefs oder → Wandbilder bereits in der altägyptischen Kunst feststellen. Dargestellt sind – wie so oft in der Historienmalerei – idealisierte Schlachten und Kriegsgeschehnisse. Auch in der griechischen und römischen Antike ist das Historienbild vertreten, das besonders den römischen Feldherrn als Triumphator verherrlicht. Im Mittelalter finden sich seit dem 11. Jh. bildliche Darstellungen von Heiligenlegenden. Doch erst im Verlauf des 15. Jh.s entwickelte sich das Historienbild mit der aufkommenden Renaissance als eigenständige Bildgattung.
Eine wegweisende Bedeutung kommt beispielsweise den Arbeiten «Schlacht von Cascina» (1505) des italienischen Künstlers Michelangelo, «Schlacht bei Cadore» (1538, 1577 verbrannt) von Tizian oder der «Alexanderschlacht» (1529) von Albrecht Altdorfer zu.
Im Barock gewann die Historienmalerei weiter an Einfluß. Sie diente vorwiegend der Verherrlichung und repräsentativen Selbstdarstellung der Fürsten und Könige, die als Auftraggeber wirkten. Von herausragender Bedeutung sind zum Beispiel die Darstellungen des spanischen Hofes von Diego Velázquez, insbesondere das Gemälde «Übergabe von Breda» (1634-35). Demgegenüber äußern sich in den klassizistischen Bildern von Jacques Louis David die Ideen der Französischen Revolution. Besondere Erwähnung verdient sein Werk «Schwur der Horatier» (1784).
Im 19. Jh. nahm die Quantität der Historiengemälde sprunghaft zu, worin sich ein zunehmendes Nationalgefühl spiegelt. Allerdings ging damit in den seltensten Fällen künstlerische Qualität einher. Durchgängiges Kennzeichen ist ein allgemeines Pathos, das die eigentlichen Ereignisse oft mythisch verklärt.
In Frankreich findet die Malerei von Eugène Delacroix, Théodore Géricault und Dominique Ingres Anerkennung. In Deutschland werden die Schilderungen Adolph Menzels aus dem Leben Fried-

richs des Großen und die Fresken Alfred Rethels zur «Geschichte Karls des Großen» (1847-62, Rathaus Aachen) bekannt. Doch mit dem Aufkommen des → Impressionismus verlor die Historienmalerei rapide an Ansehen und verschwand bis zum Beginn des 20. Jh.s weitgehend aus dem Repertoire der bildenden Kunst.
Als ein modernes «Historienbild» wird manchmal Pablo Picassos «Guernica» (1937) interpretiert, eine zeitkritische Anklage gegen den Krieg. Im → Sozialistischen Realismus fand die Historienmalerei noch bis in die achtziger Jahre des 20. Jh.s eine propagandistische Fortsetzung.

Hochdruck Zum Hochdruck zählen jene Techniken der → Druckgraphik, bei denen die druckenden Partien einer → Druckform aus dem Material herausgearbeitet sind.
Im Gegensatz zum → Tiefdruck werden nur die hochliegenden Teile (Linien, Flächen o ä.) mit Druckfarbe eingefärbt und auf Papier aufgedruckt, während die durch Einschneiden oder Ausheben tiefer liegenden Teile farbfrei bleiben. Für die Druckform wird zumeist Holz verwendet; gängig sind aber auch Stein, Metall, Linoleum oder Tonerde.
Zu den bekanntesten Hochdruckverfahren gehören → Autotypie, → Holzschnitt, → Holzstich, → Japanischer Farbholzschnitt, → Linolschnitt, → Metallschnitt, → Schrotschnitt, → Steinstich, → Weißlinienschnitt und → Zinkätzung.

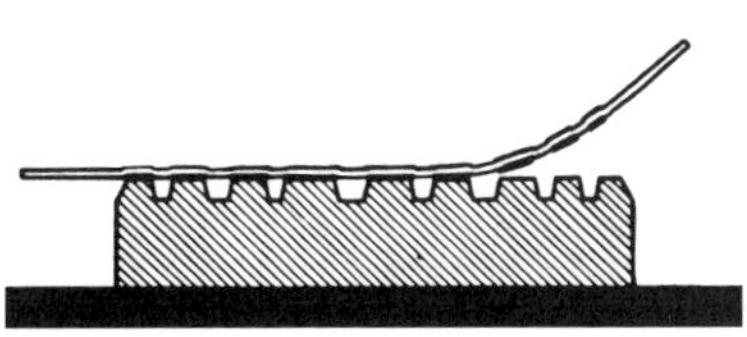

Schema des Hochdrucks. Deutlich ist erkennbar, wie die Farbe nur auf den hochgelegenen Partien des Druckstocks haftet und auf das Papier druckt

Holografie Die Holografie (griech. *holos* = ganz) ist ein 1947 von Dennis Gabor erfundenes fotografisches Verfahren, das eine dreidimensionale Vorstellung von einem körperlichen Objekt vermittelt. Die Aufnahme eines Hologramms erfolgt bei monochromatischem, phasengleich schwingendem Laserlicht – ohne Objektiv und Kamera – auf eine fotografische Platte, die nach ihrer Entwicklung ein vom Auge nicht auflösbares Bild unregelmäßiger Streifen und Muster zeigt. Bringt man auf eine so entwickelte Platte erneut Laserlicht, entsteht durch die Interferenz des Laserlichts und des vom Motiv reflektierten Lichts der Eindruck eines räumlichen Bildes, je nach aufgenommenem Objekt auch eines Bewegungsablaufs. Standpunktverschiebungen des Betrachters ergeben dabei neue Perspektiven des abgebildeten Objekts.
Zu den Künstlern, die dieses Medium anwenden, gehören Stephen A. Benton, Susan Gramble, Dieter Jung, Sam Moree, Ruben Nunez, Edwina Orr, Dan Schweitzer, Rick Silberman, Douglas Edwar Tyler oder Michael Wenyon.

Holzschnitt (engl. *woodcut*; frz. *gravure sur bois*) Beim Holzschnitt, einem Verfahren des → Hochdrucks, wird das Bild seitenverkehrt auf ein parallel zu den Fasern geschnittenes Stück Lang- oder Hirnholz gebracht, für das vorzugsweise Buchen-, Eichen- und Obstbaumhölzer (Birne und Kirsche) verwendet werden. Der Entwurf für den Holzschnitt kann entweder direkt oder im Durchpausverfahren auf die → Druckform gezeichnet werden. Linien werden vorsichtig mit feinen Messern umschnitten, nichtdruk-

kende, größere Flächen werden mit speziellen Werkzeugen (etwa Hohleisen oder Geißfüßen) ausgehoben.
Das Einfärben des → Druckstocks geschieht mit Hilfe eines Tampons oder einer Walze. Der Druck kann nach alter Manier durch Reiben des aufgelegten Papiers mit dem Handballen bzw. einem Falzbein (Reiberdruck) erfolgen oder durch Streichen mit einer harten Bürste (Bürstenabzug). Gängiger ist jedoch die Herstellung von → Abdrucken auf Spin-

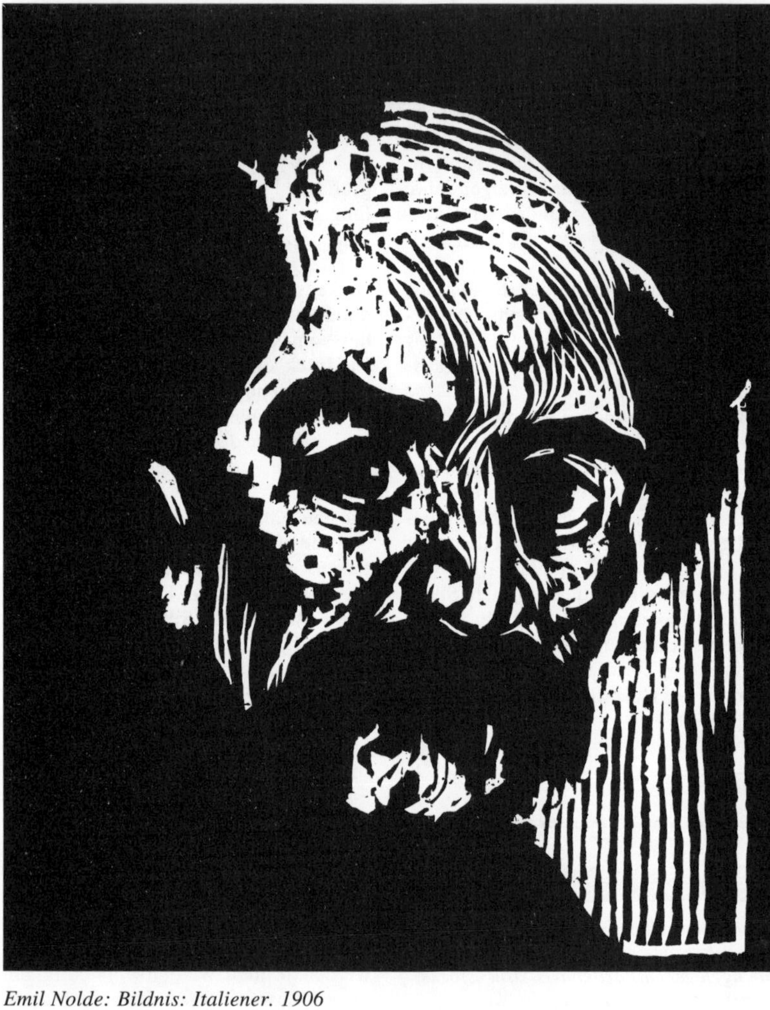

Emil Nolde: Bildnis: Italiener. 1906

del- oder Tubentiegelpressen. Der Kraftaufwand für die Erstellung eines Abdrucks ist sehr gering, deshalb hinterläßt der Holzschnitt im Papier auch keinen Quetsch- oder Plattenrand.
Ein weiteres Erkennungsmerkmal des Holzschnitts ist die reliefartige Struktur auf der Rückseite des Abdrucks (im Unterschied zum → Flachdruck). Die Auflagenhöhe beim Holzschnitt kann bis zu mehreren hundert Abdrucken reichen. Qualitätsminderungen können sich bei späteren Abzügen jedoch durch weiße Fehlstellen (bedingt durch Ausbrechen von Graten, Verquetschungen) oder weiße Linien (bedingt durch Sprünge im Holz) zeigen.
Obwohl in China und Japan bereits im 8. Jh. belegt, ist der Holzschnitt als Drucktechnik in Europa erst Ende des 14. Jh.s nachweisbar. Vor allem religiöse Motive wurden als sog. → Einblattholzschnitte gedruckt und später an den unbedruckten Kehrseiten zu → Blockbüchern zusammengeklebt. Bis Mitte des 16. Jh.s blieb der Holzschnitt weitgehend ans Medium Buch gebunden (etwa noch in der berühmten «Schedelschen Weltchronik» von 1493), ehe Künstler wie Albrecht Dürer, Hans Holbein d.J. oder Lucas Cranach d.Ä. ihn aus seiner Abhängigkeit zum Buch zu befreien begannen. Mit dem Aufkommen des → Kupferstichs und der → Radierung Ende des 16. Jh.s wurde der Holzschnitt sowohl als typographisches Element wie auch als künstlerisches Ausdrucksmittel allmählich zurückgedrängt, und es dauerte mehr als zwei Jahrhunderte, bis sich Künstler wie Gustave Doré, William Morris, Edvard Munch oder Gauguin wieder auf ihn besannen.
Zu den bedeutendsten Holzschneidern des 20. Jh.s gehören Hans Arp, Max Beckmann, HAP Grieshaber, Erich Heckel, Ernst Ludwig Kirchner und Frans Masereel.

Holzstich Der Holzstich, auch «Xylographie» (griech. *xylon* = Holz; *graphein* = schreiben) genannt, ist eine Sonderform des → Holzschnitts. Als → Druckform verwendet man besonders hartes Holz, meist Buchsbaum, das quer zur Faser geschnitten ist (sog. Stirn- oder Hirnholz). An die Stelle des im Holzschnitt üblichen Messers tritt beim Holzstich der Grabstichel, ein an der Spitze unterschiedlich geschnittenes, meißelartiges Werkzeug, das → Schraffuren und insgesamt engere Schnitte – weiß auf schwarzem Grund – erlaubt. Feinste Nuancen des Lichts und der Tonabstufungen (vom Schwarz über das zarteste Grau bis zum Weiß) sind durch punktweises Bearbeiten einer Fläche möglich (Tonstich). Die Härte des Holzes ermöglicht zudem die Darstellung sich kreuzender weißer Linien – ein besonderes Kennzeichen des Holzstichs.
Die Auflagenhöhe des Holzstichs ist aufgrund der Dichte und Widerstandsfähigkeit der Druckform nahezu unbegrenzt. Für die Buchillustration wurde er deshalb ab Ende des 18. Jh.s zu einem wirtschaftlich attraktiven, vor allem dem → Kupferstich überlegenen Verfahren. Neben dem Engländer Thomas Berwick, der als Erfinder des Holzstichs gilt, verwendeten insbesondere William Blake, Edward Calvert oder Adolph von Menzel diese Technik.

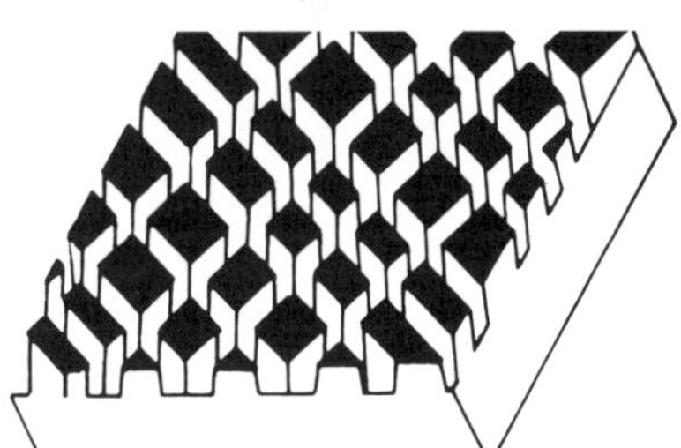

Weißlinienholzstich

Im 20. Jh. sahen Künstler wie Ernst Barlach, Ernst Ludwig Kirchner, Erich Heckel, Emil Nolde oder Karl Schmitt-Rottluff im Holzstich ein adäquates Ausdrucksmittel.

Holztafeldruck → Einblattholzschnitt

Hommage à Als Huldigung bzw. Widmung eines geschätzten Künstlers findet sich auf manchen Kunstwerken der Zusatz «Hommage à» (frz. = Huldigung an), gefolgt von dem jeweiligen Künstlernamen (etwa «Hommage à Claude Monet»).
Damit wird oft auch einem verehrten Lehrer oder Vorbild Respekt und Anerkennung ausgesprochen.

hors (de) commerce → Künstlerdruck

Hyperrealismus → Fotorealismus

Impressionismus Die Stilbezeichnung Impressionismus (frz. *l'impression* = Eindruck) prägte der französische Journalist Louis Leroy als abschätzig gemeinte Charakterisierung für ein Bild Claude Monets mit dem Titel «Impression, soleil levant» (1872, Eindruck der aufgehenden Sonne), das 1874 auf der 1. Impressionisten-Ausstellung in den Räumen des Fotografen Nadar ausgestellt war.

Der Impressionismus entwickelte sich in den späten sechziger Jahren des 19. Jh.s in Frankreich mit Schwerpunkt in Paris und beruht in der Darstellung flüchtiger Eindrücke von Farbe, Licht und Bewegung, die an der Oberfläche des Gegenstandes in Erscheinung treten. In spontaner → Freilichtmalerei entstanden die rasch gemalten Bilder direkt vor dem Motiv in der Natur.

Im Gegensatz zum vorhergehenden → Realismus und der sterilen Akademiemalerei ihrer Zeit interessierte die Impressionisten weniger die detailgetreue Darstellung der Dingwelt, verbunden mit der Thematisierung sozialer Wirklichkeit, sondern vielmehr die Erfassung von an sich ungreifbaren Kategorien wie Bewegung, Fluktuation, Vibration, Licht etc., die sich in der spiegelnden Oberfläche von Gewässern oder in windbewegten Getreidefeldern und Pappelalleen gewissermaßen «materialisieren». Wesentlichen Eindruck hinterließ die atmosphärische Malerei John Constables und William Turners, die Claude Monet und Camille Pissarro im Londoner Exil 1870/71 kennenlernten. Auf der anderen Seite wurde Édouard Manet mit seinen skandalträchtigen Bildern wie zum Beispiel «Das Frühstück im Grünen» (1863) zum kämpferischen Vorbild gegen eingefahrene Werturteile. Ein Kennzeichen impressionistischer Malerei ist die Verwendung von reinen Farben, zum Teil direkt aus der Tube auf die Leinwand gebracht, was zur charakteristischen Aufhellung und Leuchtkraft der Palette beiträgt und nicht zuletzt das Maltempo erhöht. Beeindruckt von → Japanischen Farbholzschnitten, wurden die Bildmotive manchmal vom Bildrand stark angeschnitten, worin sich auch ein gewisser Einfluß der → Fotografie äußert. Die Perspektive löst sich bisweilen in Farbschleiern und diffuser Unschärfe auf. Um feine Bewegungen und Vibrationen darstellen zu können, setzten die Impressionisten ihre Bildmotive aus den typischen, kleinen Farbtupfern zusammen, welche die Gegenstände in einem gewissen Grade auflösen.

Das Bemühen um das Einfangen des flüchtigen, ungreifbaren Augenblicks wird besonders anschaulich in den Werkzyklen Monets, der ein einziges Motiv zu ganz unterschiedlichen Tageszeiten malte. Im Ergebnis entstanden viele Varianten beispielsweise einer bestimmten Seine-Ansicht oder der Kathedrale von Rouen, die in reichen Farbnuancen die subtilen Differenzen des Lichts zur Anschauung bringen. Das Motiv selbst verliert unterdessen an Bedeutung, demgegenüber rücken die äußeren (Natur-)Bedingungen in den Vordergrund. Der Gegenstand interessiert letztlich nicht, wie er «wirklich» ist, sondern allein, wie er im Augenblick erscheint. Tendenziell gilt die bei Monet sehr weit geführte Entwicklung auch für die anderen Impressionisten Edgar Degas, Camille Pissarro, Auguste Renoir, Alfred Sisley u.a. In der Bildhauerei ist das Oberflächenspiel des Lichtes in den Plastiken von Auguste Rodin und Medardo Rosso zu erwähnen. In den achtziger Jahren des 19. Jh.s ging der anfänglich enge Zusammenhalt der Impressionisten nach und nach verloren. 1886 zeigte sich auf der letzten der insgesamt acht Impressionisten-Ausstellungen in Arbeiten von Georges Seurat und Paul Signac der aufkommende Einfluß des → Neoimpressionismus (auch «Pointillismus»), der in kurzer Zeit den Impressionismus ablöste, indem er in objektivierenden und rasterartig gesetzten Farbtupfen die Eigenschaften der Farbe zu analysieren suchte. Diese sachliche und distanzierte Strömung steht diametral den expressiven, emotionalen Fortentwicklungen durch Paul Gauguin oder Vincent van Gogh gegenüber, die für den → Expressionismus Bedeutung gewinnen sollten, während die kühle, facettenartig aufgebrochene Malweise Paul Cézannes eine weitgespannte Verbindung vom Impressionismus zum → Kubismus herstellt. Der Impressionismus fand bis weit in das 20. Jh. Verbreitung in ganz Europa und sogar in den USA. Der deutsche Impressionismus ist zu Beginn des Jahrhunderts durch Lovis Corinth, Max Liebermann und Max Slevogt vertreten.

impressit, imp. Lat. Bezeichnung (dt. = hat abgedruckt) auf älterer Druckgraphik, die neben dem Namen des Druckers steht.

Impressum Editorische Notiz in Büchern, Zeitschriften, Zeitungen und Broschüren, die Angaben über Verlag, Setzerei, Druckerei, Buchbinderei, Erscheinungsjahr, Erscheinungsort, Copyright und eventuelle Lizenzgeber enthält. Bei Büchern wird der Name des Buch- oder Einbandgestalters genannt, oft auch die Schrift, in der gesetzt wurde.
Bei Zeitungen und Zeitschriften, zunehmend auch in Büchern, ist es üblich, die Namen der Redakteure (bzw. Lektoren) und die Redaktionsanschrift zu nennen. Das Impressum ist pressegesetzlich vorgeschrieben, insbesondere zur Klärung einer möglichen Haftung von Drucker und Verleger.

Individuelle Mythologien Der Begriff Individuelle Mythologien wurde von Harald Szeemann im Zusammenhang mit der «documenta 5» (1972) geprägt und umfaßt eine Strömung der siebziger Jahre, die sich durch eine Rückbesinnung auf mythologische Hintergründe auszeichnet, wobei diese persönlich begründet und subjektiv gezeichnet sind.
Die Individuellen Mythologien stehen für eine gewisse Wende zu Beginn der siebziger Jahre, die mit dem Rückzug in private Bereiche umschrieben werden könnte und bezeichnenderweise ähnliche Phänomene auf gesellschaftlicher Ebene widerspiegelt. Dieser Schritt läßt sich auch als Abwendung von Rationalität und objektiver Allgemeingültigkeit der → Minimal- und → Concept Art erklären. Bezüge zur Archäologie und Ethnologie (Lévi-Strauss) treten deutlich zutage: Unterschiedlichste ethnologische Elemente werden in direkter Abhängigkeit zur jeweiligen subjektiven Weltsicht ausgewählt, abgewandelt und/oder miteinander kombiniert. Eine gewisse Tendenz zum Sammeln und zu systematischer Dokumentation schafft sehr enge Bezüge zur zeitgleichen → Spurensicherung, die diese Merkmale noch intensiver pflegt, bis hin zu quasi museologischer Präsentation. Typisch für die Individuellen Mythologien sind große, manchmal sich auf einen ganzen Raum ausbreitende → Environments und → Installationen, die oft den Charakter einer wie auch immer gearteten Kultstätte annehmen.
So beispielsweise die Arbeit «Hommage an die Sonne» (1971/72) von Michael Buthe, der im übrigen – angeregt durch

lange Aufenthalte in Marokko – für seine mit Fetischen symbolartig ausgestatteten Environments und Installationen bekannt ist. Der beligsche Künstler Panamarenko hängt in seinen scheinbar funktionalistischen und doch untauglichen Flugmaschinen verlorenen Ikarussehnsüchten nach. Ferner zählen zu den Individuellen Mythologien Jürgen Brodwolf, James Lee Byars, Paul Thek u.a.

Informel Als eine Strömung der (späten) → École de Paris lehnt das Informel (frz. = formlos) jeglichen geordneten Bildaufbau, jede «Form» strikt ab. Statt dessen tritt der Malprozeß in den Vordergrund, verbunden mit dem spontanen Ausdruck psychischer Spannung und tiefliegender, emotionaler Befindlichkeit. Als künstlerisches Verfahren fand die → Écriture automatique der Surrealisten in radikalisierter Form Verwendung. Der Begriff wurde 1951 von dem französischen Kritiker Michel Tapié geprägt; das Informel steht indes in direkter Nachbarschaft zum zeitgleichen →

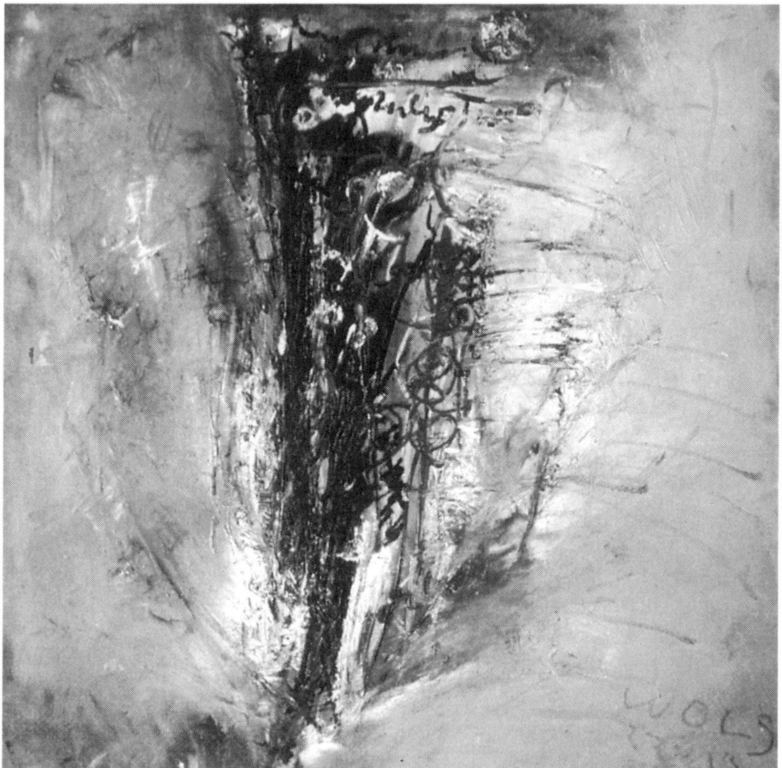

Wols: Peinture. 1946/47

Tachismus, von dem es kaum zu unterscheiden ist. Außerdem tragen Überschneidungen mit dem → Abstrakten Expressionismus, dem → Action Painting und der → Art brut zu allgemeiner begrifflicher Unschärfe bei.

Die Entstehung des Informel kann bis in das Jahr 1945 zurückverfolgt werden. Maler wie Dubuffet, Jean Fautrier, Hans Hartung und Wols zählen zu den maßgeblichen Wegbereitern. Während zunächst das Informel in Paris zu seiner Entfaltung gelangte (übrigens völlig unabhängig vom Abstrakten Expressionismus und Action Painting in den USA), breitete sich der Impuls in den späten vierziger Jahren auf ganz Europa aus.

Bis in die sechziger Jahre hinein bestimmte er die Kunstszene. Doch mit zunehmender Dauer stellte sich hinter der spontanen Geste und dem subjektiven Ausdruck eine gewisse Leere und Aushöhlung ein, so daß sich Ende der fünfziger Jahre unterschiedliche Strömungen gegen dessen Dominanz zur Wehr setzten. Unmittelbar nach dem Zweiten Weltkrieg bedeutete jedoch das Informel eine Möglichkeit, die wiedergewonnene Freiheit einerseits und die schockierenden Ereignisse des Krieges andererseits in eine radikale künstlerische Sprache umzusetzen.

Manchmal wird mit dem Hinweis auf die Verwendung von Draht, Gips, Papier, Sackleinen oder Sand (→ Materialbild) der Versuch einer Abgrenzung von verwandten Strömungen, zum Beispiel dem Tachismus, unternommen. Obwohl vielfach zutreffend, leidet auch dieses Kriterium an mangelnder Zuverlässigkeit. Neben den Wegbereitern Dubuffet, Fautrier, Hartung und Wols sind Antoni Tapiès in Spanien und K. Fred Dahmen, K.O. Götz, Gerhard Hoehme, Bernard Schulze, Emil Schumacher und K.R.H. Sonderborg in Deutschland als wichtige Vertreter des Informel zu nennen.

Ingrespapier Ein nach dem französischen Maler Dominique Ingres benanntes Papier, das durch eine rauhe Oberfläche und eine leichte Färbung gekennzeichnet ist.

Initial Als Initial (lat. *initium* = Anfang) bezeichnet man durch besondere Größe, Farbigkeit oder Verzierung gestaltete Anfangsbuchstaben am Kapitelbeginn von Büchern oder Zeitschriften. Künstlerisch verwandt sind mit ihnen die Figurenalphabete, die u.a. von Karl Rössing oder Fritz Janschka («Ulysses-Alphabet») geschaffen wurden.

Inkunabel Inkunabeln, auch «Wiegendrucke» genannt, bezeichnen Frühdrukke, insbesondere Bücher, die noch vor der Erfindung der Buchdruckerkunst mit beweglichen Lettern hergestellt wurden. Ihre Auflage lag durchschnittlich zwischen 400 und 500 Exemplaren.

Inkunabeln sind wertvolle Dokumente der Buchdruckerkunst und werden auf dem internationalen Antiquariatsmarkt hoch gehandelt.

Installation Im Gegensatz zur traditionellen → Skulptur tritt die Installation (manchmal auch «Rauminstallation» genannt) in ihrer räumlichen Struktur über sich hinaus und greift gestaltend und verändernd in den unmittelbar umgebenden Raum ein. Mit den unterschiedlichsten technischen Mitteln, typischerweise mit interdisziplinärer Tendenz (→ Multi Media), dehnt sich die Installation weit in den Raum hinein aus und stellt durch mehrere, oft weit auseinanderliegende Teile ein vielschichtiges und komplexes Raumgefüge her.

Kennzeichnend ist die spezifische Anpassung an den Raum: Die Installation wird gewissermaßen auf die jeweilige Architektur «maßgeschneidert», so daß sie konsequenterweise nur an einem ein-

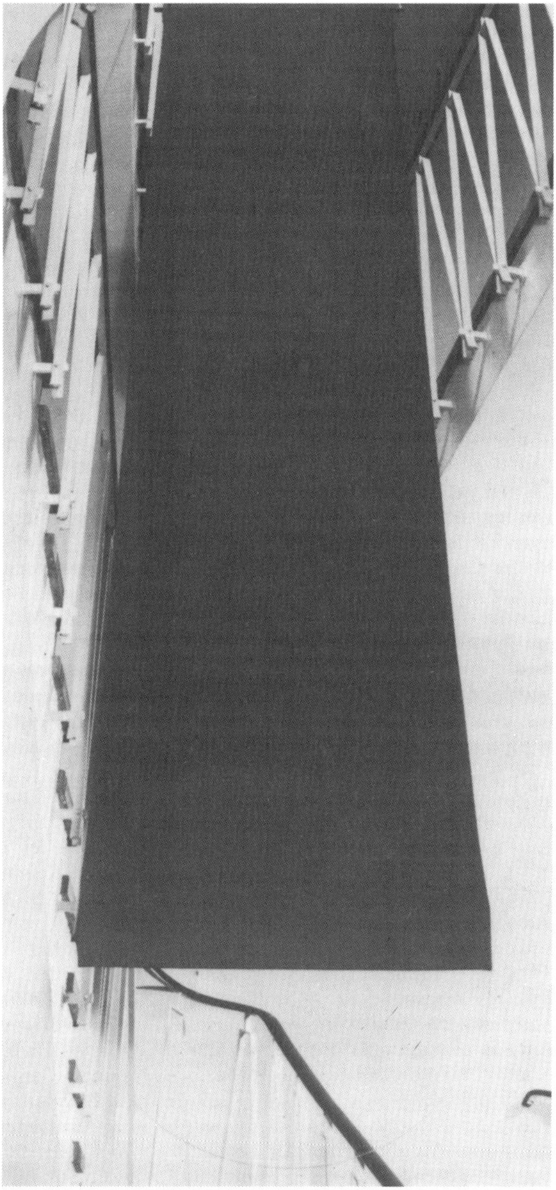

*Reiner Ruthenbeck:
Kreisrunde
Glasscheibe in rot-
braun-violettem
Stoffschlauch. 1971*

zigen Ort Gültigkeit besitzt. Ohne ihre jeweilige architektonische Umgebung ist die Installation nicht denkbar. Umgekehrt erfährt die Architektur eine oft radikale Neubewertung, werden bisher nur latent vorhandene Eigenschaften sichtbar gemacht.
Eine begriffliche Abgrenzung zum → Environment, manchmal auch zu raumbezogener → Objektkunst, zeigt sich häufig als ein schwieriges, manchmal unmögliches Unterfangen. Zahlreiche Übergangsformen vereiteln eine sichere Abgrenzung.
Ausgehend von interdisziplinären Aktivitäten des → Dadaismus, lassen sich die ersten Anfänge der Installation im «Merzbau» (1920-36) Kurt Schwitters' und dem «Prounen-Raum» (1923) El Lissitzkys finden. Beide Innenräume wurden mit relief- bzw. skulpturenartigen Elementen ausgestaltet, zeigen allerdings einen fließenden, kaum abzugrenzenden Übergang zum Environment. Erst die → Aktions- und → Objektkunst der späten fünfziger und frühen sechziger Jahre schufen die entscheidenden Voraussetzungen für die Entwicklung der Installation, indem sie ein interdisziplinäres Wirkungsfeld und den Bezug zum umgebenden Raum als künstlerische Ziele propagierten.
Aus diesem Impuls entstanden sowohl die Installation wie auch das Environment. → Minimal- und → Concept Art errichteten ein Beziehungsfeld zwischen ihren äußerst reduzierten Formelementen und dem architektonischen Umraum. Die Tektonik minimalistischer Elementarformen korrespondiert in besonderem Maße mit der Architektur, wie zum Beispiel an bestimmten Arbeiten von Carl André, Donald Judd oder Robert Morris deutlich wird.
Schon früh nutzte Joseph Beuys die komplexen Möglichkeiten der Installation. Ausgehend von → Happening und → Fluxus, finden sich Batterien, Filz, Fett, Kupferleitungen u.a. seiner charakteristischen Materialien in einen spezifischen räumlichen Kontext überführt. Künstler der → Arte povera wie Jannis Kounellis oder Mario Merz steuerten wichtige Impulse bei, ebenso wie beispielsweise Alice Aycock aus dem Umfeld der → Land Art.
Der Einfluß der Installation nahm in den siebziger Jahren kontinuierlich an Bedeutung zu, um im Verlauf der achtziger und frühen neunziger Jahre einen vorläufigen Höhepunkt zu erreichen. Weder in der Verwendung der technischen Mittel noch stilistisch in irgendeiner Form festgelegt, entwickelte sich die Installation innerhalb der → zeitgenössischen Kunst gewissermaßen zu einer neuen → Kunstgattung, deren besonderes Kennzeichen – neben dem Raumbezug – vor allem in der Auflösung und Verschmelzung traditioneller Disziplinen besteht. Ein Charakteristikum, das sich durch die Herausbildung eigener Varianten, wie → Foto-, → Klang- oder → Videoinstallation, bestätigt findet.
Zu den variantenreichen Installationen der Gegenwart zählen beispielsweise die dynamischen «Unterstützenden Maßnahmen» Eberhard Boßlets oder die kraftvollen Holzinstallationen Magdalena Jetelovas. Gegenpole bilden die eher konzeptuellen Installationen Olaf Metzels oder Reinhard Muchas, während die immensen Stahlplatten Richard Serras einen besonders engen Bezug zur Architektur besitzen. Außerdem verdienen die Arbeiten von Giovanni Anselmo, Christian Boltanski, Daniel Buren, Georg Herold, Jenny Holzer, Anish Kapoor, Wolfgang Laib, Walter de Maria, Bruce Nauman, Cady Noland und Bill Woodrow Beachtung, die in ihrer oft diametralen Gegensätzlichkeit die unterschiedlichsten kreativen Optionen der Installation repräsentieren.

Interieur Das Interieur (frz. *l'intérieur* = das Innere) ist eine Gattung der → Malerei und bezeichnet die Darstellung eines Innenraumes durch Malerei oder → Graphik.
Bereits in der römischen Antike finden sich beispielsweise in den Innenraumbildern des ersten pompejanischen Stils erste Interieurdarstellungen. Auch im Mittelalter treten Innenräume auf, allerdings in einer verkürzten, vereinfachten Form, die sich oft des sog. Kastenraums bedient, eine nur nach vorne, zum Betrachter hin geöffnete, kastenförmige Architektur. Ein bekanntes Beispiel dafür sind die Fresken der Arenakapelle (1305/06) in Padua von Giotto.
Mit dem Beginn der italienischen Renaissance und der Entdeckung der Zentralperspektive begann der Aufschwung des Interieurs, das nun mit vielen genrehaften Einzelheiten ausgestattet wird, allerdings ist der Blickwinkel des Betrachters immer noch von außerhalb auf das Bild gerichtet. Als Hauptvertreter verdienen Vittore Carpaccio, Jan van Eyck, Domenico Ghirlandaio, Antonello da Messina oder Rogier van der Weyden Beachtung. Zu den Hauptwerken zählt der Kupferstich «Der hl. Hieronymus im Gehäus» (1514) von Albrecht Dürer.
Doch erst in der niederländischen Malerei des 17. Jh.s erreicht das Interieur – nun als eigenständige Bildgattung – den eigentlichen Höhepunkt seiner Entwicklung. Der Blickwinkel erscheint nun vom Standpunkt eines in dem Interieur befindlichen Betrachters aus gesehen. Die Entwicklung in den Niederlanden führte zu einer weiteren Aufteilung der Gattung in das sog. Küchen- und Konversationsstück, wobei letzteres eher dem Bereich der → Genremalerei angehört. Als bedeutende Vertreter des niederländischen Interieurs sind vor allem Pieter de Hooch und Jan Vermeer van Delft hervorzuheben. Im 18. Jh. bereicherte Jean-Baptiste Siméon Chardin das Interieur um eine intime, bisweilen auch verspielte Note, während William Hogarth eine sozialkritische Tonlage anschlug. Das Interieur verlor bis ins frühe 20. Jh. nichts von seiner Beliebtheit und erfreute sich gerade im 19. Jh. besonderer Wertschätzung.
Im Biedermeier äußerte sich eine rundum zufriedene und heile Sonntagswelt, während im späten 19. Jh. die großbürgerliche Prunksucht der historistischen Salons Einzug hielt. Zeitgleich brachte der → Impressionismus atmosphärisches Licht und helle Farben in seine Innenräume ein. Eine Besonderheit ist das «leere» Interieur, das nicht von Personen bevölkert ist und dennoch viel von seinen Bewohnern erzählt. Adolph von Menzels «Das Balkonzimmer» (1845) oder die verschiedenen Ausführungen des «Schlafzimmer in Arles» (1888) von Vincent van Gogh stellen bekannte Beispiele dar.
Im frühen 20. Jh. ist das Interieur noch manchmal im → Expressionismus, der → Pittura metafisica oder der → Neuen Sachlichkeit vertreten, doch mit dem Aufkommen avantgardistischer Strömungen (→ Avantgarde) der Moderne verschwand es mehr und mehr.

Intermediäre Kunst Die intermediäre Kunst ist eine charakteristische Erscheinung des 20. Jh.s. Der Begriff umfaßt als Sammelbezeichnung Kunstformen, die zwischen zwei oder mehreren Disziplinen zu lokalisieren sind, die also Merkmale verschiedener künstlerischer Ausdrucksformen auf sich vereinen.
Ein frühes Beispiel ist die → Fotomontage des → Dadaismus, eine Verbindung von → Fotografie und → Collage. In den fünfziger Jahren finden sich in den → Textbildern der → Konkreten Poesie synthetische Bestrebungen, Literatur und bildende Kunst zusammenzuführen.

Doch auch die Gegenwart bietet in der → Fotoinstallation ein aktuelles Beispiel intermediärer Kunst. Hier werden die Möglichkeiten der → Installation mit der Fotografie verknüpft, so daß ein völlig neuartiges Raumerleben zur Entfaltung gelangt.
Die Bestrebung der Kunst des 20. Jh.s, den Kunstbegriff in die unterschiedlichsten Richtungen auszudehnen, hat das Aufbrechen und die teilweise Zerstörung traditioneller Kunstgattungen zur Folge. Auf der anderen Seite entstehen unter dem Stichwort «intermediäre Kunst» jedoch völlig neuartige Verbindungen und Mischformen, die überraschende künstlerische Ergebnisse hervorbringen.
Als weitere Beispiele sind die → Combine Paintings der → New Realists, → Mixed-Media-Aktionen im Bereich von → Happening und → Fluxus oder bestimmte Formen der → Prozeßkunst zu erwähnen.

invenit, inven., inv., in. Lat. Bezeichnung (= hat erfunden) auf älterer Druckgraphik, die neben dem Namen des Zeichners oder Malers steht.

Jahresgabe Unter Jahresgaben versteht man von → Graphischen Gesellschaften angebotene Editionen in verschiedenen Techniken, die zu günstigen finanziellen Konditionen erworben werden können. Um die Auflagenhöhe der Editionen begrenzt zu halten, geschieht die Zuteilung der Jahresgaben bei Gesellschaften mit hoher Mitgliederzahl (oft 8000 oder mehr) durch Auslosung. Auch Mitgliedern von → Kunstvereinen wird in der Regel (am Ende des Jahres) die Möglichkeit zum kostengünstigen Erwerb von Graphiken u.a. Kunstwerken geboten.

Japanischer Farbholzschnitt Der Japanische Farbholzschnitt, ein Verfahren des → Hochdrucks, gehört zu den Meisterleistungen der Kunst des 18. und 19. Jh.s. Die Zeichnung des Holzschnitts wird zunächst auf spezielles transparentes Papier gebracht und seitenverkehrt auf die → Druckform geklebt. Durch das Papier hindurch werden dann die Linienzüge umschnitten und die nichtdrukkenden Flächen ausgehoben (→ Holzschnitt). Für mehrfarbige Drucke werden bis zu zwölf Platten angefertigt (je Farbe ein eigener Holzstock), die mit entsprechenden Paßmarken versehen und dann übereinandergedruckt werden. Da der Japanische Farbholzschnitt eine Gemeinschaftsarbeit von vier verschiedenen Spezialisten (Verleger, entwerfender Künstler, Holzschneider und Drukker) ist, finden sich neben der Signatur des Künstlers auch die des Plattenschneiders und Druckers, oft auch ein Stempel des Verlegers auf den Drucken. Die Auflagenhöhe des Japanischen Farbholzschnitts übertrifft bei weitem die des europäischen, was zu Unterschieden in der Druckqualität zwischen frühen und späten Abzügen und auch zu minimalen, durch Nachschneiden der Stöcke bedingten Änderungen führt.

J

Als ein grundlegender Unterschied zur europäischen Graphik gilt die Zielsetzung des Japanischen Farbholzschnitts: Seine Aufgabe ist die Darstellung des «vorbeifließenden Lebens» und der «vergänglichen Welt», was zu einem eigenen, klar umrissenen Themenkreis führte. Ein weiteres Erkennungsmerkmal ist das Fehlen von Schatten, oft auch von Umrißlinien.

Japanpapier Japanpapier wird aus der Rinde des Papiermaulbeerbaums gewonnen und ist handgeschöpft. Durch langes Aufweichen in Wasser und spezielle Bearbeitung des Papierbreis erhält man ein sehr weiches, biegsames Papier mit einer «wolkigen» Durchsicht.

Jugendstil Bezeichnung für eine Stilrichtung in Kunst und Kunstgewerbe zwischen 1890 und 1914, die in Frankreich unter dem Begriff «Art Nouveau», in England unter «Modern Style», in Österreich unter «Sezessionsstil» und in Spanien unter «Modernismo» bekannt ist. Die deutsche Bezeichnung «Jugendstil» leitet sich von der deutschen Kunstzeitschrift «Jugend» ab, die von 1896-1920 in München erschien. Als Reaktion auf den verbrauchten Historismus des späten 19. Jh.s verstand sich der Jugendstil zunächst als Erneuerungsbewegung des → Kunstgewerbes. Nicht mehr das beliebig kombinierbare Stilgemisch vergangener Epochen (Historismus) stand im Vordergrund, sondern die Suche nach originären, zeitgemäßen Formen, angeregt durch das Qualitätsdenken des englischen «Arts-and-Crafts-Movement» von

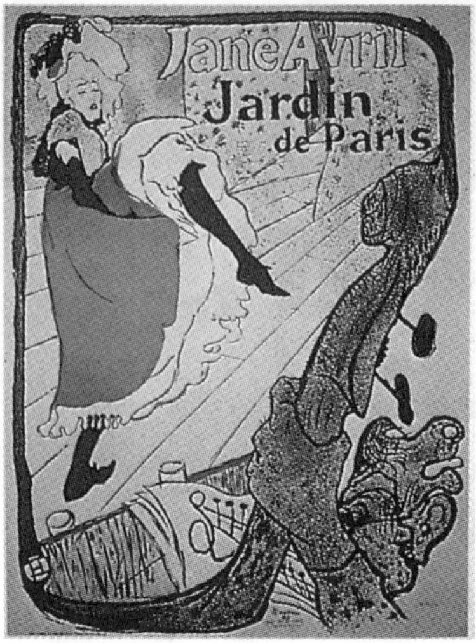

Henri de Toulouse-Lautrec: Jane Avril. Plakat

William Morris, Augustus Charles Pugin und John Ruskin. Doch schon bald breitete sich der Impuls des Jugendstils auf alle Bereiche der bildenden Kunst, auf Architektur, Plakat- und Buchkunst, auf Theater, Literatur und Musik aus. Einflüsse des → Neoimpressionismus, des → Japanischen Farbholzschnitts und des → Symbolismus wurden aufgenommen und in pflanzenartig rankende Formelemente, in pastellartige Farbtöne und bisweilen verspielte Ornamentik umgewandelt. Die Liebe zum schmückenden Dekor und zur flächigen Arabeske – aus pflanzlichen Vorbildern entwickelt, oft als ein gegenstandsloses Ornament – charakterisiert alle Formen der Jugendstilkunst. Die dynamisch geschwungene Linie galt als grundlegendes Element, auf das sich die künstlerische Formensprache gründete. Jugendstilkünstler wollten durch eine sinnliche Ausstrahlung der Arbeiten überzeugen, wobei ein weiteres konstituierendes Element in dem Motiv von Bewegung und Metamorphose bestand, der stetigen Umwandlung der Form. Das sich auf der Linie gründende Jugendstilornament verzichtet dabei auf eine räumlich-plastische Wirkung und erstreckt sich statt dessen rhythmisch auf die Fläche.

An der raschen Ausbreitung des Jugendstils waren zahlreiche neugegründete Kunstzeitschriften maßgeblich beteiligt: «Revue Blanche» (1891-1903, Paris), «The Studio» (ab 1893, London), «Pan» (1895-1900, Berlin), «Jugend» (1896-1920, München) oder «Simplicissimus» (ab 1896, München).

Als führender Theoretiker übte darüber hinaus Henry van de Velde zentralen Einfluß auf den deutschen Jugendstil aus, was insbesondere in den Bereichen Architektur, Möbeldesign und Inneneinrichtung sichtbar wurde. Grundsätzlich kann der Jugendstil als eine Strömung charakterisiert werden, die sich an der Idee des Gesamtkunstwerkes orientiert, dem Zusammenspiel aller Künste und der wechselseitigen Durchdringung von Kunst und Handwerk.

Neben Paris, Brüssel und Barcelona entstanden die großen Zentren des Jugendstils in Darmstadt, München und Wien. Durch die Förderung des Großherzogs Ernst Ludwig konnte in Darmstadt die heute noch in ihrer architektonischen Anlage erhaltene «Darmstädter Kolonie» entstehen – ein enger Zusammenschluß verschiedenster Künstler unter Peter Behrens und Josef Maria Olbrich. In München wirkten Peter Behrens, August Endell, Hermann Obrist und Richard Riemerschmid, wobei im Bereich der Architektur besonders die Gestaltung des Fotoateliers «Elvira» von Endell zu erwähnen ist. Der Wiener Jugendstil ist in seiner strengen, geometrischen Funktionalität von der englischen Variante des Jugendstils geprägt. Das ästhetische

Prinzip der 1903 von Josef Hoffmann und Koloman Moser gegründeten «Wiener Werkstätten» beruht auf der Dominanz von horizontalen und vertikalen Gestaltprinzipien.
Eine fundamentale Rolle spielte überdies die 1897 von Gustav Klimt gegründete «Wiener Sezession». Außerdem sind die Architekten Adolf Loos und Otto Wagner sowie Frühwerke Oskar Kokoschkas aufzuführen.
In Paris genossen die dekorativ-schillernde Schmuckkunst von René Lalique sowie die farbenreiche Glaskunst von Émile Gallé und der Brüder Auguste und Antoine Daum breite Anerkennung. Im Bereich der Malerei sind dekorative und symbolgeladene Arbeiten von Gustave Moreau und Odilon Redon hervorzuheben, die eine enge Verbindung zum Symbolismus herstellen.
Als wichtige Maler des Jugendstils gelten ferner Pierre Bonnard und Maurice Denis, der Schweizer Ferdinand Hodler sowie die Niederländer Jan Toorop und Jan Thorn-Prikker. Im Bereich der Plakatkunst sind die berühmten Arbeiten von Alfons Mucha und Henri de Toulouse-Lautrec zu nennen, ferner die → Buchkunst Melchior Lechters und die → Typographie Otto Eckmanns.
Neben dem → Impressionismus, Neoimpressionismus und Symbolismus gilt der Jugendstil als grundlegende Strömung, die an der Entwicklung der → Moderne wesentlichen Anteil hat. Sie beeinflußte den → Expressionismus und fand im → Art Déco ihre Fortsetzung, während die Idee der Synthese aller Künste am → Bauhaus fortlebte.

Junk Art Der Begriff Junk Art (engl. *junk* = Abfall, Gerümpel, Altwaren) bezeichnet Kunstwerke, die aus Müll und Abfallteilen der modernen Konsumgesellschaft bestehen.
Die Junk Art bildet eine Variante der → Objektkunst und damit eine Kategorie der → Skulptur, wobei in den meisten Fällen eine assemblageartige Anordnung (→ Assemblage) typisch ist, das heißt die Ansammlung vieler verschiedener Teile zu einem Ganzen. Aber auch Zusammenhänge mit dem → Environment lassen sich immer wieder beobachten.
Die Junk Art entstand zeitgleich mit der → Pop Art zum Ausgang der fünfziger Jahre, mit der sie zunächst die Thematisierung von Alltagsgegenständen der Großstadt verbindet. Doch der wesentliche Unterschied liegt in der kritischen, bisweilen auch sozialkritischen Tonlage der Junk Art, die sich strikt jede Beschönigung oder gar idolhafte Glorifizierung verbietet.
Statt dessen äußern sich Bedenken gegenüber dem grenzenlosen Wachstum der «Wegwerf-Gesellschaft», und zugleich findet das alte Motiv der Vergänglichkeit (Vanitas) eine neue, seinerzeit auch provokante Formulierung. Im Unterschied zur → Arte povera sucht die Junk Art jedoch *keine* weiteren transzendenten Kategorien in oder hinter der Substanz der «wertlosen» (oder «armen») Materialien.
Zur Junk Art zählen beispielsweise Arbeiten von John Chamberlain, Edward Kienholz, Daniel Spoerri (→ Fallenbild) und frühe Skulpturen des amerikanischen Künstlers Duane Hanson.

K

Kalligramm Die Buchstaben und Wörter des Kalligramms werden so angeordnet, daß sie den genannten Gegenstand optisch entstehen lassen. Damit vereinigt das Kalligramm Merkmale der Literatur und der bildenden Kunst, darüber hinaus steht es in nächster Nähe zum → Textbild, von dem es manchmal kaum zu unterscheiden ist. Wesentliche Beiträge zur Entstehung des Kalligramms steuerten → Kubismus und → Futurismus bei. Bekannt wurden die «lyrischen Ideogramme» (ab 1913) des Dichters Guillaume Apollinaire.

Kalligraphie Die Kalligraphie (griech. *kalligraphia* = Schönschreibekunst) ist eine ästhetisch geschwungene Schriftgestaltung, die weit über den reinen Informationszweck hinausgeht und im Bereich der bildenden Kunst angesiedelt ist. Die Übergänge von identifizierbarer Schrift mit einer gewissen bedeutungsvollen Aussage zu völlig freier, künstlerischer Gestaltung von rein optischem Wert sind äußerst fließend und gehen direkt ineinander über. Als Inschrift oder dekoratives Gestaltelement tritt die Kalligraphie immer wieder in enge Verbindung zu Architektur, Bildhauerei, Malerei und Kunsthandwerk.
Die Kalligraphie entstand in den alten Hochkulturen Chinas, von wo aus sie sich rasch auf den gesamten ostasiatischen Kulturraum, insbesondere Japan und Indien, ausbreitete, wo sie in einer Fülle unterschiedlichster Varianten und Bedeutungen bis zum heutigen Tag als eine der Malerei ebenbürtige Kunstgattung gepflegt wird. Kennzeichnend ist der enge Zusammenhang mit den ostasiatischen Religionen und die damit verbundene meditative Versenkung des Künstlers während des Schaffensprozesses. Beispielsweise war der Zen-Buddhismus in Japan wesentlich an der Blüte der Kalligraphie beteiligt. Die sich oft spontan äußernde kalligraphische Geste ist zugleich ein subjektiv geprägtes Zeichen individueller Befindlichkeit.
In der islamischen Kunst gilt die Kalligraphie nicht zuletzt durch ihren ornamentalen Charakter als eine der höchsten künstlerischen Ausdrucksformen.
In der abendländischen Kunst erreichte die Kalligraphie nicht annähernd die Bedeutung wie im asiatischen Raum. Als dekoratives Element fand sie in der mittelalterlichen Buchmalerei Verwendung, etwa in Form kunstvoll ausgearbeiteter → Initialen. Doch die Erfindung des → Buchdrucks mit beweglichen Lettern um 1440 drängte die (handschriftliche) Kalligraphie zurück, die im wesentlichen erst wieder im 20. Jh. von der bildenden Kunst entdeckt wurde. Im Rückgriff auf ostasiatische Traditionen suchten nach 1945 Maler wie Julius Bissier, Hans Hartung oder Fritz Winter eine Verbindung von kontemplativer Versenkung und spontaner Geste. Obgleich kalligraphische Kürzel auftreten, gehören ihre Arbeiten jedoch eindeutig dem Bereich der Malerei an.
Das gilt auch für die betont spontanen Arbeiten von Georges Mathieu und Henri Michaux, die dem → Tachismus zuzurechnen sind. Eine ruhige, verinnerlichte Variante kalligraphischer Malerei pflegte in den fünfziger und sechziger Jahren Mark Tobey, dessen Bilder aus einem feinen Gewebe kleinster, fluktuierender Partikeln bestehen.

Kalotypie Die Kalotypie (griech. *kalos* = schön; *typos* = Druck), nach ihrem Erfinder William Henry Fox Talbot auch

«Talbotypie» genannt, ist ein fotografisches Reproduktionsverfahren aus der 1. Hälfte des 19. Jh.s.
Mit Silbersalz beschichtetes Papier wurde entwickelt, fixiert und anschließend durch Einreiben mit Öl oder Kerzenwachs transparent gemacht. Das so entstandene «Negativ» diente als Vorlage für Kontaktabzüge in beliebiger Höhe. Da hierbei auch die Struktur des Negativpapiers mitkopiert wurde, wirken Kalotypien oft unscharf und weich.

Kaltnadelradierung Bei der Kaltnadelradierung (engl. *dry point*; frz. *pointe sèche*), einem manuellen Verfahren des → Tiefdrucks, wird die Zeichnung mit einer Stahlnadel (Radiernadel) direkt in die Metallplatte (in der Regel Kupfer und Zink, neuerdings auch Bronze, Plastik oder Plexiglas) eingeritzt.
Das Auftragen von → Ätzgrund auf die (hochgradig erhitzte) Platte entfällt hier, deshalb spricht man bei diesem Verfahren von einer «kalten» Technik, bei der «trocken» gearbeitet wird. Die Nadel verdrängt dabei das Metall und bildet, je nach Handhabung, einfache oder doppelte «Grate», die sich neben der eigentlichen Linie erheben.
Im Gegensatz zum → Kupferstich, bei dem das aufgeworfene Metall mit einem Schablonenmesser entfernt wird, bleibt das überschüssige Metall bei der Kaltnadeltechnik stehen. Färbt man die Platte ein, so nehmen diese Grate zusätzlich zu den Linien Farbe auf und erscheinen im Druck weich und samtig. Die Empfindlichkeit der Grate läßt nur sehr kleine Auflagen zu, meist 20 Blätter. Die frühesten Belege der Kaltnadeltechnik finden sich um 1480. Zu den bekanntesten Anwendern gehören Rembrandt und im 20. Jh. Horst Antes, Max Beckmann und Pablo Picasso.

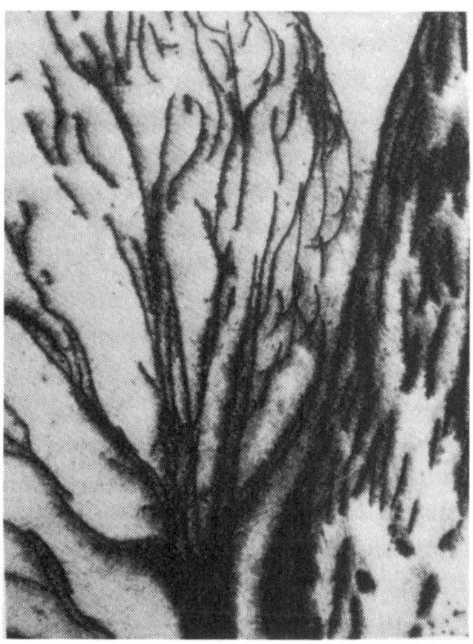

Weiche Konturen bei Kaltnadelverfahren

Kapitalistischer Realismus Der Kapitalistische Realismus ist eine Variante des → Realismus und geht auf Aktionen zurück, die 1963 von Konrad Lueg und Gerhard Richter in Düsseldorf durchgeführt wurden («Demonstration für den Kapitalistischen Realismus»). Ähnlich wie die → Pop Art zeigt sich der Kapitalistische Realismus bestrebt, Kunst und Konsum in der Malerei miteinander zu verbinden, mit dem Ziel, die Kunst für die Wirklichkeit durchlässiger und damit sensibler zu machen. Von der Pop Art unterscheidet er sich nicht zuletzt durch eine hintergründig ironische Komponente, die allein in dem Begriff Kapitalistischer Realismus als konterkarierendes Bild zum → Sozialistischen Realismus zutage tritt.
Eine Begriffsausdehnung schließt auch andere, der konsumorientierten deutschen Alltagswirklichkeit der sechziger Jahre zugewandte Künstler ein, zum Beispiel KP Brehmer, K.H. Hödicke, Sigmar Polke oder Wolf Vostell. Allen

gemeinsam ist die Überzeugung, in den trivialen Dingen des Alltags – trotz oder gerade wegen deren Banalität – mehr Wirklichkeitsmomente finden zu können als in den gegenstandslosen, ästhetisierenden Formulierungen des → Informel oder der transzendenten Lichtmetaphorik der «Zero»-Künstler, die sich in Düsseldorf wenige Jahre zuvor von der emotionalen Geste des Informel befreiten. Im Gegensatz zu den meisten anderen Formen des → Realismus ist dem Kapitalistischen Realismus stets eine ironische Brechung und damit eine kritische, wenngleich augenzwinkernde Relativierung von Wirklichkeit bzw. deren Klischees zu eigen. Immer wieder sucht er die bürgerliche Idylle auf, um diese tatsächlich als solche zu errichten, sie jedoch im nächsten Augenblick zum Teil mit satirischen Mitteln als ausgehöhlte Formel zu entlarven.

Karikatur Durch Übertreibung bzw. einseitige Betonung bestimmter Gesichtszüge vermittelt die Karikatur (lat. *caricare* = überladen) ein lustiges, bisweilen auch bissig-satirisches Bild einer (prominenten) Person. In der Karikatur äußert sich in der Regel eine mehr oder minder versteckte Kritik an gesellschaftlichen und politischen Zuständen oder aktuellen Ereignissen, verbunden mit einer aufklärenden Intention, die gerne entlarvenden Charakter annimmt.
Um dem Sachverhalt die erforderliche Pointe zu verleihen, bedient sich die Karikatur graphischer Mittel, wobei in der Regel die → Zeichnung Verwendung findet. Als ein verzerrtes Gegenbild zur idealisierten Darstellung sprechen sich in der Karikatur indes manchmal auch tragische Momente aus, die das Scheitern einer Idee oder Person vor Augen führen. Stets besitzt die Karikatur einen ganz bestimmten Bezug zu allgemein bekannten Personen und Ereignissen.
Gewisse Ursprünge der Karikatur finden sich bereits in der Renaissance. Die «Fünf grotesken Köpfe» (um 1494) von Leonardo da Vinci zeigen verschrobene, skurrile Häupter, die jedoch, im Unterschied zur Karikatur seit dem 18. Jh., *keine* individuellen Züge tragen. Nachdem im 18. Jh. William Hogarth in seinen gesellschaftskritischen Karikaturen wichtige Voraussetzungen schuf, setzte der Aufschwung in breitem Umfang zunächst in England und Frankreich in der ersten Hälfte des 19. Jh.s ein. Zunehmender Liberalismus und das Erzielen einer hohen Auflage (zum Beispiel durch die → Lithographie) verhalfen zu weiter Verbreitung. Satirische Zeitschriften wie «La Caricature» (gegr. 1831), «Le Charivari» (gegr. 1832) oder «Punch» (gegr. 1841) trugen wesentlich zur Beliebtheit der Karikatur bei. In Deutschland folgten die «Fliegenden Blätter» (gegr. 1844), der politisch ausgerichtete «Kladderadatsch» (gegr. 1848) und der antimilitaristische und antibürgerliche «Simplicissimus» (gegr. 1896). Viele Karikaturisten fanden in diesen Zeitschriften ihr wichtigstes Arbeitsfeld. Zu den überragenden Vertretern des 19. Jh.s zählen Honoré Daumier, Gustave Doré, James Gillray und Grandville. In den zwanziger Jahren des 20. Jh.s kam die Karikatur unter Otto Dix, George Grosz und Heinrich Zille zu neuer Blüte und zeichnet sich durch bissige, sozialkritische Milieustudien aus. Bis in die Gegenwart erfreut sich die Karikatur in Zeitungen und Zeitschriften großer Beliebtheit.
Heute ist manchmal auch der Begriff → Cartoon (engl. *cartoon* = Karton, Karikatur) gebräuchlich, besonders wenn es sich um mehrere Bildfelder bzw. um charakteristische Figuren handelt, die immer wieder auftreten, wie zum Beispiel die bekannten Figuren von Loriot. Der Cartoon steht im übrigen dem ausführli-

cheren, «epischen» → Comic nahe, der in der Regel allerdings *keinen* karikierenden Charakter im Sinne der Kommentierung aktueller Ereignisse oder bekannter Personen besitzt.

Karton Karton ist die Bezeichnung für eine Papiersorte bis zu einem Quadratmetergewicht von 500 Gramm. Die Herstellung ist dem des → Papiers ähnlich, seine Rohstoffe sind jedoch weniger ausgesucht (man verwendet neben Stroh und Holzschliff auch Altpapier). Bei dickerem Karton werden mehrere Lagen zusammengeklebt bzw. gepreßt. Ab einem Quadratmetergewicht von 500 g spricht man von «Pappe».
In der Freskomalerei (→ Fresko) hat Karton eine besondere Bedeutung, weil eine Zeichnung zunächst auf Karton aufgetragen wurde (auch, um Korrekturen zuzulassen), ehe man sie auf die zu bemalende Fläche übertrug.

Katalog Ein Katalog (oder «Ausstellungskatalog») erscheint als ergänzende Publikation anläßlich einer Ausstellung. Einerseits dokumentiert er die → Exponate (technische Angaben, Abbildung) und enthält Hinweise zum jeweiligen Künstler bzw. zur Künstlerin (Biographie, Ausstellungsverzeichnis, Bibliographie), andererseits bietet er durch Text(e) Einführung und entsprechendes Hintergrundwissen.
Die Spannweite reicht vom manchmal nur wenige Seiten umfassenden Galeriekatalog (→ Galerie) bis zum umfangreichen (mehrbändigen) Begleitwerk einer großen Museumsausstellung (→ Museum), das zahlreiche, breit angelegte Aufsätze auf letztem wissenschaftlichem Stand enthalten kann.
Besonders für jüngere Künstler (→ zeitgenössische Kunst) ist ein ansprechendes Erscheinungsbild «ihres» Kataloges wichtig, da er nicht selten auch als «Visitenkarte» gilt. Das Ergebnis hängt letztlich jedoch ganz von den finanziellen Möglichkeiten ab, so daß im Bereich der Galerieausstellungen oftmals kein Katalog erscheinen kann. Kataloge besitzen durchaus auch bibliophile Reize. Mitunter sind die Künstler selbst bei der Gestaltung beteiligt (sog. Künstlerkataloge), außerdem ist die Auflage zum Teil sehr gering. Ältere «documenta«-Kataloge oder handsignierte Exemplare besitzen beispielsweise nicht unbeträchtlichen Sammlerwert.
Vom Ausstellungskatalog unterscheidet sich der Auktionskatalog (→ Auktion) durch seine anders gelagerte Aufgabe, die in der adäquaten Darstellung der zur Versteigerung angebotenen Exponate besteht. Hierbei nimmt eine möglichst hochwertige Abbildungsqualität besonderen Rang ein. Der Textteil tritt in der Regel eher in den Hintergrund.

Keilrahmen Ein aus vier Holzleisten bestehender Rahmen, auf den die zu bemalende Leinwand gespannt wird. Durch flache Keile in den Winkeln kann eine durch Feuchtigkeit oder Wärme gelokkerte Leinwand jederzeit nachgespannt werden. Bei Formaten ab etwa 1 m mal 0,80 m sind Querleisten erforderlich (mit Keilen zu beiden Seiten).

Kinetische Kunst Die Kinetische Kunst (griech. *kinētikós* = die Bewegung betreffend) basiert auf dem Prinzip der Bewegung, das heißt, das kinetische Kunstwerk (oder Teile desselben) wird durch Wind- oder Motorkraft in Bewegung versetzt. Damit ist der Schritt von der Abbildung von Bewegung zur realen Bewegung vollzogen.
Die Kinetische Kunst, die in den fünfziger und sechziger Jahren ihren Höhepunkt erreichte, besitzt im → Futurismus und → Dadaismus erste Vorläufer, wobei die Experimente Marcel Duchamps

mit rotierenden Scheiben besondere Erwähnung verdienen. Der → Konstruktivismus der zwanziger Jahre wirkte sich indes als entscheidender Impuls für die Kinetische Kunst aus.
Ein sehr bekanntes Beispiel ist die «Kinetische Konstruktion» (1919/20) von Naum Gabo, ein senkrecht stehender Metallstab, der von einem kleinen Elektromotor in eine rhythmisch-vibrierende Bewegung versetzt wird. László Moholy-Nagy führte in seinem um 1930 entstandenen «Licht-Raum-Modulator» reale Bewegung und sich in verspiegelten Teilen vielfach brechendes Licht zu einer neuen Synthese. Alexander Calder verhalf der Idee einer Kinetischen Kunst in seinen bekannt gewordenen → Mobiles zu weiter Verbreitung.
In den dreißiger Jahren konstruierte er filigrane, gegenstandslose Elemente, die durch Drähte an einem Gestänge befestigt sind, so daß sie eine ausbalancierte Gesamtkomposition bilden. Durch den Einfluß des Windes ergeben sich vielfältige, im voraus unbestimmbare Bewegungsabläufe. Der Kinetischen Kunst der frühen Jahre ist die Begeisterung für den technischen Fortschritt und die Möglichkeiten der Maschine zu eigen, was sich im Bemühen um schöpferische Verbindung von Kunst und Technik ausdrückt. Eine gewisse Sonderrolle spielt die → Op Art, deren «passive» Bewegungseindrücke aus der Bewegung des Betrachters resultieren, wenn dieser an den Kunstwerken langsam vorbeiläuft (so bei Jesus-Raphael Soto). Die Kunstwerke selbst sind in der Regel statisch. Kinetische Arbeiten der Künstlergruppe «Zero» und der «Groupe de Recherche d'Art Visuel» sind durch ihren vermehrten Einbezug von Licht unter der Bezeichnung → Lichtkinetik bekannt, eine Variante Kinetischer Kunst. Eine kritische Position nehmen die dadaistischen Maschinen Jean Tinguelys ein, die in ihrem «sinnlosen» Betrieb die Irrationalität des technischen Mechanismus bloßstellen. Unter lautem Getöse drehen und bewegen sich skurrile Apparaturen, die nicht die geringste Funktion haben. Demgegenüber äußern die ruhig schwebenden, durch den Wind leise bewegten, konstruktiven Skulpturen George Rickeys kontemplative Momente und zeigen in ihrer silbrigen Gestalt entmaterialisierende Tendenzen. Weitere Vertreter der Kinetischen Kunst sind Yaacov Agam, Hermann Goepfert, Günter Haese, Harry Kramer, Nicolas Schöffer, Takis u.a.

Klanginstallation Die Klanginstallation ist eine Variante der → Installation, wobei Klänge, Musik oder Geräusche unterschiedlichster Art im Kontext eines bestimmten Innen- oder Außenraumes auftreten. In der Regel werden die Klänge auf Kassette bzw. Tonband aufgenommen und durch ein Abspielgerät über externe Lautsprecher ausgestrahlt, die an sorgfältig ausgewählten Punkten der Architektur angebracht sind. Auf diese Weise treten Musik und Architektur in ein interdisziplinär ausgerichtetes Beziehungsgefüge, dessen Komplexität mitunter durch Elemente der bildenden Kunst erhöht wird. Die Klänge werden manchmal synthetisch mit dem Computer erzeugt und zeichnen sich durch rhythmische Klang- bzw. Geräuschfolgen aus. Ähnlich wie in der → Video- oder Aktionskunst wird die Dimension der Zeit in die bildende Kunst eingeführt, allerdings typischerweise ohne Vorführungscharakter und einen klar definierten Anfang oder Ende.
Als Vertreter der Klanginstallation wurde vor allem Julius mit subtil auf die Raumstrukturen abgestimmten Arbeiten bekannt.

Klassische Moderne → Moderne

Klatschdruck Der Klatschdruck ist ein Verfahren der → Lithographie, bei dem die Konturen von Farbflächen durch einen Abklatsch auf die einzelnen Farbplatten übertragen werden.

Klebebild → Collage

Klecksographie Die Klecksographie entsteht durch Farb- oder Tuschkleckse, die auf ein Blatt Papier getropft werden. Anschließend wird das Blatt in der Mitte gefaltet und zusammengepreßt, so daß symmetrische Formen entstehen, die in gewisser Weise durch den Zufall bestimmt sind. Aber auch die Stärke des Drucks und die Art des Pressens (oft mit dem Handballen) bewirken die Form der Klecksographie.

Klischee Als Klischee (frz. *clicher* = abformen) bezeichnet man die → Druckstöcke (zumeist Metall oder Kunststoff) im → Hochdruck zur Reproduktion von Bildern. Bei Halbtonvorlagen (Fotos, → Aquarelle o. ä.) fertigt man Rasterätzungen an, bei Strichvorlagen (Zeichnungen, faksimilierte → Kupferstiche o.ä.) erstellt man Strichätzungen.

Kohlezeichnung Zeichenkohle wird aus dem gebrannten Holz von Weide, Linde oder Buchsbaum gewonnen. Sie wird in Form unterschiedlich breiter Stäbchen und in verschiedenen Härtestufen hergestellt.
Die Zeichenkohle erlaubt einen leicht erzeugbaren, kräftigen Strich, der ebenso leicht wieder gelöscht werden kann. Außerdem läßt sich eine breite Skala der Tonwerte hervorrufen – vom hellsten Grau bis zum tiefsten Schwarz. Da die Kohlezeichnung jedoch leicht verwischt, muß sie mit einem → Fixativ besprüht

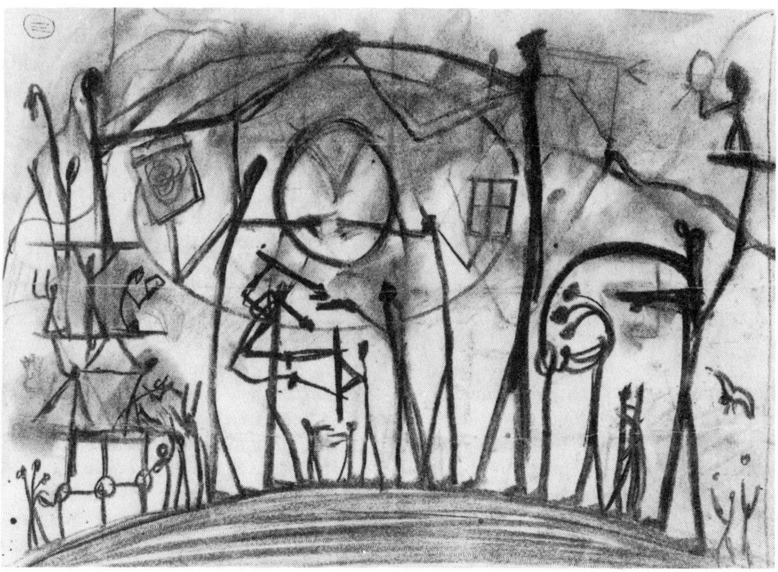

A. R. Penck: Studie zu «Weltbild». Um 1964

und auf diese Weise haltbar gemacht werden. Eine Variante ist die sog. Fettkohle, die mit Leinöl behandelt wird und seit dem 16. Jh. Verwendung findet. Sie bröckelt nicht so schnell und ergibt einen vergleichsweise satten Strich.
Die Kohlezeichnung zählt zu den frühesten Techniken der Kunst: Bereits aus prähistorischer Zeit stammen die ersten Kohlezeichnungen an den Felswänden im Inneren der Höhlen Südfrankreichs und Nordspaniens. Doch Kohlezeichnungen im eigentlichen Sinne haben sich erst nach der Entwicklung von Fixativen seit dem Ende des 15. Jh.s erhalten. Aufgrund ihrer leichten Korrigierbarkeit wurde die Kohlezeichnung bevorzugt für große und kleine → Entwürfe, → Vorzeichnungen und spontane → Skizzen gebraucht. Zu den frühen Hauptwerken zählen Arbeiten von Albrecht Dürer, Tintoretto und Tizian.
Obwohl im 19. Jh. zunehmend die → Kreidezeichnung an die Stelle der Kohlezeichnung trat, findet sie bis in die Gegenwart hinein Verwendung.

Kolorierung Mit der Hand werden → Graphiken, → Holzschnitte, Fotos oder → Zeichnungen ausgemalt («handkoloriert»), wobei die Kolorierung (lat. *colorare* = färben) in erster Linie zur Pointierung bzw. Belebung des jeweiligen Blattes dient.
Bereits mittelalterliche Holz- und Buchholzschnitte wurden koloriert, oft mittels einer Schablone.

Kombinationsdruck Beim Kombinationsdruck werden verschiedene Druckverfahren (zum Beispiel → Sieb- und → Prägedruck oder → Aquatinta und Prägedruck) für die Herstellung eines Abzugs verwendet.

Komplementärfarben → Komplementärkontrast

Komplementärkontrast Der Komplementärkontrast entsteht aus zwei sich im Farbenkreis gegenüberliegenden Farben, den Komplementärfarben: Rot/Grün, Blau/Orange und Gelb/Violett. Wird ein solches Farbenpaar in einem Bild oder einer Graphik räumlich unmittelbar nebeneinander plaziert, so steigern sich die beiden Farben gegenseitig; sie wirken einerseits intensiver, balancieren sich andererseits wechselseitig aus, so daß ein harmonischer Eindruck entsteht.
In der → Moderne spielt der Komplementärkontrast eine sehr wichtige Rolle. Kunstströmungen, die sich in besonderem Maße auf die Wirkung der Farbe gründen (zum Beispiel → Impressionismus, → Neoimpressionismus, → Expressionismus), suchen durch gezielten Einsatz des Komplementärkontrastes die den Farben innewohnende Dynamik und Bewegungskraft zu steigern.

Konkrete Kunst 1924 wurde der Begriff Konkrete Kunst (frz. *art concret*) erstmals von Theo van Doesburg gebraucht, um gegenstandslose Kunstwerke zu bezeichnen, deren Elemente autonomen Charakter zeigen, also nicht auf einen gegenständlichen Ausgangspunkt zurückzuführen sind. Im Manifest der 1930 gegründeten Künstlergruppe «Art Concret» trug van Doesburg den Begriff erneut vor, der nun eine breite Diskussion auslöste.
Doch die Konkrete Kunst umfaßt nicht jede gegenstandslose Kunst, sondern ausschließlich geometrisch-konstruktive Tendenzen, wie sie bereits das → Bauhaus, die → Stijl-Bewegung oder der → Konstruktivismus formuliert hatten. Der künstlerische Schaffensprozeß sollte als rein rationaler Vorgang aus der Vorstellung des Künstlers heraus entstehen. Typisch ist dabei eine analytische Haltung, welche die physikalischen Gesetze der Farbe, deren Gewicht und Dichte

untersucht. Geometrisch klar begrenzte Farbfelder und gleichmäßiger Farbauftrag ohne individuelle Handschrift sind charakteristische Kennzeichen. Die autonomen Farb- und Formelemente bedeuten in ihrer mathematischen Präzision nur sich selbst und besitzen keinerlei symbolische Bedeutung.
Die Idee der Konkreten Kunst bildete die Grundlage der Künstlergruppierung «Abstraction-Création», die zwischen 1931 und 1936 in Paris bestand. 1944 organisierte Max Bill, der Wortführer der Konkreten Kunst, in Basel die Ausstellung «Konkrete Kunst». Nach 1945 waren vor allem die Züricher Konkreten (Max Bill, Camille Graeser, Richard Paul Lohse u.a.) tonangebend. Eine zusammenfassende Ausstellung fand unter der Federführung Max Bills 1960 in Zürich statt («Konkrete Kunst – 50 Jahre Entwicklung»).
Die Inhalte der Konkreten Kunst trafen in den fünfziger Jahren auf ein weites internationales Echo. In den USA zeigte sich ihr Einfluß in Arbeiten von Barnett Newman und Ad Reinhardt, in Deutschland in seriellen Bildern Josef Albers'. Ferner ist eine gewisse Wirkung auf → Hard Edge und → Op Art anzumerken. Häufig wird der Begriff Konkrete Kunst allgemein auch als Synonym für (jede Art) → Abstrakter Kunst gebraucht, wodurch allerdings bisweilen die begriffliche Klarheit leidet.

Konkrete Poesie Die Bezeichnung Konkrete Poesie wurde 1955 von Eugen Gomringer geprägt und stellt eigentlich einen Begriff der Literatur bzw. der modernen Lyrik dar.
Konkrete Poesie bedeutet die Synthese von Text und graphischer Gestaltung (→ Textgraphik), von Literatur und bildender Kunst. Weitestgehend werden die grammatikalischen und semantischen Strukturen des Textes außer Kraft gesetzt und statt dessen graphische Gestaltungselemente eingeführt, so daß die Wörter und Buchstaben des Gedichtes eine bildhafte Form annehmen. Dadurch wird die verbale Aussage entsprechend unterstützt und erhält manchmal erst die rechte Pointe. So gewinnt der einzelne Buchstabe bzw. das einzelne Wort Autonomie und Eigenständigkeit gegenüber dem (fragmentierten) Satzgefüge und dem gesamten Gedicht.
Die experimentell veranlagte Konkrete Poesie, die häufig auch spielerischen Charakter besitzt, blickt auf eine lange Tradition zurück, die zum Beispiel mit den Namen Stéphane Mallarmé, Arno Holz oder Guillaume Apollinaire verbunden ist. Entscheidende Anregungen vermittelten → Futurismus (Marinetti) und → der Dadaismus (Hugo Ball, Kurt Schwitters). Zu den Vertretern der Konkreten Poesie zählen Claus Bremer, Jochen Gerz, Helmut Heißenbüttel, Ernst Jandl, Ferdinand Kriwet, Franz Mon, Diter Rot, Timm Ulrichs u.a., die entweder in der Literatur oder der bildenden Kunst ihre Wurzeln haben.

Konstruktivismus Der Konstruktivismus entstand um 1913 in Rußland und gilt als eine der großen Kunstströmungen zu Beginn des 20. Jh.s. Als streng gegenstandslose Stilrichtung besaß er insbesondere für die weitere Entwicklung und Etablierung der noch jungen → Abstrakten Kunst fundamentale Bedeutung. Basierend auf einem rein geometrischen Formenvokabular, reflektiert er die autonome Wirkung von Farbe und Form, verfügt aber auch über praxisorientierte Tendenzen, welche die neuen, ästhetischen Richtlinien für gesellschaftliche Aufgaben nutzbar zu machen suchten. Kennzeichnend sind außerdem interdisziplinäre Bestrebungen, Malerei, Bildhauerei und Architektur auf eine neue, gemeinsame Grundlage zu stellen.

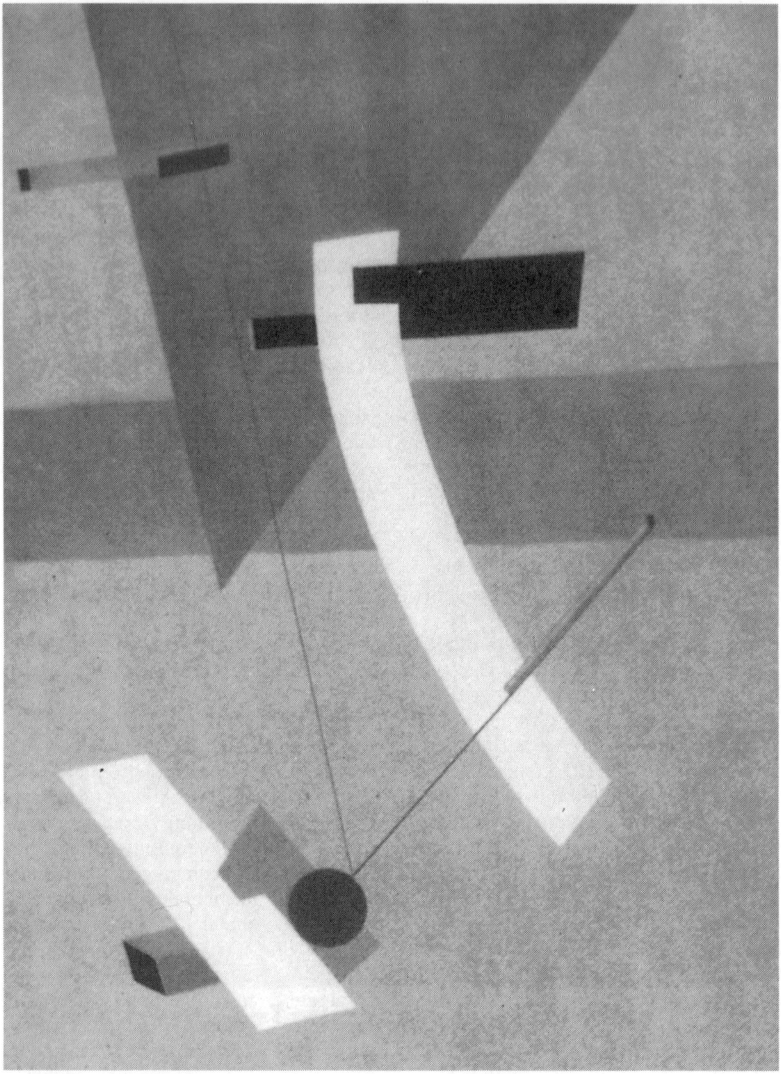

El Lissitzky: Proun 12 E. Um 1920

Die Quellen des Konstruktivismus sind im französischen → Kubismus und im italienischen → Futurismus zu finden. Von grundlegender Bedeutung sind die persönlichen Begegnungen Wladimir Tatlins mit Pablo Picasso 1913 in Paris. Tatlin befreite die kubistische Technik der → Collage von jeder gegenständlichen Bedeutung, um ihr durch Metallplatten, Draht, Holz oder Glas reliefartigen Charakter zu verleihen. In diesen → Kontra-Reliefs drückt sich zugleich die ästhetische Unabhängigkeit vom Gegenstand und damit die Eigenständigkeit von Material, von Farbe und Form aus, eine wesentliche Bedingung jeder konstruktivistischen Arbeit.
Zeitgleich verfolgten El Lissitzky und Alexander Rodtschenko vergleichbare, konstruktive Intentionen. Kasimir Malewitsch fand bereits 1913 zu der radikalsten Form konstruktivistischer Kunst: Das berühmt gewordene Bild «Schwarzes Quadrat auf weißem Grund» reduziert auf elementare Art die gesamte Bildgestalt auf eine einzige geometrische Primärform und erreicht in seiner ästhetischen Autonomie eine Hauptintention des Konstruktivismus: Die Bildgestalt ist vollkommen von der Gegenstandswelt gelöst und gehorcht allein ihren eigenen, mathematisch rationalen Gesetzen. Diese von Malewitsch entwickelte, radikale Formulierung, die sich zudem durch einen transzendenten Hintergrund vom Konstruktivismus unterscheidet, wurde durch viele seiner Schriften als → Suprematismus bekannt.
Noch bevor der Konstruktivismus durch die Oktoberrevolution 1917 zur offiziellen russischen Kunst erhoben wurde (bis 1921), zeigte sich in der künstlerischen Richtung Tatlins und auch Rodtschenkos ein Gegenbild zu den Intentionen von Malewitsch. Ihr Verständnis war geprägt von der Absicht, die neue Ästhetik der gesellschaftlichen Nutzanwendung in den Bereichen Bühnenbild, (Ausstellungs-)Architektur, → Design oder → Typographie zur Verfügung zu stellen. Ab 1917 zählten auch die Brüder Naum Gabo und Antoine Pevsner zu den führenden Vertretern des Konstruktivismus. 1920 steuerten sie in ihrem «Realistischen Manifest» wichtige theoretische Impulse bei, wovon vor allem die Einbeziehung der Zeit in den künstlerischen Schaffensprozeß besondere Beachtung verdient, sollte doch hiermit ein Grundstein der → Kinetischen Kunst gelegt werden.
Eine überragende Arbeit von großer symbolischer Bedeutung für das neue Verhältnis von Mensch und Technik stellt das Modell für das «Monument der III. Internationale» (1919/20) von Wladimir Tatlin dar. Geplant als Denkmal und gigantische Architektur zugleich, sollte es eine Höhe von 400 m erreichen, konnte allerdings nicht verwirklicht werden. Erwähnung verdient auch die sog. Proun-Kunst El Lissitzkys, die in Form gemalter Raumvorstellungen einen Übergang von der Malerei zur Architektur formuliert. Während sich der Konstruktivismus im Sog der Oktoberrevolution rasch entfaltete und ab etwa 1920 wesentlichen Einfluß auf die internationale Kunst (vor allem → Bauhaus und → Stijl) ausübte, vereitelten die Richtlinien der «Neuen ökonomischen Politik» Lenins jede weitere Entwicklung. Gefordert wurde statt dessen die Rückkehr zu einer realistischen Kunst, die wenige Jahre später in den staatlich verordneten → Sozialistischen Realismus mündete.
Die Auswirkungen des Konstruktivismus erfaßten bald unter László Moholy-Nagy das Bauhaus, während bereits ab 1917 die Stijl-Bewegung in Holland unter Theo van Doesburg und Piet Mondrian sehr ähnliche Ziele verfolgte. Vor allem die Entwicklung der → Konkreten Kunst (u.a. Max Bill, Richard Paul

Lohse) verdankt dem Konstruktivismus wesentliche Impulse. Sein weitreichender Einfluß erstreckt sich außerdem auf → Op Art, → Hard Edge und → Minimal Art.

Kontra-Relief Ab 1913 entstanden die Kontra-Reliefs Wladimir Tatlins, reliefartige Materialverbindungen, nach dem Prinzip der → Collage aus Metallplatten, Drähten, Holz- und Glasteilen zu gegenstandslosen, geometrisierenden Kompositionen zusammengestellt. Die entscheidende Anregung erhielt Tatlin durch sein Zusammentreffen mit den Hauptvertretern des → Kubismus, Georges Braque und Pablo Picasso, in Paris, die bereits in ihren → Papiers collés das Collageprinzip erprobt hatten.
Doch im Gegensatz zum kubistischen Arbeitsverfahren löste Tatlin die einzelnen Bestandteile seiner Kontra-Reliefs aus ihrem ursprünglichen, zweckbestimmten Kontext als Baumaterialien etc., um ihnen in der Gegenstandslosigkeit vollständige Autonomie und ästhetische Eigenständigkeit zu verleihen. Die Kontra-Reliefs übten wesentlichen Einfluß auf die Entwicklung des russischen → Konstruktivismus aus.

Kontur Der Kontur (auch «Konturlinie» genannt) ist die Umrißlinie eines Bildmotivs in Malerei und Graphik. Manchmal unterscheidet man davon den sog. Binnenkontur, der als Linie innerhalb eines Umrisses Strukturen errichtet. Der Kontur tritt in völlig unterschiedlicher Häufigkeit und Ausprägung in allen Epochen der Kunst auf. Durch die Art und Weise der Linienführung (gleichmäßig/durchbrochen, dick/dünn, an-/abschwellend etc.) können ganz verschiedene Wirkungen erzielt werden. Der dicke, unregelmäßige, mitunter gezackte Kontur des → Expressionismus wirkt beispielsweise als ein dynamisierendes Gestaltungselement. Demgegenüber äußert der gleichmäßige Kontur des → Magischen Realismus Ruhe und klare Präzision. Gerade in der durch die Linie bestimmten Graphik ist der Kontur ein wichtiges künstlerisches Mittel.

Konzeptkunst → Concept Art

Konzeptuelle Kunst → Concept Art

Kopie Als Kopie bezeichnet man die genaue Nachbildung bzw. Vervielfältigung eines Kunstwerks. In der Regel haben Kopien dieselbe Größe wie das Original, üblich sind jedoch auch Verkleinerungen oder Vergrößerungen.
Nicht gekennzeichnete oder vom Künstler nicht autorisierte Kopien nennt man → Fälschungen; als → Replik bezeichnet man vom Künstler eigenhändig hergestellte Nachbildungen.
In der → Fotografie versteht man unter einer Kopie das durch Belichtung unter einem Negativ erzeugte Bild auf Fotopapier.

Kornzeichnung → Kreidelithographie

Korrekturabzug → Probedruck

Krakelurenaquatinta → Weingeistaquatinta

Kratzmalerei → Sgraffito

Kreidelithographie Die Kreidelithographie, auch «Kornzeichnung» genannt, ist ein besonderes Verfahren der → Lithographie, bei dem die Zeichnung mit einer speziellen lithographischen Kreide auf den Stein, die Metallplatte oder auf Umdruckpapier aufgebracht wird. Eine solche Kreide besteht aus einer Mischung von Ruß, Fett, Seife, Wachs und Harz und ist im Handel in Stäbchenform mit unterschiedlichen Härtegraden er-

hältlich. Harte Kreide ergibt helle, luftige Töne; mit weicher Kreide erzielt man dunkle Töne. Da lithographische Kreide am besten auf einer aufgerauhten Oberfläche haftet, ist die Bearbeitung der Platte oder des Steins von größter Wichtigkeit.
In der Vergrößerung erscheinen die Linien einer Kreidelithographie als Reihe von unterschiedlich dichten, kleinen Punkten, die Farbabstufungen vom hellen Grau bis zum dichten Schwarz zulassen. Korrekturen können mit Hilfe von Schmirgelpapier, Bimsstein oder Schabern vorgenommen werden. Dunkle Partien können mit einer Graviernadel aufgehellt werden. Um höhere Auflagen erzielen zu können, werden Kreidelithographien zumeist auf Stein oder Offsetplatten umgedruckt.

Kreidetechnik → Crayonmanier

Kreidezeichnung Kreide, genauer gesagt Naturkreide (Steinkreide), besteht aus feinerdiger Kalksteinmasse, die harte und weiche Linien gestattet sowie durch Verwischungen feine Übergänge und flächige Gestaltungen erlaubt.
Naturkreide besitzt unterschiedliche Tonwerte, je nach der Farbe der verwendeten Erde, zum Beispiel Weiß, Grau, Schwarz, Ocker oder Umbra. Der Kreide nah verwandt sind die farbige Pastellkreide (→ Pastell) und der rotbraune Rötelstift (→ Rötelzeichnung), der seine Farbe durch Beimengung von pulverisiertem Roteisenerz erhält. Kreidestifte erlauben eine sehr differenzierte Handhabung, die sich beispielsweise in ihrer plastischen Wirkung oder in variantenreichen → Schattierungen zeigt.
Von der Naturkreide unterscheidet man die Kunstkreide, die aus Lampenruß gewonnen wird und im 19. Jh. die Naturkreide verdrängte. Sie ermöglicht einen weichen, samtartigen Strich. Ferner findet man fetthaltige, wasserunlösliche Kreiden, wie etwa die Ölkreide (Ölmalstift) oder die Wachskreide (Wachsmalstift).
Seit dem späten 15. Jh. läßt sich in Italien die Naturkreide als Zeichenmittel nachweisen; in der Renaissance erreichen Naturkreidezeichnungen (beispielsweise von Andrea Mantegna, Michelangelo oder Leonardo da Vinci) einen frühen Höhepunkt.
Doch auch in Deutschland zählen Kreidezeichnungen von Matthias Grünewald oder Hans Holbein d. J. zu herausragenden Meisterwerken. Seit dem 16. Jh. tritt die Kreidezeichnung häufig in der Kombination mit anderen Techniken auf, beispielsweise mit der → Kohle-, → Feder- oder → Pinselzeichnung (besonders im Barock). Auch Verbindungen mit der Rötelzeichnung und dem Pastell sind typisch. Für Zeichnungen in Naturkreide, die bis ins 18. Jh. gebräuchlich waren, bevorzugte man getönte Papiere.
Weiße Natur- oder Kunstkreide dient darüber hinaus auch zur «Höhung» von Zeichnungen, das heißt zum Aufsetzen von hellen Lichtern.

Kritischer Realismus Eine Variante des → Realismus, die sich insbesondere in Berlin seit Mitte der sechziger Jahre entwickelte und eine sozialkritisch engagierte Haltung zu Fragen von Gesellschaft und Politik einnahm. Mit den Mitteln der Satire und → Karikatur, die manchmal an den → Verismus der zwanziger Jahre denken lassen (Otto Dix, George Grosz), sowie Elementen der → Fotomontage (Raoul Hausmann, John Heartfield) oder der → Pop Art schuf der Kritische Realismus eine provozierende und bisweilen schockierende Tonlage, die der Überzeugung entsprang, mit den Mitteln der Kunst direkt auf den gesellschaftlichen Gestaltungsprozeß einwirken zu können.

Von den zahlreichen Varianten des Realismus in den sechziger und siebziger Jahren nimmt der Kritische Realismus die am meisten politisch aktive Position ein und schließt sich mit vielen seiner Themen an die gesellschaftspolitischen Forderungen von 1968 an. Vielfach verwendet er (verwandelte) Fotovorlagen, die zur Kontraststeigerung in die Bilder eingefügt werden und zugleich den Menschen als entindividualisiertes, den Mechanismen von Krieg und Vermassung unterworfenes Wesen zeigen. Daraus ergibt sich das Selbstverständnis des Kritischen Realismus, der sich nicht als neutral dokumentierend, sondern engagiert Partei ergreifend versteht.
Als Hauptvertreter sind Hans-Jürgen Diehl, Wolfgang Petrick und Peter Sorge hervorzuheben. Daneben gründete sich 1973 in Berlin eine eher ironisch-satirische Tendenz unter der Bezeichnung «Schule der Neuen Prächtigkeit» (Manfred Bluth, Johannes Grützke, Matthias Koeppel, Karlheinz Ziegler). Auch Ulrich Baehr, Maina Miriam Munsky, Hans Platscheck, Klaus Staeck oder Klaus Vogelgesang zählen zum Kritischen Realismus.

Kubismus Der Kubismus (frz. *le cube* = Würfel) entstand 1907 in Paris und ergriff im wesentlichen die Malerei, hatte aber auch in der Skulptur und sogar in der Architektur entsprechende Auswirkungen. Der zunächst abschätzig gebrauchte Begriff bezieht sich auf Arbeiten von Georges Braque, Fernand Léger, Pablo Picasso u.a., die – unter Verzicht auf illusionistische Werte – den Bildgegenstand in kleine, flächige Segmente aufzusplittern suchten mit dem Ziel, ihn gleichzeitig von mehreren Seiten darzustellen und den Bildelementen weitgehende Autonomie zu verleihen.
Neben dem → Neoimpressionismus liegt eine zentrale Quelle des Kubismus in der Malerei Paul Cézannes, der die äußere Gegenstandswelt tendenziell auf geometrische Grundformen reduziert, so daß die Bildgestalt sich aus facettierten, flächigen Segmenten konstituiert. Darüber hinaus spielt gerade für die frühen kubistischen Arbeiten Picassos die → Primitive Kunst eine wichtige Rolle. In seinem frühkubistischen Bild «Les Demoiselles d'Avignon» (1907), das mit zahlreichen Vorstudien als das erste Bild des Kubismus gilt, ist deutlich der archaische Einfluß von ausdrucksstarken Masken afrikanischer Ureinwohner festzustellen. Die drastische Reduktion der Figuren auf wenige, grob geschnitzte, scharf gezackte Flächen, verbunden mit einer Tendenz zur Abstraktion und zur bewußten Vernachlässigung der Farbvaleurs, charakterisiert die Anfangsphase des Kubismus in den Jahren 1907/08, die manchmal auch als Frühkubismus beschrieben wird.
Um 1909 setzte der sog. analytische Kubismus ein, der sich durch eine weitergehende Aufsplitterung der Motive, eine fortschreitende Abstraktion und eine Beschränkung der Farbe auf Braun- oder Grautöne beschreiben läßt. Doch zugleich tritt in kleinen Facetten die Darstellung von Motivfragmenten aus verschiedenen Blickwinkeln auf.
Beispielsweise findet sich die Schnecke einer Violine an verschiedenen Stelle des Bildes von vorne und von der Seite dargestellt. Der analytische Kubismus separiert zumeist in einfachen → Stilleben die Bauteile des Motivs, um sie im «synthetischen Kubismus» ab etwa 1912 als autonome Bildbestandteile zu einer neuen Bildgestalt zusammenzusetzen.
Bereits um 1910 hatte der Kubismus eine breite Anhängerschaft gefunden. Albert Gleizes und Jean Metzinger formulierten 1912 in ihrer Schrift «Du Cubisme» theoretische Grundlagen, die 1913 durch das berühmte Buch «Les Peintres Cubi-

stes» des Dichters Guillaume Apollinaire ergänzt wurden.
Der synthetische Kubismus (bis etwa 1915) gründet sich auf die von Braque und Picasso neugeschaffenen Techniken der → Collage und der → Papiers collés. Er konzentriert sich auf wenige größere Bildsegmente, die unter dem Gesichtspunkt flächiger Mehransichtigkeit das Bildmotiv wieder klar entstehen lassen. Doch dieses erscheint nicht einheitlich, sondern aus mehreren, höchst verschiedenen Elementen zusammengesetzt. Dabei spielen zum Beispiel gemalte und eingeklebte Buchstaben bzw. Worte als Assoziationsträger eine entscheidende Rolle. Nicht weniger wichtig sind verschiedene Materialien, die zum Beispiel in Form imitierter Holzmaserung oder eingeklebter Tapeten- und Papierreste in Erscheinung treten und dadurch zunächst für Irritation sorgen. Doch es wird fraglos deutlich, daß ebendiese heterogenen Elemente ein hohes Maß an Autonomie besitzen.
Damit erfüllen sie eine zentrale Intention der Kubisten, die in ihrer wenige Jahre andauernden Entwicklung einen bemerkenswerten Prozeß von der Darstellung des Motivs zur eigenständigen, von der äußeren Gegenstandswelt unabhängigen Bildgestalt vollzogen, ohne dabei in der Abstraktion aufzugehen.
Die kubistische Skulptur setzte unter Alexander Archipenko, Henri Laurens oder Jacques Lipchitz die Prinzipien der Malerei (Facettierung, Zergliederung etc.) in die Plastik um, erreichte damit jedoch bald ihre Grenzen. Die kubistische Architektur hinterließ insbesondere in Prag noch vor Ausbruch des Ersten Weltkrieges eine Anzahl beeindruckender Beispiele, die zum Teil heute noch erhalten sind. Der Kubismus war für den gesamten Verlauf der → modernen Kunst von enormer Bedeutung. Dabei ist nicht nur der breite Einfluß auf die zeitgleiche Kunst bis hin zu Lyonel Feininger, Kasimir Malewitsch (→ Kubo-Futurismus) oder Franz Marc zu erwähnen, sondern zahlreiche Strömungen verdanken den kubistischen Impulsen ihre Anregungen. So wären etwa der → Orphismus Robert Delaunays, der → Rayonismus Michail Larionows und vor allem der russische → Konstruktivismus – vorbereitet durch die → Kontra-Reliefs Tatlins in direkter Anlehnung an die Collagen Picassos – ohne den vorausgehenden Kubismus nicht denkbar.

Kubo-Futurismus Unter dem Einfluß des französischen → Kubismus und des italienischen → Futurismus entstand in Rußland in den Jahren 1911-13 der Kubo-Futurismus, der beide Stilrichtungen zu einer eigenwilligen Synthese führte. Zugleich bildet er die unmittelbare Vorstufe zu → Konstruktivismus bzw. → Suprematismus.
Die gegenständlichen Bildmotive werden in geometrische, kubische Segmente aufgebrochen, die durch voluminöse, zylindrische Formen gekennzeichnet sind. Dadurch erscheinen die Bildgegenstände in eine rhythmische Bewegung versetzt, die einen maschinellen, technoiden Charakter besitzt. Der Glaube an die Macht der Maschine und den Fortschritt der Technik sowie zunehmende Gegenstandslosigkeit und Tilgung subjektiver Elemente im Bild bereiten in wichtigen Punkten den Konstruktivismus vor, in welchem der Kubo-Futurismus schließlich aufgeht.
Kasimir Malewitsch zählt mit frühen Arbeiten zu dessen Hauptvertretern, bevor er unmittelbar danach in rein gegenstandslosen Arbeiten den Suprematismus entwickelt. Außerdem sind Wladimir Burljuk und Ivan Puni zu erwähnen, während der Franzose Fernand Léger in zeitgleichen Bildern sich auf formaler Ebene dem Kubo-Futurismus nähert.

Künstlerdruck Künstlerdrucke sind für den eigenen Gebrauch des Künstlers bestimmte → Abzüge, die vor der numerierten → Auflage und zusätzlich zur angegebenen Auflagenhöhe gedruckt werden. Sie können die Vermerke E. A., e. a. oder épreuve d'artiste tragen oder das Kürzel h. c. (hors de commerce), was «nicht für den Handel» bedeutet. Diese Drucke werden dem Künstler in der Regel vom Verlag als Belegexemplare überlassen und betragen ca. 10 Prozent der Gesamtauflage.

Kunst am Bau Die Anfänge der Kunst am Bau reichen bis in die Weimarer Republik zurück, als der «Reichsverband Bildender Künstler» 1927 die Forderung nach staatlichen Aufträgen stellte. Obwohl bereits 1934 ein «Kunst-am-Bau«-Runderlaß unterzeichnet wurde, konnten auf breiter Ebene die gesetzlichen Regelungen erst zu Beginn der fünfziger Jahre umgesetzt werden.
Der Begriff Kunst am Bau bezeichnet Kunstwerke, die in einem direkten Zusammenhang zu einem bestimmten öffentlichen Gebäude stehen, das heißt, sie reagieren auf die architektonische Gestalt mit dem Ziel, ein ästhetisches Äquivalent zu schaffen. Das Kunstwerk selbst ist stilistisch in keiner Weise festgelegt, es kann im Innen- oder Außenraum plaziert sein und besteht häufig in skulpturalen Formulierungen, aber auch in Wandmalerei. Typischerweise besitzt es große Ausdehnungen und stellt häufig einen der Architektur integrierten Bestandteil dar. Zur Finanzierung wird ein bestimmter Prozentsatz der Bausumme bereitgestellt, der zumeist bei etwa 2 % liegt. Die Kunst am Bau fand vor allem in den fünfziger und sechziger Jahren weite Verbreitung und besaß als Erwerbsquelle für zahlreiche Künstlerinnen und Künstler eine nicht unwesentliche Funktion. Offensichtlich trug die breite Streuung der Aufträge nicht immer zu einer hohen künstlerischen Qualität bei, so daß die Kunst am Bau in den siebziger Jahren Kritik erfuhr und an Bedeutung verlor.

Kunstdruck Bezeichnung für drucktechnisch hochwertige Vervielfältigungen von Kunstwerken (zum Beispiel → Gemälden und → Aquarellen) im Unterschied zur → Kopie oder zur → Reproduktion. Die Größe eines Kunstdrucks entspricht zumeist dem Original, kann aber auch kleiner werden (zum Beispiel als Kunstpostkarte).

Kunstdruckpapier Kunstdruckpapiere zeichnen sich durch ihre glatte, geschlossene Oberfläche aus, die durch Auftragen einer Schicht aus Kaolin oder aus Schlämmkreide mit einem → Bindemittel erzielt wird.
In besonderen Streichmaschinen wird das Kunstdruckpapier «doppelt gestrichen», um die Oberfläche für den makellosen Druck von Fotografien und farbigen Abbildungen vorzubereiten.

Kunstgattungen Innerhalb der bildenden Kunst unterscheidet man die folgenden (Kunst-)Gattungen: Architektur, → Malerei, → Bildhauerei und → Graphik, wobei letztere mitunter in → Zeichnung und → Druckgraphik weiter unterteilt wird. Manchmal findet als Synonym auch der Begriff «Kunstart» Verwendung. Jede der Kunstgattungen läßt sich in einige weitere Untergattungen aufgliedern, wobei insbesondere die → Bildgattungen der Malerei Beachtung finden, die allerdings im 20. Jh. weitgehend ihre Existenz verloren haben.
Bis in das frühe 20. Jh. hinein besaßen die Kunstgattungen uneingeschränkte Gültigkeit. Doch mit dem → Kubismus, und wenig später dem → Dadaismus, wurden neue künstlerische Techniken

entwickelt, die die traditionellen Gattungen aufbrechen und in ihrer klaren Definition unsicher erscheinen lassen. Durch die Verbindung verschiedener Gattungen miteinander und der Entdeckung neuer Ausdrucksformen entstanden neue Kategorien. Frühe Beispiele sind die → Papiers collés und die → Collagen der Kubisten sowie aktionistische Vorführungen (→ Aktionskunst) der Dadaisten. Auch das → Ready-made Marcel Duchamps sprengt durch seinen Objektcharakter (→ Objekt) den klassischen Begriff der Bildhauerei.

Zwar besitzen die traditionellen Kunstgattungen bis in die Gegenwart hinein ihre Berechtigung, doch im Laufe des 20. Jh.s nahm allgemein der Aufspaltungsprozeß in eine Vielzahl an Untergattungen und Gruppierungen zu. Eine wesentliche Rolle spielen dabei die → Abstrakte Kunst, Formen der Aktionskunst (→ Happening, → Fluxus, → Performance u.a.), die Neubewertung des Raumes (→ Environment, → Installation, → Land Art u.a.) sowie die Entwicklung neuer Techniken und Medien (→ Computerkunst, → Faxkunst, → Videokunst u.a.). Außerdem entwickelten bestimmte Bereiche der → Fotografie im Laufe des 20. Jh.s kontinuierlich einen ausschließlich künstlerischen Charakter, so daß sie als ein eigenständiges künstlerisches Medium den bildenden Künsten zuzurechnen ist.

Kunstgewerbe Ein Sammelbegriff für (vorwiegend) handwerklich hergestellte Gebrauchs- und Ziergegenstände mit ausgeprägt künstlerischer Formgebung, das heißt, Nutz- und Kunstcharakter sind eng miteinander verbunden. Manchmal werden auch die Begriffe «Kunsthandwerk» bzw. «angewandte Kunst» gebraucht; letzterer steht im Gegensatz zu den «freien Künsten» wie → Malerei oder → Bildhauerei. Zum Kunstgewerbe zählen die Glaskunst, Goldschmiedekunst, Keramik, Mobiliar, Porzellan, Schnitzerei, Textilkunst u.a. Im engeren Sinne wird das Kunstgewerbe von derselben Person entworfen und auch ausgeführt.

Im frühen 19. Jh. setzte mit der Industrialisierung die Massenproduktion auch im Bereich des Kunstgewerbes ein. Das bedeutete zwar eine Herstellung in beliebiger Anzahl, doch zugleich ging der enge künstlerische Bezug verloren, was ein rasches Absinken der Qualität zur Folge hatte. Erste Erneuerungsbewegungen wurden beispielsweise 1821 durch Karl Friedrich Schinkel in Berlin eingeleitet. Ende des 19. Jh.s nahm das englische «Arts and Crafts Movement» unter William Morris und John Ruskin durch die Besinnung auf handwerkliche Qualitäten und eine enge Anbindung an die Kunst entscheidenden Einfluß auf eine Neuorientierung des Kunstgewerbes.

In den Jahren vor und nach der Jahrhundertwende führte der → Jugendstil das Kunstgewerbe zu hoher künstlerischer Qualität und verhalf ihm zu einer neuen Blüte, besonders in den Bereichen Innenarchitektur, Möbel, Keramik und Porzellan. Peter Behrens, Josef Maria Olbrich, Richard Riemerschmid oder Henry van de Velde waren an dieser Entwicklung maßgeblich beteiligt. Im 20. Jh. verdienen die funktionsorientierten Bestrebungen des → Bauhauses in den zwanziger Jahren besondere Beachtung. Kunst und Handwerk sollten durch eine spezifische Ausbildung wieder zusammengeführt werden. Im Gegensatz zum Jugendstil wurde auf jede ornamentale oder dekorative Wirkung verzichtet. Wie die bildende Kunst, so ist auch das Kunstgewerbe durch ein konstruktives, geometrisch reduziertes Formenvokabular bestimmt, wobei insbesondere das Mobiliar erfolgreich war (Marcel Breuer u.a.).

Bis weit in die sechziger und siebziger Jahre hinein besaß die am Bauhaus entwickelte Ästhetik geschmacksbildende Wirkung. Einen ähnlichen Einfluß übte in den Niederlanden ab 1917 die → Stijl-Bewegung aus.

Kunsthandwerk → Kunstgewerbe

Kunsthochschule → Akademie

Kunst im öffentlichen Raum Unter dem Stichwort «Kunst im öffentlichen Raum» werden Skulpturen (selten Malerei) bezeichnet, die im öffentlich zugänglichen Außenraum der Städte und Gemeinden plaziert sind, so in Parkanlagen, Fußgängerzonen oder auf Plätzen. Häufig handelt es sich um → zeitgenössische Kunst ohne stilistische Festlegung.
Sorgfältig gewählte Kunst im öffentlichen Raum steht nie für sich isoliert, sondern macht latente Eigenschaften der umgebenden Architektur sichtbar, setzt bewußt städtebauliche Akzente oder fördert versteckte topographische Merkmale zutage.
Sinn und Zweck ist es – neben der Schaffung ästhetischer Gegengewichte zu architektonischer Tristesse –, durch längerfristiges, eher unbewußt ablaufendes Einwirken auf den täglichen Passanten eine gewissermaßen positive Gewöhnung, Toleranz und schließlich Heranführung an die → moderne Kunst zu erzielen. Eine wichtige Rolle spielt dabei die unvermittelte Präsenz der Kunstwerke in der Öffentlichkeit. Denn gerade die unerwartete Erscheinung schafft einen unverfänglichen, spielerisch zufälligen Umgang mit der Kunst, ohne daß dafür die Hemmschwelle eines Museums überschritten werden muß. Dadurch erreicht die Kunst im öffentlichen Raum ein wesentlich breiteres Publikum, das freilich den Kunstwerken nicht immer wohl gesinnt ist, wie häufig auftretender Vandalismus augenfällig belegt. Allerdings spielt hier auch der Aufstellungsort eine wichtige Rolle; oftmals entscheidet er über Akzeptanz oder Ablehnung des Kunstwerks. Im Laufe der achtziger Jahre bemühte man sich daher immer häufiger, sog. drop sculptures, das heißt mehr oder weniger zufällig in den öffentlichen Raum gestreute Skulpturen, sorgfältig zu vermeiden. Statt dessen ging man dazu über, den Künstlerinnen und Künstlern selbst die Wahl des Standorts und auch die Wahl des Kunstwerks weitgehend zu überlassen, was zu wesentlich substantielleren und letztlich überzeugenderen Lösungen führte.

Kunstmesse Neben den → Auktionen und → Galerien bilden die Kunstmessen das dritte Forum des Kunsthandels. Die großen, internationalen Messen finden einmal pro Jahr beispielsweise in Basel, Chicago, London, Los Angeles, Madrid oder Paris statt. In Deutschland sind die Kunstmessen in Düsseldorf, Frankfurt, Hannover und Köln zu erwähnen. Die erste Kunstmesse wurde 1940 in London organisiert, doch in breiterem Umfang setzte die Entwicklung erst im Laufe der sechziger Jahre ein.
Die Kunstmessen sind für die Öffentlichkeit zugelassen, sie bieten eine gute Möglichkeit, Eindrücke von der → zeitgenössischen Kunst in all ihren Facetten zu gewinnen. Doch im selben Maße sind auch Kunstwerke aus allen anderen Jahrzehnten des 20. Jh.s vertreten.
Die Kunstmessen werden von Galerien aus aller Welt bestückt, die Arbeiten «ihrer» Künstlerinnen und Künstler in den Kojen ausstellen. Aber Kunstmessen sind nicht nur für die Galeristen, sondern auch für Künstler, Sammler, Interessierte und Fachleute ein wichtiger Treffpunkt, da in kurzer Zeit viele Informationen eingeholt und viele Kunstwerke gesehen werden können.

Auf der anderen Seite wird nicht nur der ständig wachsende Umfang der Messen mit einer damit verbundenen Unübersichtlichkeit kritisiert, sondern in besonderem Maße auch Vermarktungshaltung und Konsumorientierung. Explosionsartig gestiegene Preise ließen spätestens seit den achtziger Jahren Kunstwerke als lukrative Anlageobjekte erscheinen. Damit zogen die Kunstmessen eine neue Käuferschicht an, deren Interesse sich nicht notwendigerweise auf das inhaltliche oder formale Anliegen der Kunst konzentriert.

Kunstverein Kunstvereine dienen der Pflege und Förderung von → moderner, meist → zeitgenössischer Kunst.
Um 1800 übernahm das neu entstehende Bürgertum durch die Gründung von Kunstvereinen die Förderung der bildenden Kunst, die zuvor in den Händen des Adels lag. 1792 wurde in Nürnberg der erste Kunstverein in Deutschland gegründet, dem im frühen 19. Jh. weitere in nahezu allen deutschen Großstädten folgten.
Die Haupttätigkeit der Kunstvereine besteht in der Organisation von Ausstellungen, wobei in der Auswahl manchmal regionale Aspekte berücksichtigt werden. Daneben werden Vorträge, Diskussionen, Kunstfahrten etc. veranstaltet und immer wieder auch Kunstwerke zum Verkauf angeboten.
Für Mitglieder bieten sich, vor allem im Bereich der → Graphik, zum Beispiel in Form von → Jahresgaben, interessante Angebote. Die Kunstvereine finanzieren sich einerseits aus den Beiträgen der Mitglieder, andererseits zu einem nicht geringen Teil aus öffentlichen Zuschüssen. Neben den → Museen besitzen auch die Kunstvereine im Ausstellungsbetrieb ihren festen Platz und brauchen bezüglich ihrer Ausstellungen keinen Vergleich zu scheuen.

Kunstzeitschriften Die Kunstzeitschriften dienen sowohl der Erörterung von Fragestellungen aus allen Bereichen der bildenden Kunst als auch der Vermittlung von Informationen über aktuelle Ereignisse und Entwicklungen. Diese Zeitschriften entstanden bereits im 18. Jh. und entwickelten sich aus den universalen Kulturzeitschriften.
Nach 1945 breiteten sie sich rasch aus. Neben allgemeinen Themen und Hintergrundberichten enthalten sie in der Regel Ausstellungsberichte und - kalender, so daß eine rasche Information zu aktuellen Ausstellungen möglich ist. Darüber hinaus werden einzelne Künstlerinnen und Künstler bzw. Künstlergruppen monographisch vorgestellt, Museen und Galerien mit ihren jeweiligen Schwerpunkten beschrieben.
Von Zeit zu Zeit kommen auch bekannte Ausstellungsmacher, Museumsleiter oder Kunstkritiker in Kommentaren und Statements zu Wort. Regelmäßig finden Großereignisse wie die «documenta» in Kassel oder die «Biennale» in Venedig breite Berichterstattung und Kommentierung. Bekannte Kunstzeitschriften im deutschsprachigen Raum sind u.a. «art», «Artis», «Kunstforum», «Neue bildende Kunst», «Pan», «Parkett», «Weltkunst».
Von der Kunstzeitschrift muß grundsätzlich die Künstlerzeitschrift unterschieden werden, die von den Künstlerinnen und Künstlern selbst herausgegeben wird – etwa «Dada» (1917-19) oder «De Stijl» (1917-32) – und die in der Regel programmatischen Charakter besitzt. Das bedeutet, diese Zeitschriften dienen der Verbreitung bestimmter kunsttheoretischer Intentionen durch Manifeste, Statements und Abbildungen entsprechender Kunstwerke.

Kupferdruckpapier Kupferdruckpapier ist ein sehr feines, weiches und saugfähiges

Papier, das zum größten Teil aus Stoffabfällen (Leinen oder Baumwolle) besteht und keine weiteren Füllstoffe oder Leimzusätze aufweist.

Kupferstich Der Kupferstich, auch «Linienstich» oder veraltet «Chalkographie» genannt, ist ein manuelles Verfahren zur Herstellung von Tiefdruckplatten (→ Tiefdruck). Als → Druckform verwendet man eine ca. 2 bis 4 mm starke Kupferplatte (seltener Zink-, Eisen- oder Silberplatten), deren Oberfläche zunächst geschliffen und poliert und dann mit einer dünnen Firnis- oder Wachsschicht überzogen wird. Auf die so präparierte Platte überträgt der Kupferstecher die Zeichnung seitenverkehrt und sticht sie dann mit einem Grabstichel Linie für Linie nach (Korrekturen können im Gegensatz zum → Holzschnitt durch Glätten mit einem Polierstahl ausgeführt werden). Solche Grabstichel, die aus hartem Qualitätsstahl hergestellt sind, haben verschiedene Formen und Stärken und geben der Gravur jeweils einen anderen Charakter.
Das typische Merkmal des Kupferstichs ist seine an- und abschwellende Form (Taille). Die Linie beginnt spitz, verbreitert sich dann und endet, wie sie begonnen hat (oder wird nach spitzem Ansatz plötzlich abgebrochen). Das ausgehobene Kupfer ringelt sich vor der Spitze des Stichels zu einem feinen Span, der mit einem Schablonenmesser entfernt werden muß, genauso wie die seitlich aufgeworfenen Grate. Ist bei der → Radierung die Linie rauh (und in der Vergrößerung körnig), so erscheint sie beim Kupferstich eher hart und scharf begrenzt. Auch ist der Verlauf der Linien strenger und weniger spielerisch als bei der Radierung.
Um die Kupferplatte für den Druck vorzubereiten, wird zunächst die Farbe mit Walzen oder Tampons auf die Platte ge-

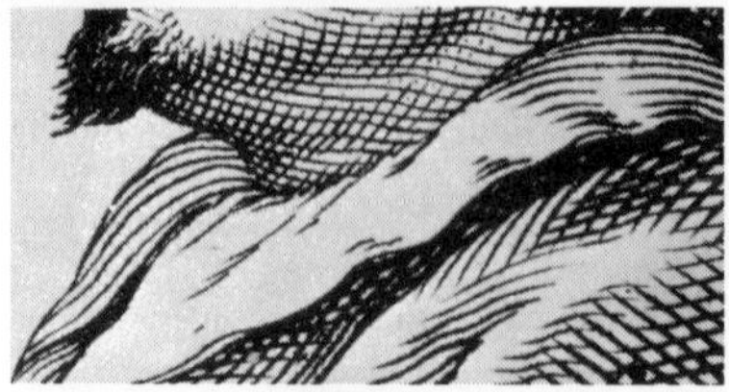

Vergrößerter Ausschnitt eines Kupferstichs. Deutlich sind die spitzen Anfänge und Enden der gestochenen Linien erkennbar

bracht. Da nur die Vertiefungen drukken sollen (→ Tiefdruck), werden die hochliegenden Partien mit Wischgaze gereinigt (und die Farbe in die Vertiefungen «gewischt»).
Dieses «Auswischen» muß besonders vorsichtig durchgeführt werden, um genügend Farbe in den Vertiefungen zu belassen. Nur so wird der Druck später nicht zu schwach. Man spricht vom «warmen» Druck (im Gegensatz zum «kalten» Druck), wenn man die Kupferplatte erwärmt und erst dann einfärbt. Die Farbe wird so flüssiger und dringt in die winzigsten Vertiefungen ein, was zu einem wesentlich besseren Ergebnis als beim «kalten» Druck führt.
Da die Vertiefungen der Kupferplatte Farbe an das Papier abgeben, muß dieses (anders als zum Beispiel beim → Holzschnitt) unter großem Druck auf die Druckform gepreßt werden. Das Papier, ein zumeist mäßig geleimtes → Kupferdruckpapier, wird dazu angefeuchtet und auf die Platte gebracht. Über einen beweglichen Pressentisch (Schlitten) wird dann die Platte mit dem Papier (über das zusätzlich ein Drucktuch aus weichem Filz gelegt ist) durch die beiden Zylinder einer Kupferdruckpresse gedrückt. Durch die wirkenden Kräfte saugt das Papier die Farbe aus den Vertiefungen der Platte heraus, gleichzeitig

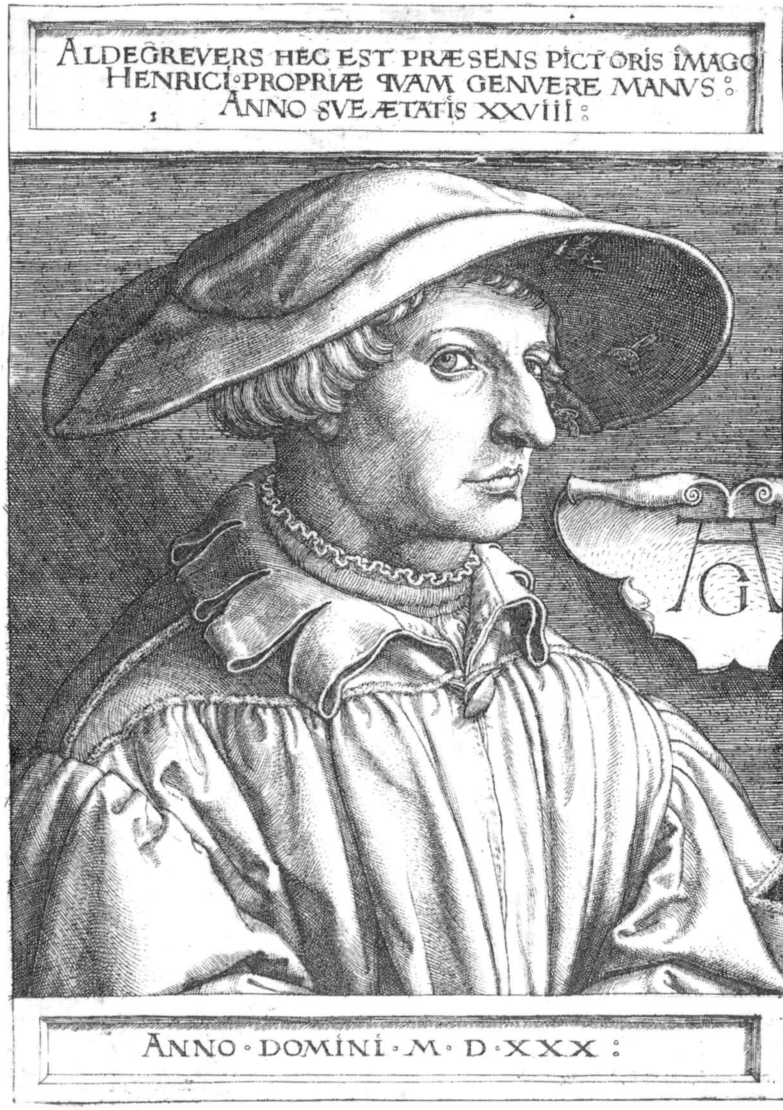

Heinrich Aldegrever: Selbstbildnis. 1530

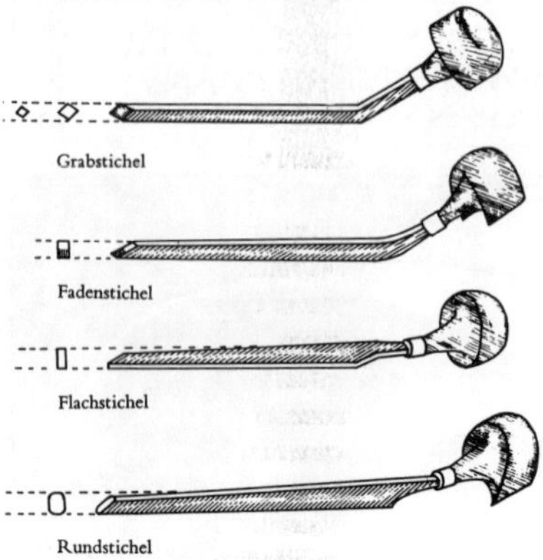

Verschiedene Grabstichel

prägt sich der Plattenrand in das feuchte Papier und bewirkt, auch nach dem Trocknen, auf der Rückseite eine leichte Erhöhung.
Durch den hohen Pressendruck, aber auch durch das ständige «Auswischen», ist die Abnutzung der Kupferplatte groß. Werden zu viele → Abzüge hergestellt, vermindert sich die Qualität des Drucks, vor allem an den feinen Linien, die verwischen, verquetschen oder verschmie-

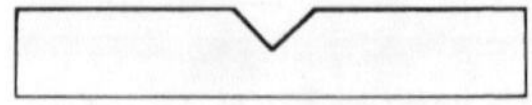

Gestochene Linie im Querschnitt

Von oben: «Taille»

ren. Ist eine Platte «ausgedruckt», liefert sie nur noch flaue, graue Abzüge. Durch die Technik der → Verstählung kann man jedoch die Auflagenhöhe steigern, auch wenn die Druckqualität im Vergleich zu einer unverstählten Kupferplatte leicht abfällt. Einige Künstler haben sich deshalb dazu entschlossen, wenige Blätter als → Vorzugsdrucke «vor der Verstählung» anzufertigen. Die historischen Anfänge des Kupferstichs reichen ins 15. Jh. zurück. Künstler wie der Meister E. S., Martin Schongauer, Albrecht Dürer oder Heinrich Aldegrever verfeinerten seine Technik zu einem vielseitigen Reproduktionsverfahren, das erst im 19. Jh. durch die beginnende Fotografie zurückgedrängt wurde.
Im 20. Jh. wird der Kupferstich nur noch von wenigen Künstlern (wie zum Beispiel Hans Bellmer, Conrad Felixmüller, Hubertus von Pilgrim oder Otto Rohse) genutzt.

Kupferstichkabinett → Graphische Sammlung

Landschaftsmalerei Die Landschaftsmalerei ist eine Gattung der Malerei (→ Bildgattung), die in der Renaissance entstand. Frühe Beispiele sind durch schriftliche Überlieferung in der griechischen Antike nachgewiesen. Die römische Kaiserzeit kennt Landschaftsdarstellungen als große Wandgemälde.
Im Mittelalter tritt dagegen die Landschaftsmalerei erst in der zweiten Hälfte des 14. Jh.s auf, als das Interesse an der diesseitigen Welt zu wachsen begann. Die Darstellung der Natur zeigt bei Giotto einen kulissenartigen Charakter. In der Frührenaissance wurde das Bild aus Einzelmotiven additiv zusammengestellt.
Die Entdeckung der Zentralperspektive beförderte die weitere Entwicklung, indem nunmehr die Größenverhältnisse im Vorder- und Hintergrund korrekt wiedergegeben wurden. Ein frühes Beispiel einer authentischen Landschaft ist das Bild «Petri Fischzug» (1444) von Konrad Witz mit der Darstellung des Genfer Sees. Leonardo da Vinci schuf 1473 die erste reine Landschaftsdarstellung ohne Figuren. Dürers Aquarelle zeichnen sich durch eine hohe topographische Genauigkeit aus. Giorgione schildert in «Das Gewitter» (1507-1508) sehr genau die atmosphärischen Beleuchtungsverhältnisse. In Deutschland markieren die Arbeiten der «Donauschule» um Albrecht Altdorfer im frühen 16. Jh. eine weitere wichtige Station der Landschaftsmalerei. Kurz nach 1600 entwickeln die in Rom ansässigen Maler Paul Bril, Annibale Caracci, Adam Elsheimer u.a. die «ideale Landschaft», ein stiller, harmonischer, in sich abgerundeter Landschaftstypus. Finden sich in diesen Bildern Figuren der antiken Mythologie oder klassische Architektur, so spricht man auch von «heroischer Landschaft». Eine Variante der Landschaftsmalerei, die um 1630 insbesondere von Gaspard Dughet und Nicolas Poussin gepflegt wurde, während Claude Lorrain dem idyllischen Landschaftsbild den Vorzug gab.
Einen Höhepunkt erreichte die Landschaftsmalerei dann im 17. Jh. in den Niederlanden, wo spezialisierte Landschaftsgenres entstanden, wie Fluß- und Küstenlandschaften, Wald- und Wiesenstücke, Winter- und Mondscheinlandschaften. Im weiteren Verlauf wurden topographische Details immer wichtiger, ebenso spielte die Wiedergabe von Wetter und Atmosphäre eine große Rolle. Charakteristisch für die niederländische Landschaftsmalerei ist die besonders niedere Horizontlinie. Herausragende Arbeiten schufen Jan van Goyen, Rembrandt, Jacob van Ruisdael, Adriaen van de Velde, Simon de Vlieger u.a.
Jean-Honoré Fragonard und Antoine Watteau malten im 18. Jh. idyllisch-dekorative Landschaftsdarstellungen, die oft das Leben der höfischen Gesellschaft einbeziehen. In der zweiten Hälfte des 18. Jh.s gewann die englische Landschaftsmalerei unter Thomas Gainsborough und der «Norwich School» an Bedeutung. Einen enormen Aufschwung nahm die Landschaftsmalerei mit dem Beginn des 19. Jh.s. Im Landschaftsbild der Romantik stellt sich eindringlich die Frage nach der (verloren geglaubten) Einheit von Mensch und Natur. Aber auch die Einsamkeit des Menschen und seine Ohnmacht angesichts der Unendlichkeit der Natur verkörpert sich in Bildern, in welchen die Natur oftmals gewaltvolle, bedrohliche Züge annimmt, aber auch melancholisch-tiefgründige Stimmungen vermittelt.

Als ein Schlüsselbild gilt «Mönch am Meer» (um 1808-1809) von Caspar David Friedrich. Von einer genauen Naturbeobachtung zeugen die Arbeiten John Constables, die wenig später auf die Entwicklung des → Realismus wichtigen Einfluß nahmen.
Eine andere Richtung schlug William Turner ein: In Nebel, Dunst und Wasserdampf erscheinen atmosphärische Farb- und Lichtschleier, die oft das eigentliche Motiv einhüllen und nahezu verschwinden lassen. Joseph Anton Koch schuf dagegen ein klassizistisch geprägtes, heroisches Landschaftsbild. In der Graphik gewannen topographische Ansichten der verschiedensten Landstriche an Beliebtheit, wobei insbesondere dem → Stahlstich Bedeutung zukam. Um die Jahrhundertmitte trat die französische Landschaftsmalerei durch Camille Corot, Gustave Courbet, Charles-François Daubigny, Jean-François Millet und die «Schule von Barbizon» hervor.
Einen wesentlichen Schritt in der Entwicklung der Landschaftsmalerei bedeutete die → Freilichtmalerei des → Impressionismus. Nicht nur eine Befreiung der Farbe setzte ein, sondern der Naturgegenstand selbst wurde mehr in seinem momentanen Erscheinen gezeigt – von Wind, Beleuchtung und Tageszeit bestimmt – und nicht mehr in der Fülle seiner Details. Eine zunehmende Auflösung des Motivs war die Folge. Maler wie Claude Monet, Camille Pissarro oder Auguste Renoir sind als wichtige Wegbereiter zu nennen. Wesentlichen Anteil an der weiteren Entwicklung hatten Paul Cézanne, Vincent van Gogh oder Ferdinand Hodler, deren Malerei unmittelbar in das 20. Jh. überleitet.
In der Landschaftsmalerei des → Fauvismus (André Derain, Henri Matisse, Maurice de Vlaminck u.a.) und des → Expressionismus (vor allem «Brücke» und «Blauer Reiter») zeigt sich ein spontaner, gestischer Ausdruckswille des jeweiligen Künstlers, der in intensiven Farben seinem persönlichen Empfinden der Natur Ausdruck verleiht.
Die zunehmende Tendenz zur → Abstraktion verdeutlicht sich exemplarisch im Werk von Piet Mondrian, wo die Natur allerdings nur noch erster Ausgangspunkt der Werkentwicklung ist.
Obwohl die Bedeutung der Landschaftsmalerei seit den zwanziger Jahren zurückging, tritt sie nach 1945 bisweilen unter spezifischen Aspekten wieder auf. In Deutschland sind Bernd Koberling, Anselm Kiefer, Gerhard Richter oder Bernd Zimmer zu erwähnen.

L'art pour l'art In seinen Ursprüngen läßt sich das kunsttheoretische Prinzip (frz. *l'art pour l'art* = Kunst um der Kunst willen) auf den französischen Philosophen und Politiker Victor Cousin zurückführen. Zu den entschiedenen Verfechtern zählte indes der französische Autor Théophile Gautier, der dem L'art pour l'art-Gedanken seit den späten dreißiger Jahren des 19. Jh.s zu weiter Verbreitung verhalf. L'art pour l'art bedeutet eine Kunst, die sich von allen Zwecken und Nützlichkeitsgesichtspunkten entfernt und die nur für sich allein besteht, ihren eigenen Gesetzen gehorchend, einzig dem Schönen, dem Ästhetischen und Kreativen angetan. Anders formuliert: Die formale Ebene des Kunstwerks wird gegenüber den inhaltlichen Aspekten nachdrücklich betont.
In der Konsequenz sah und sieht (sozialkritisch) engagierte Kunst in der L'art pour l'art eine sträfliche Ignoranz gegenüber der (äußeren) Realität. Realistische Strömungen (→ Realismus) warfen ihr häufig eine verantwortungslose Gleichgültigkeit gegenüber den Zeitproblemen vor. Umgekehrt rechtfertigten sich avantgardistische Stilrichtungen (→ Avantgarde), die vornehmlich ge-

genstandslose Tendenzen einschlugen, mit ebendiesem Grundsatz. Somit spiegelt sich in der L'art pour l'art-Debatte ein Stück der Auseinandersetzung zwischen gegenständlicher und → Abstrakter Kunst. Insbesondere in den ersten drei Jahrzehnten des 20. Jh.s fand sich das L'art pour l'art einer kontroversen Diskussion ausgesetzt, die auch in späteren Jahren von Zeit zu Zeit aufflackerte. So wurde beispielsweise in den fünfziger Jahren die Malerei des → Colourfield Painting als «bloßes» L'art pour l'art ohne Wirklichkeitsbezug kritisiert. Auch in der Diskussion um → zeitgenössische Kunst taucht da und dort der Begriff L'art pour l'art (hauptsächlich) als kritischer Einwand auf.

Lasur Unter einer Lasur versteht man einen dünnen, durchscheinenden Farbauftrag, der darunterliegende Farben durchscheinen läßt. Lasurfarben sind im Gegensatz zu den → Deckfarben durchscheinende, nicht-deckende Farben mit geringem Pigmentanteil (→ Pigment). Von lasierender Malerei spricht man, wenn viele, sehr dünne Farbschichten übereinandergelegt werden. Dadurch erhöhen sich Leuchtkraft, Tiefenwirkung und Glanz der Farben. Insbesondere die → Ölmalerei erlaubt eine lasierende Malweise mit zahlreichen Farbschichten.

Lavierung Die Lavierung (frz. *laver* = waschen) ist eine ergänzende Behandlung einer → Feder- oder → Pinselzeichnung, indem entweder die bereits aufgetragene Farbe mit einem nassen Pinsel malerisch verwaschen wird oder verfließende Farbpartien neu angelegt werden. Die Lavierung kann verschiedene Tonstufen umfassen und dient im wesentlichen der Vertiefung von Schatten und Farben. Prinzipiell können alle Zeichentechniken laviert werden, wobei besonders häufig die lavierte → Federzeichnung auftritt. Die Lavierung, die seit dem 15. Jh. gebräuchlich ist, kann zudem auch zu einer leichten farblichen Tönung beitragen.

Leporello Eine in Buchform herausgegebene, durch eine beliebige Anzahl von Parallelfalzungen zusammenhängende Reihe von Bildern auf einem einzigen Blatt Papier.

Letter Spiegelverkehrt geformter, aus einer Bleilegierung (Antimon und Zinn) gegossener Einzelbuchstabe zum Drukken von Schrift.

Lichtdruck Der Lichtdruck, früher auch «Albertotypie» genannt, ist eine Reproduktionstechnik des → Flachdrucks zur Wiedergabe von Halbtönen ohne Raster. Als → Druckform dient eine Gelatinefläche, die auf eine mehrere Zentimeter dicke Glasplatte aufgebracht und dann mit Kalium- oder Ammoniumbichromat lichtempfindlich gemacht wird. Nach dem Trocknen dieser Schicht, wenn sich ein sehr feines «Runzelkorn» auf der Oberfläche gebildet hat, wird ein ungerastertes Negativ auf die Gelatine gebracht und belichtet. Befeuchtet man die Druckform, so quellen die nicht oder kaum belichteten Stellen auf (stoßen also später, wie bei der → Lithographie, die Druckfarbe ab), wogegen die belichteten Partien sich als wasserunempfindlich zeigen und zum Farbträger werden.
Höchste Reproduktionsgenauigkeit und feinste Tonabstufungen, vom hellsten Grau bis zum tiefsten Schwarz, zeichnen dieses Verfahren aus und ermöglichen eine naturgetreue Wiedergabe des Originals.
Gedruckt wird auf besonderen Lichtdruckpressen, die mit zwei Farbwerken ausgestattet sind. Dabei ist darauf zu achten, daß die Druckform stets feucht bleibt. Die Auflagenhöhe (→ Auflage)

liegt aufgrund der Empfindlichkeit der Platte zwischen 1500 und 2000.

Lichtgraphik Allgemeine Bezeichnung für fotografische Bilder, bei denen Licht als gestalterisches Element eingesetzt und zum alleinigen Inhalt des Bildes wird (→ Fotogramm, → Figurenfotogramm, → Luminogramm, → Nudogramm, → Rhythmogramm). Die Lichtführung geschieht dabei entweder manuell oder mit Hilfe von apparativen Techniken.

Limit Insbesondere bei Auktionen Bezeichnung für die nach unten festgelegte Preisgrenze (engl. *limit* = Grenze).

Limitierung Limitierung bedeutet die Begrenzung einer → Auflage auf eine bestimmte Obergrenze. Limitierte Auflagen sind für den Graphiksammler von höherem Wert als unlimitierte Auflagen, die ökonomisch als «non-valeurs» (ohne Wert) eingestuft werden.

Linienstich → Kupferstich

Linolschnitt Der Linolschnitt ist ein Hochdruckverfahren (→ Hochdruck), bei dem die → Druckform aus Linoleum besteht, einem weichen und geschmeidigen Material, das leicht zu bearbeiten und billig in der Anschaffung ist. Die Zeichnung wird mit Bleistift oder Tusche auf die Linoleumplatte aufgetragen; die nichtdruckenden Teile werden mit Sticheln, Messern oder Hohleisen herausgeschnitten.
Für feine Linien und Details ist das Material ungeeignet, da es leicht zerbröckelt. Da Linoleum, im Unterschied etwa zum Holz, keine Maserung aufweist, sondern in sich homogen ist, eignet es sich besonders zur Wiedergabe großflächiger Partien wie auch zur Betonung schwingender Linien.

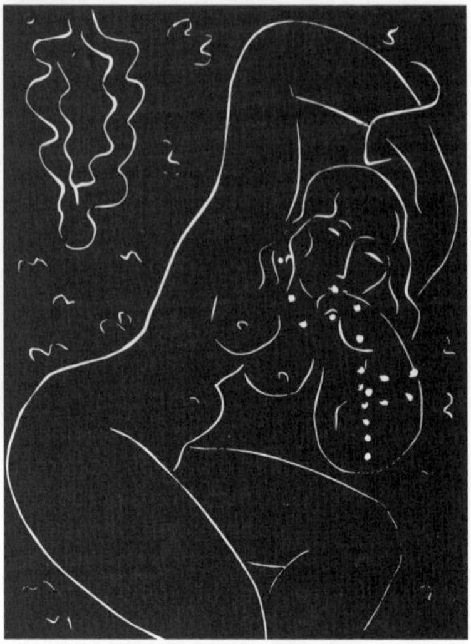

Henri Matisse: Badende mit Kette. 1940

Der Druckvorgang entspricht dem des → Holzschnitts. Die Bearbeitung der Druckform kann einfarbig oder mehrfarbig geschehen. So können Teile der Zeichnung auf einer einzigen Platte unterschiedlich eingefärbt werden, oder es werden genauso viele Platten wie gewünschte Farben angefertigt und übereinandergedruckt.
Picasso bediente sich einer besonderen Technik, indem er eine noch unbeschnittene Platte einfärbte und druckte und sie sukzessive weiterbearbeitete, um jeweils den nächst dunkleren Ton darüberzudrucken, maximal bis zu fünf Farben. Neben Picasso arbeiteten im 20. Jh. insbesondere Otmar Alt, Ernst Fuchs, Henri Matisse, Christian Rohlfs und Maurice de Vlaminck mit dieser Technik.

Lithographie Die Lithographie (griech. *lithos* = Stein; *graphein* = schreiben), auch «Steindruck» genannt, ist das grundlegende und in der Graphik am

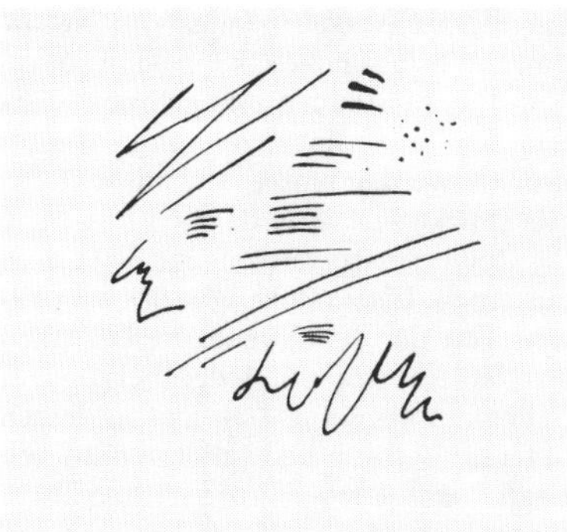

Federlithographie

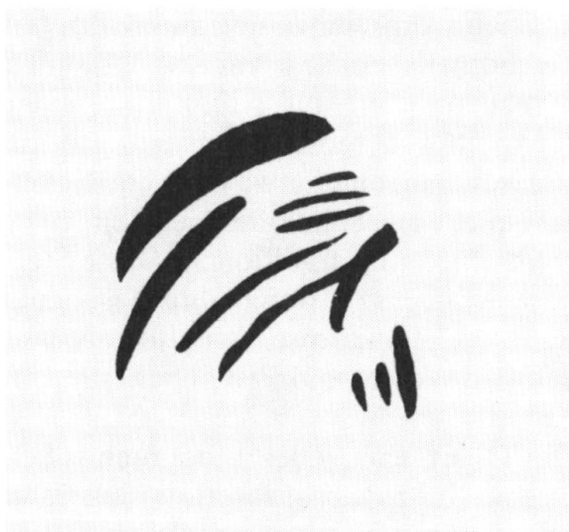

Pinsellithographie

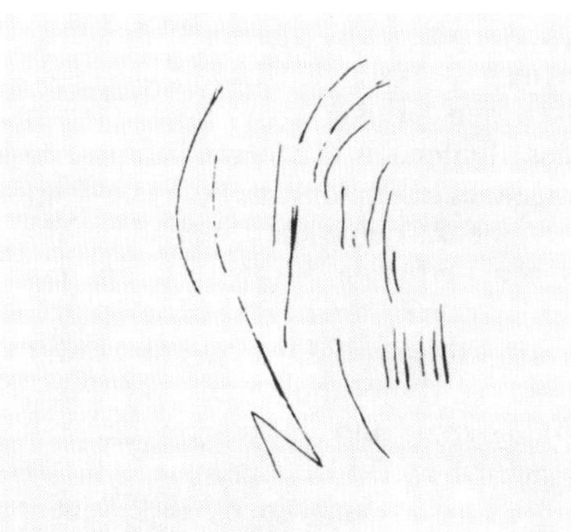

Graviermanier

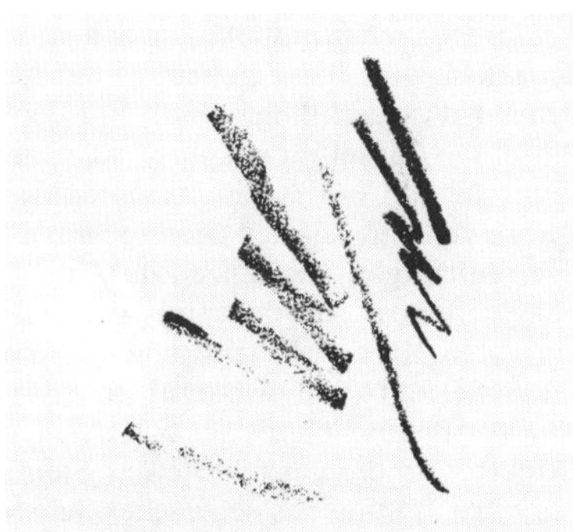

Kreidelithographie

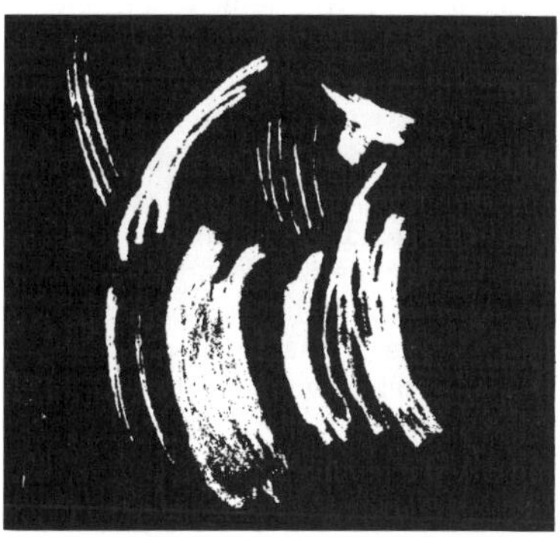

Schabkunst-Verfahren

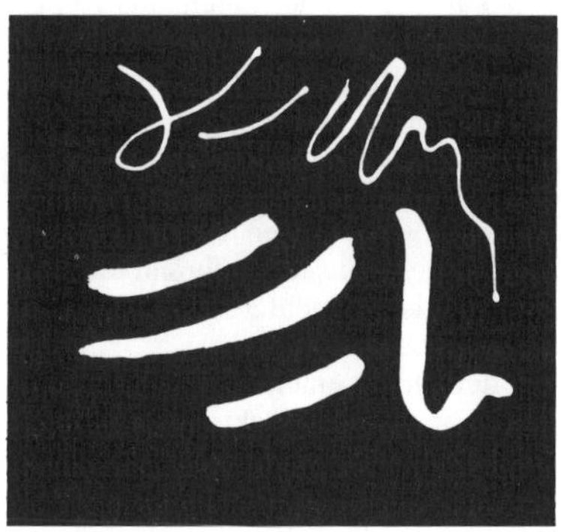

Ausspreng-Verfahren

meisten verbreitete Verfahren des → Flachdrucks. Auch wenn Lithographien in neuerer Zeit auf Aluminium- oder Zinkplatten hergestellt werden, gilt die Verwendung einer etwa 6-15 cm dicken Steinplatte aus Solnhofer oder Kelheimer Kalkschiefer als traditionell. Diese Steine zeichnen sich durch ihre besonders reine und feinporöse Struktur aus und nehmen Wasser und Fett gleichermaßen gut auf.

Die Oberfläche jedes lithographischen Steins wird zunächst sorgfältig mit Sand oder Bimsstein plan geschliffen und dann mit Alaun entsäuert. Die Platte wird dadurch für die folgenden chemischen Reaktionen empfindlicher. Nach dem Trocknen wird die Zeichnung mit der Feder (→ Federlithographie), mit dem Pinsel (→ Pinsellithographie) oder mit fetter Kreide (→ Kreidelithographie) spiegelverkehrt auf den Stein gebracht. Die fetthaltigen Substanzen der Zeichnung verbinden sich dabei mit dem kohlensauren Kalk der Platte und werden fettanziehend (und wasserabstoßend). Zur Verstärkung dieses gegensätzlichen Effekts wird die Oberfläche des Steins mit einer Lösung aus schwacher Salpetersäure, Wasser und → Gummiarabikum bestrichen. Diese haftet insbesondere auf den von der Zeichnung frei gelassenen Stellen und ist aufgrund ihrer guten Quellfähigkeit ein idealer Feuchtigkeitsträger.

Wird der Stein nun angefeuchtet und (fette) Druckfarbe mit einer Walze aufgetragen, so nehmen die fetthaltigen Stellen die Farbe auf, während die gummierten, angefeuchteten Partien diese abstoßen.

Für den Druck einer Lithographie preßt man – je nach Charakter der Arbeit – geleimten → Karton, rauhes Hadernpapier oder feines → Japanpapier auf eine eingefärbte Platte und legt darauf einige Bögen Makulaturpapier und eine eingefettete Preßspanplatte. Um den Originalstein zu schonen, kann auch auf einem sog. Maschinenstein gedruckt werden, auf den die Zeichnung «umgedruckt» werden muß (→ Umdruck).

Als Druckerpresse wird beim Lithodruck die Reiberpresse verwendet. Sie besteht aus einem Eisenrahmen, in dessen oberem Teil der verstellbare Reiber (eine Art Holzmesser mit lederüberzogener Schneide) angebracht ist und in dessen unterem Teil ein beweglicher Schlitten liegt. Durch Drehen einer seitlich angebrachten Kurbel wird der Schlitten unter dem Reiber hindurchbewegt, wodurch der nötige Druck auf den Stein übertragen wird. Die durch diesen hohen Druck bedingte Glättung des Papiers ist neben der fehlenden Bildprägung und dem fehlenden Plattenrand ein herausragendes Erkennungsmerkmal der Lithographie. Zu den wichtigsten lithographischen Verfahren gehören → Algraphie, → Umdruck, → Chromolithographie, → Federlithographie, → Kreidelithographie, → Fotolithographie, → Pinsellithographie und → Steingravur.

Als Erfinder der Lithographie (um 1797/98) gilt der Münchener Aloys Senefelder, der 1818 sein vielbeachtetes «Vollständiges Lehrbuch der Steindruckerei» herausbrachte. Im selben Jahrhundert erreichte die Lithographie durch Honoré Daumier, Eugène Delacroix, Paul Garvani, Francisco de Goya, Adolph von Menzel und später Edvard Munch eine erste künstlerische Blütezeit. Im 20. Jh. bedienten sich Lovis Corinth, Emil Nolde, Oskar Kokoschka, Henri Matisse, Alfons Mucha und Max Slevogt des lithographischen Verfahrens, oft auch in Kombination mit anderen Techniken wie zum Beispiel der Fotografie (Robert Rauschenberg).

Lithographische Kreide Eine für die besonderen Erfordernisse der → Lithographie zusammengesetzte Kreide, die aus Wachs, Seife, Fett, Ruß und Harz besteht. Lithographische Kreide gibt es in verschiedenen Härtegraden und Handelsformen.

Lithographische Radierung → Steinradierung

Lithographische Schabetechnik Bei diesem lithographischen Verfahren (→ Lithographie) wird der Stein vollständig mit Asphaltlack oder Terpentinöl bestrichen, ohne daß das feine Korn an der Oberfläche vollständig zugegossen wird. Die Zeichnung wird nach dem Trocknen des Steins mit Hilfe eines Schabers vorsichtig aus dem Ätzgrund herausgeholt. Größere Flächen können dann mit Schmirgelpapier oder einer Stahlbürste bearbeitet werden.

Lithographischer Stich → Steingravur

Lithographisches Aussprengverfahren → Aussprengverfahren

Lithotintverfahren → Pinsellithographie

Lochkamera → Camera obscura

Luminogramm Beim Luminogramm, einer Technik der → Experimentellen Fotografie, werden Lichtspuren entweder direkt auf Fotopapier gebracht, oder es wird auf den in einer Kamera befindlichen Film belichtet. Dies kann mit Hilfe von Taschenlampen, Neonröhren etc., aber auch indirekt durch Verwendung reflektierender Spiegel oder Folien geschehen. 1950 schuf Lotte Jacobi feingegliederte, tonwertreiche Schwarzweißkompositionen, die sie «Photogenics» nannte. Kilian Breier schuf ab 1960 eine Reihe auffälliger Luminogramme, indem er in der Dunkelkammer Fotopapiere mit einer Streichholzflamme belichtete.

M

Magischer Realismus Der Begriff wurde 1924 von dem Kunstkritiker Franz Roh geprägt und bezeichnet eine gegenständliche Strömung innerhalb der Malerei, die von der → Neuen Sachlichkeit nicht oder nur in wenigen Punkten zu unterscheiden ist.
Der Magische Realismus bemüht sich um einen ruhigen, ausgewogenen Bildaufbau. Er bedient sich eines stilisierenden, glattflächigen Formenvokabulars, das bohrend und mitunter beschwörend das wahre Wesen der Dinge und Personen zu ergründen sucht. Damit steht er diametral dem sozialkritischen Anliegen des zeitgleichen → Verismus gegenüber, der mit bissiger Satire die gesellschaftlichen Mißstände der zwanziger Jahre entlarven möchte. Beide Stiltendenzen werden oft als polare Formen der → Neuen Sachlichkeit (Oberbegriff) verstanden.
Der Magische Realismus bezieht seine wesentlichen Anregungen aus der deutschen Romantik (Caspar David Friedrich) und der italienischen → Pittura metafisica (Giorgio de Chirico, Carlo Carrà). Überhaupt ist ihm eine stille und manchmal wehmütige Rückbesinnung auf verlorene Idealwerte eigen, die sich in melancholischen → Stilleben oder fast klassizistischen → Porträts äußert. Einig waren sich die Maler des Magischen Realismus in ihrer Ablehnung jeglicher impressionistischer oder expressionistischer Tendenzen. Besonders typisch sind die Stilleben Alexander Kanoldts, die in ihrem vordergründig einfachen Bildaufbau suggestive und fast magische Qualitäten von erstaunlicher Sogwirkung entfalten. Weitere Künstler des Magischen Realismus sind Carlo Mense, Christian Schad und Georg Schrimpf.
Der Begriff Magischer Realismus wird indes auch für bestimmte Maler der sechziger Jahre gebraucht, die – in Anlehnung an die Neue Sachlichkeit – sich einer realistischen Malweise bedienten, welche trotz scheinbarer Objektivität einen magischen Hintersinn entwickelt (zum Beispiel Konrad Klapheck).

Makulatur Unter Makulatur (lat. *macula* = Fleck) versteht man beschmutzte oder fehlerhaft bedruckte Bogen, die als Ausschuß gelten und in der Regel vernichtet werden.

Malerei Neben der → Bildhauerei und → Graphik ist die Malerei die dritte große Gattung der bildenden Künste. Wie die Graphik bewegt sich die Malerei in der Fläche und steht damit im Gegensatz zur Bildhauerei und zum → Relief. Die wichtigsten künstlerischen Mittel sind Farbe und Linie, wobei die größte Bedeutung der Gestaltung der Farbe zukommt.
Doch die Farbe kann ganz unterschiedlich eingesetzt werden: Die Malerei des → Expressionismus lebt beispielsweise von ihrer intensiven Farbkraft, die in hohem Maße innere Spannungen und Stimmungen weiterleitet, während der zeitgleiche → Kubismus auf die leuchtenden Farben weitgehend verzichtet und statt dessen durch Linien und kleine, flächige Facetten den Gegenstand aufzubrechen sucht. Weiterhin kann die Farbe äußerst pastos, das heißt reliefartig dick (zum Beispiel → Informel), oder sehr dünn (zum Beispiel → Fotorealismus) aufgetragen werden. Beschränkt sich die zweidimensionale Darstellung (hauptsächlich) auf das Bildelement der Linie, so ist die Grenze zur Graphik bzw. zur → Zeichnung überschritten. Aller-

dings gibt es Bereiche, die zwischen Malerei und Zeichnung liegen, so das → Pastell.
Je nach Art des Bildgrundes läßt sich die Malerei in verschiedene Varianten unterscheiden: Während das → Fresko und die → Wandmalerei an einen bestimmten Ort gebunden und daher unbeweglich sind (ebenso in der Regel die Glasmalerei und das Mosaik), können die → Buch- (→ Miniatur) und → Tafelmalerei beliebig transportiert werden.
In Abhängigkeit zur jeweiligen Technik lassen sich folgende Unterscheidungen vornehmen: → Acrylmalerei, → Aquarell, → Enkaustik, → Gouache, → Graffiti, → Ölmalerei, → Pastell, → Spritzmalerei und → Tempera. Was die Fragen des Bildinhaltes betrifft, kann eine weitere Differenzierung in verschiedene → Bildgattungen getroffen werden: → Architekturbild, → Genremalerei, → Historienmalerei, → Interieur, → Landschaftsmalerei, → Porträt, → Selbstporträt, → Stilleben, → Vedute und weitere Untergruppierungen.
Obwohl die aufgeführten Bildgattungen auch im 20. Jh. ihren Platz einnehmen, ließ ihre dominierende Erscheinungsweise seit Ende des 19. Jh.s deutlich nach. Nicht zuletzt die zunehmende Abstraktion (→ Abstrakte Kunst) sprengte das starre Gattungsgefüge, das im 17. und 18. Jh. seine größte Wirkung entfaltete. Im 20. Jh. dienen die Bildgattungen oftmals und typischerweise der Erprobung neuer künstlerischer Möglichkeiten. So ist ein Stilleben im Kubismus weniger als Stilleben wichtig, vielmehr wird es als übersichtlicher Gegenstand zu formalen Neuerungen herangezogen. Damit kommt dem Inhalt nur mehr sekundäre Bedeutung zu. Kennzeichnend für die Malerei im 20. Jh. ist die rasche Folge von immer wieder neuen, avantgardistischen (→ Avantgarde) Strömungen und Tendenzen. Das größte Potential an Veränderung besteht dabei in formalen Gesichtspunkten, das heißt, nicht so sehr die Themen ändern sich, sondern die künstlerischen Mittel, gewissermaßen die künstlerische Sprache. Bis in die Zeit um 1970 reagierte eine Revolution auf die andere, überlagerten sie sich sogar zeitlich. Obgleich in den späten siebziger Jahren die Malerei (unerwartet) wieder in den Vordergrund drängte (→ Neue Wilde, → Transavantgarde), blieben jedoch – im Gegensatz zur Bildhauerei – wirkliche Neuerungen weitgehend aus.

Mappenwerk Sammlung von mehreren graphischen Blättern in einer Mappe, die entweder einem einzelnen Künstler gewidmet ist oder ein spezielles Thema variiert.

Maschinenkunst Die Bezeichnung Maschinenkunst bezieht sich auf bestimmte Arbeiten von Wladimir Tatlin, die neben → Konstruktivismus und → Suprematismus eine eigene Tendenz innerhalb der russischen → Avantgarde darstellen. Die Maschinenkunst orientiert sich am Maschinenbau der Ingenieure und feiert ähnlich wie der → Futurismus den technischen Fortschritt. Grundlegend war für Tatlin die Begegnung mit dem → Kubismus 1913 in Paris, dessen technisches Verfahren der → Collage er übernahm und zu seinen → Kontra-Reliefs umwandelte. Diese wiederum bilden eine wichtige Voraussetzung, was Dynamisierung und Entmaterialisierung seiner späteren Arbeiten betrifft, die unter den Begriff Maschinenkunst subsumiert werden. Hier sind in erster Linie das Modell des «Monuments der III. Internationale» (1919/20) und der Flugapparat «Letatlin» (1930/31) zu nennen. Beiden Arbeiten ist eine weitgehende Auflösung von Volumen und Masse eigen, so daß sie optisch an Leichtigkeit gewinnen und filigranen Ingenieurkonstruktionen nicht unähnlich sehen. Zugleich spielt das Bewegungsmotiv eine wichtige Rolle und steht im Falle des «Monuments der III. Internationale» sogar symbolisch als Zeichen für die Dynamik des Kommunismus. Als Turmarchitektur mit einer Höhe von 400 m geplant, ausgestattet mit verschiedenen geometrischen Körpern als Konferenzräumen, in Spiralform sich emporschraubend, konnte es zwar nicht verwirklicht werden, hatte aber wesentliche Auswirkungen auf die konstruktive Kunst der zwanziger Jahre.

Materialbild Das Materialbild wird durch die Verwendung unterschiedlicher Materialien reliefartig (→ Relief) strukturiert. Häufig finden sich Naturmaterialien wie Sand, Kies, Steine, Holz oder Stoff und Sackleinen in die Bildfläche integriert. Das Materialbild zählt zu den typischen Bereichen in der Kunst des 20. Jh.s, die sich durch eine Auflösung und eine Verschmelzung der traditionellen → Kunstgattungen charakterisieren. Im Gegensatz zum → Combine Painting bleibt jedoch das → Tafelbild weitgehend bestehen, wird zwar reliefartig erweitert, aber nicht grundsätzlich in Frage gestellt. Anknüpfungspunkte gibt es bezüglich des Materials bei der → Arte povera und bezüglich des Gestaltungsprinzips bei der → Assemblage.
Bereits in den zwanziger Jahren finden sich erste Materialbilder beispielsweise bei Kurt Schwitters und Willi Baumeister. In größerem Umfang kommt das Materialbild im → Informel der fünfziger Jahre zur Geltung, zum Beispiel bei Antoni Tapiès, der bevorzugt mit grobem Sackleinen arbeitet. Bekannt sind auch die monochromen «Schwammbilder» von Yves Klein sowie Materialbilder von Alberto Burri, César Domela und Jean Dubuffet.

Materialdruck → Montagedruck

Mattoir Das Mattoir ist ein Gravierinstrument mit metallenem, keulenförmigem Kopf, dessen Oberfläche unregelmäßig mit scharfen Stacheln besetzt ist. Insbesondere bei der → Crayonmanier wird damit die Oberfläche der Metallplatte gekörnt.

Merz Der Begriff Merz kennzeichnet die Arbeiten von Kurt Schwitters und geht auf eine Anzeige der «Commerz- und Privatbank» aus dem Jahre 1919 zurück. Schwitters schnitt die zweite Silbe von «Commerz» aus und verwandte sie für eine → Collage. In den folgenden Jahren taucht der Begriff Merz als «Merz-Kunst», «Merz-Bild», «Merz-Säule», «Merz-Bau» etc. in allen Schaffensbereichen von Kurt Schwitters auf.
Zwischen 1923 und 1932 gab er die Zeitschrift «Merz» heraus, in der er seine «Merz-Kunst» erläutert und sich für den → Neoplastizismus und den → Konstruktivismus einsetzt. Kennzeichnend für die «Merz-Kunst» ist einerseits das Verfahren der → Collage, die einen fast assemblageartigen (→ Assemblage) Charakter annimmt, und andererseits die Verwendung ausgedienter, abgenutzter Alltagsgegenstände, die als → Objets trouvés in die Arbeiten integriert werden. Sein eigentliches Hauptwerk, den «Merz-Bau», begann Schwitters im Jahre 1923 in seinem Haus in Hannover: Eine environmentartige (→ Environment) Innenraumgestaltung, die stilistisch für Schwitters die Abkehr vom → Dadaismus und die Hinwendung zu konstruktivistischen (→ Konstruktivismus) Tendenzen bedeutete. Der «Merz-Bau» zog sich schließlich über zwei Etagen hin und wurde 1943 bei einem Bombenangriff zerstört. Zwei weitere unvollendete «Merz-Bauten» sind aus Norwegen (begonnen 1937) und England (begon-

nen 1945) bekannt, den Aufenthaltsorten während der Emigration Kurt Schwitters'.

Metallplattendruck → Zinklithographie

Mezzotinto → Schabkunst

Miniatur Unter einer Miniatur verstand man ursprünglich die mit Menningfarbe ausgeführten Kapitelüberschriften und Initialen in Handschriften, später ganz allgemein auch den handgemalten Buchschmuck. Etwa seit dem 16. Jh. umfaßt der Begriff Miniatur auch Bilder kleineren Formats.

Minimal Art Die Minimal Art (engl. = minimale Kunst) entstand im Laufe der sechziger Jahre in den USA und stellt eine wesentliche Erneuerungsbewegung der → Skulptur nach 1945 dar. Die Entstehung des Begriffs ist umstritten, doch deuten viele Hinweise auf den amerikanischen Kunstkritiker Richard Wollheim, der damit 1965 Arbeiten mit «minimalem Inhalt» bezeichnete. 1966 fand im Jewish Museum in New York eine programmatische Ausstellung unter dem Titel «Primary Structures» (Grundstrukturen) statt.
Die gegenstandslosen Skulpturen der Minimal Art bestehen häufig aus mehreren, stark reduzierten geometrischen Körpern, oft in Gestalt von Primärformen wie Kubus, Kugel, Quader, Zylinder etc. Jedoch vermeiden sie jede Art von symbolischen, illusionistischen oder metaphorischen Bezügen, statt dessen konzentrieren sie sich ganz auf die Wechselbezüge der einzelnen Elemente und setzen sich mit Licht- und Raumverhältnissen auseinander.
Die Minimal Art gründet sich auf bestimmte Bereiche des → Konstruktivismus und der → Konkreten Kunst. Wichtigen Einfluß hatten die auf geometrische Elemente zurückgeführten Bilder von Josef Albers, Barnett Newman oder Ad Reinhardt. Entstanden als Gegenbewegung zu der dem Alltag entstammenden Gegenständlichkeit der → Pop Art und dem emotionalen Subjektivismus des → Abstrakten Expressionismus, erfaßte die Minimal Art im wesentlichen die Skulptur und entspricht in gewisser Weise dem → Hard Edge in der Malerei. Neben dem durch rationale Blockformen in sich abgeschlossenen, hermetischen Charakter ist auch eine spielerische Komponente kennzeichnend. Sie äußert sich beispielsweise in einer bestimmten, mathematischen Gesetzen gehorchenden Zu- oder Abnahme von Elementen bzw. Leerräumen zwischen den einzelnen Teilen einer Skulptur.
Dabei spielt das Gestaltungsprinzip der → Reihung eine entscheidende Rolle: Gleichartige Elemente finden sich in eine reihenartige Anordnung überführt, was die Abhängigkeit des einzelnen Elements gewissermaßen als «Baustein» gegenüber der Gesamtheit der Skulptur unterstreicht. Außerdem tritt oft das Spiel mit Positiv- und Negativformen in den verschiedensten Variationen auf. Genau ineinander passende Teile einer Skulptur sind nebeneinander plaziert und können somit gedanklich vom Betrachter wieder zusammengefügt werden.
Aus all diesen Eigenschaften läßt sich die Minimal Art als eine präzise kalkulierende, sachlich-rationale, scheinbar objektiven Gesetzmäßigkeiten gehorchende Stilrichtung beschreiben, geprägt von einer gewissen unantastbaren Zeitlosigkeit. Jede subjektive Handschrift des Künstlers wird streng vermieden, die Oberflächen der Arbeiten sind glatt, manchmal sogar poliert. Ein wichtiger Aspekt ist weiterhin die Beziehung der Skulpturen zum umgebenden Raum, der durch die Größe und Struktur derselben oftmals eine neue Definition erhält.

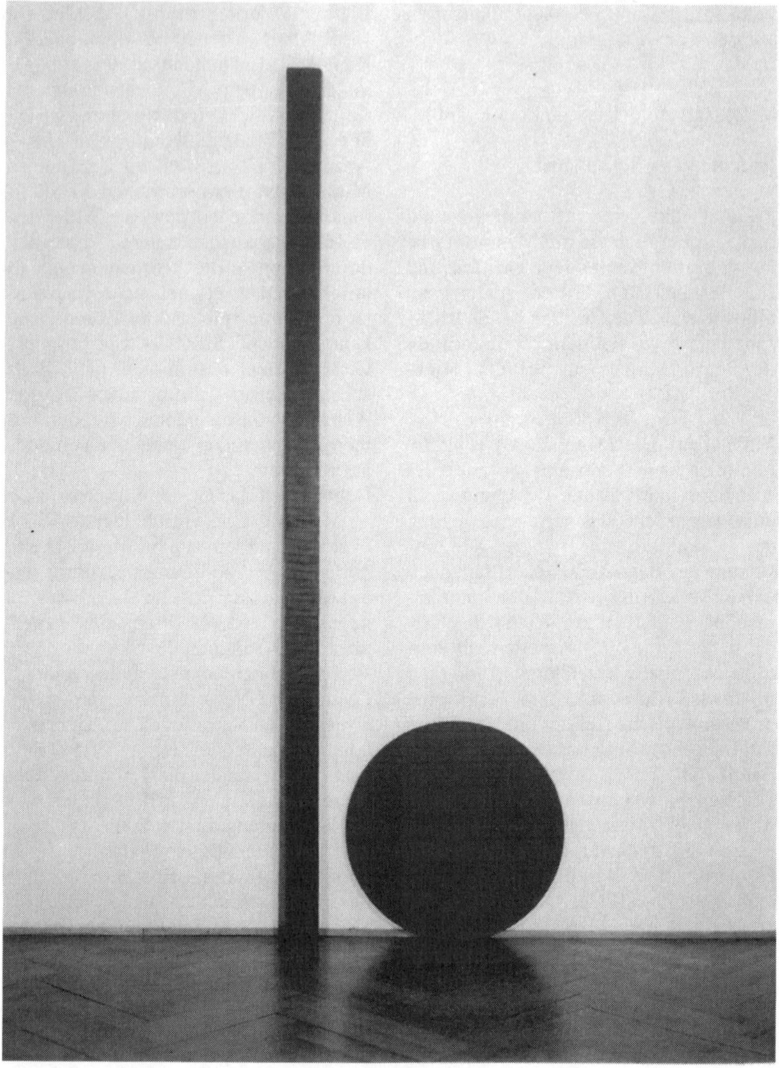

Palermo: Blaue Scheibe und Stab. 1968

Zu den wichtigsten Arbeiten der Minimal Art zählen die flachen, begehbaren Stahlplatten von Carl Andre, die farbigen, kastenartigen Wandobjekte von Donald Judd und die quaderförmigen, durchbrochenen Gitterstrukturen von Sol LeWitt. Weitere wichtige Künstler sind: Dan Flavin, John McCracken, Robert Morris, Richard Serra und Tony Smith. In Deutschland sind Friedrich Gräsel, Alf Lechner, Thomas Lenk, Ansgar Nierhoff oder Heinz-Günter Prager zu erwähnen. Sehr großen Einfluß hatte die Minimal Art auf die → Concept Art und die → Land Art.

Viele minimalistische Künstler arbeiteten auch innerhalb dieser benachbarten Strömungen, wobei die Verbindungen mit der Concept Art besonders eng verflochten sind: Vielfach wird sie als die konsequente Weiterführung der Minimal Art verstanden.

Mixed Media → Multi Media

Mobile Das Mobile (lat. *mobilis* = beweglich) ist eine Variante der → Kinetischen Kunst. Es handelt sich um ein frei in der Luft aufgehängtes Kunstwerk, das schon durch einen geringen Luftzug in vielfältige Bewegungen übergeht. Die einzelnen, oft fragilen Teile sind mit dünnen Drähten oder Schnüren an einem Gestänge befestigt, welches sie exakt ausbalanciert. Das Mobile wird zumeist an der Decke eines Innenraumes montiert.

Der Begriff wurde 1932 von Marcel Duchamp für bewegliche Skulpturen Alexander Calders gebraucht, der ab 1934 die ersten klassischen Mobiles schuf. Zeitgleich montierte Calder als gegensätzliche Entsprechungen die → Stabiles, unbewegliche, wenngleich dynamisch geschwungene Skulpturen. Mobiles sind auch von Pol Bury, Harry Kramer und George Rickey bekannt.

Moderne Der Begriff Moderne, in etwa gleichbedeutend mit «moderne Kunst», faßt als Oberbegriff alle künstlerischen Entwicklungen seit etwa 1870 zusammen, also seit dem → Impressionismus. Vielfach wird er auch als Synonym für die Kunst des 20. Jh.s gebraucht.

Die Vorgeschichte der Moderne beginnt bereits mit dem Ende des 18. Jh.s, als Künstlerinnen und Künstler nach und nach aus ihren wirtschaftlich gesicherten Positionen entlassen wurden, die sie durch ihre feudalen Auftraggeber genossen. Schon die Romantik empfand eine tiefe Kluft zwischen Mensch und Natur, die sich in radikalen, seinerzeit aufsehenerregenden Kunstwerken ausdrückte (so in verschiedenen Bildern von Caspar David Friedrich).

Zugleich begann die starre ikonographische Tradition Auflösungserscheinungen zu zeigen: Weite Bereiche des 19. Jh.s sind geprägt von der intensiven Suche nach neuen Inhalten einerseits und einem immer wieder neuen Rückfall in längst vergangene Kunstepochen andererseits (Historismus).

Doch je mehr sich die Kunst zu neuen Lösungen entschloß, desto augenfälliger wurde der schleichende Verlust an Übereinstimmung zwischen Künstler und Publikum – ein markantes Kennzeichen der Moderne, das spätestens seit dem Impressionismus die öffentliche Diskussion bestimmte und bis in unsere Tage hinein immer wieder für erbitterte Auseinandersetzungen sorgt.

Mit dem Impressionismus setzte auch in größerem Umfang eine subjektiv gekennzeichnete Sichtweise der Wirklichkeit durch den Künstler ein. Nicht mehr religiöse Motive und nicht mehr die Darstellung feudaler Herrlichkeit bestimmen das künstlerische Handeln, sondern der Künstler ist sich selbst und seinen persönlichen Empfindungen der Wirklichkeit verantwortlich. Auf diese Weise

wird die moderne Kunst zum Vermittler von vielfältigen Elementen der Lebenswirklichkeit, wobei die jeweilige Zeitsituation die ausschlaggebenden Impulse liefert. Die Aufgabe des Künstlers besteht darin, eine künstlerische Sprache zu finden, welche diese Impulse aufzunehmen in der Lage ist und zugleich (notwendigerweise) der Zeit entspricht. Mit dem Begriff «klassische Moderne» werden die wichtigsten modernen Kunstströmungen zwischen etwa 1905 und dem Ausbruch des Zweiten Weltkrieges bezeichnet: → Expressionismus, → Fauvismus, → Kubismus, → Futurismus, → Dadaismus, → Konstruktivismus, → Surrealismus etc. Während der Terminus Moderne als Sammelbezeichnung fungiert, tritt der Begriff → Avantgarde in bezug auf eine bestimmte Strömung bzw. Künstlergruppe auf.
In gewisser Hinsicht bildet die → Postmoderne den Versuch, *nicht* unter den Begriff der Moderne zu fallen, indem sie an die unterschiedlichsten Epochen der Kunstgeschichte durch Stil- und Motivzitate anzuknüpfen sucht. Vergleichbares trifft auch für die → Trans-Avantgarde zu.
Vor diesem Hintergrund wurde in den siebziger und achtziger Jahren bereits das Ende der Moderne beschworen. Eine (vielleicht) etwas voreilige Feststellung, denn das Argument läßt sich gerade umkehren: Eben weil beide Strömungen in der kunsthistorischen Tradition wurzeln und sich dennoch von vorhergehenden Stiltendenzen deutlich unterscheiden, läßt sich der Begriff Moderne anwenden (wenngleich mit einer gewissen Einschränkung).

Moderne Kunst → Moderne

Modernismo → Jugendstil

Modern Style → Jugendstil

Moiré Unter Moiré (frz. *le moiré* = Reflex, Spiegelung) versteht man ein Muster auf gedruckten Bildern, das durch falsche Rasterwinkelung entsteht, wenn eine bereits gerasterte Vorlage für den Druck noch einmal aufgerastert wird (sog. Zweifachraster).

Monochromie Im Gegensatz zur → Polychromie ist die Monochromie eine Malerei in Tonwerten einer einzigen Farbe. Bei monochrom gehaltenen Gemälden auf Leinwand oder Holz spricht man von «Camaïeu-Malerei», in der Tafelmalerei ist der Begriff → Grisaille für die Wiedergabe von grauen Tonwerten üblich. Die monochrome Malerei hatte ihre Blütezeit im 16. Jh. und verfiel gegen Ende des Rokoko. Versuche, ein Bild aus einem einzigen Farbton aufzubauen (wie 1913 bei Kasimir Malewitsch) oder die Bildstimmung durch die Verwendung eines monochromen Farbwertes zu beeinflussen (etwa in der sog. rosa oder blauen Periode Picassos), belegen die Monochromie gerade auch im 20. Jh. Nach dem Zweiten Weltkrieg schufen Künstler wie Yves Klein, Lucio Fontana, Piero Manzoni oder Ad Reinhardt monochrome Werke. Die Gruppe «Zero» bevorzugte Arbeiten in Weiß.

Monogramm Unter einem Monogramm versteht man die Verbindung von mindestens zwei Buchstaben zu einer graphischen Einheit. Oft werden dabei die Anfangsbuchstaben eines Künstlernamens als Monogramm wiedergegeben (etwa das große A mit dem eingestellten D von Albrecht Dürer). Künstler, die ausschließlich unter ihrem Monogramm bekannt sind, wie zum Beispiel der Meister E.S., werden als Monogrammisten bezeichnet.

Monotypie Unter Monotypie (griech. *monos* = einzig; *typos* = Druck) versteht

man den einmaligen → Abdruck von einer Platte (Glas, Metall, auch Preßspan oder Wachskarton). Die Zeichnung wird dabei direkt auf den Druckträger gebracht und – solange die Farbe noch feucht ist – auf Papier gedruckt.
Beim Durchdruckverfahren färbt man zunächst die gesamte Oberfläche der Platte mit Druckfarbe ein, legt Papier auf und zeichnet dann mit einem Griffel o.ä. auf dessen Rückseite.
Wo der Griffel auf die Plattenoberfläche drückt, wird die Druckfarbe vom Papier satt angenommen und erscheint positiv, das heißt seitenrichtig, auf dem Abdruck. Da die Monotypie nur einen einzigen Abdruck erlaubt (→ Unikat), zählt man sie allerdings nicht mehr zur → Druckgraphik, deren Hauptmerkmal die Reproduktion beliebig vieler identischer Abbildungen ist.
Vom Italiener Giovanni Castiglione im 17. Jh. erfunden, wird dieses Verfahren heute nur noch selten angewendet. Im 20. Jh. stellten u.a. Julius Bissier, Josef Faßbender, Horst Janssen, Paul Klee, Henri Matisse oder Christian Rohlfs Monotypien her.

Montagedruck Der Montagedruck, auch «Materialdruck» genannt, ist ein Verfahren des → Hochdrucks, bei dem reliefartige Materialien (Drähte, Blechstücke, Kordeln, Münzen, Metallnetze u.ä.) auf die Platte montiert, genietet oder gelötet werden. Druckt man von der Oberseite der Materialien, spricht man vom direkten Verfahren; beim indirekten Druck wird eine eingefärbte Walze über das Objekt geführt und dann auf Papier abgerollt.
Mit der Technik des Montagedrucks arbeiteten im 20. Jh. vor allem Jean Dubuffet, Axel Knopp, Rolf Nesch, Philip Oeser oder Werner Schreib (→ Frottage, → Naturselbstdruck, → Prägedruck, → Reliefdruck).

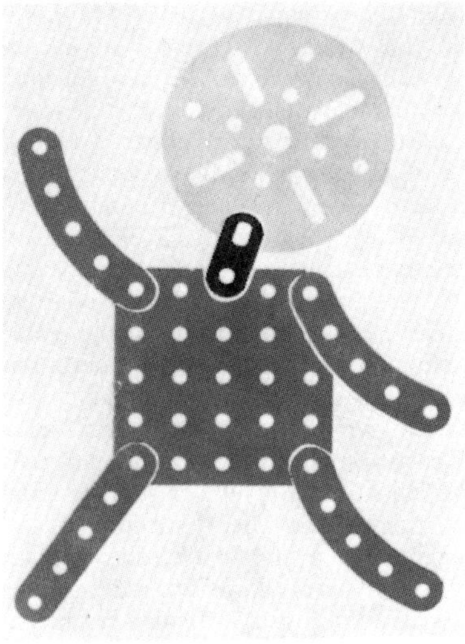

Enrico Baj: Petit homme. 1970

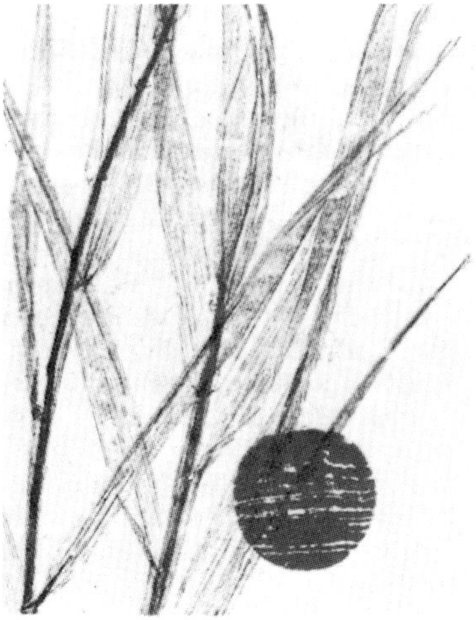

Detail eines Montagedrucks mit Grashalmen

Multi Media Unter dem Begriff Multi Media (lat. *multus* = viel; *medius* = dazwischen), auch «Mixed Media» genannt, versteht man die Verknüpfung mehrerer Kunstdisziplinen zu einer neuen Einheit bzw. zu einem Medienverbund (zum Beispiel bildende Kunst, Literatur, Musik, Tanz, Theater). Das Ziel der Multi Media besteht in einer Sensibilisierung des Zuschauers durch eine Aktivierung aller Sinne, mit der Folge, daß die Wahrnehmung einen erhöhten Aufmerksamkeitsgrad erfordert. Es zeigt sich ein «aufklärerisches» Moment, das vielen Kunstströmungen der sechziger Jahre als beabsichtigte Bewußtseinsveränderung zugrunde liegt. Die Konfrontation mit ungewohnten und irritierenden Abläufen kommt als künstlerisches Mittel ebenso zum Einsatz wie die verschiedenen technischen Medien Film, → Fotografie, Tonband, Synthesizer, Video etc. Ein zentrales Kennzeichen der Multi Media findet sich in der Auflösung der traditionellen → Kunstgattungen – eine beinahe logische Konsequenz, die sich aus der erklärten Absicht ergibt, eine Erweiterung des konventionellen Kunstbegriffs anzustreben. Multi Media tritt vor allem in den Bereichen → Happening, → Fluxus und → Performance auf.
In gewisser Hinsicht können die Aktionen des → Dadaismus im Züricher «Cabaret Voltaire» als Vorformen angesehen werden, insofern eine Verbindung von Literatur, Musik und Tanz erreicht wurde. Einfluß übte auch die experimentelle Musik der fünfziger Jahre aus, wobei insbesondere der Name John Cage zu nennen ist. Als «interdisziplinäre» Kunstform erreichte die Multi Media in den Fluxus-Aktionen der sechziger Jahre einen gewissen Höhepunkt. In den Anfangsjahren der → Heftigen Malerei in Berlin lassen sich in der engen Verbindung von Malerei und Musik Anklänge an Multi-Media-Formen beobachten.

Multiple Das Multiple (engl. = mehrfach) ist ein nach den Angaben des Künstlers in industrieller Massenproduktion hergestelltes Kunstwerk, das kein → Original im eigentlichen Sinne des Wortes kennt. Die → Auflage ist theoretisch unbegrenzt, denn durch die industrielle Fertigung ist eine gleichbleibende Qualität garantiert.
Der Begriff ist seit den sechziger Jahren gebräuchlich und steht im Zusammenhang mit Demokratisierungsbestrebungen in der Kunst mit dem Ziel, sie für jedermann erschwinglich werden zu lassen. Zwar spricht man auch im Umfeld der → Graphik von Multiples, vor allem im Bereich von → Sieb- und → Offsetdruck, doch bezieht sich die Bezeichnung vorwiegend auf kleinere, dreidimensionale Arbeiten. → Op Art (zum Beispiel Victor Vasarely) und → Konkrete Kunst (zum Beispiel Max Bill) entwickelten eine besondere Vorliebe für das Multiple, was weiter nicht erstaunt, eignet sich die industrielle Herstellung doch gerade für Kunstwerke, die weitestgehend auf die individuelle Handschrift des Künstlers verzichten. Auch im Bereich von → Fluxus (etwa Joseph Beuys, George Brecht, Robert Filliou, Diter Rot) und → Kinetischer Kunst (zum Beispiel Pol Bury) besitzt das Multiple seinen festen Platz.

Museum Das (Kunst-)Museum (griech. *museion* = Heiligtum der Musen) dient der Erhaltung, Sammlung, Erforschung, Dokumentation und öffentlichen Präsentation von Kunstwerken. Je nach Größe, Tradition und geographischer Lage besitzt jedes Museum einen oder mehrere Sammlungsschwerpunkt(e). Am häufigsten sind Schwerpunkte nach Zeitepochen, Geographie und → Kunstgattungen anzutreffen. Zur Aufgabe des Museums zählt weiterhin die Vermittlung von notwendigem Hintergrundwissen, das dem Betrachter zu hinreichender Orientierung und Einordnung der Kunstwerke verhelfen soll (Bildungsauftrag). Grundsätzlich unterscheidet man zwischen der ständigen Sammlung eines Museums, dem → Bestand, und den zeitlich begrenzten → Wechselausstellungen, die fortlaufend zu verschiedenen Themen organisiert werden. Aus Platzgründen kann in der Regel nur ein kleiner (Bruch-)Teil des Bestandes gezeigt werden. Alle anderen Kunstwerke befinden sich im Depot und werden von Zeit zu Zeit ausgetauscht oder für Wechselausstellungen anderer Museen ausgeliehen. Den größeren Museen ist zumeist ein Kupferstichkabinett angegliedert, das der Aufbewahrung von (Druck-)Graphik und Zeichnungen dient.

Die Geschichte des Museums reicht bis in die Antike zurück. In Alexandria wurde im 3. Jh. v. Chr. ein «Museion» gegründet, das neben den unterschiedlichsten Kunstwerken kostbare Bücher und wissenschaftliche Geräte aller Art zu seinem Bestand zählte. Der Beginn kontinuierlicher Sammeltätigkeit läßt sich dann wieder seit der Renaissance feststellen. Obgleich das Barockzeitalter ein relativ differenziertes Sammlungssystem ausbildete – im allgemeinen bestehend aus einer Abteilung für antike Skulpturen, einer Gemälde-Galerie, einer Bibliothek, einem Kupferstich- und Münzkabinett, einer Instrumentensammlung und einem Kuriositätenkabinett –, waren doch sämtliche Abteilungen nur ausgewählten Personenkreisen, nicht aber der Öffentlichkeit zugänglich. 1739 gingen als erste die Mediceischen Sammlungen in (toskanischen) Staatsbesitz über. 1753 wurde das British Museum in London gegründet, das erste öffentliche Museum. Seit der Französischen Revolution wurden in großer Zahl die feudalen Sammlungen der Öffentlichkeit zugänglich gemacht.

In der zweiten Hälfte des 18. Jh.s entstand die Museumsarchitektur als eigenständige Bauaufgabe, die in der ersten Hälfte des 19. Jh.s ihren Höhepunkt in zahlreichen Museumsneugründungen fand. Frühe Beispiele sind die Villa Albani in Rom (1746-63) oder das Museum Fridericianum in Kassel (1769-76). Wichtige deutsche Museen entstanden durch private Stiftungen, so 1817 das Städelsche Kunstinstitut in Frankfurt oder 1824 die Sammlung Wallraff in Köln. Die Aktion → Entartete Kunst der Nationalsozialisten beraubte ab 1937 zahlreiche deutsche Museen ihrer Bestände. Im Zweiten Weltkrieg erfolgte die Auslagerung vieler Sammlungen, was oft den Verlust der Kunstwerke bedeutete. Hinzu kam die Zerstörung vieler Museen durch Bombenangriffe.

Mit der Infragestellung der Institution Museum in den späten sechziger Jahren unternahm man zugleich große Anstrengungen im Bereich der Museumspädagogik. In den siebziger und achtziger Jahren hingegen wurde der Freizeitwert des Museums und damit dessen wirtschaftliches Gewicht entdeckt. Große und manchmal auch spektakulär aufgemachte Ausstellungen zogen und ziehen enorme Besucherzahlen an. Zeitgleich setzte im gesamten Bundesgebiet ein Boom an Museumsneubauten ein.

Als Beispiele seien das Städtische Museum Abteiberg in Mönchengladbach (1972-1982) von Hans Hollein und die Staatsgalerie Stuttgart (1977-1984) von James Stirling genannt. Die Städte und Bundesländer schätzten und schätzen den Prestigewert von Kunst im allgemeinen und von ausgefallenen Museumsneubauten im besonderen.

Bis in die Gegenwart hinein besteht unter Städten wie etwa Berlin, Düsseldorf, Frankfurt, Hamburg, Köln oder München insgeheim ein «Wettstreit» um den Rang als führende Kunststadt.

N

Nachdruck Druck, der nach der Erstauflage von der Originalplatte hergestellt wird. Nachdrucke können im Abstand von mehreren Jahren oder Jahrzehnten vorgenommen werden; bei → Radierungen oder → Kupferstichen wirkt man der Abnutzung der Druckplatte oft durch «Nachschneiden» der Linien entgegen.

Nachmalerische Abstraktion → Post-Painterly Abstraction

Naive Malerei Die Naive Malerei umfaßt eine Vielfalt von oft gegensätzlichen Bildwelten, wobei sich die Gemeinsamkeiten gerade auch auf die Künstler beziehen: Es handelt sich durchweg um Laien ohne akademische Ausbildung, die neben ihrem eigentlichen Beruf, in ihrer Freizeit oder auch erst im Ruhestand einer künstlerischen Betätigung nachgehen. Dennoch sehen sie in der Kunst oft ihren eigentlichen Lebensinhalt. Unbelastet von (akademischen) Traditionen oder dem Ringen der → Avantgarde um die der Gegenwart angemessene künstlerische Sprache, arbeiten die naiven Künstler ganz aus ihrer inneren Einbildungskraft, aus ihren Träumen und ihren Wunschvorstellungen heraus, ohne sich dabei mit der offiziellen Kunst messen zu wollen. So gelangen sie zu einer tiefliegenden Ursprünglichkeit, und die bunte, gegenständliche Bildsprache äußert Kategorien wie Glück, verlorenes Paradies, Heimat oder Kindheitserinnerungen.

Kennzeichen der Naiven Malerei ist der ausgeprägte Wunsch nach Harmonie und einer heilen Welt, in der Mensch, Tier und Natur in Einklang stehen. Außerdem ist sie sehr auf die Person und die Biographie des jeweiligen Künstlers bezogen. Die Themen reichen von Landschafts- und genreartigen Darstellungen, welche die persönliche Umgebung einbeziehen, über Themen der Arbeitswelt bis zu phantastischen Szenen. Darüber hinaus fällt immer wieder ein charakteristischer Detailreichtum ins Auge.

Vorläufer der Naiven Malerei finden sich bereits im 18. Jh. in den USA. Ende des 19. Jh.s trat die Naive Malerei vor allem zunächst in Frankreich in den Blickpunkt der Öffentlichkeit. An erster Stelle ist der Zöllner Henri Rousseau zu nennen, der erst nach seiner Pensionierung zu malen begann und dessen ursprüngliche Bilder keinen geringen Einfluß auf → Expressionismus, → Kubismus und → Surrealismus hatten. Schon bald breitete sich die Naive Malerei, die manchmal auch als «Sonntagsmalerei» bezeichnet wird, auf andere Länder aus. Weithin Anerkennung fanden in den USA: Edward Hicks, Morris Hirshfield, Grandma Moses; in Frankreich: André Bauchant, Camille Bombois, Henri Rousseau, Séraphine; und in Jugoslawien: Ivan Generalič, Ivan Rabuzin.

Bemerkenswert ist die Orientierung von Künstlern wie Marc Chagall oder Paul Klee an der Naiven Malerei, deren ursprüngliches, unverbildetes Empfinden ihnen als kreative Quelle diente. In besonderem Maße integrierten Jean Dubuffet und die Künstler der Gruppe COBRA Merkmale naiver Malerei in ihre Bilder.

Narrative Art Seit den frühen siebziger Jahren wird mit dem Begriff Narrative Art (engl. *narrative* = erzählend), auch «Story Art» genannt, eine zusammengehörige Sequenz von Fotos bezeichnet. Doch im Gegensatz zur fotografischen Dokumentation zeigt sich die Narrative

Art nicht einer allgemeinen Objektivität, sondern vielmehr der subjektiven, erzählenden Haltung des Künstlers verpflichtet. Erst durch die gesamte Wahrnehmung aller Fotos einer Sequenz, die manchmal durch Texte ergänzt werden, erschließt sich der persönlich geprägte Bildsinn. Es ergeben sich Anknüpfungspunkte insbesondere zu Künstlern der → Individuellen Mythologien und der → Spurensicherung, die sich bevorzugt der erzählenden Methode bedienen.
Die Narrative Art läßt sich auf die «Sequential Stories» (ab 1966) von Duane Michals zurückführen. Zu den Künstlern der Narrative Art zählen Michael Badura, Didier Bay, John Baldessari, Jean Le Gac, William Wegman u.a.

Naß-in-Naß-Druck Bei diesem Druckverfahren werden mehrere Farben nacheinander gedruckt, ohne den Abdruck der jeweils vorausgehenden Platte austrocknen zu lassen. Die Farben verbinden sich naß miteinander.

Nationalsozialistische Kunst Als eine der nationalsozialistischen Diktatur eingegliederte künstlerische Äußerung mit in weiten Teilen propagandistischer Wirkung und Intention richtete sich die nationalsozialistische Kunst gegen sämtliche avantgardistischen Strömungen (→ Avantgarde), vor allem gegen die gegenstandslose Kunst (→ Bauhaus, → Konstruktivismus etc.). Die diffamierende Aktion → Entartete Kunst (1937) ließ keinerlei Raum für eine andersdenkende Kunst. An die Stelle der individuellen, durch die künstlerische Freiheit geprägten Bildsprache trat die staatliche Autorität mit ihrem zwingenden Auftrag, ein (pseudo-)idealistisches Menschenbild zu entwerfen, das der nationalsozialistischen Ideologie des «arischen» Menschen entsprechen sollte. Nicht zuletzt im Hinblick auf eine angestrebte Massenwirkung, wurde eine dem → Realismus des 19. Jh.s verwandte Bildsprache eingesetzt, die sich durch eine altmeisterliche, detailgenaue Technik kennzeichnet.
Die Themenpalette umfaßte neben den traditionellen Gattungen Landschaft, Porträt und Stilleben insbesondere bäuerliche Szenen, pathetisch aufgeladene Schilderungen der Arbeitswelt und später auch heroische Kriegsdarstellungen des Zweiten Weltkriegs.
In den teilweise fast mythisch verklärten bäuerlichen Sequenzen spiegeln sich Kategorien wie Erdverbundenheit, Heimatliebe, Familienbande, «rechtschaffene» Tugend, unermüdlicher Fleiß und eine mehr als konservative, fast reaktionäre Gesellschaftsauffassung (zum Beispiel Hans A. Bühler, Sepp Hilz, Adolf Wissel). Zugleich äußert sich in diesen Bildern ein (scheinbares) Idyll, das als erstrebenswertes Lebensziel postuliert wurde. Idealisch verklärte Propaganda betreiben in besonderer Weise die zahlreichen Kriegsdarstellungen, die fraglos an die Solidarität des Betrachters appellieren und den Durchhaltewillen der Bevölkerung aufrechterhalten sollten. Neben eher realitätsnahen Szenen (etwa Elk Eber, Franz Eichhorst, Wolfgang Willrich) sind mythologische Sinnbilder charakteristisch, die Kameradschaft oder soldatisches Heldentum verkörpern sollten, wie die antikisierenden, monumentalen Skulpturen und Reliefs von Arno Breker und Josef Thorak.
Die nationalsozialistische Kunst ist in ihrer politisch-ideologischen Determination und selbst in ihren formalen Mitteln und Themen mit der Kunst des → sozialistischen Realismus in der Sowjetunion vergleichbar. Hier wie dort fiel der Kunst die propagandistische Unterstützung der Diktatur zu, wurden Freiheiten einer experimentierenden, avantgardistischen Kunst unterdrückt und die

in ihrer Zeit führenden Künstlerinnen und Künstler ins Exil getrieben.
Die Aufarbeitung der nationalsozialistischen Kunst blieb auf breiter Basis in wenigen Anfängen stecken. Eine von Zeit zu Zeit auftretende Diskussion über ihre öffentliche Präsentation (verbunden mit entsprechendem didaktischem Hintergrund) kümmert sich nur allzu oberflächlich um ein dunkles, nicht ungefährliches Kapitel der deutschen Kunst.

Nature morte → Stilleben

Naturselbstdruck Bei dieser graphischen Technik wird die Druckfarbe entweder direkt auf das Material, das die → Druckform werden soll, aufgetragen, oder man überträgt seine Konturen mit Hilfe einer Walze auf das Papier. Im Gegensatz zum → Montagedruck bildet natürliches Material (Pflanzenblätter, Blumen, Zweige, Rinde u.ä.), das nicht eigens auf eine Platte montiert wird, den → Druckstock. Im 20. Jh. verwendete insbesondere Max Ernst diese Technik (→ Frottage).

Neodadaismus Die Bezeichnung Neodadaismus (auch «Neo-Dada» genannt) faßt als Sammelbegriff verschiedene Strömungen in den späten fünfziger Jahren zusammen, die sich in Ablehnung des gegenstandslosen → Informel und → Abstrakten Expressionismus, in der Rückbesinnung auf den → Dadaismus, wieder der Lebenswirklichkeit zuwandten. Unter Einbezug trivialer Mittel, wie zum Beispiel der Integration realer Gegenstände (→ Objet trouvé), sollte ein neuer Realitätsbezug die als ausgehöhlt empfundene Transzendenz der gegenstandslosen Kunst der fünfziger Jahre ablösen und zu einem unmittelbaren Austausch von Kunst und Leben führen. Darin liegt ein wesentlicher Unterschied zum Dadaismus, der in der Verzweiflung über den Ausbruch des Ersten Weltkriegs mit schneidender Provokation die gesellschaftlichen und politischen Zustände seiner Zeit attackierte. Das Ziel des Neodadaismus bestand dagegen darin, das Bewußtsein des Betrachters für eine sich den (unerfreulichen) Realitäten stellende Kunst zu schärfen und weniger in polemischen Angriffen gegen die Gesellschaft. Durch die Entwicklung neuartiger, die traditionellen → Kunstgattungen sprengender Techniken und Verfahren erfuhr der Kunstbegriff eine entscheidende Ausdehnung.
In den USA, genauer in New York, sind in erster Linie die → New Realists als wichtige Vorläufer der amerikanischen → Pop Art zu nennen. Jasper Johns und Robert Rauschenberg entwickelten das → Combine Painting, das – ausgestattet mit (verbrauchten) realen Gegenständen des täglichen Konsums – räumliche Gestalt annimmt und damit den Bereich der traditionellen Malerei überwindet.
Die Künstler des → Nouveau Réalisme in Paris häuften Alltagsgegenstände, die für sie trotz oder gerade wegen ihrer Banalität einen besonderen Realitätswert besaßen, zu objektartigen → Akkumulationen und → Assemblagen. Eine Ausstellung der Gruppe unter dem Titel «A 40° au-dessus de Dada» dokumentiert die Auseinandersetzung mit dem Dadaismus. Aber auch die entstehende → Aktionskunst (→ Happening und → Fluxus) zählt in ihrer Intention, eine neue Bewußtseinslage durch die Annäherung von Kunst und Leben zu schaffen, zum neodadaistischen Ansatz.

Neoexpressionismus Der Begriff Neoexpressionismus bezeichnet eine starkfarbige, emotionale Malerei, die hinsichtlich ihrer formalen Mittel direkt oder indirekt an den deutschen → Expressionismus anknüpft. Die Unterschiede zum Expressionismus liegen einerseits in der Erfahrung des → Abstrakten

Expressionismus, ohne den der Neoexpressionismus nicht denkbar wäre, und in der Wahl der Themen. Der Neoexpressionismus umfaßt in erster Linie die radikal subjektive Malerei der sog. Väter der → Neuen Wilden: Georg Baselitz, K.H. Hödicke, Anselm Kiefer, Bernd Koberling, Markus Lüpertz oder A.R. Penck. Ende der siebziger Jahre erfuhr der Begriff eine Ausdehnung auf die Berliner Variante der Neuen Wilden, was denselben freilich nicht präziser erscheinen läßt.

Als heftige Reaktion gegen → Informel und die transzendente Lichtmetaphorik der Künstlergruppe «Zero» entwickelten Georg Baselitz, K.H. Hödicke und Markus Lüpertz zu Beginn der sechziger Jahre eine höchst subjektive, emotional aufgeladene, gegenständliche Malweise. Mit gestischer Pinselführung scheuten sie sich nicht, betont häßliche Momente der Wirklichkeit darzustellen. Nach diesen zum Teil provozierenden Anfängen setzten sich Maler wie Baselitz oder Lüpertz mit dem problematischen Konflikt zwischen Gegenständlichkeit und Abstraktion auseinander und versuchten durch Motivumkehrung (Baselitz) bzw. die Erfindung der «Dithyrambe» (eine in die Abstraktion mündende Überhöhung des Gegenstandes) neue, vermittelnde Wege einzuschlagen. Anselm Kiefer und Markus Lüpertz wandten sich in der Wahl ihrer Themen symbolgeladenen Motiven des Nationalsozialismus zu, um in ambivalenten Anspielungen diesen Teil der deutschen Geschichte aufzuarbeiten. Doch in den durch rationale Strömungen wie → Minimal Art oder → Concept Art bestimmten sechziger und siebziger Jahren blieben sie mit ihren gegenständlichen Bildern weitgehend unbeachtete Außenseiter. Durch die neuerliche Hinwendung einer jungen Künstlergeneration zu expressiver Formensprache in den späten siebziger Jahren wurden sie als deren Leitbilder bekannt und erreichten rasch internationale Bedeutung. Die → Neuen Wilden dagegen thematisierten ihr persönliches Unbehagen, was zur radikal subjektiven Darstellung ihrer Ängste und ihres Lebensgefühls führte, eng verbunden mit aktuellen Formen der Rock-Musik, die einige von ihnen selbst aktiv ausübten. Zu den bekanntesten Vertretern in Berlin zählen die Künstler der Galerie am Moritzplatz (Rainer Fetting, Helmut Middendorf, Salomé, Bernd Zimmer) sowie Elvira Bach, Ina Barfuss, Peter Chevalier und Thomas Wachweger.

Neo-Geo Als Antwort auf die emotionale, gegenständliche Malerei der → Neuen Wilden setzte sich Mitte der achtziger Jahre besonders in Österreich und der Schweiz, aber auch in Deutschland die kühle, geometrisch-gegenstandslose Malerei des Neo-Geo durch.

Die Bezüge zu → Konstruktivismus, → Konkrete Kunst und → Hard Edge liegen allerdings weit entfernt und beziehen sich allenfalls auf bestimmte formale Elemente, nicht jedoch auf die inhaltliche Intention. Das Neo-Geo entwickelt sowohl in auffallend kleinen als auch in monumentalen Formaten einfache, geometrische Formen von bisweilen bunter Farbigkeit. Die Komposition gehorcht dabei keiner strengen Vorgabe, sondern scheint von einer spielerischen Freude an Form und Farbe durchzogen. Die distanzierte Eleganz einerseits und die unbeschwerte Leichtigkeit andererseits münden oftmals in ein unverbindlich schmückendes Dekor, das jedoch vollständig der Intention der Künstler entspricht. Im Gegensatz zum Konstruktivismus oder der konkreten Kunst liegt die Absicht des Neo-Geo weniger in einer ernsthaften Befragung der malerischen Mittel, sondern vielmehr im unbekümmerten Schaffen von ästhetisch ansprechenden und wohlausbalancierten Bildern, die ihren dekorativen Charakter ohne Scheu als Antwort auf die Zeitsituation präsentieren. Das Neo-Geo gewinnt seine unverfängliche Heiterkeit und seinen bisweilen leicht unterkühlten Charme nicht zuletzt durch den Verzicht auf jeglichen symbolischen und transzendenten Ballast. Farben und Formen haben keine über sich hinausweisende Bedeutung. Auf der anderen Seite tendiert das Neo-Geo dahin, sich bisweilen seine Unbeschwertheit auf Kosten willkürlicher Beliebigkeit zu erkaufen. Hin und wieder entsteht der Eindruck, als gähne unter der glatten Oberfläche eine gewisse Leere. Unter diesem Gesichtspunkt der beliebigen Gefälligkeit steht das Neo-Geo allerdings als typische Formulierung der achtziger Jahre nicht allein und entspricht so vollständig seiner Zeit. Als die wichtigsten Vertreter des Neo-Geo gelten die Schweizer John Armleder, Helmut Federle und Olivier Mosset sowie der Österreicher Gerwald Rockenschaub.

John Armleder wurde bekannt mit der installationsartigen Kombination (→ Installation) von Bild, Möbelstück und Ausstellungsraum, so daß nicht das Bild für sich allein, sondern (unter dekorativ-ästhetischen Voraussetzungen) im räumlichen Kontext zu betrachten ist. Helmut Federle weicht zum Teil mit seinen vielschichtigen, kontemplativ die Farbe befragenden Bildern vom Begriff Neo-Geo ab, unter den er voreilig subsumiert wurde und eigentlich nur unter formalen Aspekten zu rechnen ist.

Neoimpressionismus Den Begriff Neoimpressionismus prägte der französische Kunstkritiker Félix Fénéon in der Brüsseler Zeitschrift «L'Art moderne» im Jahre 1886. Fénéon beschrieb damit die spezifische Malweise von Georges Seurat, Paul Signac und Camille Pissarro (zeitweise), die seit Mitte der achtziger Jahre des 19. Jh.s ihre Bildmotive in unzählige kleine Punkte reiner Farbe auflösten, die erst aus einiger Entfernung zum Bild zu einer optischen Mischung gelangen, das heißt, erst aus der Distanz betrachtet bilden sich kontinuierlich fließende Übergänge.

Auf diese Weise suchten sie den → Impressionismus fortzuführen, den sie an einem gewissen Endpunkt angelangt sahen. Aufgrund dieser systematischen, zum Teil rasterartigen Zerlegung der Farbe, beruhend auf der Erkenntnis der Zusammensetzung des Lichts aus Spektralfarben, wird gleichbedeutend der Begriff «Divisionismus» (frz. *la division* = Teilung) gebraucht. Auch der Begriff «Pointillismus» (frz. *le point* = Punkt) findet häufig als Synonym Verwendung. Seurat entwickelte die auf wissenschaftlichen Theorien beruhenden programmatischen Grundlagen des Neoimpressionismus, wobei er sich insbesondere an den Gesetzen des → Simultankontrasts von Michel Eugène Chevreul (1839) und den physikalischen Untersuchungen von Hermann Ludwig von Helmholtz (1878) und Rood (1881) orientierte. Das Ziel einer optischen Mischung auf der Netzhaut des Betrachters begründeten die Neoimpressionisten mit der vergleichsweise höheren Leuchtkraft der Farben als bei einer Mischung der Pigmente. Durch den geschickten Einsatz von → Komplementär- und Simultankontrasten unterstützten sie diesen Eindruck.

Somit liegt der Unterschied zum vorausgehenden Impressionismus nicht nur in stilistischen Aspekten – bei weitgehend ähnlichen Themen –, sondern gerade in der Thematisierung der determinierenden Bedingungen von Malerei im allgemeinen und der Erscheinung von Farbe im besonderen. Aus diesem Grund wurde der Bildgegenstand zunehmend

unwichtig, statt dessen lassen sich gewisse Stilisierungs- bzw. Abstraktionstendenzen erkennen.
Durch die rasterähnliche Struktur der Bilder und die innerhalb eines Bildformates stets gleichbleibende Größe der Pinseltupfen entsteht ein distanzierter, sachlicher Eindruck, der sich sowohl von der atmosphärischen Bewegung des Impressionismus wie auch der impulsiven, emotional gestimmten Dynamik der zeitgleichen Wegbereiter des Expressionismus, Vincent van Gogh, Paul Gauguin oder Edvard Munch, deutlich unterscheidet. Nach dem Tode Seurats (1891) führte Signac den Neoimpressionismus fort und beschrieb 1899 in «Von Delacroix zum Neoimpressionismus» Geschichte und Theorie der Bewegung.
Die Auffassung des Bildes als komplexes, vom äußeren Gegenstand im Prinzip unabhängiges Gefüge, dessen Farb- und Formwerte autonomen, das heißt völlig eigenständigen Charakter besitzen, stellt den Neoimpressionismus in die erste Linie der zentralen Vorläuferströmungen der → modernen Kunst des 20. Jh.s. Von entsprechender Wirkung ist der Einfluß des Neoimpressionismus auf die nachfolgenden Strömungen → Fauvismus, → Orphismus, → Futurismus und auch → Kubismus.
Der Stilbegriff Spätimpressionismus ist weitgehend mit dem des Neoimpressionismus identisch, besitzt allerdings noch umfassendere Bedeutung, indem er zum Beispiel Paul Cézanne und einige Arbeiten von Paul Gauguin und Vincent van Gogh einschließt. Als Beginn gilt allgemein die Gründung der «Société des artistes indépendants» 1884 durch Paul Signac, Georges Seurat und einige andere Künstler.

Neokonzeptuelle Kunst In Opposition zu der spontanen, emotional geprägten Bilderflut der → Neuen Wilden in Deutschland bzw. dem → New Image Painting in den USA entstand in den frühen achtziger Jahren mit der Neokonzeptuellen Kunst eine Tendenz im Bereich von → Installation und Skulptur, die in ihrer rationalen Sachlichkeit und hintergründigen Intellektualität an die → Minimal und → Concept Art der sechziger und siebziger Jahre anschließt. Der Begriff bezeichnet sowohl Erscheinungsformen in den USA als auch in Europa, wobei die künstlerischen Formen durch große Heterogenität charakterisiert sind. Die Gemeinsamkeiten beziehen sich daher mehr auf eine gemeinsame Haltung als auf ein gemeinsames stilistisches Formenrepertoire. Insbesondere in den USA treten in den Arbeiten oft Zitate aus verschiedenen Epochen der Kunstgeschichte auf, so daß sie unter diesen Aspekten zugleich der → Postmoderne zuzurechnen sind. Im Unterschied zur Minimal Art zeigt die Neokonzeptuelle Kunst keine reduzierten geometrischen Primärformen und im Gegensatz zur Concept Art keine extremen Verkürzungen auf Beschreibungen oder Zeichen ohne sinnliche Präsenz. Statt dessen kombiniert sie Alltagsgegenstände, zum Beispiel Möbel, und bringt diese in Zusammenhang mit der jeweiligen Raumsituation. Obwohl die einzelnen Gegenstände als solche durchaus erkennbar sind, bleiben weite Bereiche der Arbeiten in sich verschlüsselt und verharren in hermetischer Abgeschlossenheit. Die elegante Zurückhaltung ermöglicht ein vielschichtiges Bedeutungsspiel, das sich bezeichnenderweise auf subtile Andeutungen beschränkt und somit eine stete Unsicherheit und Unaussprechlichkeit hinterläßt. Zwar wird die Reflexion des Betrachters nachdrücklich herausgefordert, doch sobald dessen Interpretation eine (scheinbar) stabile Richtung einzuschlagen beginnt, kehrt sich diese um, wird unsicher und schließlich wieder vollständig

fragwürdig. Bedeutungen werden installiert und im selben Moment wieder zurückgenommen.
In Großbritannien sind Anish Kapoor mit grellfarbigen, pulvrigen Pigmentarbeiten und Bill Woodrow mit eigenwilligen Kombinationen unterschiedlichster Alltagsgegenstände zu nennen, die manchmal an den → Neodadaismus erinnern. In den USA wurden Haim Steinbach, besonders aber Jeff Koons mit süßlichen Trivialskulpturen bekannt, die spielerisch die Grenze zum Kitsch passieren. In Deutschland sind die strengen, sich bevorzugt aus Möbeln konstituierenden Installationen von Reinhard Mucha zu erwähnen, ebenso wie Arbeiten von Stephan Huber oder Wandinstallationen von Günther Förg, bestehend aus (Architektur-)Fotografie und monochromer, gegenstandsloser Malerei.

Neoplastizismus In dem Essay «Le Néo-plasticisme» (abgeleitet von holl. *nieuwe heelding* = neue Formgebung) faßte Piet Mondrian 1920 seine Kunsttheorie zusammen, die universale Gestaltungsprinzipien für die Bereiche Malerei, Design und Architektur formuliert. Unter dem Ausschluß jeder Emotion, Subjektivität und Gegenständlichkeit sollte eine neue Dimension räumlicher Ordnung erschlossen werden, gekennzeichnet durch konstruktive Klarheit und strenge Balance. Gestaltungsgrundlage sind das orthogonale System von Horizontaler und Vertikaler sowie die drei Primärfarben Gelb, Rot, Blau und die «Nichtfarben» Weiß, Grau, Schwarz.
Die Quellen des Neoplastizismus liegen in der Anthroposophie, dem Neuplatonismus und den Schriften des holländischen Mathematikers und Philosophen Schoenmaekers. Das elementare Ordnungssystem des Neoplatonismus war für die Künstler der → Stijl-Bewegung von grundlegender Bedeutung. Das Zusammentreffen Mondrians im Jahre 1916 mit Theo van Doesburg hatte die Gründung der Zeitschrift «De Stijl» zur Folge, in der Mondrian seine programmatischen Überlegungen erläuterte. Am konsequentesten und reinsten setzte Piet Mondrian selbst die Ideen des Neoplastizismus in seiner radikal auf elementare Grundstrukturen reduzierten Malerei der zwanziger und dreißiger Jahre um.

Neudruck → Auflage

Neue Figuration Der Begriff Neue Figuration leitet sich vom gleichnamigen Buchtitel (1959) des Malers und Kunstkritikers Hans Platschek ab und bezeichnet eine große Vielfalt realistischer Tendenzen nach 1945, so daß hinreichende begriffliche Präzision nicht immer gewährleistet ist. Grundsätzlich lassen sich zwei grobe Richtungen unterscheiden: Auf der einen Seite steht eine gegenständliche Malerei, welche die Erfahrung der → Abstraktion in ihre Bildsprache einbezieht. Auf der anderen Seite findet sich eine Malerei, die an die realistischen Traditionen der → Neuen Sachlichkeit anknüpft.
Unter den Vertretern der Neuen Figuration stehen die Protagonisten der → Pop Art in England und in den USA im Vordergrund. In England sind vor allem die figurativen Arbeiten der fünfziger Jahre von Richard Hamilton und Eduardo Paolozzi zu nennen. In den USA schufen Jasper Johns und Robert Rauschenberg mit der Entwicklung des objektbezogenen → Combine Painting wichtige Voraussetzungen für die amerikanische Pop Art. In Deutschland zählen zum Umfeld der Neuen Figuration Horst Antes, Joseph Beuys, Hans Platschek, Gerhard Richter, Wolf Vostell u.a.

Neuer Realismus Der Begriff Neuer Realismus ist so unklar und vieldeutig, daß

kaum eine allgemeine Definition gegeben werden kann. In jedem Fall ist er als ein Sammelbegriff zu betrachten, der verschiedene realistische Strömungen der fünfziger, sechziger und siebziger Jahre zusammenfaßt.
Auf der einen Seite schließt der Neue Realismus verschiedene Strömungen in den späten fünfziger Jahren ein, die sich gegen den → Abstrakten Expressionismus richteten und sich statt dessen in einer Rückbesinnung auf den → Dadaismus der Alltagswirklichkeit zuwandten: die → New Realists in New York und der → Nouveau Réalisme in Paris.
Auf der anderen Seite werden verschiedene Tendenzen in der Malerei der sechziger und frühen siebziger Jahre mit dem Begriff Neuer Realismus belegt, wie zum Beispiel der → Kapitalistische Realismus in Düsseldorf oder der → Kritische Realismus in Berlin. In jedem Fall wird deutlich, daß der Begriff sehr unterschiedliche Phänomene meint und daher die notwendige Prägnanz zwangsläufig vermissen läßt, so daß er als klare Stilbezeichnung kaum zu gebrauchen ist

Neue Sachlichkeit Der Begriff bezeichnet eine charakteristische Stiltendenz der zwanziger Jahre in Deutschland und wurde von dem Direktor der Kunsthalle Mannheim, Gustav Friedrich Hartlaub, im Jahre 1923 geprägt.
Eine von Hartlaub organisierte Wanderausstellung zeigte 1925 ein breites Spektrum gegenständlicher Malerei, die distanziert und kühl verschiedene Bereiche des Alltagslebens aufgriff, wobei eine gewisse Tendenz zur Stilisierung den Bildern ebenso innewohnt wie zumeist dunkle Farbwerte, verbunden mit flächiger Formgebung. Der Begriff Neue Sachlichkeit wird oft auch als ein Oberbegriff für → Magischen Realismus und → Verismus gebraucht, die als dessen polare Ausprägungen verstanden werden können. Doch eine eindeutige Unterscheidung versagt besonders für das Verhältnis von Neuer Sachlichkeit und Magischem Realismus.
Die Neue Sachlichkeit formierte sich schon bald nach 1918 als Gegenbewegung zu der sich rasch ausbreitenden → Abstrakten Kunst und auch zu dem als pathetisch ausgehöhlt empfundenen → Expressionismus. Im Gegensatz zu zeitgleichen, avantgardistischen Strömungen (zum Beispiel → Konstruktivismus) war das Augenmerk der Neuen Sachlichkeit eher auf die Vergangenheit gerichtet. Durchgängig findet sich das Bewußtsein des unwiederbringlichen Verlustes an gültigen Idealwerten, die den Menschen in Einklang mit der Natur versetzen.
Statt dessen sah man sich mit einer von Krieg und Kaiserzeit zerrütteten Gesellschaft konfrontiert, deren einziges Ziel im schnellebigen, egoistischen Gewinnstreben zu liegen schien. Auf der einen Seite reagierten die Veristen (→ Verismus) mit schneidender Ironie auf die Mißstände und Auswüchse der Gesellschaft, deren doppelte Moral sie zu entlarven suchten. Anknüpfungspunkte fanden sie besonders bei den Künstlern des → Dadaismus, die mit den Mitteln der → Collage und → Fotomontage ihrem sozialkritischen Bewußtsein Ausdruck verliehen hatten.
Anders dagegen die Künstler, die dem Magischen Realismus nahestanden; sie fanden wichtige Anregungen in der Malerei der deutschen Romantik und der italienischen → Pittura metafisica. Obwohl diese in der Abwendung von der Subjektivität des Expressionismus auf den ersten Blick scheinbar objektive Darstellungsformen bevorzugten, wohnt ihren Arbeiten – insbesondere den → Stilleben und → Porträts – eine magische Sogwirkung inne, die den Betrachter suggestiv in ihren Bann schlägt. Die Malerei der Neuen Sachlichkeit wurde

einerseits von den sozialkritischen Arbeiten der in Berlin arbeitenden Künstler Otto Dix und George Grosz geprägt. Andererseits sind die unterkühlten, sachlich analysierenden Porträts und → Akte Christian Schads in ihrer rationalisierenden Härte treffende Beispiele.
Aber auch die eigenwillig magischen Stilleben Alexander Kanoldts oder die kleinteiligen, fast altmeisterlichen Stadtansichten Franz Radziwills sind zu nennen. Zu den Künstlern der Neuen Sachlichkeit zählen außerdem: Heinrich Davringhausen, Karl Hubbuch, Carlo Mense, Anton Räderscheidt, Rudolf Schlichter, Georg Scholz, Georg Schrimpf u.a.
Die Neue Sachlichkeit übte als Stilrichtung auch auf → Design und Architektur ihren Einfluß aus.
Im Gegensatz zum ornamentalen → Art Déco bestimmte sie Gebrauchsgegenstände wie Möbel oder Geschirr durch Strenge und Funktionalität – Eigenschaften, die im Bereich der Architektur unter den Stichwörtern «Neues Bauen» und «International Style» in kubischen, auch geometrisierenden Bauten zutage treten.

Neue Wilde Der Sammelbegriff Neue Wilde leitet sich von einem Ausstellungstitel ab («Les nouveaux fauves. Die neuen Wilden», Neue Galerie – Sammlung Ludwig, Aachen, 1980) und bezieht sich auf sehr unterschiedliche Formen einer expressiven, gegenständlichen Malerei, die ab 1978 in Deutschland aufkam und Mitte der achtziger Jahre ihren Höhepunkt bereits überschritten hatte.
Allgemein lassen sich drei Zentren – geographisch und stilistisch – unterscheiden: Berlin, Hamburg und Köln. Für die Berliner Ausprägung wird auch der Begriff Heftige Malerei gebraucht, der ebenfalls auf einen Ausstellungstitel («Heftige Malerei», Haus am Waldsee, Berlin, 1980) zurückzuführen ist.
Allen drei Strömungen gemeinsam ist die radikale Abwendung von der intellektuell verhärteten Kunst der siebziger Jahre, wie sie vor allem durch → Minimal Art und → Concept Art repräsentiert wird. Die Wiederaufnahme der seit den späten sechziger Jahren für tot erklärten Malerei bedeutete für die Neuen Wilden eine fast rauschartige Befreiung und explosive Freisetzung ihrer eigenen Lebenssituation. Buchtitel wie «Hunger nach Bildern» (Wolfgang Max Faust und Gerd de Vries, Köln 1982) belegen anschaulich diese emotionale, fast euphorische Einstellung, die sich in starkfarbigen, in rasantem Tempo gemalten Bildern von enormen Formaten verkörpert. Gemeinsam auch die Vorbilder, die im → Neoexpressionismus der sog. Väter der Neuen Wilden gefunden wurden: Georg Baselitz, K.H. Hödicke, Jörg Immendorff, Anselm Kiefer, Bernd Koberling, Markus Lüpertz. Entfernte Anknüpfungen an den → Expressionismus und → Fauvismus sind weitere verbindende Kennzeichen. Doch darüber dürfen die deutlichen Unterschiede nicht vergessen werden, die einerseits in ganz anderen Motiven und Inhalten liegen, andererseits auch stilistisch eigenwillige, durch Abstraktion, Ironie und surrealistische Anklänge markierte Wege einschlagen.
Die Berliner Heftige Malerei gründet sich in ihrem Kern auf die Künstler der (Selbsthilfe-)Galerie am Moritzplatz, Rainer Fetting, Helmut Middendorf, Salomé und Bernd Zimmer, die sich – nach hitzigen internen Diskussionen anläßlich des Bildes «Die Flut» (1977) von Bernd Zimmer – gegenüber den Verfechtern der Concept Art innerhalb der Galerie erfolgreich durchsetzten. Ihre vehe-

Walter Dahn, Jiři Georg Dokoupil: Gedanken sind Feuer. 1981

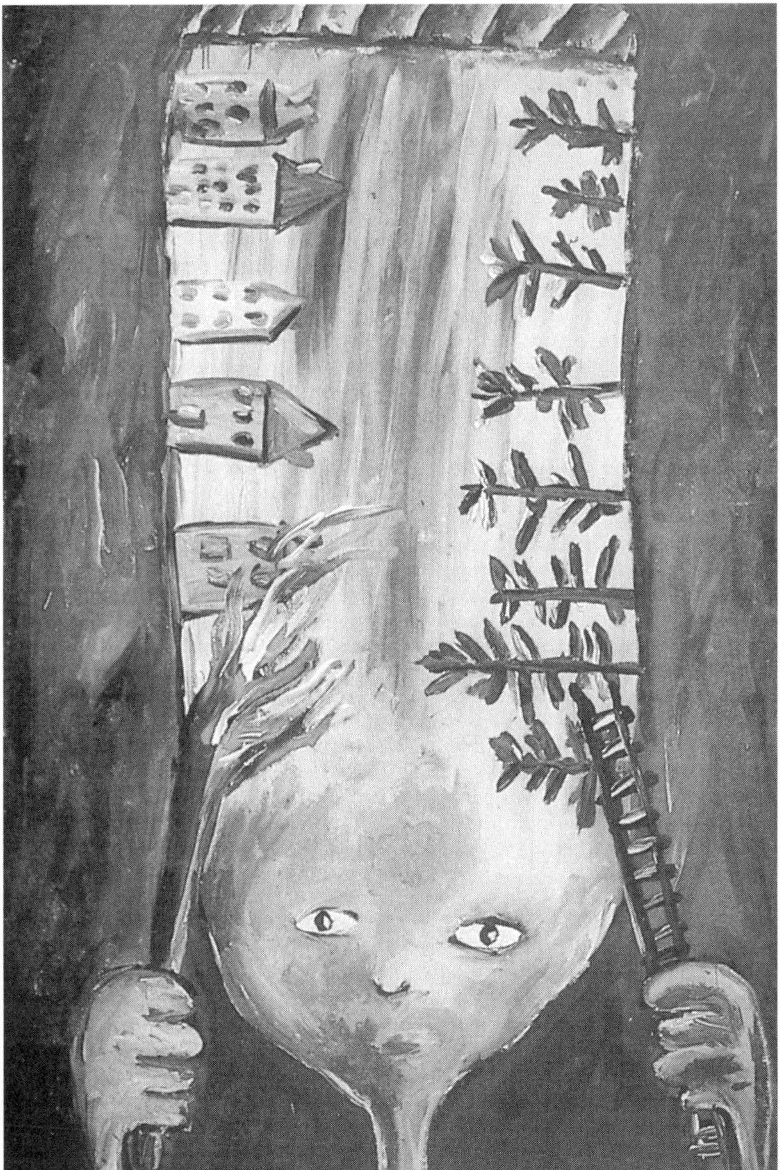

menten Bilder spiegeln ihre eigene, von der Großstadt determinierte Lebenssituation, wobei die Isolation des Individuums ebenso dargestellt wird wie etwa homosexuelle Themen. Enge Verbindungen bestanden zur subkulturellen New-Wave-Musik, die sie selbst aktiv ausübten und deren exaltierte Erfahrung in den Bildern eindringlich als Selbstausdruck und Fluchtpunkt zugleich erscheint. Als weitere Berliner Künstler sind zu nennen: Elvira Bach, Ina Barfuß, Peter Chevalier und Thomas Wachweger.

Die Kölner Ausprägung konzentriert sich um die Mitglieder der Künstlergruppe «Mülheimer Freiheit», der Hans Peter Adamski, Peter Bömmels, Walter Dahn, Georg Jiři Dokoupil und etwas später auch Gerard Kever und Gerhard Naschberger angehörten. Ganz im Gegensatz zu Berlin steht hier weniger die großstädtische Lebenssituation als vielmehr surrealistisch verschlüsselte Traumwelten und bizarre Phantasiegewächse im Vordergrund, die mit hintergründiger Ironie und Satire spontane Motivverkettungen erreichen oder beispielsweise bestimmte Redensarten parodieren.

In Hamburg verfolgen Werner Büttner, Martin Kippenberger sowie Albert und Markus Oehlen eine bisweilen düster sarkastische Malerei, die trotz verrätselter Bildsprache eine sozialkritische, politisch engagierte Haltung ersichtlich werden läßt.

Gewissermaßen «über Nacht» kam für die Neuen Wilden der kommerzielle Erfolg und innerhalb von Monaten der internationale Durchbruch. Doch im selben Augenblick zeigte die typische Gruppenbindung Auflösungserscheinungen, so daß bereits 1982 die Zeit der intensiven Zusammenarbeit vorüber war.

Als weitere Vertreter sind Stefan Sczcesny, Volker Tannert und die Künstlergruppe «Normal» (Peter Angermann, Milan Kunc, Jan Knap) zu erwähnen. In gewisser Weise ist die Malerei der Neuen Wilden mit der zeitgleichen italienischen → Arte Cifra und entfernt mit dem amerikanischen → Pattern Painting und → New Image Painting zu vergleichen.

New Image Painting In den späten siebziger Jahren entwickelte sich in den USA das New Image Painting (engl. *new image* = neues Bild) als Gegenreaktion auf die intellektuelle Formensprache der → Concept Art, die sich in den siebziger Jahren schrittweise von der sinnlichen Präsenz (Farbe, Form, Material) entfernte. Vergleichbar mit der emotional geprägten Malerei der → Neuen Wilden in Deutschland und der → Arte Cifra in Italien, zielt das New Image Painting auf eine gestisch-bewegte Malweise mit subjektiven Inhalten, zum Teil auch symbolisch verschlüsselt.

Doch im Gegensatz zu den genannten europäischen Strömungen erreicht es nicht deren konzentrierte Heftigkeit und expressive Aussage. Statt dessen finden sich häufig Stil- und Motivzitate aus der Kunstgeschichte. Dadurch läßt sich das New Image Painting als eine Variante der → Postmoderne kennzeichnen. Anknüpfend an bestimmte Arbeiten von Francis Picabia und Sigmar Polke, zeigt sich eine harte Konfrontation unterschiedlicher Stile und Motive innerhalb eines Bildes, plaziert in streng unterteilten Bildsegmenten.

Durch eine im selben Bilde gegensätzliche Handschrift, durch Motivüberschneidungen oder Kombination von gegenstandslosen mit figürlichen Bildfeldern entsteht der Eindruck durchgreifender Heterogenität. Auf diese Weise formieren sich sehr häufig zwei Bildebenen, eine «obere» (Überlagerung) und eine «untere».

Insbesondere Arbeiten von David Salle folgen einer derartigen Bildorganisation, wobei sich die Bildmotive ihrerseits in

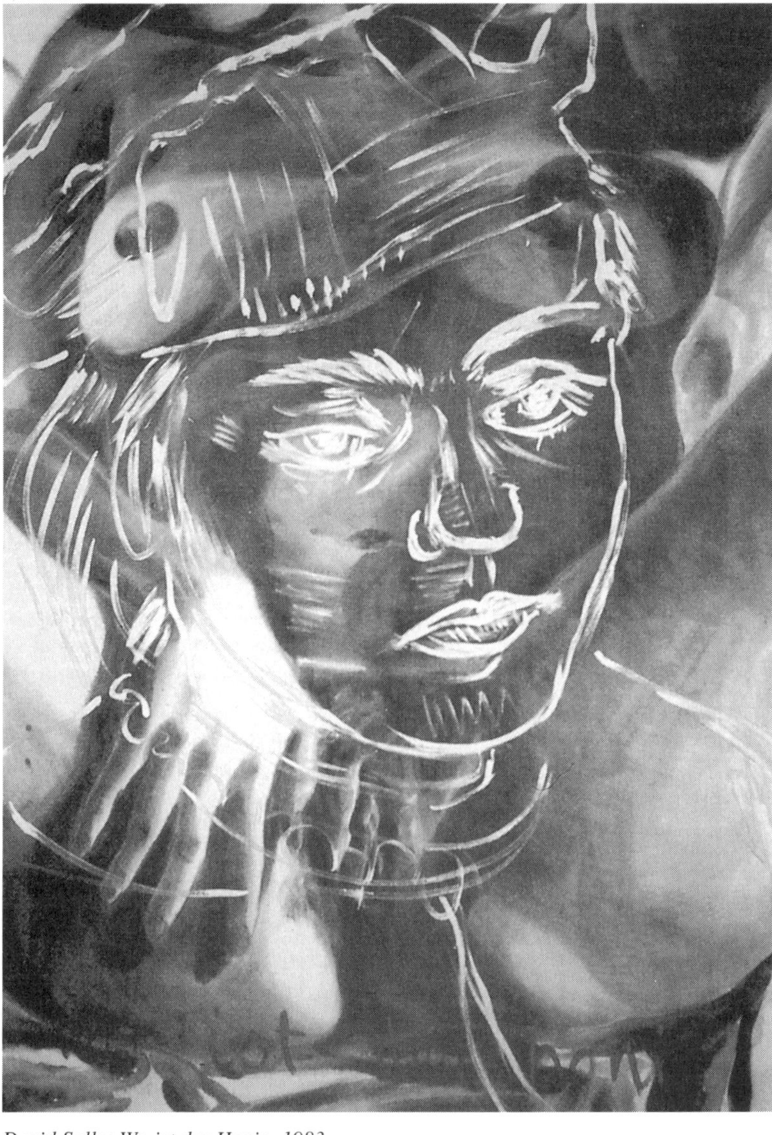

David Salle: Wo ist der Honig. 1983

ihrer krassen Unterschiedlichkeit gegenseitig brechen. Charakteristisch für seine Arbeiten ist die Überlagerung und damit Brechung von suggestiv erotischen Sentenzen mit trivialen «Allerwelts»-Motiven. Auch Julian Schnabel bedient sich der Motivüberlagerung, wobei er seine Malerei bevorzugt auf einen reliefartigen Grund (→ Materialbild) von zerbrochenen Tellern legt, was in bezug auf die «informelle» Struktur gewisse Erinnerungen an den → Abstrakten Expressionismus und das → Informel hervorruft. Schnabel montiert → Objets trouvés in seine Bilder, bedient sich abrupt eines gegenstandslosen Vokabulars und bezieht unverblümt in eklektizistischer Manier Zitate aus der Kunstgeschichte (zum Beispiel Caravaggio) in seine Arbeiten ein.

New Realists Unter dem Begriff New Realists (engl. = neue Realisten) faßt man eine junge Generation amerikanischer Künstler in der zweiten Hälfte der fünfziger Jahre zusammen, die sich in New York von der Vorherrschaft des → Abstrakten Expressionismus mit auf die Wirklichkeit bezogenen Arbeiten abzusetzen suchten.
Lange bevor sie mit dem Begriff → Pop Art belegt wurden, vollzogen Jasper Johns und Robert Rauschenberg die Rückkehr zum Gegenstand, wobei die Wiederentdeckung dadaistischer Arbeitsverfahren (→ Dadaismus) an der Entwicklung des → Combine Painting entscheidenden Anteil hatte, das letztlich als die typische Ausdrucksform der New Realists gilt. Gerade die Integration von trivialen Gegenständen des Alltagslebens wurde als grobe Provokation gegen den (farblichen) Ästhetizismus des Abstrakten Expressionismus empfunden, stellte sich jedoch in den sechziger Jahren als ein für die gesamte Pop Art bahnbrechender Impuls heraus.
Vergleichbare Bewegungen einer neuen Anknüpfung an die Lebenswirklichkeit gab es durch → Happening und → Fluxus ebenfalls in New York sowie den → Nouveau Réalisme in Paris. Im weiteren Sinne werden diese Bewegungen einschließlich der New Realists unter dem Begriff → Neuer Realismus zusammengefaßt.

New York School Sammelbegriff für alle innovativen Avantgarde-Strömungen der vierziger und frühen fünfziger Jahre in New York. Allen Tendenzen ist der initiierende Impuls der durch den Zweiten Weltkrieg emigrierten Künstler aus Europa gemeinsam, ebenso wie eine durchgängige Entwicklung zur Abstraktion. Prägenden Einfluß auf die junge Generation amerikanischer Maler übte die «Hofmann School of Art» in New York aus, die bereits 1934 von Hans Hofmann gegründet wurde. Auch Josef Albers, André Masson und Piet Mondrian, um nur wenige zu nennen, hatten entscheidenden Anteil, daß sich das international maßgebende Kunstgeschehen in den frühen vierziger Jahren von Paris nach New York verlagerte.
Somit steht der Begriff New York School für die junge amerikanische Kunst, die spätestens seit Ende der vierziger Jahre (erstmals) mit bahnbrechenden Entwicklungen wie dem → Abstrakten Expressionismus, dem → Action Painting oder dem → Colourfield Painting die gesamte westliche Kunstentwicklung neu definierte. An den Impulsen der New York School waren folgende Künstler maßgebend beteiligt: Arshile Gorky, Adolph Gottlieb, Franz Kline, Willem de Kooning, Robert Motherwell, Barnett Newman, Jackson Pollock, Ad Reinhardt und Mark Rothko.

Niello Nielli waren in der ursprünglichen Bedeutung des Wortes Verzierungen von

Metallgegenständen (zumeist Silber). Zur deutlicheren Hervorhebung der Motive füllte man die linearen Gravuren mit dieser Masse und verschmolz sie durch Erhitzen mit dem Metall. Anschließend polierte man die Oberfläche, so daß sich die Zeichnung schwarz abhob. Nielli entstanden etwa Mitte des 15. Jh.s und wurden noch bis weit ins 16. Jh. nachgewiesen.
Der Niellodruck, zuweilen auch als Vorläufer des frühen → Kupferstichs angesehen, bezeichnet den → Abdruck einer gravierten Metallplatte, bevor deren Vertiefungen mit einer schwarzen, aus Schwefelsilber hergestellten Masse (Niello; ital. von lat. *nigellus* = schwärzlich) gefüllt wurden.

Nouveau Réalisme Der Begriff Nouveau Réalisme (frz. = neuer Realismus) wurde von dem französischen Kunstkritiker Pierre Restany in einem Manifest im April 1960 anläßlich einer Ausstellung in der Galerie Apollinaire in Mailand geprägt. Die Bezeichnung bezieht sich auf eine Stiltendenz der späten fünfziger und frühen sechziger Jahre in Frankreich, repräsentiert durch eine eng zusammengehörige Gruppierung von Künstlern, die sich im Oktober 1960 zusammenschlossen: Arman, César, François Dufrêne, Raymond Hains, Yves Klein, Martial Raysse, Mimmo Rotella, Daniel Spoerri, Jean Tinguely und Villeglé. 1961 traten die Bildhauerin Niki de Saint-Phalle, 1962 Gérard Deschamps und ein Jahr später Christo der Gruppe bei.
In strikter Ablehnung der subjektiv emotionalen Geste aller gegenstandslosen Strömungen der fünfziger Jahre (→ Abstrakter Expressionismus, → Informel, → Tachismus) fanden die «Nouveaux Réalistes», wie sie auch genannt werden, zum Gegenstand und damit zu einem direkten Bezug zur Realität zurück. Durch den Einsatz von Alltagsgegenständen und vor allem Abfallstücken des westlichen Wohlstandsmülls, oft im Sinne eines → Objet trouvé, erzielten sie eine sehr direkte, manchmal provokanteVerbindung zur Lebenswirklichkeit, ohne daß dabei weder auf eine sozialkritische noch ironische Komponente verzichtet wurde.
Der Nouveau Réalisme, ausgehend vom → Dadaismus, vermittelte der → Objektkunst entscheidende Erneuerungsimpulse: Neben der → Assemblage sind besonders → Akkumulation, → Décollage und die → Pressage typische Ausdrucksmittel, deren Entwicklung direkt mit dem Nouveau Réalisme verbunden ist. Arman häufte in seinen Akkumulationen jeweils Gegenstände einer Art in einem durchsichtigen Kasten – so Kaffeemaschinen, Puppen, Briefe, Hausabfälle oder Revolver – auf und reflektiert damit indirekt das Phänomen der Massengesellschaft. César bediente sich der Pressage, indem er bevorzugt Automobile als zusammengepreßte Metallpakete präsentierte, um auf diese Weise den technischen Fortschrittsglauben in Frage zu stellen. François Dufrêne, Raymond Hains, Mimmo Rotella und Villeglé entlarvten durch ihre Plakatabrisse (Décollagen) zum Teil schon in den frühen fünfziger Jahren eine auf Werbung und Kinospektakel basierende Trivialwelt. Schließlich sind die → Fallenbilder des Schweizer Künstlers Daniel Spoerris zu nennen.
Insgesamt ergibt sich also ein lebendiges Bild unterschiedlicher Ansätze, die – obgleich ab 1963 der Gruppencharakter zu schwinden begann – eine Grundlage der → Pop Art in Europa schufen, vergleichbar mit den → New Realists in New York, die ihrerseits die Voraussetzungen der amerikanischen Pop Art entwickelten.

Nouvelle Tendance Der Begriff Nouvelle Tendance (frz. = neue Richtung) umfaßt

verschiedene gegenstandslose, sachlich-objektivierende Strömungen der sechziger Jahre in Europa, die sich gegen die expressiven Stiltendenzen → Abstrakter Expressionismus, → Informel und → Tachismus wandten. Als Gemeinsamkeit verbindet sie der Bezug auf den → Konstruktivismus und die analytische Untersuchung der maßgeblichen Bedingungen des Seh- und Wahrnehmungsprozesses. In enger Verbindung zur → Kinetischen Kunst und → Op Art stehend, finden sich in den Arbeiten Bewegungs-, Licht- und Tonelemente integriert. Die wichtigsten zusammenfassenden Ausstellungen fanden unter dem Titel «Nove Tendencje» in den Jahren 1961 bis 1965 in Zagreb statt.
In Deutschland ist in erster Linie die Künstlergruppe «Zero» (Heinz Mack, Otto Piene, Günther Uecker) zu nennen, die seit ihrer Gründung 1957 mit (kinetischen) Spiegelobjekten, Lichtstelen und seriellen Wandarbeiten insbesondere die Wirkung von Licht und Bewegung untersuchte. Die niederländische Gruppe «Nul» (Armando, Henk Peeters, Jan Schoonhoven) verfolgte ähnliche Ziele und konzentrierte sich in ihren seriellen Reliefs vornehmlich auf die Farbe Weiß. Zur Nouvelle Tendance rechnet man in Frankreich die «Groupe de Recherche d'Art Visuel», in Japan die Gruppe «Gutai» und in Spanien die Gruppe «Equipo 57».

Nudogramm Als Variante des → Fotogramms gilt das Nudogramm, bei dem Aktmodelle in Lebensgröße auf Fotopapier belichtet werden. Die silhouettenhaften Umrisse werden dabei mit Hilfe einer starken Taschenlampe erzeugt.

Numerierung Die Numerierung (zum Beispiel 87/200) gibt die Reihenfolge der → Abzüge von der → Druckform an. Die erste Zahl kennzeichnet die Nummer des Abzugs, die zweite Zahl steht für die Höhe der → Auflage. Verwendet man anstelle arabischer Ziffern römische (zum Beispiel II/X), so handelt es sich zumeist um die Numerierung eines → Vorzugsdrucks, der nicht zur Auflage gehört. Mit römischen Ziffern bezeichnet werden auch Blätter verschiedener Auflagen, zum Beispiel III 7/100. Die Numerierung wird in der Regel mit Bleistift am linken unteren Rand eines Abzugs angebracht, oft auch aus ästhetischen Gründen auf der Rückseite. Vor allem bei alten Kupferstichen, wenn die Platten zart und flach gestochen sind, ist die Numerierung von Bedeutung, weil sie Aufschluß über die Qualität der Drucke gibt. Die Abnutzung der Platte ist stark und führt nach mehreren hundert Abdrucken zu Qualitätsverlusten. Durch die Technik der → Verstählung ist heute jedoch die Abnutzung der Druckform gering und die Qualität auch bei größeren Auflagen gleichbleibend.

O

Objektkunst Zu den wesentlichen Neuerungen der Moderne zählt das Objekt, dessen Entwicklung sich wie ein roter Faden durch die Kunst des 20. Jh.s zieht. In einer Vielzahl von Tendenzen ist die Objektkunst stets eng mit der äußeren Realität verbunden, denn an die Stelle der Abbildung bzw. Nachbildung des Gegenstands tritt der reale Gegenstand selbst. Durch diesen Kunstgriff gelangen (vorfabrizierte) Alltagsgegenstände und Dinge des täglichen Gebrauchs – häufig abgenutzt, verbraucht oder gar in Form von (Wohlstands-)Müll – gewissermaßen als «Fundstücke» in das Kunstwerk. Dabei können sie völlig unverändert sein (→ Objet trouvé) oder aber auf unterschiedlichste Art künstlerisch verwandelt. Der kreative Prozeß richtet sich auf die Auswahl und Zusammenstellung der Objekte, mit dem Ziel einer Realitätsannäherung einerseits und der Erweckung vielschichtiger Assoziationsfelder andererseits. Die Objekte können dabei sowohl anspielungsreiche, ironische Pointen hervorrufen als auch einen sozialkritisch-provozierenden Charakter annehmen.

Von grundlegender Bedeutung für die Entstehung des Objekts sind die → Papiers collés (ab 1911/12) von Georges Braque und Pablo Picasso, die zugleich den Ausgangspunkt der → Collage bilden. Beide Formen enthalten bereits das Gestaltungspinzip der Objektkunst: Zeitungsausschnitte, Tapetenstücke oder Wellpappe werden in die Arbeiten eingefügt und besitzen – unabhängig von ihrem Wirklichkeitsgehalt – entweder Verweischarakter oder beschränken sich auf gewissermaßen gegenstandslose Oberflächenreize. Durch die Verwendung von Blech und kleinen, gedrechselten Möbelteilchen gewinnt die Collage wenig später reliefartigen Charakter.

Der → Futurismus nahm diese Entwicklung ebenso auf wie Wladimir Tatlin, der daraus seine → Kontra-Reliefs ableitete – eigenständige, dreidimensionale Objekte aus Blech, Draht, Holz und Metall. Die → Ready-mades Marcel Duchamps ab 1913 bilden eine weitere revolutionäre Etappe in der Entwicklung des Objekts. Die Präsentation von Alltagsgegenständen als Kunstwerke wirkte sich nicht nur für die Objektkunst des → Dadaismus und → Surrealismus inspirierend aus, sondern hatte enormen Einfluß auf die → New Realists und den → Nouveau Réalisme in den späten fünfziger bzw. frühen sechziger Jahren.

Wichtige Protagonisten des Objekts in seiner Frühzeit sind außerdem Hans Arp, Salvador Dalí, Max Ernst, Raoul Hausmann, Meret Oppenheim, Francis Picabia, Man Ray und Kurt Schwitters.

Nach 1945 entwickelte Robert Rauschenberg das → Combine Painting, eine Form des → Materialbildes, das für den Beginn der → Pop Art eine wichtige Rolle spielte. Daneben gilt die → Assemblage als wichtige Variante der Objektkunst.

Auch die Künstler des Nouveau Réalisme waren maßgeblich an dem zweiten großen Entwicklungssprung der Objektkunst beteiligt. Arman wurde mit seinen → Akkumulationen bekannt, Christo schuf mit der → Empaquetage eine Sonderform, und Daniel Spoerri entwikkelte das → Fallenbild als dokumentierendes wie auch ironisch kommentierendes Objektensemble. Frühe Formen des → Environment bestehen aus einer Fülle von Alltagsgegenständen, die kulissenhaft einen fast bühnenartigen Raum ausbilden und gewissermaßen die Funk-

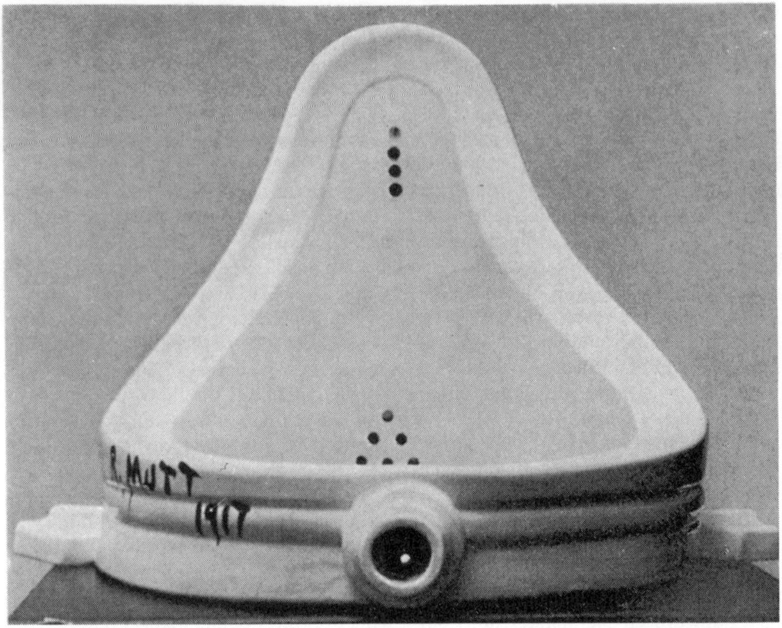

Marcel Duchamp: Fontäne. 1917

tion von Requisiten der Figuren einnehmen. In den siebziger Jahren findet sich das Objekt in Form von Naturmaterialien in Arbeiten der italienischen → Arte povera oder als historische Dokumente der → Spurensicherung.
In den achtziger Jahren läßt das Objekt im Zeichen der → Postmoderne immer wieder Rückgriffe auf seine «klassisch» gewordenen Anfänge erkennen. Doch bis in die Gegenwart hinein taucht es in den verschiedensten Zusammenhängen auf und hat nichts von seiner direkten, unmittelbar überspringenden Charakteristik verloren.

Objet trouvé Das Objet trouvé (frz. = gefundener Gegenstand) ist ein vorgefundener Gebrauchsgegenstand, zumeist dem zivilisatorischen Alltag oder dem Wohlstandsmüll entstammend. Mit keinen oder nur minimalen Veränderungen findet es sich in der Regel als ein Bestandteil in ein Kunstwerk integriert. Somit tritt der reale Gegenstand an die Stelle seines Abbildes, was immer wieder zu heftiger Diskussion führte. Die Bedeutung des Objet trouvé liegt in seinem außergewöhnlichen, nicht mehr zu steigernden Wirklichkeitsgehalt, der sowohl sozialkritisch provozierenden als auch listig ironischen Charakter annehmen kann.
Das Objet trouvé ist ein bevorzugtes künstlerisches Mittel des → Dadaismus, → Surrealismus, der → Pop Art und des → Neo-Dadaismus der fünfziger und sechziger Jahre sowie fester Bestandteil

der → Objektkunst. Die geforderte Nähe zur (Alltags-)Wirklichkeit sowie Aspekte der Schockierung und Verwirrung finden sich deutlich manifestiert. Enge Verbindungen gibt es zum → Ready-made Marcel Duchamps, eine radikalisierte Form, die eine Unterscheidung zum Objet trouvé fast unmöglich macht. Im Gegensatz zum Objet trouvé tritt das Ready-made allerdings als selbständiges Kunstwerk auf.
Die → Materialbilder Kurt Schwitters' enthalten oft eine ganze Anzahl an Objets trouvés: Fahrkarten, Flaschenetiketten, Stoffreste, Streichhölzer, Weinkorken etc. Zu den frühen Beispielen zählt ferner das «Cadeau» (frz. = Geschenk; 1921) von Man Ray, ein auf seiner Unterseite mit Nägeln versehenes Bügeleisen – eine Arbeit, die auf die hintergründig ironische Seite des Objet trouvé verweist. Zahlreiche weitere Beispiele lassen sich in den → Akkumulationen des → Nouveau Réalisme finden, wo Objets trouvés in additiver Ansammlung auftreten. Zu erwähnen ist es außerdem als wichtiger Bestandteil in der → Junk Art.

Ölfarbendruck Der Ölfarbendruck ist ein Verfahren zur Nachahmung von → Ölmalerei auf der Grundlage eines Farbsteindrucks.
Das Pastose des Pinselstrichs sowie die Struktur der Leinwand werden durch nachträglich aufgeprägte, gravierte Platten ohne Farbauftrag imitiert.

Ölmalerei In der Ölmalerei finden trocknende Öle als Bindemittel Verwendung, zum Beispiel Lein-, Mohn- oder Walnußöl. Am häufigsten wird Leinöl gebraucht, das insgesamt ausgewogene Eigenschaften besitzt, allerdings bei einem zu hohen Ölanteil nachträglich zum Gilben tendiert. Mohnöl zeigt sich gegen das Gilben weitgehend resistent, trocknet aber langsamer und reißt dabei leichter ein. Die Ölfarben oxidieren an der Luft und wandeln sich in eine feste, lederartige Substanz. Nach dem Trocknen wird das Bild in der Regel mit einem luftabschließenden, durchsichtigen → Firnis behandelt, welcher die Farbe vor Feuchtigkeit, Verschmutzungen und dem Sauerstoff der Luft schützen soll. Im Laufe der Zeit kann durch die chemischen Umwandlungen ein Alterungsprozeß einsetzen, der sich in Form feiner Risse (→ Craquelé) sowohl im Firnis als auch in den Farben bemerkbar macht. Je nach der Art des Öles können die Farben durch Vergilben abdunkeln; dies gilt im übrigen auch für den Firnis. Häufig werden den Farben unterschiedliche Zusätze beigegeben wie zum Beispiel helle Harze, manchmal wird Terpentin als Verdünnungsmittel gebraucht. In Abhängigkeit vom verwendeten Öl und den Zusätzen erhalten die Farben recht unterschiedliche Eigenschaften.
Gemeinsam ist ihnen ein sehr langer Trocknungsprozeß, der allerdings die Farben in ihrer Wirkung nicht beeinträchtigt, das heißt, sie unterliegen keiner Veränderung durch das Trocknen wie viele andere Farben, zum Beispiel → Tempera. Außerdem bieten sie überaus variationsreiche Anwendungsmöglichkeiten: Ölfarben können sowohl pastos als auch lasierend (→ Lasur) verwendet werden, wobei sich bestechende plastische Modellierungen und perfekte Farbübergänge erzielen lassen. Als Bildträger werden in der Regel Leinwand, Holztafeln oder Pappe gebraucht, aber auch Metall oder Stein sind möglich. Außerdem erfordert die Ölmalerei eine Grundierung, die zum Beispiel aus verdünnter Ölfarbe bestehen kann.
Grundsätzlich unterscheidet man zwei verschiedene Techniken der Ölmalerei: Die sog. Primamalerei stellt das Bild in einem einzigen Farbauftrag ohne Unter-

malung fertig. Sie verzichtet auf langwierige Lasuren oder Übermalungen und verlangt ein entsprechend zügiges Arbeiten.
Demgegenüber steht die Schichtenmalerei, die langsam über einen längeren Zeitraum wohlüberlegend Schicht für Schicht das Gemälde aufbaut. Um eine neue Schicht auftragen zu können, muß die vorhergehende durchgetrocknet sein, dabei kann lasierend oder deckend gearbeitet werden. Es wird nach dem «Fett-auf-mager-Prinzip» gemalt, das heißt, die neue Schicht enthält etwas mehr Öl als die vorhergehende. Darüber hinaus sind auch Kombinationen dieser beiden Techniken gebräuchlich ebenso wie eine Vielzahl weiterer Mischtechniken und Verbindungen.
Nicht zweifelsfrei zu klären ist die Entdeckung der Ölmalerei, die ursprünglich den Brüdern van Eyck zugeschrieben wurde. Obgleich Öl schon im Altertum als Bindemittel bekannt war und Theophilus bereits im frühen 12. Jh. erste Hinweise zu einer Verwendung von Öl in der Malerei beschrieb, eröffneten die Brüder dieser Technik die weiteren Entwicklungsschritte im Bereich der bildenden Kunst. Ihre Bilder sind aus vielen sich abwechselnden Schichten einer mageren Harz- und einer fetteren → Öltempera aufgebaut, bestehen also strenggenommen aus einer Mischtechnik. Antonello da Messina lernte dieses Verfahren durch die Brüder van Eyck kennen und brachte es im späten 15. Jh. nach Venedig, von wo aus es sich sehr langsam in Italien ausbreitete. Zunächst trat die Ölmalerei nur in Form von Mischtechniken mit der Tempera auf, erst lange nach 1500 in reiner Form. Auch Tizian war an der langwierigen Entwicklung maßgeblich beteiligt; er erprobte beispielsweise Lasuren von dreißig bis vierzig Schichten. In Italien setzte sich zuerst die Leinwand anstelle der Holztafel als Malgrund durch. Erst im 17. Jh. erreichte die Ölmalerei ihren Durchbruch, nicht zuletzt durch ihre spezifische Eignung für die Anforderungen der Barockmalerei.

Öltempera Die Öltempera sucht die positiven Eigenschaften der Ölfarben (→ Ölmalerei) und der → Tempera in einer Vielzahl von unterschiedlichen Rezepturen miteinander zu verbinden. Im Gegensatz zur gewöhnlichen Tempera ist die Öltempera nicht mehr wasserlöslich, sondern zum Verdünnen muß Terpentin oder eine Harzlösung verwendet werden. Die Temperaemulsion enthält Öl als Bindemittel. Je nach Rezeptur weichen die Eigenschaften der Öltempera bisweilen stark voneinander ab. Im allgemeinen hellen die Farben weniger stark auf (wie bei der Tempera), sie trocknen schneller als Ölfarben und zeigen sich widerstandsfähiger gegen Vergilbung.

Œuvre Unter einem Œuvre (frz. = Werk) versteht man das Gesamtwerk eines Künstlers. Der Œuvre-Katalog («Werkverzeichnis») enthält die Daten aller Werke, oft in chronologischer Reihenfolge und nach Gattungen geordnet. Kleine Schwarzweiß-Abbildungen vervollständigen die technischen Angaben.

Offsetdruck Der Offsetdruck (engl. *to set off* = abheben) ist ein maschinelles Reproduktionsverfahren des → Flachdrucks, bei dem nicht unmittelbar von einer → Druckform, sondern «indirekt» von einer Übertragungsrolle aus, auf Papier gedruckt wird. Die Bildvorlage wird als gerastertes Negativ seitenrichtig auf eine Offsetplatte (zumeist biegsame Metallbleche mit galvanisch aufgetragener Kupfer- oder Chromschicht) kopiert (→ Fotolithographie).
Seltener, allerdings dann als → Originalgraphik bezeichnet, wird das Druck-

bild vom Künstler direkt oder durch → Umdruck auf die Platte gebracht. Nach dem Ätzen wird die Offsetplatte um den Zylinder der Offsetdruckmaschine gespannt und durch entsprechende Farbwalzen, destilliertes Wasser und Spezialflüssigkeiten für den → Flachdruck präpariert.
Die von den wasserabstoßenden Partien aufgenommene Farbe einer Zeichnung wird auf eine Gummiwalze übertragen, von der sie seitenrichtig auf das Papier gelangt. Durch diese Methode wird das lithographische Original geschont und ein weicher, durch matte Töne gekennzeichneter → Abdruck erzielt.
Das Offsetverfahren wurde 1904 vom Amerikaner Ira Rubel erfunden, setzte sich in Deutschland aber erst nach 1945 durch. Infolge zahlreicher technischer Verbesserungen eroberte diese Technik sehr schnell Gebiete, die bis dahin dem → Hochdruck vorbehalten waren, insbesondere die Vervielfältigung von farbigen Großformaten wie → Plakate oder → Poster. Der moderne Industriedruck arbeitet heute mit mehrfarbigen Offsetmaschinen, die bis zu 30 000 Zylinderumdrehungen in der Stunde leisten können. Große Auflagen können somit schnell und rationell gedruckt werden.

Offsetlithographie Bei diesem Verfahren des → Flachdrucks wird nicht direkt vom Stein oder einer Platte gedruckt, sondern von einem Offsetfilm, der vom Künstler mit einer speziellen Tinte bezeichnet wird. Im 20. Jh. bedienten sich insbesondere Horst Antes, Dieter Asmus, Christo, Peter Nagel und Peter Sorge dieser Technik.

Op Art Die Bezeichnung Op Art (engl. *optical art* = optische Kunst) stammt von William C. Seitz im Zusammenhang mit der 1965 im Museum of Modern Art in New York gezeigten Ausstellung «The Responsive Eye». Der Begriff Op Art steht für eine gegenstandslose, konstruktive Kunst, die Mitte der fünfziger Jahre entstand und durch optische Täuschungen und Effekte illusionistische Bewegung und Raumwirkungen erzielt. Die durch die Trägheit bzw. mangelnde Auflösungsfähigkeit des menschlichen Auges hervorgerufenen → Flimmereffekte dienen dabei als grundlegende Bausteine der Bilder, Reliefs und Skulpturen. Ebenso kennzeichnen andere optische Täuschungen, wie zum Beispiel der → Moiré-Effekt, die Kunstwerke, welche zumeist der persönlichen Handschrift entbehren und statt dessen oftmals für industrielle Vervielfältigung präpariert werden (so bei Bridget Riley oder Victor Vasarely). Im Gegensatz zur realen Bewegung der → Kinetischen Kunst (hervorgerufen durch Motoren, durch Windkraft etc.) sind Bewegung und Raum der Op Art stets illusionistischer Natur.
Die Vorgeschichte der Op Art ist ungewöhnlich vielgestaltig und beginnt bereits mit dem → Pointillismus, der durch das Nebeneinandersetzen verschiedener Farbtupfer eine (aus der Ferne betrachtet) optische Mischung herzustellen versuchte. Die optische Wirkungsweise der Farbe untersuchten nicht nur Robert Delaunay (→ Orphismus), Piet Mondrian (→ Stijl), Kasimir Malewitsch (→ Suprematismus) sowie Johannes Itten und László Moholy-Nagy (→ Bauhaus), sondern auch verschiedene Künstler nach 1945 setzten zum Teil mit theoretischem Hintergrund die Untersuchung der Farbe fort wie Josef Albers oder Max Bill. Die Op Art entwickelte ihren größten Einfluß in den sechziger Jahren, wobei zugleich eine nicht zu unterschätzende Wirkung auf → Design und → Gebrauchsgraphik ausging. Formale Berührungspunkte mit → Hard Edge und → Minimal Art verraten die rational kalkulierende Haltung der Künstler, die mit

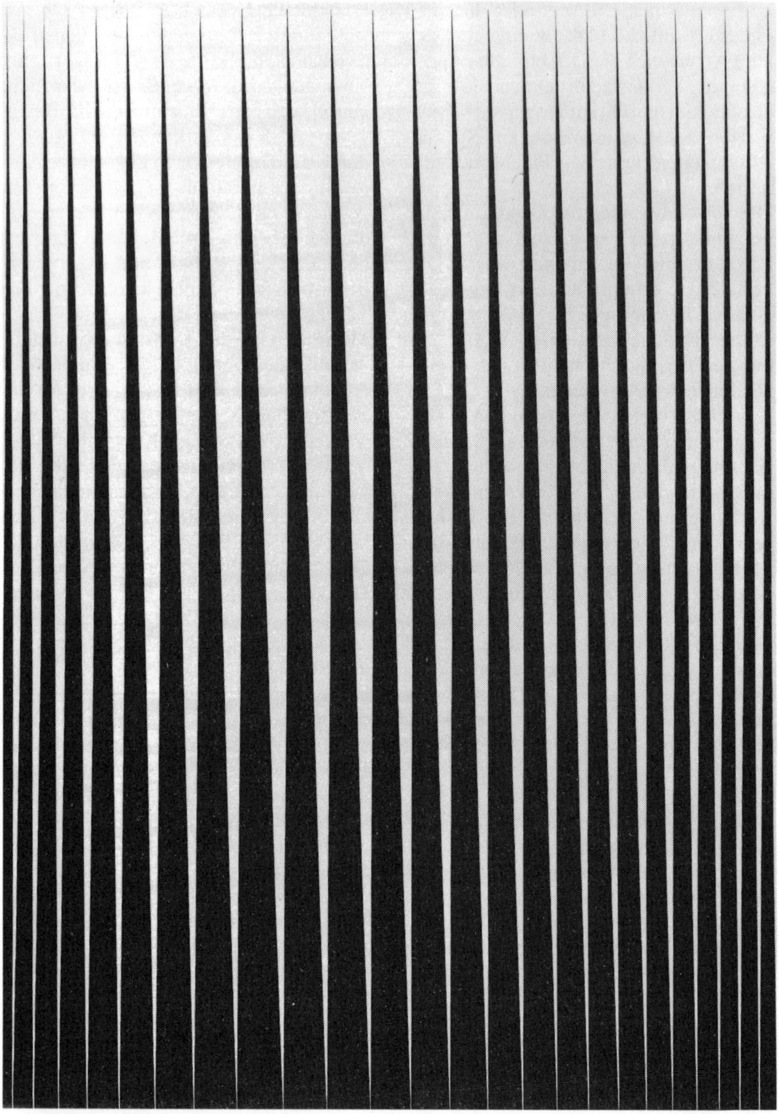

Bridget Riley: Atem. 1966

distanzierter Überlegung sorgfältig die optischen Effekte vorausplanten und gezielt mit technischer Perfektion einsetzten. Eine Haltung, die zugleich die Beschäftigung mit kunstimmanenten Problemen darlegt: Wie auch die Minimal Art thematisiert die Op Art nicht gesellschaftliche Vorgänge wie zum Beispiel die → Pop Art, sondern konzentriert sich vollständig auf die Untersuchung von Problemen und Bedingungen der bildenden Kunst, wobei allerdings manche spielerische Komponente enthalten ist.
Im Bereich der Malerei steuerte vor insbesondere Victor Vasarely mit seinen geometrischen, intensiv farbigen Bildern entscheidende Impulse bei und gilt zusammen mit Bridget Riley als Hauptvertreter der Op Art. In ihren elementar konstruierten Bildern untersucht Riley durch Verschiebung und Verlagerung der Bildelemente vibrierende Bewegungen und dreidimensionale Strukturen.
Die Op Art wird im Bereich von Skulptur und Relief vertreten durch die vielfältig das Licht reflektierenden, aus großen Linsen konstruierten Arbeiten Adolf Luthers und den aus sehr feinen, sich überschneidenden Metalldrähten bestehenden Reliefs und Skulpturen Jesus Raphael Sotos. Für die Wahrnehmung der Werke beider Künstler ist die Veränderung des Betrachterstandortes von entscheidender Bedeutung; erst dadurch aktivieren sich die Bewegungs- und Raumeindrücke.

Orgien-Mysterien-Theater Bezeichnung für die kultisch-orgiastischen, ritualartig angelegten Aktionen Hermann Nitschs in den sechziger Jahren, der neben Otto Muehl als Hauptvertreter des → Wiener Aktionismus gilt. Nitsch verfolgte mit dem Orgien-Mysterien-Theater mit extremen Mitteln im wesentlichen einen radikalen Abbau an gesellschaftlichen und religiösen Tabus. Durch ekstatische → Happenings und ritualisierte Opferszenen suchte er einerseits erotische Instinkte und verborgene Aggressionen freizusetzen, andererseits begegnete er der gesellschaftlichen Gewalt (Krieg, Terror, Völkermord) mit der Gewalttätigkeit einer Tierschlachtung, die als zentraler Bestandteil in die Aktionen integriert war. Durch die Enthemmung und das «Abreagieren» der Akteure sollte schockartig ein Prozeß der Bewußtwerdung um das Gewaltpotential der Gesellschaft sowie über die tatsächliche Wirklichkeit des Menschen einsetzen.

Originalgraphik Der Begriff des Originals für ein einmaliges, ursprüngliches Kunstwerk ist in der → Druckgraphik, die auf → Reproduktion angelegt ist, umstritten. Im engeren Sinne bezeichnet man die eigenhändige Wiederholung eines Kunstwerks durch den Künstler als Originalgraphik. Hierzu gehören sowohl der Entwurf als auch die Anfertigung der Druckplatte, die Drucküberwachung wie auch die spätere → Signatur und → Numerierung. Mit dem Aufkommen industrieller Druckverfahren, vor allem durch die Möglichkeit des fotomechanischen Übertragens einer Bildvorlage auf die Druckform (→ Offset- und → Siebdruck), setzte die Diskussion um den Originalbegriff erneut ein (→ Serigraphie).

Original-Plakatgraphik → Plakat

Ornament Das Ornament (lat. *ornare* = schmücken) ist eine Verzierung auf verschiedenen Ornamentträgern (Bauwerken, Buchseiten, Gefäßen etc.) und kann entweder aufgemalt, eingraviert, eingelegt (Intarsia) oder aufgelegt (Möbelbeschläge, Stuck) werden. Zumeist ordnet sich das Ornament der Struktur und Funktion des Ornamentträgers unter, es kann sich aber auch neutral verhalten

oder diesen überwuchern. Bezeichnet das Ornament eine einzelne Verzierung, so meint der Begriff «Ornamentik» die Gesamtkomposition eines Kulturkreises oder einer Epoche.
Die Geschichte des Ornaments reicht ins frühe Jungpaläolithikum (30 000 v. Chr.) zurück, in dem figurale und geometrisch-lineare Verzierungen vorkommen (Reihungen von Tieren, Zickzackbänder, Wellenlinien, Spiralen, Mäandermuster etc.). In der Bronze- und Eisenzeit wurde vor allem die Keramik verziert, aber auch Metall (Waffen und Schmuck).
Die Anfänge der griechischen Ornamentik sind seit etwa 1000 v. Chr. belegt. Geometrisch-lineare Formen finden sich hier auf Tongefäßen, Siegeln, Schmuck, aber auch auf Architektur und in der → Wandmalerei. Ein sehr beliebtes Motiv waren der Mäanderfries, die Spirale und später (beeinflußt von der orientalischen Kunst) Palmette und Akanthus.
Die römische Ornamentik leitete sich zum großen Teil aus der griechischen ab, wurde aber hier (insbesondere in der Bauornamentik) zur Flächendekoration eingesetzt. Ranken, Girlanden, Blüten- und Pflanzenmuster waren zu dieser Zeit besonders beliebt. Während der Völkerwanderung entwickelte sich in den germanischen Ländern die Tierornamentik (vor allem auf Goldschmiedearbeiten).
Eine bedeutende Rolle spielte die Ornamentik in der islamischen Kunst, vor allem in der → Buchmalerei und im Architekturdekor. Geometrische Motive wie Sterne, Vielecke oder Kreise verbanden sich mit pflanzlichen und stilisierten Formen (Ranken, Blüten, Rauten o.ä.). Zu einem herausragenden Motiv wurden seit dem 10. Jh. die Arabeske – eine lineare, symmetrische Ranke – und die Maureske.
In der europäischen Buchmalerei findet man seit dem Mittelalter Pflanzen- und Tierornamente, die durch die Skriptorien in England beeinflußt waren. In der Romanik entstanden verschiedene Ornamentfriese und die abstrakte Maßwerkornamentik. Im 13. Jh. bildete sich als Gegenpol dazu eine reiche Pflanzenornamentik (Weinstock, Efeu, Wacholder, Eiche etc.). Die Renaissance griff im wesentlichen auf die Antike zurück und hat beispielsweise die Groteske weitergebildet. Als neues Ornament hat sie den Akanthus, das Rollwerk und das Beschlagwerk geschaffen.
Die wesentlichen Merkmale der Rokoko-Ornamentik sind Asymmetrie und ein üppiger Formenreichtum, der sich beispielsweise in der muschelartigen Rocaille zeigt. Sie kam vor allem in Süddeutschland (zusammen mit dem Bandelwerk) als Wand- und Deckenstuck zur Geltung.
Der Klassizismus besann sich wieder auf antike Schmuckformen und ist gekennzeichnet durch Einfachheit und Klarheit. Blattkränze, Blütenzweige, Girlanden, Festons und Vasen gehören zu seinen typischen Formen. Im 19. Jh. wurden beinahe alle Ornamente vorausgegangener Kunstepochen verwendet, ehe der Jugendstil an der Wende zum 20. Jh. den Versuch einer Neubestimmung der Ornamentik unternahm.
Seine vegetabilischen Formen fanden Eingang in Architektur, Malerei, Graphik und Kunsthandwerk. Geometrische Formen (wie zum Beispiel Rautenmuster) zeigten sich insbesondere in der → Op Art der sechziger Jahre.
Eine zentrale Rolle spielte das Ornament im → Pattern Painting, in gewisser Weise dann auch in der Kunst der → Trans-Avantgarde. In der Malerei des 20. Jh.s wird der Begriff Ornamentale oftmals abwertend im Sinne von verspielter, beliebiger Kunst ohne konkrete Aussage gebraucht.

Orphischer Kubismus → Orphismus

Orphismus Der Begriff Orphismus (abgeleitet von *Orpheus*, Sänger und Kitharaspieler der griech. Mythologie) wurde von dem Dichter Guillaume Apollinaire geprägt anläßlich einer 1912 veranstalteten Ausstellung von Bildern Robert Delaunays in Herwarth Waldens Galerie «Der Sturm» in Berlin. Damit wird eine Stiltendenz in der Malerei bezeichnet, manchmal auch «orphischer Kubismus» genannt, die sich als Reaktion auf die Formzerlegung des → Kubismus der Zerlegung und Analyse des Lichtes und der Farbe zuwandte.

Auf der Grundlage der Farbuntersuchungen Paul Cézannes und Georges Seurats (→ Neoimpressionismus) gelangte Robert Delaunay, der Hauptvertreter des Orphismus, zu der Überzeugung, daß den Farben autonome Werte innewohnten, die er beispielsweise als Bewegung oder Rhythmen in seinen Bildern auszudrücken suchte. Durch das gezielte Nebeneinandersetzen kleiner Farbflächen, die an vielen Stellen zudem ineinanderfließen, unter Berücksichtigung von → Komplementär- und → Simultankontrasten, löste sich Delaunay einerseits vom Einfluß des Kubismus und erreichte andererseits die angestrebten eigenständigen Farbrhythmen.

Allein die lichtdurchwirkten Eigenschaften seiner Farben, die oft als «poetisch» oder «musikalisch» beschrieben werden, stehen in augenfälligem Gegensatz zum Kubismus und wirkten sich als ein wesentlicher Impuls auf die ebenfalls auf der Farbe gegründete Malerei des «Blauen Reiter» (→ Expressionismus) aus. Obwohl immer wieder der Gegenstand in wechselnder Deutlichkeit in den Bildern Delaunays sichtbar wird, tritt er in der eigentlichen Auseinandersetzung um die Farbe klar zurück. Wie die Serie der «Fensterbilder» deutlich macht, dient er als ein letzter Funke für die Entfaltung der Farbe. Mit deren zunehmender Autonomie verliert er seine Bedeutung. Neben Robert Delaunay ist als weitere wichtige Vertreterin insbesondere dessen Frau Sonia Delaunay-Terk zu erwähnen, die in enger Zusammenarbeit mit Delaunay die Strukturen des Orphismus entwickelte. Ferner sind zeitweise auch Frank Kupka, Francis Picabia und Jacques Villon der Strömung zuzurechnen.

Outline Als Outline (engl. = Skizze, Umrißzeichnung) bezeichnet man die Umrißzeichnung eines Graffito (→ Graffiti), bei der sowohl die farbliche Füllung als auch die Ausgestaltung fehlt. Man unterscheidet zwischen dem «rough outline», das zu Beginn einer Arbeit entsteht, und dem «final outline», dem endgültigen Umriß.

P

Papier Papier, der bevorzugte Träger in Graphik und Druckgewerbe, besteht aus Holz und verschiedenen pflanzlichen Fasern (auch Lumpen- oder Chemiefasern), die zerkleinert und mit Wasser zu einem Brei vermahlen werden, dem man Füllstoffe wie Leim, Farben, Talkum oder Gips beigibt. Der so entstandene Faserbrei wird entweder handgeschöpft oder mechanisch auf langen, rüttelnden Bandsieben «verfilzt», anschließend getrocknet, geglättet und beschnitten (oder zu Rollenpapier verarbeitet). Die am meisten verbreiteten Papiersorten sind → Büttenpapier, → Chinapapier, → Ingrespapier, → Japanpapier, → Karton, → Kunstdruckpapier, → Kupferdruckpapier und → Werkdruckpapier (→ auch: Pergament). Die künstlerische Entscheidung für eine bestimmte Papiersorte ist abhängig von der ästhetischen Intention und der technischen Beanspruchung beim Druck. Papiere mit glatter Oberfläche sind vor allem für den Druck von → Autotypien (mit feinem Raster) geeignet. Im → Offsetdruck werden aufgrund der Faser- und Staubteilchen, die auf die Gummiwalze übertragen werden können, zumeist «vollgeleimte» Papiere verwendet, im → Tiefdruck eher ungeleimte, saugfähige Papiere, welche die Farbe in den Vertiefungen gut aufnehmen können.

Papier collé Das von Georges Braque und Pablo Picasso 1911/12 entwickelte Papier collé (frz. = geklebtes Papier) bildet zugleich den Ausgangspunkt der → Collage, mit der es eng verwandt ist. Braque und Picasso klebten Papierstücke, Tapetenreste oder kleine Teile eines Wachstuches als reale Elemente in ihre Bilder ein bzw. schufen daraus eigenständige Klebebilder. Auf diese Weise entsteht einerseits ein völlig neuer, unmittelbarer Realitätsbezug, andererseits öffnet sich ein breites Assoziationsfeld, das nicht nur von dem gegenständlichen Verweischarakter der eingeklebten Elemente lebt, sondern ebenso von deren gewissermaßen gegenstandsloser Oberflächenstruktur. Darüber hinaus stellt die Konfrontation von gemalten und eingeklebten Bildpartien die Abbildungsfunktion von Malerei in Frage. Die große Bedeutung des Papier collé in der Kunst des 20. Jh.s ergibt sich aus der daran anschließenden Entwicklung des → Objekts, dessen grundlegendes Gestaltungsprinzip der Einführung realer Gegenstände in die Kunst bereits hier veranlagt ist. → Dadaismus, → Futurismus, → Konstruktivismus und → Surrealismus nahmen den Impuls der Papiers collés auf und führten ihn in unterschiedliche Richtungen fort.

Papierlithographie → Umdruck

Pappe → Karton

Paranoisch-kritische Methode Eine von Salvador Dalí entwickelte Arbeitstechnik, irrationale Erfahrungen durch den Zustand des Deliriums bzw. der Halluzination zu erreichen.
Dalí sah in (künstlich hervorgerufenen) Wahnvorstellungen schöpferische Potentiale verborgen, die er mit seiner Methode zu erschließen suchte, um sie in seine surrealistische Malerei als wichtige Impulse aufzunehmen.

Passepartout Das Passepartout (frz. *passe partout* = paßt überall) ist eine aus Karton oder festem Papier hergestellte Rahmung für → Aquarelle, → Graphiken oder → Zeichnungen aller Art. Das jeweilige Blatt wird an wenigen Punkten auf die geschlossene Rückseite des Passepartout geklebt. Die aufklappbare Rahmung deckt von vorne die Ränder des Blattes ab. Dadurch ist einerseits ein guter Schutz gewährleistet, andererseits wird bei entsprechend dezenter farblicher Abstimmung auch eine gewisse optische Aufwertung erreicht.

Passer Als Passer bezeichnet man die Anlegemarken beim Mehrfarbendruck, die entweder aus Kreuzmarkierungen oder kleinen Löchern bestehen. Sie ermöglichen das paßgenaue Übereinanderdrucken der einzelnen Farbplatten und werden später weggeschnitten.

Pastell Die Technik des Pastells (ital. *pasta* = Teig; *pastello* = Pastellstift) besteht in einer trockenen Malweise mit farbigen Pastellkreiden auf einem ausreichend rauhen und oft getönten Untergrund (zumeist Papier oder Pappe). Da jedoch die Farbpigmente nur lose in einer pulverartigen Schicht auf dem Untergrund haften, wird eine Fixierung (→ Fixativ) erforderlich, die es außerdem erlaubt, beliebig viele Farbschichten aufzutragen. Die Pastellkreide kann einerseits in → Schraffuren und Strichen eingesetzt werden, andererseits lassen sich durch Verreibungen und Verwischungen weiche, fließende Übergänge mit malerischer Wirkung erzielen. Korrekturen sind jederzeit möglich.
Das Pastell steht zwischen → Zeichnung und → Malerei: Wird vorwiegend mit Strichen und mit Schraffuren gearbeitet, spricht man von Pastellzeichnungen, finden sich hingegen Farbübergänge und

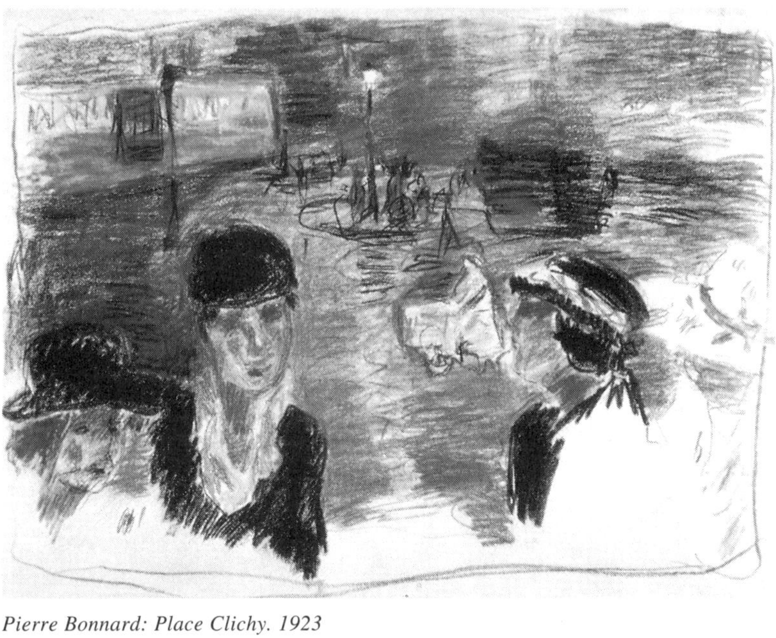

Pierre Bonnard: Place Clichy. 1923

zart fließende Verwischungen, wird gemeinhin der Begriff Pastellmalerei vorgezogen.
Pastellkreide wird aus Farbpulver mit einem geringen Anteil an → Bindemitteln (zum Beispiel → Gummiarabikum oder Tragant) hergestellt, indem das Farbpulver als Paste in Stiftform gepreßt und getrocknet wird.
Die frühesten Pastelle traten im 15. Jh. in Italien auf. Zunächst diente das Pastell nur zur farblichen Akzentuierung bzw. Ausführung einer Zeichnung. Seine Blüte erreichte es im Rokoko, wo man seine leichte, duftige Farbigkeit besonders schätzte. Entscheidenden Enfluß übte die venezianische Malerin Rosalba Giovanna Carriera mit ihren Bildnissen aus, als sie sich 1720/21 in Paris aufhielt und in kurzer Zeit mit Aufträgen überhäuft wurde. Die Pastellmalerei erfuhr in der Folge eine modische Blütezeit. Bezeichnenderweise lehnte zum Beispiel die strenge Bildsprache des Klassizismus das Pastell strikt ab. Erst wieder der französische → Impressionismus entdeckte die Pastellmalerei für seine fließende, atmosphärische Malweise. In Deutschland bevorzugten Franz von Lenbach und Max Liebermann das Pastell. Im 20. Jh. besitzt es keine große Bedeutung mehr, wird jedoch vereinzelt bis in die Gegenwart hinein gepflegt.

Pathetischer Realismus Als eine Variante des → Realismus nahm der Pathetische Realismus seinen Anfang mit dem ersten «Pandämonischen Manifest», formuliert 1961 in Berlin von Georg Baselitz und Eugen Schönebeck.
Sie wandten sich entschieden gegen das zur gängigen Norm erstarrte → Informel und verfolgten statt dessen eine expressive, figurative Malerei, die in schneidender Provokation die bürgerlichen Wertmaßstäbe verletzte. Eugen Schönebeck schockierte durch seine verstümmelten und zugrunde gerichteten Figuren. Pathetische Momente erscheinen in den großformatigen Figurenbildern von Georg Baselitz, die einen zerbrechlichen «Anti-Helden» entstehen lassen. In seinen «Frakturbildern» zerteilt er seine Motive, um sie ab 1969 ganz umzukehren. Darin äußert sich jedoch zugleich das Dilemma, eine neue Lösung zwischen Gegenständlichkeit und Abstraktion zu finden. Zum Pathetischen Realismus zählen ferner Arbeiten der 1963 in Berlin gegründeten Gruppe «Vision»: die expressiven, starkfarbigen Bilder Bernd Koberlings mit Motiven aus der Natur und die Großstadtbilder K.H. Hödickes. Außerdem ist Markus Lüpertz mit seiner «dithyrambischen» Malerei zu erwähnen, mit der er der problematischen Entscheidung zwischen gegenständlicher und abstrakter Malerei zu begegnen suchte. Zahlreiche Vertreter des Pathetischen Realismus schlossen sich 1964 in der Selbsthilfegalerie «Großgörschen 35» in Berlin zusammen – eine Reaktion nicht zuletzt auf die langanhaltende Ablehnung von seiten der Galerien. Georg Baselitz, K.H. Hödicke und Markus Lüpertz spielten gegen Ende der siebziger Jahre als Wegbereiter und «Väter» der → Neuen Wilden eine wichtige Rolle. Auf diese Weise gelangten auch ihre frühen Arbeiten zu später Wertschätzung.

Patina Die Patina ist eine durch Chemikalien oder auf natürlichem Wege entstandene, dünne Schicht auf Metallen (insbesondere auf Kupfer und seinen Legierungen). Ihre Farbe reicht von Hellgrau über Hell- und Dunkelgrün, Grünblau, Türkis, Rötlich und Purpur bis Violett und Schwarz. Die Patina schützt das Metall vor Zerstörung und beeinflußt das Aussehen der Oberfläche (Metallglanz, Transparenz oder Stumpfheit). Eine «natürliche» Patina entsteht durch Feuch-

tigkeit bzw. durch den Kohlendioxid- und Schwefeldioxidgehalt in der Luft, eine «künstliche» Patina wird durch Ammoniumsalze, Essigsäure oder durch Pflanzensäfte erzeugt.
Die moderne Bronzeplastik wird oft mit einer künstlichen Patina überzogen, um entweder bestimmte Tönungen zu erreichen oder die relativ langsame und uneinheitliche Bildung natürlicher Patina zu umgehen.

Patterning Art → Pattern Painting

Pattern Painting Eine in den späten siebziger Jahren in den USA entstandene Stiltendenz (engl. *pattern* = Muster) – auch «Patterning Art» oder «Decorative Art» genannt –, die sich durch teppich- und tapetenartige → Ornamente charakterisieren läßt.
Die großformatigen, dekorativen Kompositionen verstehen sich, vergleichbar mit der → Trans-Avantgarde, als Gegenbewegung zu den auf nahezu jede Sinnlichkeit verzichtenden, intellektuellen Kunstströmungen der → Concept Art und der → Minimal Art. Ohne im eigentlichen Sinne expressive Haltung wird das Pattern Painting wesentlich durch die sinnliche Leuchtkraft der Farben bestimmt. Kennzeichnend ist zudem der spielerisch leichte, poetisch unbeschwerte Einsatz von Muster und Ornament, die ihren schmückenden Charakter keineswegs verborgen halten.
Das Pattern Painting bezieht seine Anregungen durch die dekorative Malerei von Henri Matisse und den französischen → Fauvismus, die vegetabil verschlungenen Arabesken des → Jugendstils und die Arbeiten der Volkskunst. Hier sind besonders die sog. «Patch-Works» der amerikanischen Pioniere zu nennen, die verschiedene Stoffreste zu Decken u.ä. aneinandersetzten. Durch eine 1979 im Palais des Beaux-Arts in Brüssel veranstaltete Ausstellung wurde das Pattern Painting in Europa bekannt. Wichtige Vertreter sind u.a. Brad Davis, Tina Girouard, Valerie Jaudon, Joyce Kozloff, Robert Kushner, Tony Robin, Miriam Shapiro und Kendall Shaw.

Performance Eine in den späten sechziger Jahren in New York aus → Happening und → Fluxus entstandene Form der → Aktionskunst, die in ihren Aufführungen Tanz, Musik und bildende Kunst zu verbinden und somit die traditionellen Grenzen zwischen den Künsten aufzubrechen sucht. Ähnlich wie in der Fluxus-Bewegung bleibt das Publikum von den Aktionen ausgeschlossen und nimmt die übliche Zuschauerrolle ein. Die Performance (engl. = Durch- oder Aufführung) ist in ihrer Frühphase zum Teil nur schwer von Happening und Fluxus zu unterscheiden, die sich in den siebziger Jahren jedoch rasch erschöpften. Ursprünglich bestanden auch Berührungspunkte zur zeitgleichen → Body Art, was sich etwa in einigen Selbstdarstellungen von Gilbert & George äußert. Historische Anknüpfungspunkte bestehen zum Beispiel zu den «Anthropometrien» Yves Kleins oder den ekstatischen Happenings des → Wiener Aktionismus. Der entscheidende Einfluß zur Entstehung der Performance ging von Happening und Fluxus der (frühen) sechziger Jahre aus. Gegenüber deren Zielsetzung einer Verbindung von Kunst und Leben bezog die Performance jedoch stets eine ablehnende Haltung. Statt dessen spielen Aufzeichnung und Dokumentation mit zum Teil erheblichem technischem Aufwand eine wichtige Rolle.
Bisweilen zeichnet sich die Performance auch durch extreme Auftritte mit Selbstverstümmelungstendenzen aus (so Vito Acconci), welche die eher gelöst gestimmte Happening- und Fluxusbewegung nicht kannte.

Nicht nur das Aufbrechen der Grenzen zwischen den Künsten, sondern vor allem auch eine Sensibilisierung des Zuschauers, dessen Konzentration durch unterschiedliche Sinneseindrücke oft stark beansprucht wird, zählt zu den erklärten Absichten der Performance.
Darüber hinaus verfolgte sie besonders in den siebziger Jahren gesellschaftskritische Intentionen, indem sie Konventionen, Verhaltensnormen oder gesellschaftliche Zwänge angriff und in Frage stellte. Auch feministische Ansätze waren und sind vertreten, etwa durch Ulay und Marina Abramovic. Doch in den achtziger Jahren verloren sich die gesellschaftskritischen Töne, medienübergreifende Aspekte traten neben Individualisierungstendenzen in den Vordergrund.
Auch in der → zeitgenössischen Kunst hat die Performance ihren festen Platz, was die kreative Substanz und Wandlungsfähigkeit dieser Disziplin positiv unterstreicht. Bezüge der Performance zur → Videokunst finden sich zum Beispiel bei Friederike Pezold und Ulrike Rosenbach.
Außerdem sind Performances folgender Künstler und Künstlerinnen erwähnenswert: Bernhard Johannes Blume, Jochen Gerz, Rebecca Horn, Urs Lüthi und Boris Nieslony.

Pergament Pergament ist ein Beschreibstoff, der aus mechanisch gereinigten Tierhäuten besteht. Seine glatte Oberfläche erhält es durch einen langwierigen Abreibeprozeß mit Schabeisen und Bimsstein.
Im Mittelalter wurden die kirchlichen Handschriften auf Pergament geschrieben; seit dem 16. Jh. war es Druckträger für Bücher und Graphiken. Heute ist Pergament weitgehend durch → Papier abgelöst worden, findet aber gelegentlich noch bei bibliophilen Buchausgaben als Einbandart Verwendung.

p. f. Abkürzung (frz. *pour féliciter* = um zu beglückwünschen) auf Neujahrsgraphik, zum Beispiel «p. f. 91».

Phantastischer Realismus Eine Variante des → Realismus, die in ihrer phantastischen und skurrilen Motivverquickung auf den → Surrealismus zurückgeht, wobei dessen Methode der Aufgabe jeder rationalen Kontrolle (→ Écriture automatique) allerdings nicht befolgt wird. Den Phantastischen Realismus zeichnet die Pflege detailverliebter, altmeisterlicher Techniken ebenso aus wie barockornamentale, manchmal auch in religiöse, esoterische oder erotische Bereiche vorstoßende Ausdrucksformen.
Das Zentrum des Phantastischen Realismus entstand nach 1945 in Wien. Die Strömung wird auch «Wiener Schule» oder «Wiener Schule des Phantastischen Realismus» genannt und bestand aus einer losen Gruppe von Künstlern. Der Begriff wurde Mitte der fünfziger Jahre von dem Kunstkritiker Johann Muschik geprägt und bezieht sich auf Bilder von Erich Brauer, Ernst Fuchs, Rudolf Hausner, Wolfgang Hutter, Fritz Janschka, Anton Lehmden, Curt Stenvert u.a., zum größten Teil Schüler von Albert Paris Gütersloh an der Wiener Akademie.
Die präzise Malweise scheint geprägt vom Akademismus des 19. Jh.s und entfaltet mitunter bizarre Welten, die unschwer die Schulung an alten Meistern erkennen lassen. Der Phantastische Realismus, der eine Vielzahl stilistischer Möglichkeiten kennt, steht in gewisser Weise außerhalb der → Avantgarde, was nicht zuletzt auf die Errichtung ausgeprägt subjektiver, manchmal hermetischer Bildwelten zurückzuführen ist, verbunden mit der Entwicklung persönlicher Symbolsprachen.
In den fünfziger und sechziger Jahren besaß der Phantastische Realismus eine nicht geringe internationale Ausstrah-

lung. Horst Janssen, Friedrich Meckseper, Paul Wunderlich u.a. sind mit ihrem unverkennbar individuellen Formenvokabular als deutsche Vertreter der österreichischen Strömung zu erwähnen.

Piece Der Begriff Piece, eine Kurzform von «Masterpiece», ist eine Sonderform der → Graffiti, die synonym für das New Yorker Bild-Graffito steht. Es bezeichnet großformatige, mehrfarbige sowie zeichnerisch herausragende Sprühbilder, die an Mauern oder an U-Bahn-Waggons angebracht sind.

Pigment Unter einem Pigment versteht man die Farbmittel für Mal- und Anstrichfarben. Bis ins frühe 19. Jh. stellte man Pigmente aus natürlichen Substanzen wie etwa Holzkohle (schwarz), Erde (braun) oder Kreide (weiß) her, danach wurden Farben zunehmend auf chemischem Wege gefertigt, was zu einer explosionsartigen Zunahme neuer Farbtöne führte.
Da Pigmente durch ihre puderartigen Eigenschaften (mangelnde Haftung auf dem Malgrund) nicht unmittelbar als Farben gebraucht werden können, müssen sie mit → Bindemitteln (etwa → Gummiarabikum) versetzt werden.

Piktogramm Das Piktogramm ist ein vereinfachtes, zeichenartiges Bildsymbol, das international verständlich ist. Unabhängig von sprachlicher Ausformulierung enthält es einen Hinweis oder eine Warnung, steht manchmal auch für einen bestimmten Gegenstand oder eine Tätigkeit. Das Piktogramm besitzt oft den Charakter eines stark abstrahierten Zeichens von prägnanter Deutlichkeit und ist daher zum Beispiel mit Verkehrszeichen zu vergleichen. Piktogramme finden sich in fast allen Kulturen und besaßen ursprünglich magisch-kultische Bedeutung.

Pinselduktus → Duktus

Pinsellithographie Die Pinsellithographie, auch als «Lithotintverfahren» oder «Tuschlavierung» bezeichnet, ist ein besonderes Verfahren der → Lithographie, bei dem mit einem in lithographische Tusche getauchten Pinsel direkt auf den Stein, auf die Metallplatte oder auf Umdruckpapier gezeichnet wird. Dieses Verfahren ermöglicht eine weitaus lebendigere Strichführung als mit der Feder (→ Federlithographie) und hat zu zahlreichen Variationen geführt.
Um beispielsweise einen Laviereffekt (→ Lavierung) zu erzielen, muß die Druckplatte zuvor mit destilliertem Wasser befeuchtet werden, damit die Tusche verschwimmt. Spezielle «Texturen» ergeben sich durch Aufpressen eines in Tusche getauchten Materials auf die Druckform. Halbtöne können durch Verspritzen von lithographischer Tusche mit Hilfe einer Zahnbürste (über einem Sieb oder einer Messerkante) erzielt werden. Die Größe und Dichte des so entstandenen Korns läßt sich durch gezieltes Nachbearbeiten regulieren. In neuerer Zeit verwendet man (insbesondere für die Gestaltung von Plakaten) auch Spritzpistolen (→ Airbrush).

Pinselzeichnung Die Pinselzeichnung gebraucht dünnflüssige Farbe, in der Regel schwarze → Tusche, die mit dem Pinsel auf Papier aufgetragen wird. Ebenso finden auch die bräunliche → Sepia oder → Bister Verwendung.
Die Pinselzeichnung, manchmal auch «Tuschzeichnung» genannt, erlaubt ein breites Gestaltungsspektrum von der extrem reduzierten Linie über körnige Punktierung mit trockenem Pinsel bis hin zu flächiger, deckender Anwendung. In diesen vielfältigen Variationsmöglichkeiten reicht sie, ausgehend von der → Graphik, mitunter bis in den Bereich der

→ Malerei hinein. Manchmal wird auch farbiges Papier verwendet, und die Hell-Dunkel-Kontraste finden sich häufig durch Schwarz und Weiß in ihrer Wirkung gesteigert. Pinselzeichnungen können sowohl reiche Nuancierungen in einer Vielzahl weicher Grauwerte bilden als auch mittels tiefschwarzer Tusche auf strahlend weißem Papier harte, expressive Kontraste erreichen.
Die frühesten Pinselzeichnungen besaßen vorwiegend magischen bzw. kultischen Charakter und finden sich in der jungpaläolithischen Höhlenmalerei. Mit Beginn der Renaissance in Italien wurde die Pinselzeichnung dann allgemein gebräuchlich, wobei sie zunächst hauptsächlich als Vorzeichnung diente. In Deutschland arbeiteten Albrecht Altdorfer und Hans Baldung Grien in dieser Technik, während Albrecht Dürer sie in Venedig in ihren feinsten Nuancen kennenlernte.
Ihren eigentlichen Höhepunkt erreichte die Pinselzeichnung im Barock: Im Gegensatz zur Renaissance, die eher eine skizzenartige Form pflegte, entfaltete sie nun eine fast malerische Wirkung. Besonders charakteristisch ist eine Mischtechnik von Feder- und Pinselzeichnung. Während erstere durch ihre lineare Präzision die Bildstruktur bestimmt, erzielt letztere durch ihre reichen Valeurs die malerische Modellierung.
Arbeiten von Nicolas Poussin oder Rembrandt zählen zu den vorzüglichen Beispielen. Doch im Rokoko wurde die Pinselzeichnung von dem → Pastell zurückgedrängt. Erst wieder Eugène Delacroix, Théodore Géricault oder Francisco de Goya verhalfen ihr zu größerer Bekanntheit. Im 20. Jh. zeigt die Pinselzeichnung einerseits dynamische, gestische Ausdruckswerte, wie zum Beispiel im → Expressionismus oder teilweise im deutschen → Informel (K.O. Götz, K.R.H. Sonderborg u.a.), andererseits äußern sich aber auch verinnerlichte, kontemplative Tonlagen wie etwa in den Arbeiten von Julius Bissier.

pinxit, pinx. Lat. Bezeichnung (= hat gemalt) auf älterer Reproduktionsgraphik, die neben dem Namen des Malers der Vorlage steht.

Pittura metafisica In den Jahren 1911-15 entwickelte Giorgio de Chirico in Paris eine magisch-klassizistische Bildsprache, die 1917 durch die Begegnung mit Carlo Carrà im Militärhospital von Ferrara als Pittura metafisica (ital. = metaphysische Malerei) benannt und als Stilrichtung gegründet wurde. 1918 trat Giorgio Morandi der Bewegung bei.
Ganz im Gegensatz zum Fortschrittsglauben des → Futurismus wandte sich die Pittura metafisica in die Vergangenheit, um hier ihre Impulse aufzunehmen. Nicht die äußere Erscheinung der Dinge stand hierbei im Vordergrund, sondern deren innere Wirklichkeit.
Neben den Ideen Friedrich Nietzsches und Arthur Schopenhauers fanden insbesondere die klassische Maltradition der italienischen Frührenaissance (Masaccio oder Paolo Uccello), aber auch die symbolistisch verinnerlichte Malerei Arnold Böcklins, Max Klingers oder Odilon Redons Eingang in die Pittura metafisica. Ausgestorbene Plätze, glatte Architekturkulissen mit harten Schlagschatten und entseelte, skulpturenartige Gliederpuppen sind typische Bildmotive, wobei die einzelnen Bildelemente in andeutungsvoller, nie ganz zu entschlüsselnder Beziehung zueinander stehen. Überzeichnete Perspektiven, isoliert auftretende geometrische Formen und die scharfe Plastizität der Architekturfassaden tragen ihren Teil zur irrealen Wirkung bei. Der Verlust des gewohnten Sinnzusammenhangs der Dinge öffnet einen nach innen gerichteten Erfahrungs-

bereich, der neue, fremdartig erscheinende Wirklichkeitsaspekte erahnen läßt.
In den Bildern von Giorgio de Chirico stellen sich, trotz eines strahlend blauen Himmels und bunt flatternder Wimpel, angesichts der entleerten Kulissenartigkeit der Szenerie unweigerlich bald poetische, bald magisch-suggestive Formen der Melancholie und Verlassenheit ein. Das Bildgeschehen ist erfüllt von Imaginationen und von Traumvorstellungen, doch nie logischer Nachvollziehbarkeit zugänglich. Carlo Carrà, der sich 1916 vom Futurismus abwandte, wurde mit Bildern bekannt, die eigenartig erstarrte, ballspielende Puppen zeigen. Giorgio Morandi beschwor in seinen Stilleben die geheimnisvolle Atmosphäre gewöhnlicher Tassen, Flaschen und Krüge.
Die magische, antirationale Haltung der Pittura metafisica hatte einen entscheidenden Einfluß auf den zu Beginn der zwanziger Jahre sich formierenden → Surrealismus. Die Rätselhaftigkeit des Gegenstands und letztlich die metaphysische Realitätsebene menschlicher Existenz – grundlegende Themenbereiche des Surrealismus – wurden hier bereits vorweggenommen.

Plakat Das Plakat als ein großformatiges und seinem Wesen nach demonstratives Druckerzeugnis wird der → Gebrauchsgraphik zugerechnet, da sein Zweck vorwiegend der Werbung oder der politischen Propaganda dient. Plakate werden in hoher Auflage gedruckt und zeichnen sich durch anspruchsvolle typographische (→ Typographie) und bildnerische Darstellung aus. Ende des 19. Jh.s erzielte das Plakat, vorbereitet durch Arbeiten von Aubrey Beardsley, Théophile Alexandre Steinlen und Henri de Toulouse-Lautrec, seinen Durchbruch und fand in den folgenden Jahrzehnten auch künstlerisch Beachtung. Pierre Bonnard, Eugène Grasset, Alfons Mucha, Félix Vallotton und Henry van de Velde nutzten die gestalterischen Möglichkeiten des → Jugendstils für die Plakatkunst, später entdeckten die Expressionisten (→ Expressionismus) und Dadaisten (→ Dadaismus) das Plakat als Medium und experimentierten mit sog. Plakatmontagen, die sie aus Plakatfragmenten und typographischen Druckerzeugnissen zusammensetzten.
In den zwanziger Jahren kam auch das sog. Malerplakat auf und bewahrte seitdem seinen künstlerischen Rang, u.a. durch Arbeiten von Jean Cocteau, Henri Matisse, Fernand Léger und Marc Chagall. Seit 1945 geriet das Plakat zunehmend in den Bann der Werbung.
In jüngster Zeit hat sich das ausstellungsabhängige Künstlerplakat durchgesetzt, das von Museen, Galerien, Theatern, Filmgesellschaften o.ä. initiiert und von Künstlern wie Horst Antes, David Hockney, Friedensreich Hundertwasser, Horst Janssen, Victor Vasarely, Tom Wesselmann oder Paul Wunderlich gestaltet wurde.
Diese Plakate sind ein beliebtes Sammelgebiet geworden und werden inzwischen überall in Auktionskatalogen angeboten. Besondere Beachtung finden dabei selbständige Plakateditionen, wie zum Beispiel die Serien zur Kieler Woche oder zum Olympiajahr 1972, ferner Plakate, die handsigniert (und zuweilen limitiert) avant la lettre (→ Abdruckszustände) herausgegeben werden. Als «Original-Plakatgraphik» bezeichnet man originalgraphische → Lithographien, → Holzschnitte oder auch → Radierungen, die ein Künstler für die spätere Verwendung als Plakat geschaffen hat. Sie werden in den Œuvre-Katalogen oft auch als «Affiches originales» (Originalplakate) geführt.

Plastik Der Begriff «Plastik» wird heute zumeist gleichbedeutend mit → Skulp-

tur oder → Bildhauerei gebraucht und bezeichnet dreidimensionale Kunstwerke. Der Begriff leitet sich von griech. *plássein* = «aus weicher Masse formen» ab. Im eigentlichen, strengen Sinne sind damit nur Arbeiten eingeschlossen, die aus formbarer Substanz modelliert wurden, zum Beispiel aus Gips, Ton oder Wachs. Darüber hinaus werden auch Abgüsse dieser Formen als «Plastik» bezeichnet, beispielsweise die Bronzeplastik. Der Plastik, bei welcher das Material stückweise angetragen wird, steht die Skulptur diametral gegenüber, bei welcher das Material abgemeißelt bzw. abgetragen wird.
In der Kunst des 20. Jh.s, besonders nach 1945, haben jedoch die Begriffe Plastik und Skulptur ihren eigentlichen Sinn verloren, da allein die technische Herstellung in bezug auf Material und Arbeitsprozeß jegliche traditionellen Formen sprengt.

Plattenton Der Plattenton, der als leichte Tönung auf einem → Abzug erkennbar ist, ergibt sich bei allen Verfahren des → Tiefdrucks, wenn die Plattenoberfläche nicht ausreichend von überschüssiger Farbe gereinigt wird oder wenn man mit einem heißen Stoffballen über die eingefärbte und abgewischte Druckplatte wedelt («Retroussage»). Seit Ende des 19. Jh.s wird der Plattenton als bewußtes künstlerisches Mittel eingesetzt (zum Beispiel von Edvard Munch oder Emil Nolde), um das kalkige Weiß des Papiers abzuschwächen.

Pleinairmalerei → Freilichtmalerei

Pointillismus → Neoimpressionismus

Polaroidverfahren → Sofortbild

Politkunst Der geographisch und zeitlich weit gespannte Begriff Politkunst bezieht sich auf künstlerische Formen, die inhaltlich wie formal eine politisch engagierte Haltung einnehmen und – im Gegensatz zur propagandistischen Kunst (zum Beispiel → Sozialistischer Realismus) – gesellschaftliche Mißstände anprangern. Die Politkunst, die besonders in den späten sechziger und frühen siebziger Jahren zur Entfaltung kam, richtet sich energisch gegen Diktatur, Faschismus, Folter und Polizeiterror, wobei sowohl eine behutsam verschlüsselte Bildsprache wie auch (typischerweise) aggressive, provozierende Mittel zum Einsatz kommen können.
In den zwanziger Jahren sind die sarkastischen → Fotomontagen John Heartfields, die ironisch-karikierenden Graphiken von Otto Dix und George Grosz und die anklagenden Arbeiten von Käthe Kollwitz hervorzuheben. Unter Ausschöpfung kunsthistorischer Traditionen bekämpfte Renato Guttuso in den vierziger Jahren den Faschismus mit allen stilistischen Möglichkeiten.
Zu den bekanntesten Vertretern der Politkunst in Deutschland ist Klaus Staeck zu rechnen. In Form von Plakaten und Postkarten verbindet er suggestives Bildmaterial mit eingängigen, spruchartigen Texten zu konzentrierter Aussage von bisweilen scharfer, aggressiver Provokation. Außerdem sind Arbeiten von Hans Haacke und frühe Bilder mit didaktischer Intention von Jörg Immendorff anzuführen. Auch die Künstlergruppe «Art & Language» wurde mit politisch engagierten Arbeiten bekannt.

Polychromie Im Gegensatz zur → Monochromie bedeutet Polychromie Vielfarbigkeit, wobei sich die Farben in der Regel deutlich voneinander absetzen (das heißt nicht verfließen). Polychromie als «Buntheit» ist in frühgeschichtlichen Kulturen und in der Volkskunst belegt. Die frühesten Zeugnisse polychromer

Kunst finden sich in der Tempelarchitektur der Antike, wo die Verwendung einfacher Farben (Weiß, Gelb, Blau oder Rot) zur deutlichen Gliederung der Architektur eingesetzt wurde. Daneben existierte die Polychromie in der Architekturplastik, in späteren Jahrhunderten auch in der Glasmalerei, dem Mosaik und in den Holzbildwerken (zum Beispiel der Gotik).
Im 20. Jh. manifestierte sich die Polychromie in den Signal- und Schockfarben der → Pop- und → Op Art.

Pop Art Unabhängig voneinander entstand im Laufe der fünfziger Jahre in England und in den USA als Reaktion auf den gegenstandslosen → Abstrakten Expressionismus die Pop Art (engl. *pop* = Knall; auch von: *popular art* = populäre Kunst), die sich in den sechziger Jahren zur bestimmenden Kunstrichtung entwickelte. Die Prägung des Begriffs wird dem englischen Kunstkritiker Lawrence Alloway zugeschrieben. Ein wesentliches Merkmal besteht in der Hinwendung zu den banalen Gegenständen des Alltags und den Konsumobjekten der Massengesellschaft, die als → Objekte bzw. Bildmotive auftreten und somit eine elementare Realitätsannäherung zur Folge haben. Mit einem eingängigen, aus Werbung und Konsum wohlvertrauten Formen- und Motivvokabular gewinnt die Pop Art nicht zuletzt eine erstaunliche Allgemeinverständlichkeit.
Auf diese Weise wird die Forderung der Pop Art nach Verbindung von Kunst und Leben erzielt, wie sie zum Beispiel John Cage in den fünfziger Jahren nachdrücklich postulierte. Programmatische Leitsätze, die etwa Robert Rauschenberg aufnahm und in seinen → Combine Paintings – durch (gebrauchte) reale Gegenstände reliefartig erweiterte, bildähnliche Kunstwerke – zu verwirklichen suchte. Unterdessen führte Jasper Johns die amerikanische Flagge, Zahlen oder auch Zielscheiben als realitätsnahe Motive in seine Malerei ein, um mit Hilfe der → Enkaustik dem Wirklichkeitsgehalt eine komplexe Struktur zu vermitteln. Während in den USA die → New Realists Johns und Rauschenberg den Boden für die Entstehung der Pop Art bereiteten, spielte in England in den frühen fünfziger Jahren für Richard Hamilton und Eduardo Paolozzi das Feld der Massenmedien und -unterhaltung (wie Comics, Film, Kitschromane, Regenbogenpresse, Science fiction, Werbung) eine entscheidende Rolle und besaß wichtige Anregerfunktion.
Eine zweite Entwicklungsphase (1958-61) wurde unter Peter Blake und Richard Smith eingeleitet. Und die dritte Phase (1961-65), die den Durchbruch der englischen Pop Art bedeutete, wurde getragen von David Hockney, Allen Jones, Ronald B. Kitaij u.a., deren Malerei sich auch durch zeitkritische Töne auszeichnet. Für die Anfangsjahre der Pop Art um 1960 ist außerdem die Rückbesinnung auf den → Dadaismus Marcel Duchamps von entscheidender Bedeutung. Als kennzeichnendes Merkmal kommt eine distanzierte, kühl berechnende Haltung des Künstlers hinzu, die zum Beispiel jede die Persönlichkeit verratende Pinselspur sorgfältig vermeidet.
In den Bildern der bekannten Pop-Art-Künstler Roy Lichtenstein, Claes Oldenburg, James Rosenquist, Andy Warhol oder Tom Wesselmann stellt sich eine für die Pop Art typische Ambivalenz ein, bestehend aus emotionalen Motiven und einer sachlich-kühlen, distanzierten Darstellungsform. Selbst die aus der Werbegraphik entnommenen Farbwerte zeigen in ihrer scheinbaren Heiterkeit einerseits und entleerten Glätte andererseits einen für die moderne Massengesellschaft bezeichnenden Widerspruch. Eindringliche

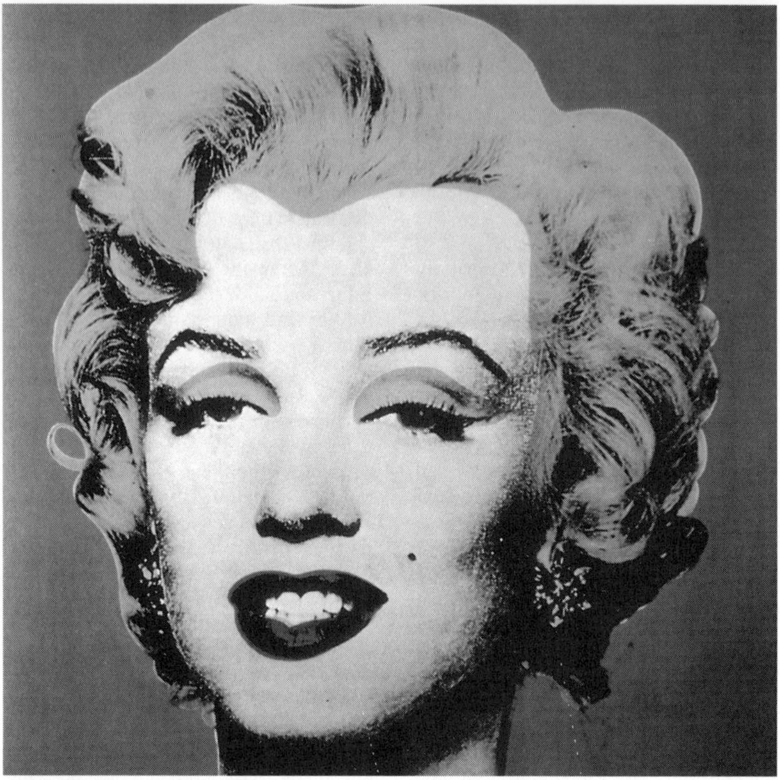

Andy Warhol: Marilyn. 1967

Beispiele sind die Katastrophenbilder Andy Warhols, die höchst emotionale Motive (Autounfall, Flugzeugabsturz, elektrischer Stuhl u.ä.) mit einer gerasterten, entindividualisierten Darstellungsform (→ Siebdruck), verbunden mit serieller Motivwiederholung, konfrontieren. Auch seine berühmten Porträts (wie «Marilyn», 1962) spielen mit der Verfremdung und Entfremdung des durch die Massenmedien zum Klischee erhobenen, auf eine bestimmte Rolle fixierten Idols. Roy Lichtenstein verfolgt mit den stilistischen Mitteln des → Comics eine raffiniert monumentalisierte Bildsprache, deren Inhalte formelartig verkürzt sind. Auch die → Soft Sculptures von Claes Oldenburg zeigen eine riesenhaft gesteigerte Monumentalität und äußern in ihrer Weichheit eine hintergründig heitere Komponente. Mehr noch als die englische Pop Art besitzt die amerikanische Variante ein breites Spektrum unterschiedlicher Ausdrucksmöglichkeiten von der glorifizierenden Warenästhetik bis zum Paradoxon des

in der Masse isolierten und vereinzelten Individuums, wie beispielsweise die monochrom weißen Gipsfiguren der → Environments von George Segal vor Augen führen.
An der amerikanischen Westküste reagierten Mel Ramos, Edward Ruscha oder Wayne Thiebaud in kritisch-ironischer Distanz auf die Klischees der Werbegraphik. Auch in Deutschland zeigte die Pop Art großen Einfluß, der sich beispielsweise in Arbeiten von Konrad Klapheck, Sigmar Polke oder Gerhard Richter widerspiegelt.

Porträt Das Porträt (lat. *protrahere* = hervorziehen) dient als Gattung der Malerei (→ Bildgattung) der Darstellung einer bestimmten Person. Daneben tritt das Porträt, auch «Bildnis» genannt, ebenso in den Gattungen Bildhauerei, Fotografie und Graphik auf.
Neben dem Erinnerungswert besitzt das Porträt hauptsächlich ehrende Funktion. Grundsätzlich unterscheidet man die Ganzfigur, das Kniestück, das Brust- und Kopfbild, wobei die historische Entwicklung ebendiesen Weg von der Ganzfigur zum individuellen Kopfbild beschritt. Je nach Blickwinkel der Betrachtung unterscheidet man ferner in eine Vorderansicht (en face) und eine Seitenansicht (Profil). Die Seitenansicht läßt sich wiederum in ein Viertel-, Halb- oder Dreiviertelprofil unterteilen.
Neben dem Einzelbildnis gibt es das Doppel- und das Gruppenbildnis, während das → Selbstporträt – die Darstellung des Künstlers – eine Sonderrolle spielt. Je nach sozialem Rang des Dargestellten wird mitunter eine Unterscheidung in ein Herrscher-, Gelehrten- oder Bürgerbildnis vorgenommen.
In der griechischen Antike besaß das Porträt einen überindividuellen, idealisierten Charakter. Demgegenüber zeigen die alexandrinischen Mumienporträts der späten römischen Kaiserzeit (1.-5. Jh. n. Chr.) ausdrucksstarke, individuelle Züge. Im Mittelalter spielte das Porträt nur eine untergeordnete Rolle.
Obgleich beispielsweise Bildnisse der karolingischen Herrscher bekannt sind oder auch in der Miniaturmalerei Porträts auftreten, besitzen sie die Funktion idealer Sinnbilder. Erst im Verlauf des 14. Jh.s zeigt sich allmählich die Absicht, individuelle, physiognomische Einzelheiten darzustellen. Zentren der Entwicklung waren Burgund und Böhmen; insbesondere die Bildnisbüsten Peter Parlers im Prager Dom sind als bekannte Beispiele zu nennen.
Im 15. Jh. entwickelte sich mit der beginnenden Renaissance und mit dem wachsenden Interesse an naturalistischer Darstellung das Porträt als eine eigenständige Bildgattung, wobei der Malerei ausschlaggebende Bedeutung zukam. In den Niederlanden gab Jan van Eyck durch seine Stifterbildnisse des Genter Altars (1432) maßgebliche Impulse. Seine Auftraggeber waren Fürsten, Beamte und Kaufleute.
Um 1500 erreichte die Bildnismalerei einen ersten Höhepunkt. Nicht nur höchste Realitätsnähe war erreicht, sondern psychologisierende Elemente fanden Berücksichtigung, wie beispielsweise Arbeiten von Leonardo da Vinci zeigen. Weitere Hauptwerke schufen Lucas Cranach d.Ä., Albrecht Dürer, Hans Holbein d.J., Anthonis Mor, Raffael oder Tizian. Wie auch in anderen Bildgattungen zeigte sich im Verlauf des 16. Jh.s eine zunehmende Spezialisierung der Künstler auf verschiedene Varianten des Porträts. In der niederländischen Malerei des 17. Jh.s nahm die Bildnismalerei einen neuen Aufschwung. Dramatische Äußerungen innerer Befindlichkeiten in den Bildern von Rembrandt stehen repräsentativen Fürstenporträts mit aller äußeren Prachtentfaltung gegenüber.

Letztere verwirklichten durch den Einsatz von in den Himmel ragenden Säulen, schweren Vorhängen und kostbaren Stoffen das Darstellungsbedürfnis des Adels, so zu beobachten in Bildern von Anthonis van Dyck, Peter Paul Rubens oder Diego Velázquez. In den Niederlanden stand das Gruppenbildnis als Regenten-, Schützen- oder Familienstück in hohem Ansehen. Im 18. Jh. sind die Pastellbildnisse der Rosalba Carriera, die dramatischen Arbeiten Francisco de Goyas oder die Porträts vor dem Hintergrund freier Natur bei Thomas Gainsborough hervorzuheben.
Die Malerei des → Impressionismus markierte ab 1870 durch die Aktivierung von Farbe und Licht auch in der Porträtmalerei eine wichtige Station. Gegen Ende des 19. Jh.s vollzog sich in direktem Anschluß ein Wandel zur Darstellung innerer Wesenszüge und seelischer Stimmungslagen. Zwar gilt nach wie vor eine gewisse Übereinstimmung von Modell und Porträt, doch spielt zunehmend der Gestaltwert der Farbe ein wichtige Rolle. In der Konsequenz bedeutet dies, daß die Bildfarben nicht mehr notwendig den Naturfarben entsprechen, dafür jedoch viel von der Innerlichkeit des Porträtierten erzählen. Ein bekanntes Beispiel ist das «Bildnis des Dr. Gachet» (1890) von Vincent van Gogh. Porträts von Edvard Munch tragen dunkle, symbolistische Züge, während Henri de Toulouse-Lautrec in seinen Milieustudien die Abgründe und ambivalenten Moralvorstellungen einer Epoche schildert.
Zu Beginn des 20. Jh.s steigerte sich die Dramatik der Darstellung in den intensiv farbigen Porträts des → Expressionismus, während in der Malerei des → Kubismus das Bildnis als überschaubarer Gegenstand zur Erprobung neuer bildnerischer Möglichkeiten diente. Obgleich die Bedeutung des Porträts langsam nachließ, stehen sich im 20. Jh. immer wieder vollständig unterschiedliche künstlerische Positionen gegenüber. Als Beispiele seien nur die extrem gestischen Porträts der Künstlergruppe COBRA und Willem de Koonings (beide um 1950) auf der einen Seite und die hyperrealistischen Bildnisse des → Fotorealismus um 1970 (beispielsweise Chuck Close, Franz Gertsch) auf der anderen Seite genannt.

Post-Painterly Abstraction Der von Clement Greenberg 1964 geprägte Begriff (engl. = «Nachmalerische Abstraktion») kann als Sammelbezeichnung für verschiedene Strömungen der Malerei gegen Ende der fünfziger Jahre verstanden werden, die alle auf ihre Weise den emotionalen → Abstrakten Expressionismus und das spontane → Action Painting ablehnten.
Ursprünglich bezeichnete Greenberg damit jedoch nur Arbeiten mit großen Farbflächen, die sich nicht durch Pinselspuren strukturiert zeigen. Heute versteht man unter Post-Painterly Abstraction sowohl die Malerei des → Hard Edge als auch die des → Colourfield Painting und alle gegenstandslosen Formen, die dazwischen stehen, wie zum Beispiel die Arbeiten von Morris Louis oder Helen Frankenthaler. Allgemein formuliert faßt der Begriff Post-Painterly Abstraction diejenige Malerei gegen Ende der fünfziger Jahre zusammen, die gewissermaßen «objektive» Züge annimmt, das heißt eine Malerei, deren Elemente und Strukturen klar bestimmbar sind und die auf das gestische Moment des Action Painting oder des → Informel verzichtet, so daß deren betonte Subjektivität und die jeweilige emotionale Empfindungslage des Malers nicht unmittelbar durchschlagen können.
Damit läßt sich die Post-Painterly Abstraction als eine Malerei des Übergangs kennzeichnen, welche die ausgeprägte

Emotionalität der fünfziger Jahre zugunsten der rational abgeklärten Haltung der sechziger Jahre einlöst.
Folgende Künstler werden der Post-Painterly Abstraction zugerechnet: Al Held, Ellsworth Kelly, Morris Louis, Barnett Newman, Kenneth Noland, Jules Olitski, Larry Poons, Ad Reinhardt, Mark Rothko, Frank Stella und die beiden Schweizer Maler Max Bill und Richard Lohse.

Poster Der Begriff Poster (engl. = Plakat) kam im Zusammenhang mit der → Pop- und → Op Art auf und umfaßt Nachdrucke von Kunstwerken, Landschaften, Porträts, Tierbildern etc., die insbesondere Jugendlichen als Wandschmuck dienen.

Postmoderne Der Begiff stammt ursprünglich aus der Architekturtheorie und wurde 1975 von dem amerikanischen Architekturtheoretiker Charles Jencks in die Diskussion gebracht. Der Begriff trat rasch in vielen Bereichen der Kultur auf (Architektur, bildende Kunst, Literatur, Philosophie), deren gemeinsamer Nenner in der Ablehnung des Diktats der → Moderne nach ständiger Neuerung und in der Hinwendung zu Geschichte und Tradition besteht.
In der Architektur richtet sich die Postmoderne gegen den dogmatisch erstarrten Funktionalismus, dessen rationales, zu uniformer Einheitlichkeit führendes Vorgehen (International Style) strikt abgelehnt wurde. Statt dessen griff man auf das Formenrepertoire der Architekturgeschichte zurück, um sich in Stilzitaten historischer Elemente zu bedienen, die vielfach miteinander kombiniert und ironisch konfrontiert werden. Eines der wichtigsten Beispiele postmoderner Architektur ist die «Piazza d'Italia» in New Orleans, erbaut 1975-79 von Charles Moore.
Überhaupt hatte die Postmoderne in der Architektur ihre bedeutendsten Auswirkungen und wurde in den achtziger Jahren stilbildend. Der spielerische Umgang mit der Vielfalt an imitierten historischen Bauformen, oft in leuchtenden Farben bunt kombiniert, stellt sich wie eine Befreiung von der Jahrzehnte andauernden strengen Ordnung des Funktionalismus dar. Doch Kritiker warfen der Postmoderne einen würdelosen Umgang mit der Geschichte und eine unwirkliche, kulissenartige Bauweise bei beliebiger Stilvermischung vor. Zu den wichtigen Architekten der Postmoderne gehören Hans Hollein, Rob Krier, Charles Moore, Aldo Rossi, James Stirling und Robert Venturi hervorzuheben.
In der bildenden Kunst ist der Einfluß der Postmoderne seit den späten siebziger Jahren in Form von Zitaten und unbe-

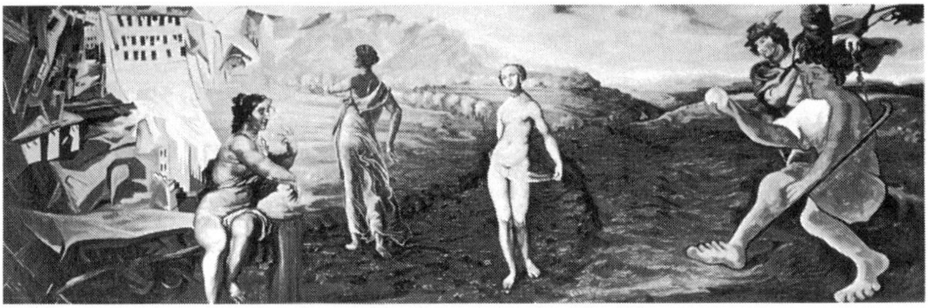

Axel Kasseböhmer: Landschaft mit Figuren. 1984

schwerten Stilkombinationen deutlich wahrzunehmen, doch tritt er nicht so ausgeprägt und ausschließlich wie in der Architektur auf. Zwar wirkt der Einfluß der Postmoderne bis in die Gegenwart hinein, doch die typisch postmodernen Strömungen finden sich zu Beginn der achtziger Jahre in der italienischen → Arte Cifra, in den deutschen → Neuen Wilden und dem amerikanischen → New Image Painting. Charakteristisch ist insbesondere die Verwendung völlig unterschiedlicher Stile und Handschriften innerhalb eines einzigen → Œuvres, und zwar zur selben Zeit. Somit zeigt sich der postmoderne Pluralismus, der alle Formen (beliebig) gestattet, nicht nur allgemein in der Kunst, sondern auch im Schaffen eines einzelnen Künstlers.

Prägedruck Ein Druckverfahren, bei dem ohne Anwendung von Farbe ein reliefartiges Druckbild auf Papier, Karton, Pappe, Leinen, Leder oder andere Materialien übertragen wird. Diese Technik erfordert einen besonders hohen Pressendruck, der in speziellen Prägedruckpressen oder Tiegeldruckmaschinen erzeugt wird. Im 20. Jh. haben sich Künstler wie Horst Antes, Etienne Hajdu, Roy Lichtenstein, Heinz Mack und Diter Rot der Technik des Prägedrucks bedient.

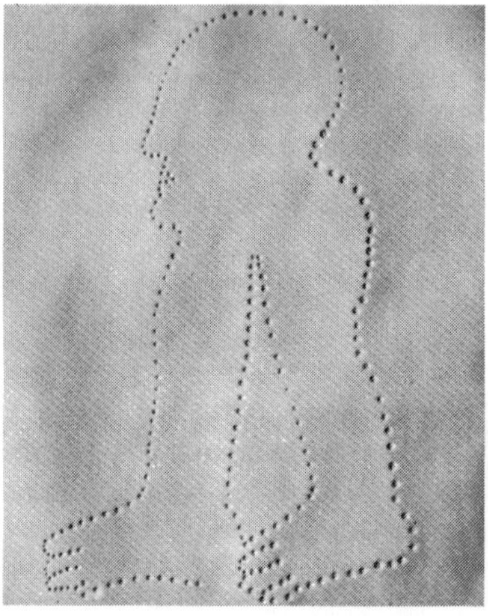

Horst Antes: Glückwunschkarte. 1970

Präzisionismus Der Präzisionismus (von engl. *precisionism*) ist eine Strömung der amerikanischen Malerei der zwanziger und dreißiger Jahre, deren objektivierende und kühl-distanzierte Bildsprache mit der → Neuen Sachlichkeit vergleichbar ist. Ihre realistische, oft kleinteilig akribische Malweise zeigt in glatten Flächen und einer geometrisch strengen Bildorganisation den Einfluß des → Kubismus.
Bevorzugte Bildmotive des Präzisionismus sind Fabriken, Industrieanlagen und städtische Architektur, die eine leichte Stilisierung und Idealisierung kennzeichnet, was den technischen Fortschrittsglauben der «Precisionists» zum Vorschein bringt. Einen wichtigen Einfluß übte dabei die → Fotografie aus, was sich nicht nur in der Ausschnitthaftigkeit der Bilder, sondern auch in deren präziser Schärfe ausdrückt. Wegen ihrer exakten Konturierung wurden die Präzisionisten, die im übrigen keine Gruppe bildeten, auch «The Immaculates» (die Reinen) genannt. Zu den wichtigsten Vertretern zählen: Ralston Crawford, Charles Demuth, Georgia O'Keeffe und Charles Sheeler.

Pressage Die Pressage (frz. *presser* = drücken) ist ein Verfahren der → Objektkunst: Durch eine Presse wird ein Metallgegenstand zusammengepreßt, so daß ein relativ amorphes Objekt entsteht, auf dessen ursprüngliche Gegenstandsform kaum mehr geschlossen werden kann.
Zu Beginn der sechziger Jahre wurden die zu Klötzen gepreßten Autos Césars als «Compressions dirigées» bekannt.

Neben den anti-ästhetischen Eigenschaften dieser Arbeiten des → Nouveau Réalisme äußern sich hier auch zivilisationskritische Töne. Mehr auf ihre rein optische Aussage setzen vergleichbare Pressagen von John Chamberlain, ebenfalls aus den sechziger Jahren, die eher der → Pop Art nahestehen.

Primitive Kunst Die primitive Kunst bezieht sich einerseits auf die Kunst der prähistorischen Jägervölker («Eiszeitkunst»), andererseits auf diejenige der Naturvölker in Afrika, Australien und Ozeanien sowie die Indianerkulturen in Nord- und Südamerika. Früher verband sich vom akademischen Standpunkt aus mit dem Begriff eine ungerechtfertigte Abschätzigkeit. Ganz im Gegensatz zur europäischen findet sich die Primitive Kunst fest in kultischen Traditionen verankert. Zu verschiedenen Jahrzehnten des 20. Jh.s übte ihre archaische Ursprünglichkeit große Faszination auf die Moderne aus, zum Beispiel auf → Expressionismus und → Kubismus. Hin und wieder wird der Begriff auch auf die Kunst von Autodidakten und Laienmalern im Sinne der → Naiven Malerei ausgedehnt.

Primitivismus Der Begriff Primitivismus besitzt im wesentlichen zwei Bedeutungen: In einem allgemeinen Sinne bezeichnet er Strömungen, die sich an der → Primitiven Kunst orientieren. Als Beispiele sind → Expressionismus, → Fauvismus und → Kubismus hervorzuheben, die in der Reduktion der Formen- und Farbwerte eine archaische, unverfälschte Ursprünglichkeit zu erreichen suchten.
Die andere Bedeutung bezieht sich auf eine Richtung der russischen → Avantgarde in den Jahren vor dem Ausbruch des Ersten Weltkriegs. Unter dem Eindruck von Expressionismus und Kubismus entwickelte sich eine Tendenz, die beide Strömungen miteinander verband und zudem Elemente russischer Volkskunst und Folklore sowie der Primitiven Kunst aufnahm. Die bekanntesten Vertreter sind Natalia Gontscharowa und Michail Larionow (→ Rayonismus).

Privatdruck Nicht kommerziell vertriebene Buch- oder Graphikeditionen, die im Auftrag und auf Kosten von Privatpersonen hergestellt werden. Ihre → Auflage ist zumeist sehr klein und nur für einen begrenzten Personenkreis bestimmt.

Probeabzug → Probedruck

Probedruck Probedrucke oder «Probeabzüge» nennt man die ersten, vor dem Druck der → Auflage auf einer → Handpresse hergestellten → Abzüge einer Druckplatte. Sie dienen dem Künstler zur Überprüfung der Bild- und Farbgebung und sind zugleich Vorlage für die spätere Druckausführung. Oft werden Probedrucke auch als «Korrekturabzüge» bezeichnet.

Provenienz Die Provenienz gibt die Herkunft und das Besitzverhältnis eines künstlerischen Werks an.
Dies kann durch handschriftlichen Vermerk des Sammlers, durch → Sammlermarken oder bei Büchern durch → Exlibris bzw. durch Anbringen von Namen und Wappen im vorderen Einbanddeckel (sog. Supralibros) geschehen. Derart gekennzeichnete Werke nennt man «Provenienz-Exemplare».

Prozeßkunst Ein Sammelbegriff für unterschiedliche Tendenzen der sechziger und siebziger Jahre, deren Gemeinsamkeit in der Thematisierung von (zum Teil nicht abgeschlossenen) Prozessen und Veränderungen besteht. Nicht das ferti-

ge Kunstwerk, sondern dessen (technischer und ideeller) Entstehungsprozeß bzw. dessen körperliche Veränderung stehen im Vordergrund.
Im wesentlichen lassen sich zwei verschiedene Richtungen innerhalb der Prozeßkunst unterscheiden: «Fertige», sich nicht mehr verändernde Skulpturen stehen Arbeiten gegenüber, die sich (zumindest prinzipiell) in einem steten Wandlungsprozeß befinden. Kennzeichnend für die erste Gruppe sind Skulpturen, welchen der Herstellungsprozeß thematisch in ihre materielle Erscheinung eingeschrieben ist. Bekannt sind die monolithischen, zum Teil überdimensionalen Steinarbeiten von Ulrich Rückriem, die durch deutlich sichtbare Spaltungen und Bohrungen die Art ihrer Herstellung verraten.
Die Metallskulpturen von Ansgar Nierhoff zeigen «Deformationen» auf, die es gestatten, zumindest ansatzweise die technische Entstehung nachzuvollziehen. Ähnliche Arbeiten von Eva Hesse, Robert Morris, Bruce Nauman, Richard Serra u.a. lassen sich anschließen.
Die andere Gruppe konstituiert sich aus Naturstoffen wie Blättern, Erde, Gras, Schnee, Eis oder Wasser. Durch das Einwirken von Naturkräften wie Schwerkraft, Sonne, Wachstum, Wärme oder Wind kommt es zu (permanenten oder vorübergehenden) Veränderungen der Kunstwerke, deren Wirkung vom Künstler oftmals nur grob vorherbestimmt werden kann.
Typische Beispiele sind die sog. biologischen Systeme von Hans Haacke, die «Primärdemonstrationen» von Klaus Rinke oder die → «Schimmelobjekte» von Diter Rot.
Die Prozeßkunst bezieht ihre Bedeutung aus einer völlig neuen Interpretation der Kategorie Zeit, die ihre unmittelbare Aussagekraft nicht durch eine indirekte, verklausulierte Symbolsprache, sondern durch den Einsatz natürlicher Materialien und das Einwirken der Naturkräfte gewinnt.

Psaligraphie → Scherenschnitt

Psychedelische Kunst Die Psychedelische Kunst (abgeleitet von engl. *Psychedelic Art*) gründet sich auf Bewußtseinserweiterungen, die durch die Einnahme von Drogen (beispielsweise LSD) oder auch durch Meditation und Yoga erreicht werden. Die künstlerische Reflexion halluzinatorischer Zustände kann zu intensiven, unkontrolliert ineinanderfließenden Farbwerten führen.
Die Psychedelische Kunst steht in Zusammenhang mit der studentischen Aufbruchbewegung der sechziger Jahre und auch mit der Rockmusik, die nicht unwesentlichen Einfluß ausübte. Es finden sich sowohl abstrakte Farbkombinationen wie auch gegenständliche Motive, die manchmal symbolisch verschlüsselt sind und auf religiös-transzendente Hintergründe deuten. Die Psychedelische Kunst trat vor allem in den USA der späten sechziger und frühen siebziger Jahre auf.

Punktiermanier Die Punktiermanier ist ein Tiefdruckverfahren (→ Tiefdruck), bei dem die tiefer liegenden Partien nicht in die Metallplatte geschlagen, sondern geätzt werden.
Im Unterschied zum «trockenen» Verfahren wird nicht direkt auf die Platte gearbeitet, sondern zunächst ein → Ätzgrund aufgetragen, der mit Stahlnadeln oder mit der → Roulette bearbeitet wird, bis das darunterliegende Metall freigelegt ist und geätzt werden kann.
Die (in der Vergrößerung sichtbare) unregelmäßige Struktur solcher geätzten Punkte unterscheidet das nasse Verfahren wesentlich vom trockenen (→ Punktstich).

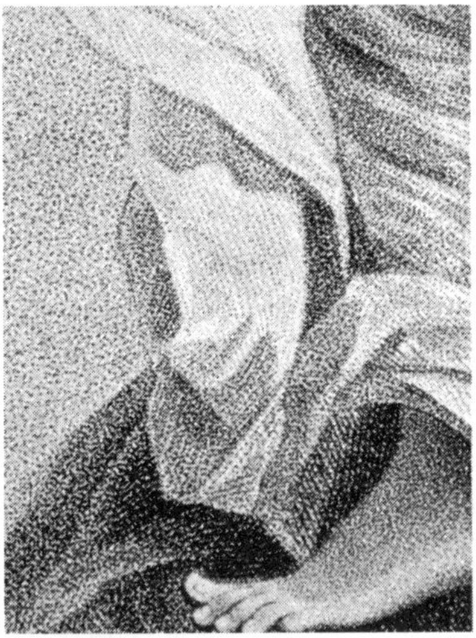

Punktiermanier. Detail aus: Francesco Bartolozzi: Die Seele eines Kindes wird von einem Engel dem Allmächtigen zugeführt

Punktstich Der Punktstich ist eine kupferstichähnliche Technik (→ Kupferstich), bei dem mit einem Grabstichel kleine Punkte in die Kupferplatte eingeschlagen werden.
Größere Flächen werden mit einem Punktierhammer oder einer → Roulette bearbeitet, um verschiedene Tonwerte zu erhalten. In der Druckgraphik sind Kombinationen des Punktstichs mit anderen Techniken wie zum Beispiel → Kupferstich oder → Radierung üblich.

Punze Die Punze ist ein meißelartiges Werkzeug, an dessen Spitze Zierfiguren (Rosetten, Sternchen, Dreiecke, Punkte o. ä.) eingearbeitet sind. Sie wird mit einem Hammer in die Platte getrieben und bewirkt dort Vertiefungen, die beim → Hochdruck weiß und beim → Tiefdruck schwarz gedruckt werden.

Punzenstich Der Punzenstich ist eine kupferstichähnliche Technik (→ Kupferstich), bei dem mittels Stahlspitzen und einem Hämmerchen Punzformen (Sternchen, Punkte, Rosetten u.ä.) in eine Kupferplatte getrieben werden. Flächige Darstellungen erhalten, je nach Dichte und Charakter der Punzform, eine weich verlaufende Tonwirkung.

Purismus Der Purismus (lat. *purus* = rein) ist eine 1918 von Amédée Ozenfant und Le Corbusier in ihrem Manifest «Après le cubisme» propagierte und begründete Stilrichtung, eine Gegenbewegung zum synthetischen → Kubismus und zum → Orphismus. Diesen Strömungen warfen die beiden Künstler ornamentale Auflösung des ehedem von einem klaren Konzept getragenen Kubismus mit seiner präzisen, tektonisch gebauten Räumlichkeit vor. Statt dessen erschien ihnen die funktionale Ästhetik der Maschine als leitende, die Malerei inspirierende Idee. Konsequent sollten alle emotionalen und subjektiven Elemente durch strenge Ordnungsmomente ersetzt werden, die der modernen Technik und Wissenschaft zu entsprechen hätten. Stilistisch steht der rational ausgerichtete Purismus zwischen Kubismus, Abstraktion und Konstruktivismus. Eine entindividualisierte Formensprache von «maschineller» Präzision gilt als formales Kennzeichen des Purismus, der allerdings nie eine durchschlagende Wirkung auf die Kunst der zwanziger Jahre besaß. Gewisse Einflüsse machten sich in der damaligen Architektur sowie in der Entwicklung des → Präzisionismus bemerkbar. Entfernt gab es auch Ausstrahlungen auf die Künstlergruppen «Cercle et Carré» (gegr. 1929) und «Abstraction-Création» (gegr. 1931). Die Zeitschrift «L'esprit nouveau» (1920-25) diente dem Purismus als Forum seiner Ideen und Leitmotive.

R

Radierung Die Radierung (lat. *radere* = schaben) ist ein Verfahren des → Tiefdrucks, bei dem die Zeichnung durch Ätzung in eine Metallplatte (Kupfer, Messing, Zink u. ä.) vertieft wird. Die geschliffene, entfettete (und erhitzte) Platte wird dabei mit einer säurebeständigen Schicht, dem sog. → Ätzgrund, bedeckt, die mit einer ledernen Walze oder einem Tampon gleichmäßig aufgetragen wird. Die so grundierte Fläche wird dann über einer offenen Flamme rußgeschwärzt, damit die Linien der Graviernadel später gut sichtbar werden. Nach dem Trocknen kann die Vorzeichnung dann entweder direkt oder im Durchpausverfahren auf die beschichtete Oberfläche gebracht werden. Mit einer Radiernadel werden dann die Linien durch den Ätzgrund gekratzt, bis das Metall freiliegt. Korrekturen sind durch Überpinseln der fehlerhaft ausgravierten Stellen mit flüssigem Ätzgrund oder mit Asphaltlack möglich.
Ist die Zeichnung fertiggestellt, werden Rückseite und Ränder der Platte mit Asphaltlack überzogen und die gesamte Platte einem Säurebad ausgesetzt. Diese wasserverdünnte Säure (Eisendreichlorid oder Salpetersäure) greift die von der Radiernadel freigelegten Metallpartien an, vertieft sie und führt (je nach Dauer der Säureeinwirkung) zu stärkeren oder schwächeren Linien. Die grundierten und mit Asphaltlack geschützten Stellen dagegen bleiben von der Säure verschont. Beim «stufenweisen» Ätzen ist eine stärkere Differenzierung möglich. Heller konzipierte Stellen werden nur kurze Zeit geätzt und nach der Entnahme aus dem Säurebad gewässert und durch Bestreichen mit Asphaltlack abgedeckt. Durch Weiterätzen können die nächstdunkleren Partien vertieft werden – ein Verfahren, das so oft wiederholt werden kann, bis die gewünschte Farbdichte erreicht ist (→ Farbradierung, → Lavierte Radierung). Zur Vorbereitung des Drucks werden Ätzgrund und Asphaltlack von der Platte entfernt, und diese wird sorgfältig gereinigt.
Mit einer Walze oder mit Tampons wird dann Farbe auf die Platte gebracht und gut verteilt, wobei die Oberfläche anschließend wieder vorsichtig abgerieben wird. Dieser Vorgang, wie auch der anschließende Druck in der Zylinderpresse, geschieht wie beim → Kupferstich.
Als besonderes Merkmal der Radierung gilt ihr typischer Liniencharakter. Die Linien beginnen und enden stumpf (im Gegensatz zur «Taille» des → Kupferstichs) und bilden oft an den Enden eine Verdickung. Die Ränder der Linien wirken weniger scharfkantig als beim Kupferstich und erscheinen in der Vergrößerung leicht unregelmäßig, körnig.
Insgesamt ist die Linienführung bei der Radierung freier und wirkt spontaner, weil der Ätzgrund der Radiernadel weniger Widerstände entgegensetzt; auch sind insgesamt engere → Schraffuren möglich als beim Kupferstich.
Die Qualität der Abzüge ist begrenzt, weil eine radierte Platte weitaus empfindlicher ist als eine gestochene. Ihre Auflage schwankt zwischen 100 und 200 Blatt, kann aber durch → Verstählung erhöht werden. Es ist üblich, die Auflagennummer der Radierung sowie die → Signatur des Künsters mit Bleistift unter dem Bildrand zu notieren.

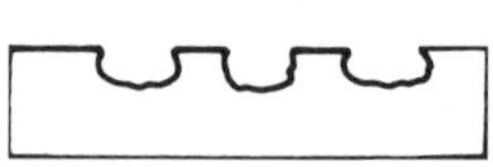

Radierte Linie im Querschnitt

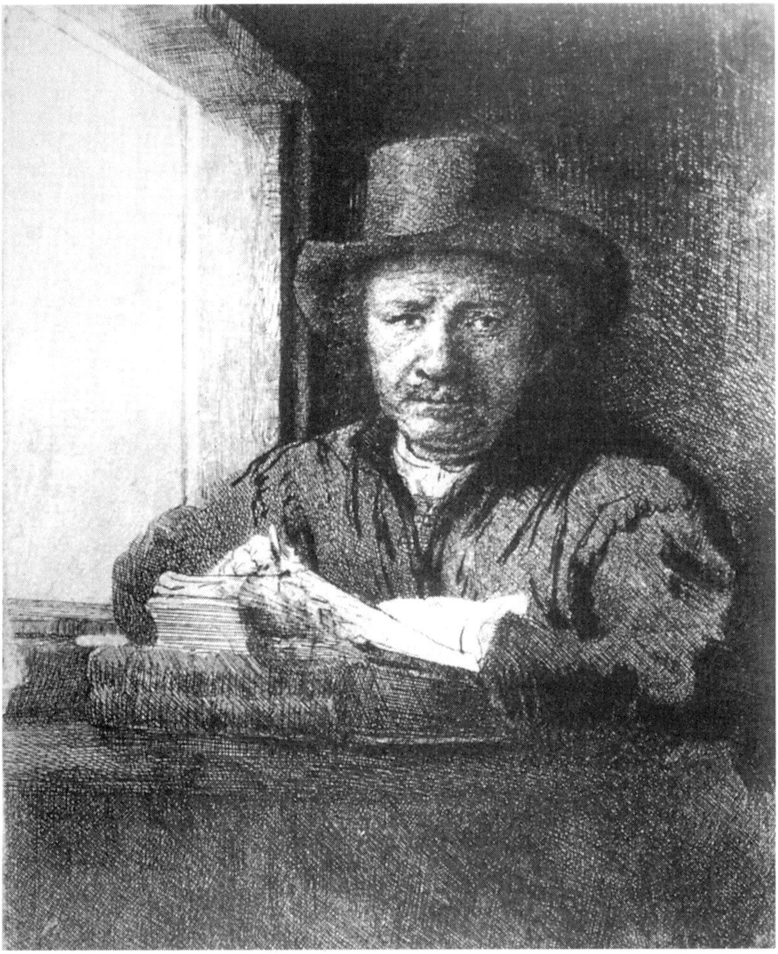

Rembrandt: Selbstbildnis, zeichnend. 1648

Obwohl die Radierung im 16. Jh. erfunden wurde, erreichte sie ihren künstlerischen Höhepunkt erst im 17. Jh. durch die Niederländer Willem Pietersz Buytewesch, Adriaen van Ostade, Salomon van Ruijsdal und vor allem Rembrandt. Große Radierzyklen entstanden im 18. Jh., insbesondere von Canaletto, Giovanni Battista Piranesi oder William Hogarth. Im 20. Jh. gehört die Radierung zu einer der am häufigsten angewandten Techniken, vor allem auch in ihren Kom-

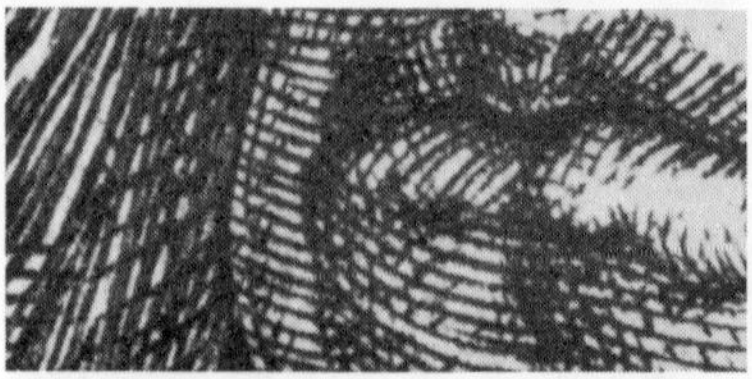

Radierte Linien. Sehr deutlich sind in der Vergrößerung die gleichmäßige Strichbreite und das stumpfe Ende der Linien erkennbar

binationen mit anderen druckgraphischen Verfahren. Hervorzuheben sind insbesondere Georges Braque, Lovis Corinth, David Hockney, Alfred Hrdlicka, Horst Janssen, Käthe Kollwitz, Joan Miró, Henri Matisse, Edvard Munch, Ernst Wilhelm Nay, Pablo Picasso oder Max Slevogt.

Rahmen Der Rahmen, auch «Bilderrahmen» genannt, dient der Einfassung von → Gemälden und → Graphiken sowie der optischen Trennung des Bildes vom Untergrund bzw. der dahinterliegenden Wand. Er ist zumeist aus Holz oder Metall und in der Regel bemalt, manchmal auch vergoldet.
Besonders anfällige Werke, wie Aquarelle, werden außerdem durch eine Glasscheibe geschützt, die in den Rahmen eingelassen ist. In vergangenen Jahrhunderten besaß der oft reich mit Ornamenten geschmückte Rahmen von mitunter üppiger Dimension die Funktion der (repräsentativen) Aufwertung des Bildes.
Die Entwicklung des Rahmens begann mit der Entwicklung des → Tafelbildes im späten Mittelalter. Bis weit in das 15. Jh. hinein bestand er aus einem zum Teil überdimensionalen, architekturartigen Aufbau, der häufig die gemalte Architektur des Bildes in der dritten Dimension fortführt. Der Rahmen im heutigen Sinne aus profilierten Holzleisten hielt dann mit der Renaissance Einzug. Die Abschrägung nach innen zum Bild hin dient der räumlichen Hineinführung *in* das illusionistisch angelegte Bildgeschehen. Das Barockzeitalter legte besonderen Wert auf eine prächtige, reich mit Gold und Ornamenten ausgestattete Rahmung, die manchmal dazu neigt, in Konkurrenz zum Bild zu treten. Im 20. Jh. finden schlichte, strenge Rahmen Verwendung, häufig wird sogar auf sie ganz verzichtet.
Vom Rahmen zu unterscheiden ist eine Umrahmung, die sich werkstoffgleich auf derselben Ebene wie das Bild befindet: Bei Wandgemälden oder Buchillustrationen spricht man von einer «Randleiste», bei Textilien, bei Mosaiken oder Glasmalerei von einer «Borte», manchmal auch «Bordüre». Nicht zu verwechseln ist der Rahmen mit dem → Keilrahmen, der dem Aufspannen der Leinwand dient und selbst unsichtbar bleibt.

Rakel → Siebdruck

Raubdruck Unter einem Raubdruck versteht man den Nachdruck von Graphiken oder Büchern ohne Zustimmung des Künstlers bzw. Autors oder Verlegers.

Rauminstallation → Installation

rayiert → Auflage

Rayografie → Rayogramm

Rayogramm Das Rayogramm, oft auch «Rayografie» genannt, ist ein von Man Ray um 1920 aus diversen fotografischen Experimenten entwickeltes fototechnisches Verfahren, das ohne Kamera funktioniert: Auf lichtempfindliches Fotopapier werden verschiedene Objekte (→ Objet trouvé) gelegt und danach belichtet. Je nach der Lichtstärke und dem Neigungswinkel der Lichtquelle

entstehen mehr oder weniger unscharfe Formen ohne genaue gegenständliche Bezüge, die jedoch vielfältige Assoziationen hervorrufen.
Die Rayogramme spielten in der Frühphase des → Surrealismus als inspirierende, in ihrer Gegenständlichkeit nie festzulegende Arbeiten eine wichtige Rolle. Mit den Rayogrammen vergleichbar sind die von Christian Schad entwickelten Schadografien, die ebenfalls wie die Rayogramme zu den → Fotogrammen zählen.

Rayonismus Der Rayonismus (frz. *le rayon* = Strahl) wurde in den Jahren 1911 und 1912 von Michail Larionow und seiner Frau Natalia Gontscharowa in Moskau begründet. Als eine der russischen → Avantgarde angehörende Stilrichtung nahm der Rayonismus Anregungen von → Futurismus, → Kubismus und → Orphismus auf, deren Stilmittel hinsichtlich der Herausbildung von Strahlenbündeln zusammengefaßt wurden, durch welche die vierte Dimension des Lichtes in die Malerei eingeführt werden sollte. Ausgehend vom → Primitivismus, entfaltete der Rayonismus zunehmend abstrakte Tendenzen und verzichtete ab 1912 weitgehend auf gegenständliche Bezüge. Larionow formulierte 1913 in seinem «Manifest des Rayonismus» den programmatischen Lichtbezug und die damit verbundene gegenstandslose Intention. Parallel verlaufende, sich diagonal überschneidende Linienbündel vermitteln ausgeprägt dynamische Eigenschaften, die durch sich überlagernde, Räumlichkeit bildende Farbstreifen wirkungsvoll unterstützt werden. Obwohl der Rayonismus einen wertvollen Beitrag zur Entstehung der → Abstrakten Kunst lieferte, war er nur von kurzer Dauer. Gontscharowa und Larionow setzten ihre rayonistischen Ideen bald darauf in Bühnendekorationen um.

Ready-made Der Begriff (amerik. = Konfektionsware; stereotyp) wurde 1913 von Marcel Duchamp eingeführt, um einen vorfabrizierten, vornehmlich industriell hergestellten Gebrauchsgegenstand zu bezeichnen, der ohne Veränderung durch den Künstler zum Kunstwerk erklärt wird. Werden dabei geringfügige Veränderungen vorgenommen, spricht man von einem «Ready-made-aidé» (frz. *aider* = helfen). An die Stelle seines Abbildes tritt der dem Alltag entnommene Gegenstand selbst. Obwohl der Gegenstand oftmals noch gebrauchsfähig wäre, verschwinden dessen Nützlichkeitsaspekte allein durch den hergestellten Kunstkontext.
Duchamps Intention liegt in einer neuen Beziehung von Kunst und Wirklichkeit, die im Ready-made identisch werden. Durch diesen Kunstgriff führte er das Abbildungsproblem in der Kunst in eine paradoxe Widersprüchlichkeit, die für das gesamte 20. Jh. wegweisend werden sollte: Zum einen ist durch den realen Gegenstand höchste Wirklichkeit, eine gewissermaßen nicht mehr steigerungsfähige «Abbildung» gelungen. Zum anderen hat sich im selben Augenblick jeder Sinn einer «Abbildung» der Wirklichkeit erledigt, da potentiell jederzeit die Wirklichkeit zur Kunst werden kann. Obwohl also höchste Wirklichkeitstreue vorliegt, stellt sich dringlicher als zuvor die Frage, *was* eigentlich die Wirklichkeit ist, ob sie tatsächlich in der körperlichen Präsenz des Gegenstandes zu finden sei.
Duchamp formulierte damit nicht nur die Grundlage der → Objektkunst, sondern seine pointierte Frage nach der Wirklichkeit zieht sich wie eine Art roter Faden durch die Stilströmungen des 20. Jh.s und findet sich insbesondere in → Happening, → Fluxus, → Neo-Dadaismus, → Pop Art und → Concept Art neu gestellt. «Fahrrad-Rad» nannte Du-

champ sein frühestes Ready-made aus dem Jahr 1913, ein auf einen Küchenhocker montiertes Rad eines Fahrrades (strenggenommen ein «Ready-made-aidé»). Es folgten 1914 der «Flaschentrockner», 1915 die «Falle», auf dem Boden befestigte Kleiderhaken, und 1917 die «Fontäne», ein umgekehrtes Urinoir, um nur die bekanntesten Arbeiten zu nennen, die seinerzeit heftigste Proteste in der Kunstwelt auslösten.

Realismus Der Realismus (lat. *realis* = wirklich, wesentlich) zieht sich als eine die empirische Wirklichkeit nachbildende Darstellungsweise durch alle Epochen der Kunstgeschichte.
Der Begriff ist in seinen vielfältigen Tendenzen und Strömungen nur schwer einzugrenzen, steht indes dem Idealismus diametral gegenüber, der die reale Wirklichkeit überhöht und sich auf fiktiven Elementen gründet. Auf der anderen Seite ist der Realismus vom Naturalismus des späten 19. Jh.s abzugrenzen, der ein objektives und identisches Abbild der Wirklichkeit anstrebt und den Realismus an äußerer Wirklichkeitsnähe noch übertrifft. Doch im Gegensatz zur Literatur ist in der bildenden Kunst nicht immer eine scharfe Unterscheidung zu treffen. Im 20. Jh. tritt der Realismus in Auseinandersetzungen mit der → Abstraktion, da er sich notwendigerweise der Gegenständlichkeit bedient.
Der Begriff geht auf Gustave Courbet, den Hauptvertreter des französischen Realismus im 19. Jh., zurück: 1855 überschrieb er auf der Pariser Weltausstellung den Pavillon mit seinen Arbeiten mit dem programmatischen Titel «Le Réalisme».
Im «klassischen» Sinne Courbets bedeutet der Realismus nicht nur die (beliebige) Darstellung äußerer Wirklichkeit, sondern thematisch zugleich die (ungeschönte) Wiedergabe der alltäglichen Arbeitswelt. In einem engeren, stilistischen Sinne bezieht sich der Begriff Realismus hauptsächlich auf die realistischen Tendenzen um die Mitte des 19. Jh.s in Frankreich. Die Arbeiten Courbets (zum Beispiel «Die Steinklopfer», 1849) verstehen sich zugleich als Opposition zur pathetisch aufgeladenen Historienmalerei. Einen wichtigen Einfluß übte zudem die zeitgleich entstehende → Fotografie aus. Zum französischen Realismus zählen ferner: Camille Corot, Jean-François Millet u.a. Vertreter der Schule von Barbizon. Courbet und der französische Realismus hatten maßgebenden Einfluß auf die Entwicklungen in Deutschland; hier sind Karl Blechen mit seinen frühen Industriebildern der dreißiger Jahre des 19. Jh.s, Adolph von Menzel mit «Das Eisenwalzwerk» (1875) sowie Wilhelm Leibl, Wilhelm Trübner und Fritz von Uhde zu nennen.
Im 20. Jh. sind insbesondere die zwanziger und sechziger Jahre als Jahrzehnte realistischer Strömungen hervorzuheben. Die → Neue Sachlichkeit und der → Magische Realismus setzen sich nüchtern und ohne jedes Pathos mit der unübersichtlichen Lebenswirklichkeit der Weimarer Republik auseinander. In den sechziger Jahren dagegen überwiegt im → Kapitalistischen, → Kritischen oder → Pathetischen Realismus das politische bzw. sozialkritische Engagement. Vergleichbares trifft auf den → Nouveau Réalisme in Paris zu. Eine gewisse Sonderrolle, da staatlicher Maßregelung unterworfen, spielt der → Sozialistische Realismus, der in der Sowjetunion jahrzehntelang als propagandistisches Instrument für ideologische Zwecke eingesetzt wurde. Der → Fotorealismus stellt am Ende trotz extremer Realitätsnähe die Frage nach der Wirklichkeit neu und entlarvt den Realismus in der bildenden Kunst als simples Abbild, das heißt als Illusion von Wirklichkeit.

Reihung Die Reihung ist ein Gestaltungsmittel der bildenden Kunst: Formal und/oder inhaltlich gleichartige bzw. identische Elemente werden zu kleineren oder größeren Ensembles zusammengestellt. Vor allem in der → Minimal Art spielt das Prinzip der Reihung eine entscheidende Rolle und gilt sogar als wesentliches Kennzeichen.
Hier finden sich identische, gegenstandslose Blockformen aneinandergereiht, so in Arbeiten von Donald Judd, Sol LeWitt oder in Form der flachen Metallplatten bei Carl Andre.
Doch das Prinzip der Reihung ist auch für die → Konkrete Poesie und das → Textbild ein wichtiges Gestaltungsmittel, indem gleiche Buchstaben, Worte oder Satzfragmente aneinandergereiht werden, wodurch nicht zuletzt optisch fluktuierende Bewegungsmomente entstehen. In gewissem Sinne verwendet Andy Warhol die Reihung durch gleichförmige Motivwiederholungen in seinen Siebdrucken (→ Pop Art). In abgewandelter Form erscheint die Reihung in den → Akkumulationen des → Nouveau Réalisme, zum Beispiel bei Arman. Als Rasterstruktur abgeändert, wird die Reihung als das Licht modulierendes Element in den → Reliefs der Künstlergruppe «Zero» sowie in der → Op Art verwendet.
So zeigt sich, daß das Prinzip der Reihung besonders in den fünfziger und sechziger Jahren als ein wichtiges gestalterisches Mittel fungiert, das v.a. im Rahmen rational geprägter Strömungen zur Verdeutlichung (geometrischer) Primärstrukturen oder schlicht als ein Mittel der Prononcierung in Erscheinung tritt.

Relief (engl. *relief*; frz. *le relief*) Das Relief ist eine (eigenständige) Disziplin der → Bildhauerei und steht seinem Charakter nach zwischen den Gattungen → Malerei und Bildhauerei. Der Begriff (ital. *rilievo* = Erhöhung, Erhebung; frz. *le relief* = erhabene Arbeit) wurde als Fachterminus erstmals von Cennini im 14. Jh. in Italien gebraucht. Im Relief treten die Figuren bzw. gegenstandslosen Formen aus einer (Grund-)Fläche hervor, so daß sie zwar eine gewisse Plastizität erreichen, allerdings nicht vollplastisch wie Skulpturen erscheinen, da sie stets mit der (Grund-)Fläche verbunden bleiben. Das Relief besitzt wie die Malerei eine Schauseite und kann nicht wie die Skulptur umschritten werden. Gerade im 20. Jh. ist das Relief oft (farbig) bemalt, in ihm finden sich die unterschiedlichsten Materialien integriert, und der aktive Raumbezug wird häufig durch den Einsatz von → Objets trouvés nachhaltig unterstützt.
Traditionell unterscheidet man, je nach dem Grad der Plastizität, verschiedene Varianten des Reliefs – eine Einteilung, die allerdings im Verlauf des 20. Jh.s an Trennschärfe eingebüßt und damit stark an Bedeutung verloren hat. Das «Flachrelief» (ital. *basso rilievo*; frz. *bas-relief*) gestattet nur eine sehr geringfügige Erhebung aus der Fläche. Das «Halbrelief» (ital. *mezzo rilievo*) erlaubt das Vortreten bis zur Hälfte des Volumens. Und im «Hochrelief» (ital. *alto rilievo*; frz. *haut-relief*) lösen sich die Figuren und Formen beinahe vollständig von der (Grund-)Fläche.
Eine Sonderform ist das «versenkte Relief» (frz. *relief en creux*) der altägyptischen Kunst: Die Figuren treten nicht positiv aus der Fläche hervor, sondern sind gewissermaßen «negativ» in sie eingelassen. Eine andere Variante ist das «rilievo sticciato» (ital. = abgeflachtes Relief), das in erster Linie von der italienischen Renaissance gepflegt wurde. Es benutzt feine Abstufungen und Überlappungen einzelner (Bild-)Teile, so daß eine raffinierte, illusionistische Räumlichkeit entsteht.

Im 20. Jh. spielt das Relief im Konzert der Kunstgattungen bis in die Gegenwart hinein eine wichtige Rolle. Allerdings führte die Entwicklung im → Kubismus, → Futurismus, → Dadaismus und → Konstruktivismus zu einer vielfältigen formalen und begrifflichen Aufsplitterung in → Assemblage, → Collage, → Combine Painting, → Kontra-Relief oder → Materialbild. Vorausset-

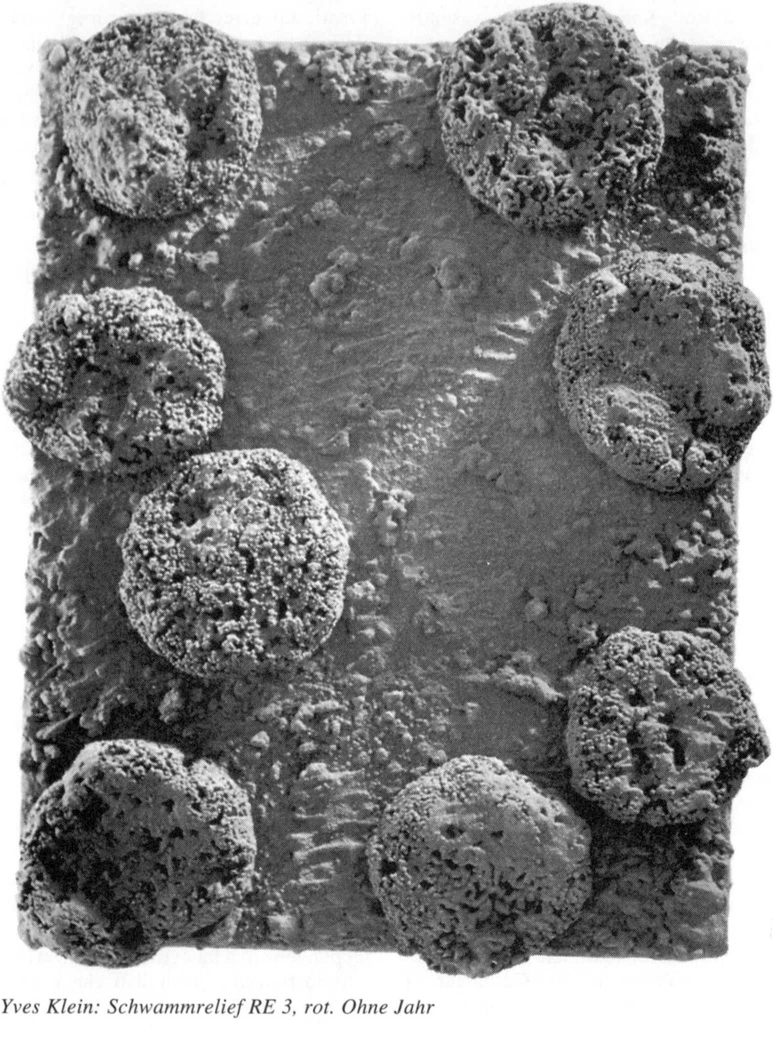

Yves Klein: Schwammrelief RE 3, rot. Ohne Jahr

zung dafür ist eine neue Beziehung des Reliefs zur Wirklichkeit – hervorgerufen durch die Verwendung neuer Materialien und sogar zivilisatorischer Abfälle – sowie ein neues Verhältnis des Reliefs zum Raum, den es aktiv aufbricht und neu definiert (gegenstandslose Tendenzen). Trotz der genannten Aufsplitterungen der Klassischen Moderne ist bis in die Gegenwart hinein der Terminus Relief gewissermaßen als Sammelbegriff (mit der Bedeutung einer weitgehend eigenständigen Gattung) allgemein gebräuchlich.

Reliefdruck Druckt man beim → Montagedruck direkt von der Oberseite der Materialien, so wird beim Reliefdruck die Struktur eines (harten) Gegenstands in Papier gepreßt und vom Rückseitenrelief ein → Abdruck erstellt. Der Druck erfolgt mit zwei Druckformen gegeneinander und wird von den erhöhten Stellen der Patrize in die vertieften Stellen der Matrize gedrückt. Druckt die Platte ohne Farbe, spricht man von → Blinddruck, einer Technik, die oft für die Anfertigung von Briefbögen oder Visitenkarten verwendet wird.

Remarquedruck Remarquen sind kleine Zeichen oder Skizzen mit Ätzproben, die der Künstler bei der → Lithographie oder → Radierung am Rand der Druckform angebracht hat, um die Wirkung der Ätzflüssigkeit kontrollieren zu können. Werden solche Remarquen vor dem Auflagendruck nicht weggeschliffen, spricht man von Remarquedrucken.

Replik Unter einer Replik (frz. *la réplique* = Kopie, Nachbildung) versteht man im Unterschied zur → Kopie eine vom Künstler eigenständig hergestellte Wiederholung eines Originals. Geringe Abweichungen in bezug auf Format und Technik werden dabei toleriert. Sind die Abweichungen jedoch beträchtlich, so spricht man von verschiedenen «Fassungen» eines Werkes. Als Werkstattreplik gilt die Kopie eines Kunstwerks, die unter Aufsicht des Künstlers (oft durch seine Schüler oder Mitarbeiter) hergestellt wurde. In jüngster Zeit haben sich sog. Dietz-Repliken als technisch präzises Reproduktionsverfahren durchgesetzt.

Reprint Unter einem Reprint versteht man den fotomechanischen Neudruck vergriffener Druckerzeugnisse, insbesondere von Büchern und Zeitschriften.

Reproduktion Mit Reproduktion wird die Wiedergabe von Originalen im Druck durch manuelle Verfahren (→ Holzschnitt oder → Kupferstich) oder mit Hilfe der → Fotografie (→ Faksimile) bezeichnet.

Reproduktionsgraphik Im Gegensatz zur → Originalgraphik wird bei der Reproduktionsgraphik ein Abzug nicht durch den Künstler selbst, sondern von einem beauftragten Kupferstecher oder Holzstecher hergestellt. Diese bemühen sich um künstlerische Einfühlung und originalgetreue Wiedergabe. Werke großer Maler erreichten auf diese Weise eine weite Verbreitung. In Antwerpen leitete beispielsweise Peter Paul Rubens eine Werkstatt (die sog. Rubensstecher), die unter seiner Anleitung Reproduktionsgraphiken seiner Werke erstellte.
Einer der bedeutendsten Reproduktionsstecher war Gerard Edelinck, der im 17. Jh. vorwiegend Porträts nach Vorbildern französischer und niederländischer Maler schuf. Im → Japanischen Farbholzschnitt, einer Gemeinschaftsarbeit in sehr strenger Arbeitsteilung, erreichte die Reproduktionsgraphik einen weiteren Höhepunkt.

Reservage → Aussprengverfahren

Restaurierung Unter Restaurierung versteht man die Wiederherstellung und Konservierung beschädigter, verfallener oder entstellter Werke der bildenden Kunst oder anderer kunsthistorisch bedeutsamer Werke (zum Beispiel Bücher, Textilien oder Bauwerke). Hierbei kann es sich um die Auswechslung schadhafter Teile, um das Wiederzusammensetzen (mit zum Teil nötigen Ergänzungen), um die Rekonstruktion eines Kunstwerks nach vorhandenen Unterlagen oder um Ergänzungen aus statischen, ästhetischen oder auch historischen Erfordernissen handeln.
Für die Restaurierung von Gemälden wurden seit der Renaissance bekannte Maler beauftragt, die verlorengegangene Partien im Sinne des ursprünglichen Originals neu malten oder Gemälde nur retuschierten. Seit Mitte des 19. Jh.s wurden auch Naturwissenschaftler, insbesondere Chemiker, mit Restaurierungsaufgaben konfrontiert. Ging es zunächst um Methoden der Konservierung, so setzte man seit Beginn des 20. Jh.s auch Röntgen- oder Infrarotaufnahmen bei Restaurierungsarbeiten ein.
Für die Konservierung und Restaurierung von Gemälden hat man verschiedene Verfahren entwickelt, wie die Reinigung des gebräunten → Firnis, das Doublieren (Aufkleben neuer Leinwand auf Gemälde mit beschädigtem oder geschwächtem Untergrund) oder die Parkettierung (Erhaltung ebener Flächen). Bei Tafelbildern können die Grundier- und Farbschichten abgenommen und auf Leinwand übertragen werden; wurmstichige Holztafeln werden durch chemische Injektionen stabilisiert.
Die Erhaltung und Restaurierung von → Wandmalerei reicht von Methoden der Reinigung über die Befestigung sich von der Wand ablösenden Putzes bis zur Abnahme gefährdeter Malereien. Sehr viel Einfühlungsvermögen erfordert dabei das Aufdecken alter Wandmalereien, die häufig unter Mörtel oder unter Kalktünchschichten verborgen sind. Beim Abnehmen und Übertragen von → Fresken unterscheidet man das Strappoverfahren, bei dem die Farbschicht zusammen mit einer wenige Millimeter dicken Putzmörtelschicht abgeschält und aufgerollt wird, und die sog. Distaccomethode, bei der ganze Teilstücke (mit einer dickeren Putzmörtelschicht) abgenommen werden. Die Restaurierung von → Graphik und → Zeichnungen geschieht durch Retuschierung oder Ergänzung fehlender Teile.
Gereinigt wird durch Abradieren oder Abschleifen der verschmutzten Stellen; Stockflecken werden mit chemischen Mitteln behandelt. Restauriert werden auch Plastiken und Skulpturen (zum Beispiel durch Erhaltung von Resten ursprünglich farbiger Fassungen oder Vergoldung, durch Imprägnierung verwitterter Stellen oder durch Rekonstruktion fehlender Teile) sowie herausragende Bauwerke der Architektur.

Retrospektive Die Retrospektive (lat. *retro* = zurück; *spectare* = schauen) bietet eine «Rückschau» auf das → Œuvre einer Künstlerin bzw. eines Künstlers. Die grundlegende Intention besteht in einer überblickartigen Zusammenstellung von einzelnen Schaffensphasen und wichtigen Werkzyklen, so daß im besten Falle annähernde Repräsentanz des Werkes erreicht werden kann. Die Retrospektive findet als → Wechselausstellung statt, wobei der → Katalog in der Regel einen hohen Rang einnimmt, da er oft umfangreiches Quellenmaterial sicherstellt (zum Beispiel historische Fotos, Schriftstücke als Faksimile) und die jüngsten wissenschaftlichen Ergebnisse zusammenträgt.
Die Retrospektive (bzw. der dazugehörende Katalog) hält umfassende Infor-

mationen zum Œuvre einer bestimmten Künstlerin bzw. Künstlers bereit, die sonst oftmals in verschiedenen Ausstellungen und Publikationen verstreut sind.

Retroussage → Plattenton

Rhythmogramm Bezeichnung für dreidimensional wirkende Figuren, die mittels einer besonders konstruierten Lichtpendel-Maschine direkt auf Fotopapier aufbelichtet werden. Die Lichtspuren werden bei diesem Verfahren während ihrer Bewegung (oft vor einem dunklen Hintergrund) kontinuierlich aufgezeichnet. Der Fotograf Heinrich Heidersberger gilt als Erfinder dieser Technik.

Ritzzeichnung Mit einem scharfen Gegenstand wird die Ritzzeichnung in einen (harten) Untergrund eingraviert. Sie zählt zu den frühesten künstlerischen Äußerungen. Bereits in der prähistorischen Kunst findet man Jagdtiere und schematisierte Symbole in Knochen oder in Felswände eingraviert, deren Bedeutung aller Wahrscheinlichkeit nach in einem magisch-kultischen Zusammenhang steht. Auch die Kunst vieler Naturvölker kennt die Ritzzeichnung (zum Beispiel in Elfenbein).
Eine Variation bildet die mittelalterliche «Putzritzung», die in den noch weichen Mörtelgrund geritzt wurde. Auch in der Goldgrundmalerei des Mittelalters tritt bisweilen die Ritzzeichnung auf, um die darübergelegten Farbschichten deutlicher zu prononcieren.

Rötelzeichnung Rötel ist ein rotbrauner Farbstoff, der schon in der Steinzeit zu kultischen Zwecken gebraucht wurde. Er besteht aus eisenoxidhaltiger Tonerde und wird als Zeichenkreide zum Beispiel aus gebranntem, hellem Ocker oder Terra di Siena hergestellt. Er ist weicher als Kreide, läßt sich in seiner Dichte vielfältig variieren und kontrastiert wenig zu hellem Papier, was ihm eine zarte, malerische Wirkung verleiht und darüber hinaus durch Verwischen feine, plastische Modellierungen ermöglicht. Rötel erlaubt verschiedene Varianten der Farbmischung, zum Beispiel mit → Pastell- oder Wasserfarben. Um die Kontraste zu steigern bzw. Licht- und Schattenwirkungen zu entfalten, wird die Rötelzeichnung oft mit schwarzer und weißer Kreide (→ Kreidezeichnung) kombiniert. Durch ihre leichte Übertragbarkeit wird sie darüber hinaus gerne für Vorzeichnungen zu Reproduktionen im Stich verwendet, erfordert andererseits stets die abschließende Behandlung mit einem → Fixativ. Obgleich als Farbstoff seit jeher bekannt, gelangte der Rötel erst gegen Ende des 15. Jh.s in Italien als Zeichenmittel zu allgemeiner Bekanntheit und wurde vor allem für → Akte, → Porträts und Studien eingesetzt. Die Studien Michelangelos zur Sixtinischen Kapelle, die Entwürfe Leonardo da Vincis für sein berühmtes «Abendmahl» und Zeichnungen von Fra Bartolommeo, Raffael oder Andrea del Sarto zählen zu den frühen Meisterwerken.
Wegen ihrer subtilen, malerischen Wirkung war die Rötelzeichnung in besonderer Weise bei den Meistern der französischen Rokokomalerei beliebt, so bei François Boucher, Jean Baptiste Siméon Chardin oder Antoine Watteau. Sie gebrauchten gerne schwarze und weiße Kreide, um die plastische Wirkung zu steigern. Zur selben Zeit erzielte man mit der → Crayonmanier täuschend echte Nachahmungen. Im 19. Jh. zählen Pierre Bonnard und Edgar Degas sowie Aristide Maillol und Auguste Rodin zu den Hauptvertretern der Rötelzeichnung, die sie in erster Linie für Aktdarstellungen gebrauchten. Demgegenüber nahm im 20. Jh. die Bedeutung der eigenständigen Rötelzeichnung rapide ab.

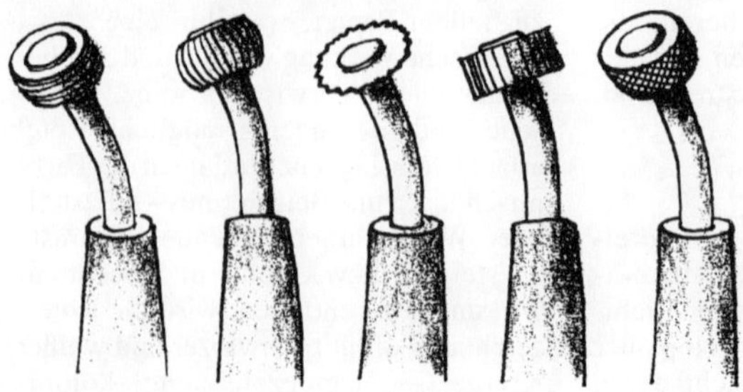

Unterschiedliche Formen von kleinen Stahlwalzen und Rouletten

Rollbild Das Rollbild, das sich aus der Buchrolle entwickelt hat, ist eine häufig anzutreffende Form des chinesischen und japanischen Tuschbildes (→ Tuschmalerei). Es besteht aus oft mehreren Meter langen Bilderstreifen, die sowohl im Querformat als auch im Hochformat (als Hängebild) angefertigt werden. Ihr Material ist Seide oder Papier, das mit einer Seidenborde umrahmt wird. Hans Richter griff die Form des Rollbildes für seine Arbeiten auf und schuf mehrere Folgen von abstrakten → Collagen.

Rotorelief Das Rotorelief besteht aus mehreren rotierenden Scheiben aus glänzendem Material wie Glas oder Metall, die einfallendes Licht in Abhängigkeit zu ihrer Umdrehungsgeschwindigkeit vielfältig reflektieren. Innerhalb der Skulptur steht das Rotorelief durch seine grundlegenden Elemente Licht und (reale) Bewegung zwischen der → Kinetischen Kunst und der → Lichtkunst. Der Begriff wird in erster Linie in Zusammenhang mit den von Marcel Duchamp entwickelten Rotoreliefs aus den zwanziger und dreißiger Jahren gebracht. Ihre Fortsetzung fanden sie in ähnlichen Arbeiten der Düsseldorfer Künstlergruppe «Zero» in den späten fünfziger und frühen sechziger Jahren.

Roulette Die Roulette ist ein Gravierinstrument, an dessen Spitze sich eine Stahlwalze befindet, deren Oberfläche gezähnt, punktiert oder unregelmäßig aufgerauht ist. Sie wird insbesondere für die → Punktiermanier und für die → Crayonmanier benutzt.

Salz-Aquatinta Die Salz-Aquatinta ist eine Technik der → Aquatinta, bei der Salz auf den dünn aufgetragenen Wachsgrund einer Metallplatte gebracht wird. Durch Erwärmen sinkt das Salz durch den Wachsgrund auf die Oberfläche der Platte und kann nach dem Erkalten ausgewaschen werden. Die entstandenen Löcher werden im anschließenden Säurebad in die Platte geätzt.

Sammlermarke Die Sammlermarke ist ein seit dem 17. Jh. gebräuchliches Besitzerzeichen, das auf der Rückseite von graphischen Blättern (bei älterer Graphik auch auf der Vorderseite) eingestempelt oder handschriftlich angebracht wird. Sammlermarken bestehen aus → Monogrammen, figürlicher Darstellung oder Wappen.

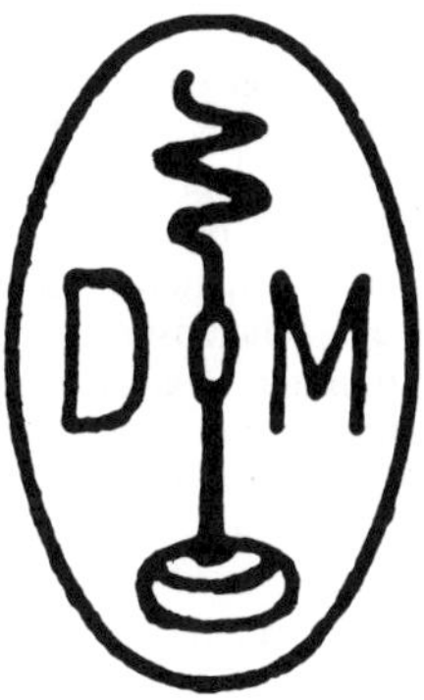

Sammlermarke von Domenique Vivant-Denou

Sandpapier-Aquatinta Technik der → Aquatinta, bei der Sandpapier auf eine mit weichem → Ätzgrund bedeckte Metallplatte gepreßt wird.
Die feinen Sandkörner durchdringen den Ätzgrund bis auf die Oberfläche der Platte und legen in feinen Punkten das Metall frei.

S

Sandwich-Verfahren → Copy Art

Schabkunst Die Schabkunst, die auch «Mezzotinto» oder «englische Manier» genannt wird, ist ein manuelles Tiefdruckverfahren (→ Tiefdruck) zur Erzielung zarter, abgestufter Halbtonflächen. Eine Kupferplatte wird dabei mit einem Wiegestahl (einem halbkreisförmigen Stahlmesser, dessen abgeschrägte Seitenfläche mit feinen Rillen versehen ist) gleichmäßig aufgerauht. Der Wiegestahl wird dabei unter kräftigem Druck und mit hin und her schaukelnden Bewegungen über die Platte geführt (senkrecht, waagerecht und diagonal), bis auf der Oberfläche ein gleichmäßiges Strichnetz entstanden ist.
Mit einem Schabeisen wird dann die beabsichtigte Darstellung aus der aufgerauhten Platte herausgearbeitet, indem Partien, die später hell gedruckt werden sollen, mit einem Polierstahl geglättet werden. Hierbei arbeitet man zunächst die mittleren Grauwerte und dann die lichten Stellen heraus. Korrekturen sind möglich, indem man die zu hell geratenen Partien erneut aufrauht. Das tiefe, samtige Schwarz und die kontinuierlichen Halbtonverläufe, die diese Technik hervorbringt, sind ein besonderes Kennzeichen der Schabkunst.
Erfunden wurde das Mezzotinto-Verfahren 1642 von Ludwig von Siegen. Seine Blütezeit erlebte es im 17. und 18. Jh., insbesondere in England durch Thomas Gainsborough, J. Reynolds oder Thomas Lawrence. Im 20. Jh. wird es vereinzelt von Künstlern wie Peter Nagel und Alfred Hrdlicka angewendet.

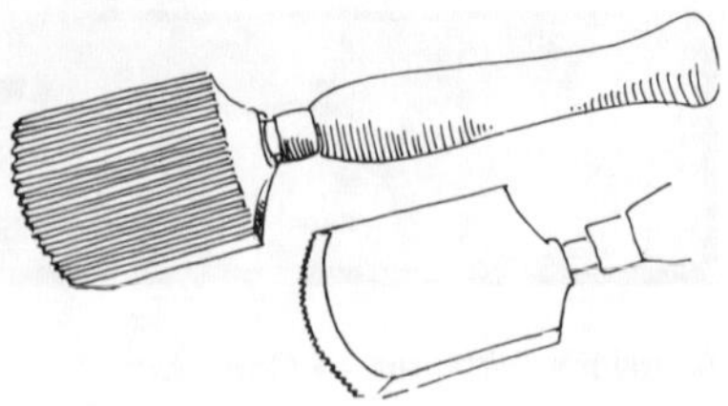

Wiegestahl: Unterseite und Oberseite

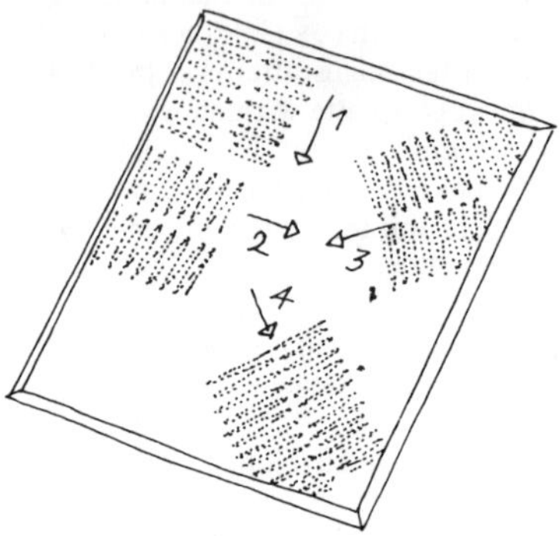

Die Platte wird in vier Richtungen aufgerauht

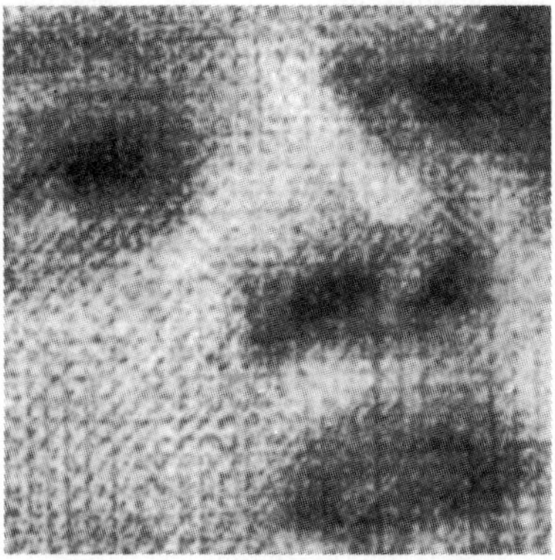

Detail eines Schabkunstdruckes in fünffacher Vergrößerung

Schablonen-Graffiti Technik der → Graffiti, bei der man zwischen positiver und negativer Schablonierung unterscheidet. Bei der positiven Schablonierung wird die Form der Darstellung direkt aus der Schablone ausgeschnitten, so daß die aufgesprühte oder aufgemalte Farbe ungehindert auf eine Wandfläche o.ä. aufgetragen werden kann.
Bei der negativen Schablonierung erscheint die Darstellung weiß und wird nur durch ihre Konturierung angedeutet, die aus der Schablone ausgeschnitten und somit farbdurchlässig ist.
Eine Sonderform der Schablonen-Graffiti stellen die sog. Serigraffiti dar, die als beliebig wiederholbare Wandgraphiken seit 1985 insbesondere in Paris zu finden sind.

Schadographie → Fotogramm

Schattenbild Unter einem Schattenbild, auch «Schattenriß» oder «Silhouette» genannt, versteht man eine Darstellung, die einen Gegenstand (ohne jegliche Binnenzeichnung) als Schatten wiedergibt. Um ein Schattenbild herzustellen, bringt man einen bestimmten Gegenstand zwischen eine Lichtquelle und einen Papierbogen, auf dem das Schattenbild erscheint und nachgezeichnet wird. In der Regel wird die Zeichnung über einen Pantographen anschließend verkleinert und auf schwarzes Papier übertragen.
Das Schattenbild entstand im 17. Jh. und wurde als Porträtsilhouette insbesondere in bürgerlichen Kreisen gepflegt (Goethe diente es beispielsweise für seine physiognomischen Studien). Um 1780 entwickelte sich das ganzfigurige Schattenbild, später wurden auch Pflanzen und Tiere sowie humoristische und genrehafte Szenen wiedergegeben. Ab Mitte des 19. Jh.s verlor das Schattenbild an Bedeutung und wurde durch die → Fotografie abgelöst. Mit dem Schattenbild

eng verwandt ist der → Scherenschnitt, bei dem die Darstellung direkt aus Papier, Pappe oder verwandten Materialien ausgeschnitten wird.

Scherenschnitt Die Technik des Scherenschnitts, seltener auch «Psaligraphie» genannt, bedient sich eines (schwarzen) Papierbogens, in den mit einer filigranen Schere, manchmal auch mit einem kleinen Messer, die Motive geschnitten werden. Wie der → Schattenriß, mit dem der Scherenschnitt eng verwandt ist, gibt er den Schatten bzw. die Silhouette des Bildmotivs wieder. Um zum Beispiel bei Ornamenten eine symmetrische Gestaltung zu erzielen, wird das Papier in der Mitte gefaltet («Faltschnitt»).
Der Scherenschnitt wird entweder direkt nach dem Original oder nach dem Schattenriß ausgearbeitet. In jedem Fall sind dazu ein sicheres Proportionsempfinden und höchstes Fingerspitzengefühl erforderlich.
Die Ursprünge des Scherenschnitts reichen ins alte China zurück. In Deutschland ist er zunächst als Pergamentschnitt seit dem 17. Jh. bekannt. Die erste bekannte Arbeit entstand 1631. Aus der Mitte des 17. Jh.s datieren die reich ausgeschmückten Jagdszenen R. W. Herr uf Stubenbergs, der zugleich als bedeutendster Meister des Scherenschnitts gilt. Im letzten Drittel des 18. Jh.s nahm er einen erneuten Aufschwung und wurde als preiswerter Ersatz des → Porträts beliebt. Neben Ornamenten und Genreszenen (→ Genre) stellen Porträts in Profilansicht die häufigsten Motive dar. In der Romantik wurden beispielsweise Karl Otto Diefenbach und Philipp Otto Runge mit Genreszenen bzw. Familiendarstellungen bekannt, die mitunter biedermeierliche Züge tragen. Im weiteren Verlauf des 19. Jh.s wurde der Scherenschnitt allerdings langsam von der → Fotografie verdrängt.

Schimmelobjekt Das Schimmelobjekt ist innerhalb der → Objektkunst eine von Diter Rot in den sechziger Jahren entwickelte Kategorie. Kennzeichnend sind mit Schimmelbakterien geimpfte organische Materialien (etwa Lebensmittel), die unter Glas verschlossen werden, so daß sie sich selbst zersetzen. Ist die Nährsubstanz schließlich aufgebraucht, bleibt nur noch ein Relikt des Zersetzungsprozesses übrig.
Im Vordergrund steht die vollständig real gewordene Thematisierung des Prozeßcharakters von Zersetzung, Veränderung und Vergänglichkeit schlechthin → Prozeßkunst). Anders formuliert: Die permanenten Veränderungs- und Vergänglichkeitsprozesse der Natur werden aus ihrer versteckten Verborgenheit befreit und in das Bewußtsein des Betrachters getragen. Schimmelobjekte finden sich auch bei Joseph Beuys oder HA Schult.

Schöndruck → Drucken

Schraffur Die Schraffur ist eine seit dem 15. Jh. in der → Zeichnung und in der → Druckgraphik angewandte Technik zur Erzielung von Licht und Schatten sowie von Halbtönen. Mit Hilfe von Federn, Stiften, Sticheln oder Radiernadeln werden Strichlagen horizontal, vertikal, diagonal oder gekrümmt über- und nebeneinander gezeichnet. Je nach Dichte der Linien oder ihrer Kombination (zum Beispiel Kreuzschraffur) erscheinen die schraffierten Flächen heller oder dunkler. Insbesondere im → Kupferstich haben sich zahlreiche Schraffierungssysteme (mehrfaches Überkreuzen, Häkchen, Punkte u. ä.) ausgebildet.

Schrotschnitt Der Schrotschnitt (mhd. *schroten* = schlagen), eine Technik des → Hochdrucks, war in der 2. Hälfte des 15. Jh.s sehr weit verbreitet. In die glatte Oberfläche einer Metallplatte wurden durch punktgroße → Punzen diejenigen Stellen vertieft, die nicht drucken sollten. Flächige Darstellungen (Gewänder, Hintergründe) und oft auch die Linienführung wurden aufgehellt und ergaben im → Abdruck ein feines Muster aneinandergereihter weißer Punkte. Die Figuren stehen beim Schrotschnitt hell vor dunklem, gemustertem Grund, weshalb er zuweilen auch als «Weißschnitt» bezeichnet wird (→ Weißlinienschnitt).

Schwarzlinienschnitt Im Gegensatz zum → Weißlinienschnitt werden die Linien als Stege aus der → Druckform herausgearbeitet und drucken schwarz auf weißem Grund (→ Holzschnitt).

sculpsit, sculp., sc. Lat. Bezeichnung (= hat gestochen) auf älterer Druckgraphik, die neben dem Namen des Graveurs oder Radierers steht.

Section d'Or Die Section d'Or (frz. = Goldener Schnitt) ist eine Gruppe kubistischer Maler, die sich 1912 zusammenschloß und sich in ihrem künstlerischen Schaffen weitgehend an geometrischen Formen und Zahlenproportionen ausrichtete. Zu den Mitgliedern der Section d'Or gehörten u.a. Marcel Duchamp, Fernand Léger, Auguste Herbin, Jean Metzinger und Jacques Villon. Robert Delaunay ließ sich von den ästhetischen Vorstellungen dieser Künstlergruppe leiten und entwickelte daraus seine Farbspiele mit rhythmischen Schwingungen, die auf musikalischen Harmonien basieren (→ Orphismus).

Selbstbildnis → Selbstporträt

Selbstporträt Das Selbstporträt, auch «Selbstbildnis» genannt, ist die Selbstdarstellung eines Künstlers mittels → Malerei, → Graphik, → Skulptur oder → Fotografie. Voraussetzung ist eine mehr oder weniger ausgeprägte Identität mit der Physiognomie des Künstlers. Zur Arbeitserleichterung wird häufig ein Spiegel eingesetzt. Eine Variante ist das «Selbstbildnis in assistenza»: Der Künstler befindet sich unter vielen anderen Personen im Bild, oder er nimmt die Züge einer bestimmten Gestalt an (häufig in der Renaissance gebräuchlich). Eine weitere Variante ist das «Atelierbildnis», das den Künstler in seinem Atelier wiedergibt.

Die Anfänge des Selbstporträts reichen in Form von → Reliefs bzw. von Skulpturen bis in die altägyptische Kunst und die griechische Antike zurück. Auch die mittelalterliche Miniaturmalerei kennt vereinzelte Selbstporträts, während im Bereich der mittelalterlichen Skulptur insbesondere eine Arbeit Peter Parlers (um 1380) im Prager Veitsdom Bekanntheit genießt. Um 1400 tritt das Selbstporträt in französischen Miniaturen auf, doch sein wirklicher Aufschwung vollzieht sich erst in der zweiten Hälfte des 15. Jh.s in Italien. Wichtige Arbeiten schufen beispielsweise Benozzo Gozzoli oder Filippino Lippi, wobei die tiefergreifende Frage nach der eigenen Person als neues Element auftritt. Damit gehen diese Bilder über eine bloße Abbildungsfunktion hinaus.

In eine vergleichbare Richtung mündet das bekannte Selbstporträt Albrecht Dürers von 1498, das darüber hinaus – wie andere seiner Selbstbildnisse – ein psychologisches Interesse dokumentiert. Im Werke von Parmigianino, von Tizian oder Caravaggio erfuhr das Selbstporträt weitere Stufen seiner Entwicklung und künstlerischen Entfaltung, um in den zahlreichen Arbeiten Rembrandts zu bisher nicht erreichten psychologischen Nuancen geführt zu werden. Seine Selbstporträts begleiten alle Stadien seines wechselvollen Lebens: Sie schildern die ersten Anfänge, die glanzvollen Zeiten seines Ruhms und schließlich das verzweifelte Versinken in Armut und Elend. Seit dem späten 19. Jh. führte u.a. die zunehmende Isolation des Künstlers von der Gesellschaft zu einer neuen Dimension psychologischer Selbstbefragung. Entsprechend der jeweils vorherrschenden Stilströmung wurde zunehmend die Farbe als autonomes Gestaltungsmittel zur emotionalen Differenzierung eingesetzt, wie beispielsweise in den ausdrucksstarken Selbstporträts des → Expressionismus. Im selben Maße verlor die naturalistische Detailtreue an Bedeutung; an die Stelle der äußeren Abbildung trat mehr und mehr die Schilderung innerer Befindlichkeit. Obgleich im 20. Jh. das Selbstporträt – wie übrigens auch andere Bildgattungen – viel von seiner früheren Rolle einbüßte, taucht es bis in die Gegenwart hinein doch immer wieder als eine Instanz der Selbstbefragung und -erforschung auf.

Sepia Sepia ist ein dunkelbrauner, dem → Bister ähnlicher Pigmentfarbstoff, der aus der Darmdrüse des Tintenfischs gewonnen und in der Regel als Zeichentusche verwendet wird. Seit Ende des 18. Jh.s wurde Sepia mit → Gummiarabikum gebunden und ermöglichte transparente, malerische Bildwirkungen vor allem bei → Tuschzeichnungen.

Serigraffiti → Schablonen-Graffiti

Serigraphie Als Serigraphie bezeichnet man Künstler-Siebdrucke, bei denen der Künstler die → Druckform eigenhändig ausführt (→ Originalgraphik) und auf ein fotomechanisches Kopieren der Vorlage verzichtet → Siebdruck).

Sezessionsstil → Jugendstil

Sgraffito Sgraffito, auch «Kratzmalerei» genannt, ist eine dauerhafte und wetterbeständige Technik zur Außendekoration einer verputzten Wandfläche. Über einen (dunklen) Wandputz, der aus Kalkmörtel besteht, wird eine helle Kratz- oder Deckschicht gestrichen, auf die in einem zweiten Arbeitsgang eine Vorzeichnung in Umrissen und → Schraffuren aufgebracht wird. Mit Spachteln oder Kratzblechen werden diese gezeichneten Partien anschließend weggeschabt, bis der darunterliegende Putzgrund zum Vorschein kommt.
Neben dieser «Einschichtentechnik», die seit Anfang des 14. Jh.s nachweisbar ist, entwickelte sich in der Folgezeit die Zweischichtentechnik mit eingefärbtem Mauerputz. Insbesondere in Italien, in Süddeutschland, Österreich und in der Schweiz wurden Fassaden ganzer Straßenzüge (später auch Innenräume) mit Hilfe der Sgraffitotechnik dekoriert. In der Renaissance fand man technisch neue Ansatzpunkte und Gestaltungsmöglichkeiten und gelangte zu feineren Mustern und differenzierterer → Ornamentik. Im modernen Sgraffito verwendet man zum Teil mehr als zehn Farbschichten, arbeitet mit zusätzlichen Kasein- oder Frescofarben in die Flächen und Linien hinein oder variiert die Technik durch Zusätze bestimmter Zemente oder Natursteine.

Shaped Canvas Um das Jahr 1960 traten in der amerikanischen Malerei Shaped Canvas auf (engl. = geformte Leinwand), insbesondere im Werk von Frank Stella. Damit sind Bilder gemeint, deren äußere Begrenzung sich nach ihrer inneren Struktur richtet, das heißt, das traditionelle, rechteckige Bildformat wird (unregelmäßig) aufgebrochen und steht in seiner Form ganz in Abhängigkeit zum Bildgeschehen. Auf diese Weise erreicht das Bild mitunter einen gewissen Objektcharakter (→ Objektkunst), womit zugleich die Gattungsgrenze von → Malerei und → Skulptur zu verschwimmen beginnt. Die Shaped Canvas stehen im Zusammenhang mit der → Post-Painterly Abstraction und vor allem dem → Hard Edge. Neben Frank Stella sind Kenneth Noland und Ronald Davis als Künstler zu nennen, die sich der Shaped Canvas in ihrer Malerei bedienen.

Siderographie → Stahlstich

Siebdruck Der Siebdruck, auch «Durchdruck«- oder «Silk-Screen«-Verfahren genannt, ist ein Druckverfahren, bei dem die Farbe durch ein teilweise undurchlässig gemachtes Gewebe hindurch auf den Druckträger (Papier, Stoff o.ä.) übertragen wird. Dieses Gewebe (zumeist Seide, Stahlgaze oder synthetische Textilfasern wie Polyester, Nylon oder Perlon) bildet zusammen mit dem Rahmen, auf den es gespannt wird, das Grundelement der → Druckform (Sieb). Zugleich dient es als Schablonenträger, dessen Partien, die später drucken sollen, farbdurchlässig gehalten werden. Man unterscheidet beim Siebdruck direkt aufgebrachte und nachträglich auf die Gewebeoberfläche aufgebrachte Schablonen. Als älteste Abdecktechnik gilt die Leimschablone, bei der «kalter Leim» mit einem Pinsel oder einer Feder als nichtdruckende Partie auf das Gewebe aufgetragen wird.

Bei der «Auswaschtechnik» wird mit einer Fettkreide oder mit Tusche direkt auf das Sieb gezeichnet und die Oberfläche anschließend mit einer Wasser-Leim-Lösung bestrichen. Wäscht man nach dem Trocknen das Sieb mit Benzin oder Terpentin ab, so löst sich das Fett und kann anschließend herausgewaschen werden. Durch die frei gewordenen Stellen wird dann später die Farbe gepreßt.

Zu den indirekten Schablonenverfahren zählt die «Ausschneidetechnik», bei der Schablonen aus Papier oder selbstklebender Folie ausgeschnitten und auf das Sieb geklebt werden. Bei der «fotomechanischen Schablone» wird das Sieb mit einer lichtempfindlichen Schicht bestrichen, auf die ein Diapositiv oder eine vom Künstler auf Transparentpapier gebrachte Zeichnung kopiert wird. Die unbelichteten Stellen werden bei dieser Technik ausgewaschen und damit farbdurchlässig gemacht.

Zum Drucken wird das präparierte Sieb – mit einem Abstand von 2 bis 5 mm – auf den Druckträger gebracht und in seiner Position genau markiert. Die Druckfarbe wird zunächst außerhalb des Motivs auf das Sieb gegossen und dann mit einer sog. Rakel (eine Art Brett mit aus

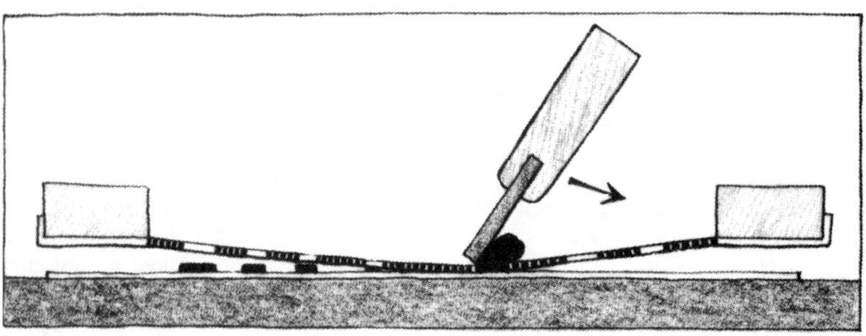

Schema des Siebdrucks

Gummi oder aus Kunststoff bestehender Streichkante) gleichmäßig verteilt und durch die Maschen des Gewebes gedrückt. Bei mehrfarbigen Siebdrucken wird für jede Farbe ein eigenes Sieb benutzt. Charakteristisch für den Siebdruck ist sein satter, voluminöser Farbauftrag. Neben dem manuellen Siebdruck gibt es den maschinellen Druck, der bei hohen Auflagen (bis zu 3000 Drucken pro Stunde) zur Anwendung kommt. Man unterscheidet hier halb- und vollautomatische Flachbettpressen mit horizontal liegendem Sieb und sog. Zylinder-Siebdruck-Pressen, bei denen das Sieb um den Zylinder gespannt ist. Dem Künstler ermöglicht der Siebdruck nicht nur ein seitenrichtiges Arbeiten, sondern auch zahlreiche Ausdrucksmöglichkeiten, insbesondere durch die fast unbegrenzte Auswahl an Druckträgern. Eine besondere Anwendung findet der Siebdruck bei großformatigen Blättern, wie Plakaten. Im 20. Jh. bedienten sich zahlreiche Künstler dieser Technik, darunter Josef Albers, Hans Arp, Willi Baumeister, Jim Dine, Roy Lichtenstein, Jackson Pollock, Victor Vasarely, Andy Warhol oder Tom Wesselmann.

Signatur Unter einer Signatur (lat. *signare* = bezeichnen), die aus einem → Monogramm, aus → Initialen oder dem vollen Namen bestehen kann, versteht man das Zeichen oder die Unterschrift eines Künstlers auf einem Kunstwerk. Bis Ende des 19. Jh.s war es im Bereich der Graphik üblich, die Signatur direkt auf dem Lithographiestein oder auf der Platte anzubringen und auch die Namen des Verlegers oder Druckers zu nennen. Auf alten graphischen Blättern findet man außerdem Bezeichnungen wie → delineavit oder → pinxit, die auf den Künstler verweisen, der die Arbeiten entworfen hat. Lateinische Wendungen wie → fecit oder → sculpsit bezeichnen den Stecher oder Lithographen, der die Arbeit ausgeführt hat. Auf älterer französischer Druckgraphik findet man oft den Zusatz «APDR» oder «cum privilegio regis», was auf die Zeit zwischen 1685 und der Französischen Revolution verweist, wo es verboten war, Drucke ohne Zustimmung der Regierung herauszugeben.
Seit etwa 1880 ist die handschriftliche Signatur üblich, die mit Bleistift, Feder, Rötel o.ä. vorgenommen wird. Sie befindet sich in der Regel in der rechten unteren Ecke eines graphischen Blattes, zusätzlich kann ein Blatt auch handschriftlich numeriert (→ Numerierung) oder mit einem Titel versehen werden. Solche handschriftlichen Zusätze werden generell als «Schrift» bezeichnet. Druckt ein Künstler ein Blatt vor der Schrift, um → Probe- oder Vorzugsdrucke herzustellen, spricht man von Abzügen → avant la lettre. Abzüge mit mitgedruckter Schrift heißen Drucke → avec la lettre.

Signet Das Signet, ein Zeichen des Drukkers oder Verlegers, dient als Kennzeichen der Herkunft wie auch als Schutz- und Sammlermarke. Es tritt als → Monogramm oder ornamentale, sinnbildliche bzw. figürliche Darstellung auf und wurde nicht selten von namhaften Illustratoren (im 20 Jh. zum Beispiel von Peter Behrens oder Otto Eckmann) entworfen. Signets haben ihren Ursprung im Buchschmuck des 15. Jh.s, wo sie Auskunft über die jeweilige Druckwerkstatt gaben; sie wandelten sich aber schon bald zum Verlegersignet, das auf dem Titelblatt, später auch auf Verlagsprospekten, Briefpapier u.a. angebracht wurde. Als Sammelgebiet der → Gebrauchsgraphik sind Signets inzwischen zu beliebten Sammlerobjekten geworden.

Silberstiftzeichnung Der Silberstift gilt als Vorläufer des Blei- (→ Bleistiftzeich-

nung) bzw. → Graphitstifts und besteht aus einem Metallstift (Kupfer, Messing oder Bronze) mit angeschmolzener Silberspitze. Er bildet einen feinen, grauen Strich, der nach einiger Zeit jedoch durch Oxidation in einen braunen Ton übergeht. Plastische Werte und Hell-Dunkel-Kontraste werden bei der Silberstiftzeichnung durch → Schraffuren erzielt, während Korrekturen nur vergleichsweise mühsam durch Schaben mit einem Radiermesser oder Schabeisen durchgeführt werden können.
Eine Besonderheit ist die notwendige Grundierung, ohne die der Silberstift auf dem zuvor geglätteten Papier keinen Halt finden würde. Sie besteht in der Regel aus einer dünnflüssigen Masse aus Kreide oder Knochenasche unter Zusatz von Leim. Neben Papier diente früher auch → Pergament als Zeichengrund, das jedoch zuvor mit Bimsstein aufgerauht werden muß.
Obgleich die Silberstiftzeichnung vorwiegend im 15. und 16. Jh. Verwendung fand, reichen die frühesten bekannten Beispiele bis in die römische Antike zurück. Ihren Aufschwung nahm sie erst im Verlaufe des 14. Jh.s, wobei sie sich durch differenzierte Anwendung von → Kontur und Schattierung auszeichnet. In der italienischen Renaissance entfaltete sich die Silberstiftzeichnung als ein selbständiges künstlerisches Ausdrucksmittel zu voller Blüte. Schattenzonen wurden häufig laviert (→ Lavierung) und Licht durch Höhung mit Weiß kontrastreich ausgearbeitet. Zu den Meisterzeichnungen zählen Arbeiten von Sandro Botticelli, Pietro Perugino, Raffael, Paolo Uccello, Andrea Verrocchio und Leonardo da Vinci. In Deutschland erreichte die Silberstiftzeichnung ihre Blüte mit einer gewissen zeitlichen Verschiebung. Im Gegensatz zu Italien bevorzugte man weißes Papier und sah in der Regel keine Lavierung vor.
Zu den bekannten Meistern gehören Lucas Cranach, Albrecht Dürer, Hans Baldung Grien, Hans Holbein d.Ä. oder Hans Memling. Im Bereich des Miniaturporträts brachte das 18. Jh. einen erneuten Gebrauch der Silberstiftzeichnung, deren Bedeutung jedoch spätestens mit der Einführung des Blei- bzw. Graphitstifts im frühen 19. Jh. endgültig zurückging. Auch im 20. Jh. tritt sie nur sehr sporadisch in Erscheinung.

Silhouette → Schattenbild

Silk-Screen-Verfahren → Siebdruck

Simultankontrast Bei der Betrachtung einer Komplementärfarbe (→ Komple mentärkontrast) läßt das Auge simultan, das heißt gleichzeitig, die im Farbenkreis gegenüberliegende Farbe entstehen, ohne daß sie materiell vorhanden wäre. Wird beispielsweise eine rote Fläche intensiv betrachtet, so beginnt vor neutralem Grund (weiß oder grau) die Komplementärfarbe Grün als immaterielle Farbempfindung zu leuchten.

Skizze Die Skizze (ital. *schizzo* = flüchtiger Entwurf) als rascher, spontaner Aufriß fixiert das wesentliche Moment einer künstlerischen Idee. Sie ist aufgrund ihrer Flüchtigkeit schnellarbeitenden Materialien wie Kohle, Kreide oder Tusche vorbehalten, auch wenn die → Malerei den Begriff der Farbskizze und die → Plastik den Begriff der Tonskizze kennt. Von der Skizze zu unterscheiden sind der → Entwurf und die «Studie», die einen Sachverhalt systematischer und exakter erfassen.
Kunstgeschichtlich wird die Skizze erst in der Renaissance bedeutsam, wo das Streben nach Originalität eine bewußtere Bilderfindung erforderte. Die Skizzenbücher, die seitdem vermehrt erstellt wurden, avancierten zu äußerst begehr-

ten Sammlerobjekten, da sie einerseits zu einem niedrigen Preis erworben werden konnten, andererseits Skizzen gegenüber den späteren Werken von größerer Unmittelbarkeit geprägt sind. Im → Impressionismus wurde das Prinzip der Skizze stilbildend, so daß die Grenzen zwischen Skizze und Kunstwerk oft verwischen.

Skizzenbuch → Skizze

Skulptur Der Begriff Skulptur wird heute zumeist gleichbedeutend mit → Plastik oder → Bildhauerei gebraucht und bezeichnet dreidimensionale Kunstwerke. Der Begriff leitet sich von lat. *sculpere* = schnitzen ab. Im eigentlichen, strengen Sinne werden damit nur Arbeiten bezeichnet, die aus einem festen Material geschnitten, geschlagen oder geschnitzt sind, zum Beispiel aus Stein oder Holz. Die Skulptur greift demnach auf ein abtragendes Verfahren zurück, das heißt, das Kunstwerk entsteht durch Entfernen von Material.
Im Gegensatz dazu steht die Plastik, die sich durch Anfügen von Material konstituiert. Doch in der Kunst des 20. Jh.s, besonders nach 1945, haben die Begriffe Skulptur und Plastik ihren eigentlichen Sinn verloren, da die technische Herstellung dreidimensionaler Arbeiten in bezug auf Material und Arbeitsprozeß jegliche traditionellen Formen sprengt.

Sofortbild Mit Hilfe einer speziellen Entwicklungspaste wird ein mit einer besonders konstruierten Kamera aufgenommenes Bild sekundenschnell entwikkelt, fixiert und auf einem Übertragungspapier als Positiv ausgegeben. Dieses 1947 von Edwig Herbert Land erfundene Verfahren (auch «Polaroidverfahren» genannt) wurde mehrfach verbessert (u.a. wurden zahlreiche Manipulationsmöglichkeiten für die kreative Fotografie möglich) und diente in → Happening und → Concept Art als simultanes Dokument. Als künstlerisches Ausdrucksmedium wurde das Sofortbild insbesondere von David Hockney und Anna Keel genutzt.

Soft Sculpture Die Soft Sculpture bedient sich weicher Materialien wie Leinwand, Tuch, Filz, Gummi oder Schaumstoff. In erster Linie wird der Begriff für die Skulpturen Claes Oldenburgs gebraucht, der im Umfeld der → Pop Art triviale Alltagsgegenstände (Steckdose, Waschbecken, Zündholz) in riesenhafter Vergrößerung zumeist aus Leinwand zusammennähte. So gelingen ihm ironische Anspielungen auf alltägliche Gebrauchsartikel und deren Konsum. Zugleich stellt sich in der überdimensionalen Größe und in der ungewohnten Weichheit anstelle funktionaler Härte ein merkwürdiges Paradoxon ein, das die wohlvertrauten Gegenstände entfremdet. Seltener werden mit Soft Sculpture (hin und wieder auch «Soft Art» genannt) auch Arbeiten anderer Künstler bezeichnet, beispielsweise von Joseph Beuys oder Ferdinand Spindel.

Sozialistischer Realismus Der Sozialistische Realismus entwickelte sich im Anschluß an die Russische Revolution 1917 in der Sowjetunion, breitete sich aber besonders nach 1945 auch in anderen sozialistischen Ländern aus. Der Begriff entstand in den frühen dreißiger Jahren. Basierend auf dem Marxismus-Leninismus, wurde der Sozialistische Realismus von staatlicher Seite in seiner gesamten inhaltlichen und formalen Struktur dogmatisch festgeschrieben und in seiner Zielsetzung genau vorausbestimmt. Die künstlerischen Mittel sollten volksnah und damit allgemein verständlich sein, die Inhalte der moralischen und politischen Erziehung des sozialistischen Ar-

beiters dienen. Damit erstarben alle künstlerischen Freiheiten, und die gesamte bildende Kunst fand sich – wie auch Literatur, Film und Theater – in die staatliche Propaganda gegen den Kapitalismus und für das Wohl von Partei und Sozialismus integriert.
Der Sozialistische Realismus in der Sowjetunion geht auf die sog. Peredvizniki (Wanderer) zurück, eine 1870 in Moskau gegründete Künstlergruppe. Ihr Ziel bestand in einer betont volkstümlichen Malweise mit entsprechender Allgemeinverständlichkeit. Unmittelbar nach der Revolution 1917 entwickelte sich zunächst ein offenes, allen experimentellen Strömungen aufgeschlossenes Klima, so daß beispielsweise → Konstruktivismus und → Suprematismus freie Entfaltungsmöglichkeiten fanden. Doch spätestens zu Beginn der zwanziger Jahre wurde die → Avantgarde rigoros abgedrängt, und es setzte sich eine dem 19. Jh. verpflichtete gegenständliche Malweise durch, die propagandistisch den gesellschaftlichen Fortschritt pries. Neben dem Film stellte sich das Plakat als wesentliches Medium heraus, mit dem breite Volksmassen erreicht und mobilisiert werden sollten. Ein ZK-Beschluß ordnete 1932 die strenge Zentralisierung der Kunst unter der Herrschaft der Kommunistischen Partei an. Mit überschwenglichem Pathos wurde der neue sozialistische «Typus» in Bildern und Skulpturen heroisiert – der → nationalsozialistischen Kunst nicht unähnlich – und in eine der tatsächlichen Wirklichkeit kraß widersprechende idealisierte Sphäre enthoben. Dem Sozialistischen Realismus haften eigentlich eher idealisierende als realistische Züge an, da er die zukünftige, nicht aber die gegenwärtige Wirklichkeit glorifizieren sollte. Unvollkommene Seiten bleiben auf diese Weise ausgeblendet. Zwar verurteilte Chruschtschow 1956 den Personenkult der Stalin-Ära, aber grundlegende Änderungen konnten sich nicht durchsetzen, so daß sich der Sozialistische Realismus mehr und mehr vom internationalen Kunstgeschehen isolierte. In der Sowjetunion verlor er erst im Laufe der achtziger Jahre seinen diktatorischen Einfluß zugunsten einer am Westen orientierten pluralistischen Kunstauffassung.
Zu den bekanntesten Vertretern des Sozialistischen Realismus in der Sowjetunion zählen: Isaak Brodski, Alexander Deineka, Alexander Gerassimow, Jurij Korolev, Wera Muchina und Kusma Petrow-Wodkin.
In der ehemaligen DDR wurde in den frühen fünfziger Jahren eine Form des Sozialistischen Realismus praktiziert, die – eng verbunden mit dem Aufbau der DDR – zunächst euphorisch und klischeeartig verkürzt den Arbeiter und seine Arbeit idealisierte. Doch bereits im Laufe der sechziger Jahre erhob sich die Forderung nach vielfältigen Gestaltungsformen des Sozialistischen Realismus, so daß eine dezente, stilistische Pluralität entstehen konnte. Rückgriffe auf → Expressionismus und → Neue Sachlichkeit sind kennzeichnende Elemente.
Bernhard Heisig schloß in seinen atmosphärischen Porträts an den → Impressionismus an. Wolfgang Mattheuer führte das Landschaftsbild wieder ein, das mitunter in seiner Anlage mit der → Neuen Sachlichkeit zu vergleichen ist. Willi Sitte vertauscht in seinen Porträts und Akten die Heroisierung des Arbeiters zugunsten psychologisierender Elemente. Die Bilder Werner Tübkes verraten das Studium alter Meister, wobei idealisierende Gesten der Renaissance in den Vordergrund treten. Spätestens mit dem Zerfall der DDR 1989 verlor auch der Sozialistische Realismus jede Legitimation. Doch gerade die ältere Künstlergeneration hält weiterhin an der

über Jahrzehnte hin entwickelten realistischen Bildsprache fest, freilich nicht mehr unter der Doktrin des Sozialistischen Realismus. Selbst in einigen Arbeiten jüngerer Künstler der ehemaligen DDR zeigt sich, daß Erbe und Tradition nicht über Nacht abgeschüttelt werden können. Nachdem die politischen Veränderungen in den osteuropäischen Ländern gegen Ende der achtziger Jahre dem Sozialistischen Realismus ihrerseits die Grundlage entzogen, findet er sich heute im wesentlichen nur noch in China und Nordkorea.

Spätimpressionismus → Neoimpressionismus

Sponsoring Das Sponsoring (engl. *to sponsor* = fördern, unterstützen) bedeutet die private finanzielle Förderung zumeist eines Ausstellungsprojekts, aber auch der Arbeit eines bestimmten Künstlers. Der oder die Geldgeber können sowohl Privatpersonen als auch Firmen oder Institutionen sein. In der Regel sind die finanziellen Zuwendungen projektbezogen, das heißt, sie beziehen sich auf ein ganz bestimmtes, klar umrissenes Vorhaben. Diese Art privater Initiative ist keineswegs neu, findet allerdings in den letzten Jahren vermehrte Anwendung, nicht zuletzt aufgrund stagnierender oder sogar reduzierter Ausstellungsetats der öffentlichen → Museen bei gleichzeitig stark steigenden Kosten für Versicherung und Transport. In den meisten Fällen umfaßt die Förderung einen Teilbetrag der für eine Ausstellung oder einen Katalog erforderlichen Summe, wobei sich häufig auch mehrere Sponsoren beteiligen.

Von Kritikerseite wird immer wieder auf zwei Gefahrenpunkte des Sponsoring hingewiesen: Eine Gefahr besteht in der Einflußnahme des Geldgebers auf die formale oder inhaltliche Seite des Projekts oder gar der künstlerischen Arbeit. Selbstredend muß daher jederzeit ein unabhängiger Arbeitsprozeß gewährleistet sein, was sich auf die Museumsarbeit ebenso wie insbesondere auf das künstlerische Schaffen bezieht. Im allgemeinen jedoch wird dieser Kritikpunkt als relativ unproblematisch eingeschätzt, was indes für den zweiten nicht behauptet werden kann. In dem Maße, in dem private Geldgeber den Museen ihre Förderung zukommen lassen, gewinnt die für den Museumsetat zuständige Behörde das Argument, daß sie auf Kosten der Sponsoren ihre Mittel einsparen könne. Was auf diese Weise vielleicht für kurze Zeit funktionieren mag, führt aber mittel- und langfristig zu komplizierten Abhängigkeiten, verbunden mit der Gefährdung der gesamten Museums- und Ausstellungsarbeit – eine Entwicklung, die mancherorts bereits drastische Züge anzunehmen beginnt.

Spraybild → Graffiti

Spritztechnik Die Spritztechnik bedient sich statt des Pinsels oder Spachtels der Spritzpistole (→ Airbrush), die eine extreme Verstäubung der Farbe in feinste Tröpfchen erlaubt. Dadurch gelingen perfekte Farbübergänge und eine absolut gleichmäßige Glätte des Farbauftrags. Präzise Konturen lassen sich mit raffiniert ausgearbeiteten Schablonen erzielen, wobei oft in mehreren Schichten gearbeitet wird.

Neben speziellen Airbrushfarben werden verschiedene Farben gebraucht, deren wichtigstes Merkmal in ihrer flüssigen Konsistenz liegt, da sonst die feine Düse der Spritzpistole rasch verstopft (zum Beispiel → Acryl, → Aquarell- und Designerfarben, → Gouache oder → Tusche).

Die Spritztechnik findet vorwiegend in der Werbung und → Gebrauchsgraphik

Verwendung. In der bildenden Kunst tritt sie beispielsweise in der → Pop Art auf.

Spurensicherung Der Begriff Spurensicherung stammt ursprünglich aus dem Bereich der Kriminalistik und bezeichnet eine Strömung seit den frühen siebziger Jahren, die durch vordergründig wissenschaftliches Vorgehen die Relikte und Überreste individueller Lebenszusammenhänge sammelt. Es bestehen enge Beziehungen zu den → Individuellen Mythologien, eine klare Unterscheidung ist nicht immer möglich.
Charakteristisch für die Spurensicherung ist eine systematische Klassifizierung und Anordnung der Fundstücke in Vitrinen, zum Beispiel nach den Kriterien Material oder Größe. Doch die scheinbare Wissenschaftlichkeit ist vollständig subjektiver Natur: Zwar folgt sie rein äußerlich rationalen Ordnungskriterien, doch in ihrer Intention orientiert sie sich allein an individuellen Erinnerungen und subjektiven Zielvorgaben.
Die Bezüge der Spurensicherung zu Archäologie, Ethnologie und Soziologie sind unverkennbar, denn daraus speist sich nicht nur der systematische, quasiwissenschaftliche Ansatz, sondern auch das Themenfeld, die Erforschung und Erkundung vergangener Lebenssituationen. Das Sammeln und Sicherstellen der Fundstücke und Spuren (Gebrauchsgegenstände, Wohlstandsabfälle, alte Fotos und Schriftstücke u.a.) trägt in erster Linie dokumentierenden und rekonstruierenden Charakter, insofern jedes einzelne Relikt ein kleines Stück über seinen ehemaligen Besitzer bzw. Sinnzusammenhang erzählt. Doch im selben Maße läßt es den Betrachter in der Entfaltung seiner eigenen, individuellen Erinnerung angesichts des jeweiligen Reliktes frei.
Das Ziel der Spurensicherung besteht letztlich in einer umfassenden Aktivierung von Vergangenheit, entweder ganz konkret anhand eines Fundstücks oder fiktiv, indem das Fundstück als ein die Vorstellungstätigkeit auslösendes Moment auftritt.
Christian Boltanski macht sich auf die Suche nach persönlichen Schicksalen und Biographien, die er bevorzugt mittels installationsartig angeordneter (Porträt-)Fotos wiederbelebt. Als Chemiker und Zoologe stellt Paul-Armand Gette Untersuchungen von bestimmten Pflanzen innerhalb vorher genau festgelegter Biotope an. Dabei bedient er sich einer wissenschaftlichen Nomenklatur und einer Klassifizierung, die Fotografie dient als maßgebliches Mittel der Dokumentation. Nikolaus Lang sammelte in den siebziger Jahren in sehr mühevoller Kleinarbeit Fundstücke und Relikte aus dem Leben verstorbener Personen, um in musealer Präsentation deren Lebenswirklichkeit zu vergegenwärtigen («Für die Geschwister Götte», 1973-74).
Die Arbeiten von Anne und Patrick Poirier zeichnen sich durch die enge Verbindung von fiktiven und rekonstruierenden Merkmalen aus, wobei sie ihre Themen bevorzugt aus der Antike beziehen. Raffael Rheinsberg sichert Zivilisationsspuren aus lokal begrenzten Zonen städtischer Besiedlung und Industriebrache, wobei sein Vorgehen auch archäologische Bereiche berührt.

Stabile Unter dem Begriff Stabile (lat. *stabilis* = standhaft) werden statische, unbewegliche Skulpturen von Alexander Calder verstanden, die er zeitgleich (ab 1934) als polare Entsprechung zu seinen durch den Luftzug beweglichen → Mobiles schuf. Der Begriff stammt von Hans Arp. Die Stabiles zeigen eine kurvig geschwungene Gestalt und finden sich in großen Dimensionen bevorzugt im öffentlichen Raum der Städte (→ Kunst im öffentlichen Raum).

Stahlstich Der Stahlstich, auch «Siderographie» (griech. *sideros* = Eisen) oder frz. *taille dure* (harter Schnitt) genannt, ist ein Verfahren des → Tiefdrucks,bei dem die Zeichnung mit einem Grabstichel in eine durch Ausglühen enthärtete Stahlplatte graviert wird. Er ermöglicht eine insgesamt engere und feinere Linienführung als der → Kupferstich und läßt eine nahezu unbegrenzte Auflagenhöhe zu.
1820 von Charles Heath erfunden, war der Stahlstich im 19. Jh. eine bevorzugte Reproduktionstechnik, insbesondere in der Buchillustration. Berühmt wurde das zehnbändige, zwischen 1834 und 1841 erschienene Werk «Das malerische und romantische Deutschland», das aus Landschaftsbildern und → Veduten besteht. Heute wird der Stahlstich fast nur noch zur Herstellung von Banknoten oder Briefmarken genutzt.

Steindruck → Lithographie

Steingravur Bei dieser Technik, die zwischen → Tiefdruck und → Flachdruck angesiedelt ist, wird ein Stein zunächst mit einer fettabstoßenden Mischung aus Kleesalz und → Gummiarabikum plan geschliffen.
Auf die so präparierte Fläche werden mit einer Nadel oder einem Diamanten die Linien der Zeichnung eingraviert und die Vertiefungen mit Leinöl eingedickt. Anschließend wird die Gummiarabikum-Schicht ausgewaschen und der Stein mit einem Tampon eingefärbt. Die angefeuchtete Fläche stößt die Farbe ab, die gravierten Linien nehmen sie auf. Gedruckt wird von einem sog. Maschinenstein, der den eigentlichen lithographischen Stein schont.
Erkennungsmerkmal der Steingravur ist ihre scharfe, gestochene Linie, die dem → Kupferstich ähnelt. Zum Druck von Firmenlogos, Visitenkarten und Briefbögen wurde die Steingravur bis Anfang des 20. Jh.s verwendet. Als künstlerisches Ausdrucksmittel findet sie heute kaum noch Beachtung.

Steinradierung Die Steinradierung, auch «lithographische Radierung» genannt, ist ein lithographisches Verfahren, das weitgehend der → Steingravur ähnelt.
Auf den plan geschliffenen Lithostein wird gleichmäßig eine dünne Schicht → Ätzgrund aufgetragen. Nach dem Trocknen wird darauf entweder direkt oder im Durchpausverfahren die Zeichnung aufgebracht, deren Linien werden mit einer stumpfen Radiernadel eingraviert (ohne die Oberfläche zu verletzen).
Im anschließenden Essigsäurebad wird dann tiefgeätzt, wobei sich die Dauer des Ätzvorgangs nach der Dicke des Steins und dem Charakter der Zeichnung richtet. In die gravierten Linien wird dann, wie bei der → Steingravur, ein Fettgrund aufgetragen; danach wird der Ätzgrund mit Terpentin ausgewaschen und der Stein insgesamt feucht gehalten. Bringt man nun Farbe auf, so wird diese von den feuchten Stellen abgestoßen, von den radierten Linien aber angenommen.
Der Charakter einer Steinradierung ähnelt dem einer → Radierung in Metall und zeigt eine reich abgestufte lineare Zeichnung.

Steinstich Beim Steinstich, einem Verfahren des → Hochdrucks, wird der Stein durch Gravur oder durch Schaben so bearbeitet, daß die Linien vertieft auf schwarzem Grund liegen (→ Weißlinienschnitt).
Im China des 7.Jh.s reproduzierten Künstler mit dieser Technik → Tuschzeichnungen berühmter Maler; noch Jean Duplat illustrierte Anfang des 19. Jh.s die «Fables choisies» von La Fontaine mit steinernen Druckformen.

Stempel Der Stempel, eine Form der → Sammlermarke, dient zur Kennzeichnung graphischer Blätter. Er wird zumeist als Trocken- und Prägestempel gebraucht und fand als Atelierstempel bei einzelnen Künstlern Verwendung (zum Beispiel bei René Magritte, Salvador Dalí oder Friedensreich Hundertwasser).

Stempelzeichnung Die Stempelzeichnung basiert auf Stempelabdrücken unterschiedlichster Art. Sie geht auf Kurt Schwitters zurück, der Abdrücke von Alltagsgegenständen mit Elementen aus → Collage und → Zeichnung kombinierte. Darin zeigt sich die Auswirkung des → Dadaismus, der durch den Einbezug realer Gegenstände eine Annäherung der Kunst an die Lebenswirklichkeit zu erreichen suchte.
In den sechziger Jahren knüpfte Diter Rot mit hintergründig-ironischen Stempelzeichnungen an diese Tradition an. In den siebziger Jahren stellten einige Künstler des → Pattern Painting ihre dekorativen, buntfarbigen Arbeiten mit Hilfe von Stempeln her.

Stijl, De Unter der Bezeichnung De Stijl (holl. = der Stil) gründeten Theo van Doesburg und Piet Mondrian 1917 in Holland eine künstlerische Bewegung, der u.a. die Architekten Cornelis van Eesteren, Robert van't Hoff, J.J.P. Oud und Gerrit Rietveld sowie die bildenden Künstler Vilmos Huszár, Bart van der Leck, Georges Vantongerloo und der Dichter Anthony Kok angehörten. Als Theoretiker und Organisator der Gruppe gab van Doesburg eine gleichnamige Zeitschrift heraus, die als Sprachrohr und programmatisches Forum von 1917 bis zu seinem Tode 1931 erschien. Das Ziel des Stijl bestand in einer elementaren Erneuerung von Architektur, Bildhauerei, Malerei, Design und Dichtung. Einer strengen Gegenstandslosigkeit verpflichtet, suchte man in radikaler Reduktion von Farbe und Form auf die drei Primärfarben Rot, Gelb und Blau (sowie die «Nichtfarben» Schwarz, Grau und Weiß) und einer geometrischen Ordnung aus horizontalen und vertikalen Elementen die Bildfläche zu autonomer Selbständigkeit zu beleben.
Dabei sollte jede individuelle Handschrift zugunsten einer umfassenden Allgemeingültigkeit und Objektivität vermieden werden. In der elementaren Ordnung sollten universale Lebensprinzipien zur Anschauung geführt und eine transzendente Harmonie materialisiert werden. Diese theoretischen Grundlagen entwickelte Mondrian in seinem Konzept des → Neoplastizismus.
Sie wurden auch für die Architektur des Stijl zu verbindlichen Richtlinien, die sich, neben ihrer sachlich-distanzierten Funktionalität, durch ihr Interesse an sozialen Fragestellungen auszeichnet. Bereits in der 1915-1919 entstandenen Villa Henny in Huis ter Heide von van't Hoff kündigen sich die rationalen Prinzipien der Stijl-Bewegung an, die in dem bekannt gewordenen Haus Schröder in Utrecht (1924) von Rietveld in reinster Ausprägung verwirklicht wurden.
Im Bereich des Designs zählt der streng konstruktive «Rot/Blau«-Stuhl von Rietveld (1917/18), in den drei Primärfarben wirkungsvoll akzentuiert, zu den markantesten Beispielen.
Nach heftigen Auseinandersetzungen mit Theo van Doesburg verließ Mondrian 1925 die Bewegung. Zwischen dem orthogonalen System Mondrians und den von Theo van Doesburg neu eingeführten diagonalen Strukturen, die er in seiner Theorie des → Elementarismus begründete, konnte keine Vermittlung gefunden werden. Nicht nur in Architektur und Design, sondern auch in der bildenden Kunst wirkten sich die

Konzepte der Stijl-Bewegung als inspirierende Impulse aus, wie unschwer am Beispiel von → Bauhaus oder → Hard Edge ersichtlich wird.

Stilleben Das Stilleben stellt als eine Gattung der Malerei tote, regungslose Gegenstände dar: tote (Jagd-)Tiere, Blumen, Früchte, Keramik, Musikinstrumente und Geräte aller Art. Der Begriff leitet sich vom niederländischen «stilleven» ab. In Frankreich ist die Bezeichnung *nature morte*, in Italien *Natura morta* gebräuchlich. Die Gegenstände können sowohl kunstvoll als harmonische Einheit komponiert als auch wie zufällig in das Bild gestreut erscheinen. Je nach Art der Gegenstände unterscheidet man das Blumenstilleben, das Fruchtstück, das Jagdstück, das Küchenstück und ähnliches. Mitunter können zum Beispiel lebende Tiere (Insekten, Hunde, Katzen) das Arrangement des Stillebens als (untergeordnete) Kontraste ergänzen.

Erst im frühen 15. Jh. äußert sich in niederländischen und deutschen Bildern ein zunehmendes Interesse an der Wiedergabe stillebenartiger Details der irdischen Welt. Arbeiten von Jan van Eyck, Hans Multscher oder Konrad Witz sind als herausragende Beispiele zu erwähnen. Im 16. Jh. schreitet die Entwicklung des Stillebens zur eigenen → Bildgattung weiter voran.

Als eines der frühesten eigenständigen Beispiele gilt das «Stilleben mit Rebhuhn und Eisenhandschuhen» (1504) von Jacopo de' Barbari, das vermutlich als Schrankverkleidung diente. Auch die Arbeit «Christus bei Maria und Martha» (1553) von Pieter Aertsen zählt zu den weiteren Stationen der Entwicklung.

Im 17. Jh. erreichte das Stilleben als selbständige Bildgattung seinen Höhepunkt. vor allem die niederländische Malerei mit ihrer Vielzahl an Spezialisten brachte hervorragende Werke hervor. Ausgeprägte Hell-Dunkel-Kontraste, leuchtende Farbwirkungen und eine oft versteckte symbolische Bedeutung sind kennzeichnende Eigenschaften. Durch die Darstellung eines Schädels, einer erloschenen Kerze oder einer Sanduhr findet sich beispielsweise der Hinweis auf die Vergänglichkeit aller materiellen Dinge (Vanitas-Motiv). Große Bekanntheit erreichten die Früchtestilleben von Caravaggio und die Blumenstilleben von Jan Bruegel d.Ä. Im späten 17. Jh. erreicht die Perfektion der Stillebenmalerei raffinierte → Trompe l'œil-Effekte, die täuschende Ähnlichkeit zum realen Gegenstand vorgeben.

Im 18. Jh. zeigen die koloristischen Stilleben von Jean Baptiste Siméon Chardin in der Behandlung von Farb- und Formwerten große Meisterschaft. Doch im Gegensatz zum → Historienbild stand das Stilleben, aufgrund seines wenig wertvollen Bildsujets, in der Hierarchie der Bildgattungen weit unten.

Im 19. Jh. diente es als bevorzugter Gegenstand zur Untersuchung malerischer Probleme, wie sich zum Beispiel an Arbeiten von Paul Cézanne, Vincent van Gogh, Édouard Manet oder Auguste Renoir nachvollziehen läßt. Dabei kommt der Wahl der Gegenstände immer weniger Bedeutung zu. Im selben Maße allerdings nimmt die Nähe zur Wirklichkeit beständig ab. Statt dessen äußert sich durch das Stilleben die zunehmende Autonomie von Farbe und Form, die die Kunst der → Moderne bestimmt. Selbst im 20. Jh. verliert das Stilleben nur wenig von seiner Bedeutung. Als überschaubarer Gegenstand eignet es sich – ähnlich wie das → Porträt – besonders gut für die Erprobung neuer stilistischer Möglichkeiten, was sich am Beispiel der Entwicklung des → Kubismus besonders anschaulich zeigt (Georges Braque, Juan Gris, Pablo Picasso). Auch im →

Expressionismus, in der → Neuen Sachlichkeit und sogar in der → Fotografie spielt das Stilleben eine wichtige Rolle.

Story Art → Narrative Art

Strichzeichnung Die Strichzeichnung beruht ausschließlich auf (einzelnen) Linien und wird manchmal durch Flächen ergänzt. Dabei verzichtet sie weitgehend auf Hell-Dunkel-Tönungen bzw. Licht und Schatten. Die Strichzeichnung tritt vor allem als → Bleistift- und → Federzeichnung auf.

Studie → Skizze

Studioausstellung Einige → Museen organisieren Studioausstellungen, die v.a. junge, unbekanntere Künstlerinnen und Künstler präsentieren. Studioausstellungen finden parallel zum «großen» Ausstellungsprogramm statt, wobei ihr Umfang in bezug auf Räumlichkeiten und → Exponate eng begrenzt ist. Nicht in jedem Fall kann ein Katalog erscheinen. Doch für die jungen Künstlerinnen und Künstler ist die (oftmals erste) Museumsausstellung eine Auszeichnung und zudem eine wichtige Anerkennung, um im hart umkämpften «Kunstmarkt» Fuß fassen zu können.

Subjektive Fotografie Der 1951 erstmals von Otto Steinert eingeführte Begriff der Subjektiven Fotografie steht im Gegensatz zur realistischen, bloß abbildenden Fotografie und postuliert die individuelle Auseinandersetzung mit dem fotografischen Objekt. Dazu gehört neben der Wahl des Motivs vor allem das Gestaltungsvermögen des Fotografen, zum Beispiel die Wahl des Ausschnitts oder des Blickwinkels. Steinert forderte die größtmögliche Beteiligung des Künstlers auch an der technischen Herstellung eines Bildes. Die Gruppe «fotoform», der u.a. Peter Keetman, Heinz Hajek-Halke und Toni Schneiders angehörten, setzte Steinerts Vorstellungen ideal in die Tat um.
Nachhaltig beeinflußt von der Subjektiven Fotografie wurden Künstler wie Gottfried Jäger, Monika von Boch, Erich vom Endt und Heinrich Riebesehl.

Subkultur Die Subkultur steht in ihren unterschiedlichen Prägungen außerhalb der gesellschaftlich anerkannten Kultur. Subkulturen treten v.a. in Großstädten und Ballungsräumen auf und werden von zumeist jugendlichen Gruppen getragen, die aufgrund spezifischer Gemeinsamkeiten, wie Schichtzugehörigkeit, Arbeitslosigkeit oder ethnische Strukturen, besondere (Verhaltens-)Normen entwikkeln, aus welchen heraus (auch) eine künstlerische Aktivität entstehen kann. Diese kann völlig unterschiedliche Bereiche umfassen (wie Musik, Malerei oder Tanz) und ist darüber hinaus einer permanenten Veränderung und raschen Fluktuation der Normen unterworfen. Selbstredend besitzen die Künstler in aller Regel keine künstlerische Ausbildung, und ihre Kunst bleibt im «Untergrund». Allerdings gibt es immer wieder Beispiele, die zeigen, daß der Sprung in die «öffentliche» Kultur gelingen kann (Jean-Michel Basquiat).
Obgleich die Subkultur im Falle ihrer öffentlichen Etablierung (→ Graffiti) oftmals viel von ihrer virulenten Dynamik und revoltierenden Unangepaßtheit verliert, besaß bzw. besitzt sie von Zeit zu Zeit eine wichtige Anregerfunktion für bestimmte Richtungen der Kunst. Subkulturelle Elemente wirkten im Umfeld der Entstehung der englischen → Pop Art und in der Umgebung der → Neuen Wilden in Berlin, die ihrerseits einen engen Kontakt zur «Szene» pflegten, beispielsweise durch Besuche und Aktionen in der legendären Musikkneipe

«SO 36». Die Graffiti-Bewegung dagegen blieb als typische Erscheinung der Subkultur weitgehend im Untergrund, obgleich sie sich im Laufe der achtziger Jahre, ausgehend von New York, in der ganzen westlichen Welt ausbreitete und einige ihrer Hauptvertreter sogar in den offiziellen Kunstmarkt einstiegen.

Supralibros → Provenienz

Suprematismus Unter dem Eindruck des → Kubismus entwickelte Kasimir Malewitsch 1913 den streng gegenstandslosen Suprematismus (lat. *supremus* = höchst, äußerst), eine Stilrichtung in der Malerei, die sich aus geometrischen Primärformen konstituiert, wie Quadrat, Rechteck, Kreuz, Kreis, Dreieck etc.
Nach Malewitsch sollte in der Kunst die «reine Empfindung» die Oberherrschaft (Suprematie) einnehmen. Demnach sei alles Anekdotische, Expressive und Gegenständliche auszuschließen und statt dessen die absolute Gegenstandslosigkeit einzuführen, in der Malewitsch das «wirkliche Leben» verborgen sah. Jede Kunst zuvor sei zweckbestimmt, da sie stets auf etwas anderes, außerhalb ihrer selbst, verweise. Malewitsch postulierte dagegen die vollständige Zweckfreiheit, entsprechend der Natur, die letztlich ebenfalls frei von jeder Rationalität sei. Daher liege die Aufgabe der Kunst in einer Entsprechung der Gesetzmäßigkeiten der Natur. Kasimir Malewitsch formulierte den ausgeprägten theoretischen Ansatz des Suprematismus in verschiedenen Schriften, wobei dem «Suprematistischen Manifest» (1915) und «Suprematismus – Die gegenstandslose Welt oder das befreite Nichts» (1922) besondere Bedeutung zukommen. Das berühmt gewordene «Schwarze Quadrat auf weißem Grund» (1913) zeigt in der äußersten Reduktion der bildnerischen Mittel (schwarzes Viereck auf weißer Bildfläche) eine tiefe, transzendente Verinnerlichung, die den Suprematismus beispielsweise vom nachfolgenden → Konstruktivismus unterscheidet.
Malewitsch sah in der Farbe Weiß ein «himmlisches Licht» wirksam werden, das für ihn, wie auch andere Farb- und Formelemente, nahezu mystische Bedeutung besaß. Andere suprematistische Bilder sind komplexer in ihrer Bildorganisation, halten sich indes durchweg an ein markant reduziertes, geometrisches Formenvokabular, das zum Beispiel der Farbe keinen großen Spielraum überläßt.
Der Suprematismus wurde von Ljubov Popova und Alexander Rodtschenko aufgenommen und wirkte sich vor allem maßgebend auf die Entstehung des Konstruktivismus unter El Lissitzky und Wladimir Tatlin aus. Wesentlichen Einfluß nahm er darüber hinaus auf die → Stijl-Gruppe unter Theo van Doesburg und Piet Mondrian, welche die Reduktion der Bildmittel unter Maßgabe der drei Primärfarben fortsetzten. El Lissitzky und Wassily Kandinsky führten die suprematistischen Ideen in den frühen zwanziger Jahren am → Bauhaus in Weimar ein.
Obwohl Kasimir Malewitsch 1919 das Ende des Suprematismus verkündete, blieben nicht nur seine theoretischen Formulierungen, sondern ebenso seine radikale Bildsprache für viele Strömungen des 20. Jh.s von grundlegender Bedeutung, wie beispielsweise die Malerei des → Hard Edge oder die plastischen Strukturen der → Minimal Art anschaulich vor Augen führen.

Surrealismus Der Surrealismus entwickelte sich im direkten Anschluß an den → Dadaismus und gelangte in den zwanziger und dreißiger Jahren zu international dominierender Bedeutung. Der Begriff «surréal» trat erstmals 1917 in dem

Stück «Les Mamelles de Tirésias» von Guillaume Apollinaire auf. Gerade in der Frühphase spielte die surrealistische Literatur, getragen von Louis Aragon, André Breton, Robert Desnos, Paul Éluard oder Philippe Soupault, für die Entwicklung in der bildenden Kunst eine entscheidende Rolle. Der Surrealismus greift auf das Unbewußte und den Traum zurück und sucht, unter Ausschaltung jeder rationalen Kontrolle, zur Darstellung einer «Über-Wirklichkeit» zu gelangen, das heißt, die Surrealisten sahen in den rätselhaften, unerklärlichen Aspekten der Dinge und der menschlichen Existenz die eigentliche Lebenswirklichkeit verborgen.

Der Surrealismus bezog seine Anregungen aus der phantastischen Malerei Giuseppe Arcimboldis und Hieronymus Boschs, aber auch aus dem Symbolismus des 19. Jh.s. Einen entscheidenden Einfluß übte die → Pittura metafisica unter Giorgio de Chirico aus, deren verrätselte, in Traum und Vergangenheit gewandte Bildsprache die Surrealisten nachhaltig beeindruckte.

Im selben Maße untrennbar ist der Surrealismus mit dem Dadaismus verbunden. Ab 1919 entwickelte sich in Paris um die neugegründete Zeitschrift «Littérature» ein vom Dadaismus geprägtes Künstlerklima, das unter dem Eindruck der → Ready-mades von Marcel Duchamp und der dadaistischen Arbeiten Man Rays stand. Doch 1921 kam es zum Bruch zwischen Dadaisten und den nach systematischer Weiterentwicklung strebenden Surrealisten, die sich zunehmend für die revolutionierende Psychoanalyse Sigmund Freuds und die Thesen vom «kollektiven Unbewußten» C.G. Jungs interessierten. Am 1.12.1924 veröffentlichte André Breton, der führende Theoretiker des Surrealismus, das (erste) «Manifest des Surrealismus» in der ersten Nummer der Zeitschrift «La Révolution surréaliste», die zum offiziellen Organ der Bewegung wurde. André Breton erhob die Forderung, alle rationalen Kontrollmechanismen des Verstandes während der künstlerischen Arbeit auszuschalten. Zum Leitmotiv des Surrealismus wurde ein Zitat von Lautréamont: «schön, wie die zufällige Begegnung einer Nähmaschine und eines Regenschirmes auf einem Operationstisch».

Die methodische Grundlage des Surrealismus bestand in dem Verfahren der → Écriture automatique, die beispielsweise durch meditative Versenkung oder durch Trance jede logische Konzeption und Verstandeskontrolle auszuschalten sucht.

Grundsätzlich lassen sich zwei unterschiedliche Richtungen des Surrealismus unterscheiden: Eine veristische Tendenz gebraucht ein gegenständliches Vokabular, wobei die Gegenüberstellung und Konfrontation nicht zusammengehörender Dinge kennzeichnend ist, die zudem in überspitzter, fast altmeisterlicher Realistik dargestellt sind (zum Beispiel Salvador Dalí, Max Ernst). Die andere, als absolut bezeichnete Tendenz entwickelt gegenstandslose Formen, die automatistische Richtungen einschlagen und damit der von Breton geforderten Ausschaltung rationaler Kontrolle wesentlich näher kommen (zum Beispiel André Masson, Joan Miró). Wichtige Maler wie René Magritte oder Yves Tanguy spielen eine Sonderrolle. Daneben entwickelten einige Künstler individuelle Verfahren, so zum Beispiel Max Ernst die → Frottage und → Grattage, Salvador Dalí die → kritisch-paranoische Methode. Der Surrealismus zeigte sich als sehr langlebige Erscheinung: 1929 veröffentlichte Breton sein zweites «Manifest des Surrealismus», und selbst in den dreißiger Jahren schlossen sich laufend neue Künstler der Bewegung an wie die Deutschen Hans Bellmer und Richard Oelze oder Paul Delvaux und Meret Oppenheim. Zwar kam in den späten dreißiger Jahren mit der Emigration führender Surrealisten in die USA – womit sich zugleich das internationale Kunstgeschehen von Paris nach New York verlagerte – das Ende dieser Stilrichtung, doch deren automatistisches Arbeitsverfahren fand im → Action Painting (Jackson Pollock), → Informel (Wols) und → Tachismus (Georges Mathieu) eine radikalisierte Fortführung. Ohne den surrealistischen Impuls in New York wären die amerikanische Avantgarde des → Abstrakten Expressionismus und die sich daraus entwickelnden Richtungen undenkbar, die von 1945 bis weit in die siebziger Jahre hinein das internationale Kunstgeschehen bestimmten.

Symbolismus Der Begriff Symbolismus (griech. *symbolon* = Zeichen) ist als eine Sammelbezeichnung für verschiedene und stilistisch voneinander abweichende Strömungen zu verstehen, die im Zeitraum von etwa 1885 bis in die ersten Jahre des 20. Jh.s eine symbolisch verschlüsselte, mystisch verdunkelte Bildsprache pflegten. Den Begriff prägte 1886 der französische Schriftsteller Jean Moréas für die literarische Form des Symbolismus.

Jedem technischen Fortschritt gegenüber bezogen die Symbolisten eine zutiefst skeptische Position. Obgleich sie eine zum Teil realistische Bildsprache kultivierten, standen sie den aufklärerischen Zielen des → Realismus ablehnend gegenüber und richteten sich außerdem entschieden gegen den heiter gestimmten, die Oberfläche der Dinge untersuchenden → Impressionismus.

Statt dessen bestand ihr vorrangiges Interesse in einer kontemplativen Versenkung in die nicht durch den Verstand zu durchdringende, unerklärbare Rätselhaftigkeit der Gegenstandswelt. In

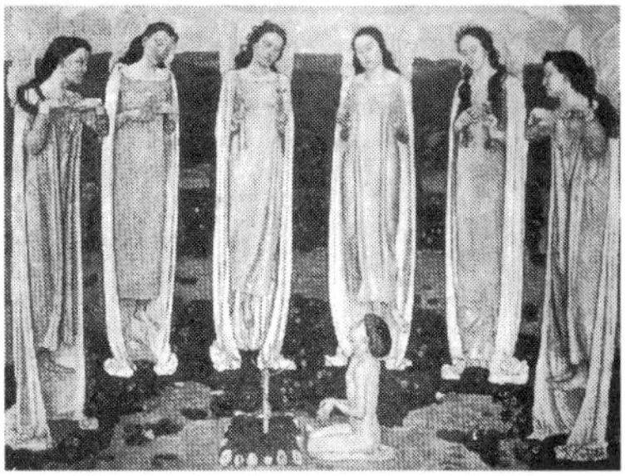

Ferdinand Hodler: Der Auserwählte. 1893/94

dieser antirationalen Haltung äußert sich die Umbruchsituation vom 19. ins 20. Jh. Keine andere Stilrichtung am Ausgang des 19. Jh.s spiegelt so eindringlich diesen krisenartigen Wandel, der im übrigen seine Entsprechung in der symbolistischen Literatur von André Gide, Stéphane Mallarmé, Arthur Rimbaud oder Paul Verlaine findet. In der Malerei des Symbolismus zeigt sich einerseits in süßlichen Farben und fahler Beleuchtung die brüchige Morbidität des späten 19. Jh.s mit seinem zunehmend ungültig werdenden Wertesystem, andererseits dokumentiert sich in psychologisierenden Bildern die seelische Vereinzelung des in der Massengesellschaft auf sich allein gestellten Individuums. Die sich daraus ergebenden Ängste und dunklen Befürchtungen, die Ungewißheit über das neu hereinbrechende Zeitalter manifestieren sich in mythologisch verunklärten Figuren, die in ein magisches, unwirkliches Licht getaucht sind. Entscheidende Bedeutung für die Entwicklung des Symbolismus hatte die Malerei der englischen Präraffaeliten Holman Hunt, John Everett Millais und Dante Gabriel Rossetti, die bereits 1848 ihre Bruderschaft gründeten. Ihre Forderung nach der tiefen, seelischen Empfindung der Natur hatte auf die weitere

Entwicklung entscheidenden Einfluß. Bereits ihre frühen Bilder der fünfziger und sechziger Jahre des 19. Jh.s tragen symbolistische Züge und beeinflußten nicht nur Edward Burne-Jones, einen der führenden Symbolisten, sondern beispielsweise auch William Morris, einen wichtigen Vertreter des englischen → Jugendstils. In Frankreich ist neben der Künstlergemeinschaft der «Nabis» vor allem die Malerei von Puvis de Chavannes, Gustave Moreau und Odilon Redon zu nennen.

In Zusammenhang mit dem Jugendstil stehen die symbolistischen Arbeiten von Ferdinand Hodler, Gustav Klimt und Max Klinger. Und auf den → Expressionismus deuten die starkfarbigen Bilder von James Ensor, Paul Gauguin und Edvard Munch. Der Symbolismus hatte wichtige Auswirkungen auf die Entwicklung des Jugendstils, des Expressionismus und des → Surrealismus.

Synchromismus 1912 gründeten die Amerikaner Stanton MacDonald-Wright und Morgan Russell in Paris den Synchromismus (griech. Vorsilbe *syn* = zusammen; *chroma* = Farbe), der in seiner Konzentration auf die Untersuchung der Farbe unmittelbar aus dem → Orphismus Robert Delaunays hervorging.

Ausgehend von den Farbtheorien Michel Eugène Chevreuls und Hermann von Helmholtz', untersuchten sie in gegenstandslosen, geometrisierenden Grundformen die Eigenschaften der reinen Farben. In farbkreisähnlicher Anordnung fächerten sie Primär- und Sekundärfarben auf, so daß sich in ihren Bildern komplexe Raum- und Bewegungsverhältnisse ergeben. Obwohl MacDonald-Wright und Russell bereits ab 1913 mit ihren Arbeiten Aufsehen erregten, so auf der berühmten «Armory Show» in New York, wandten sie sich 1916 vom Synchromismus ab, was zugleich dessen frühes Ende bedeutete.

Systematic Painting Sammelbezeichnung für verschiedene, der → Minimal Art nahestehende Tendenzen innerhalb der Malerei der sechziger Jahre. Der Begriff Systematic Painting (engl.= Systemmalerei) geht auf eine gleichnamige Ausstellung im Jahre 1966 im Guggenheim-Museum in New York zurück.

Der Bildaufbau ist nach streng rationalen, systematisch kalkulierenden Gesichtspunkten geordnet. Standardisierte Formen und geometrische Flächen treten an die Stelle der individuellen Handschrift, wie sie bis dahin etwa der → Abstrakte Expressionismus vertrat. Das Systematic Painting umfaßt vorwiegend Maler des → Hard Edge wie Al Held, Ellsworth Kelly, Kenneth Noland und Frank Stella. Doch ebenso zählen auch andere Künstler dazu: Robert Mangold, Agnes Martin oder Robert Ryman.

Systemkunst → Systematic Painting

Systemmalerei → Systematic Painting

Tableau Mit Tableau (frz. = Tafel, Bild) wird die Sonderform eines bühnenartigen → Environments bei Edward Kienholz bezeichnet, das nicht (wie eine → Skulptur) zu umschreiten ist, sondern (wie ein → Relief oder wie ein Bild) nur von einer Seite aus betrachtet werden kann. Ansonsten zeigt es alle Eigenschaften eines Environments.

Tachismus Bezeichnung einer Stilrichtung der (späten) → École de Paris in enger Nachbarschaft zum → Abstrakten Expressionismus, → Action Painting und → Informel. Der Begriff kam um das Jahr 1950 durch den französischen Kritiker Michel Seuphor auf (frz. *la tache* = Fleck). Damit ist eine überaus schnelle, spontane Malweise gemeint, welche sich in ihrer Methode im wesentlichen auf die → Écriture automatique der Surrealisten gründet. Ähnlich wie die oben aufgeführten (zeitgleichen) Strömungen thematisiert der Tachismus den Malakt und die darin sich äußernden emotionalen Spannungen des Künstlers. Eine Unterscheidung zum Informel ist kaum möglich, wenngleich oft der Begriff Tachismus bevorzugt mit Frankreich bzw. Paris in Verbindung gebracht wird.
Demgegenüber beziehen sich der → Abstrakte Expressionismus und das → Action Painting vornehmlich auf die amerikanische Kunst. Georges Mathieu umschrieb 1947 als wichtigster Theoretiker des Tachismus denselben mit dem Begriff «abstraction lyrique» (→ Lyrische Abstraktion). Er propagierte eine sehr schnelle Malweise, die sich ganz auf den Malakt konzentriert. In öffentlichen Veranstaltungen malte er ganze Bilder in nur wenigen Minuten, wobei er die Farbe zum Teil direkt aus der Tube auftrug, so daß seine Arbeiten ein gewisser kalligraphischer Charakter (→ Kalligraphie) kennzeichnet.

Wichtige Protagonisten des Tachismus waren die in Frankreich lebenden deutschen Künstler Hans Hartung und Wols, die durch die Anregung des → Surrealismus bereits Mitte der vierziger Jahre zu automatistischen Arbeiten (→ Automatismus) fanden.
Im Gegensatz zu den amerikanischen Ausprägungen automatistischer Malweise zeichnen sich die Arbeiten von Hartung und besonders diejenigen von Wols durch ihre kleinen Formate aus. Die bohrenden, tief aufgewühlten Aquarelle von Wols sind oft nur handtellergroß.
Neben Hartung, Mathieu und Wols zählen Künstler wie Jean Bazaine, Roger Bissière, Camille Bryen, Henri Michaux und Antonio Saura zu den bekanntesten Malern des Tachismus.

Tafelbild Im Gegensatz zum ortsgebundenen → Fresko und → Wandbild versteht man unter dem Tafelbild die → Malerei auf einer transportablen Ebene, im ursprünglichen Sinne auf einer Holztafel. Doch im weiteren Sinne kann der Bildgrund ebenso aus Leinwand, Metall oder sonstigen Materialien bestehen.
Bereits die griechische Antike kannte eine Tafelmalerei auf Holz, doch bekannter sind die spätantiken Mumienbildnisse (1.-4. Jh. n. Chr.). Nach der Blütezeit der byzantinischen Ikonen gewann die Tafelmalerei seit dem 12. Jh. zunehmend an Bedeutung, um seit der Mitte des 14. Jh.s als das zentrale künstlerische Medium fortan die Entwicklung der Kunst zu bestimmen. Ausgehend von Oberitalien und Venedig, setzte sich in der zweiten Hälfte des 15. Jh.s zögernd

die Verwendung der Leinwand anstelle der Holztafeln als Bildgrund durch. Doch bis weit in das 17. Jh. hinein wurde gleichermaßen die Holztafel verwendet. Bis in die Gegenwart gilt das Tafelbild als ein dominierendes künstlerisches Medium, auch wenn es in den sechziger und siebziger Jahren des 20. Jh.s eine tiefgreifende Krise durchlief. Eingeholt von skulpturalen Entwicklungen, wurde das Tafelbild grundsätzlich in Frage gestellt und als reaktionär und überholt gebrandmarkt. Erst die → Neuen Wilden befreiten es aus seiner Lethargie, so daß es heute wieder annähernd eine ähnlich bestimmende Rolle spielt wie ehedem.

Tag Das Tag (engl. *to tag* = hinzufügen) ist die Signatur eines Graffiti-Schreibers (seine → Initialen oder sein graphisch gestalteter Name), die er schnell – und oft ohne abzusetzen – neben seinem Bild anbringt. Dabei können Zahlen, Symbole oder Schmuckelemente wie Sterne, Dollarzeichen, Wolken, Blasen o.ä. zusätzlich zum bloßen Namenszeichen auftreten. Tags sind in der Regel einfarbig und werden mit Filzstift, Filzmarker oder Sprühdose geschrieben.

Taille Die Taille ist ein Erkennungsmerkmal des → Kupferstichs. Sie zeichnet sich durch eine spitz beginnende Linie aus, die unter dem Druck des Grabstichels in ihrer Mitte anschwillt und am Ende wieder spitz zuläuft.

Talbotypie → Kalotypie

Tempera Temperafarben (lat. *temperare* bedeutete im Mittelalter das Mischen von Farben mit → Bindemitteln) basieren auf einer Emulsion (Vermengung flüssiger Bestandteile) wasserlöslicher und wasserunlöslicher Bindemittel.
Überwiegen wäßrige Bestandteile, so läßt sich eine Verdünnung mit Wasser vornehmen, und man spricht von Wassertempera als Sammelbegriff (auch von «magerer Tempera»), das heißt, je nach verwendetem Bindemittel unterscheidet man Ei-, Gummi-, Kasein- oder Leimtempera. Überwiegen hingegen wasserunlösliche Substanzen, das heißt harzige oder ölige Bindemittel, so muß mit Terpentinöl bzw. der dazugehörigen Emulsion verdünnt werden, und man spricht von → Öltempera (auch von «fetter Tempera»).
Charakteristisch für Temperafarben sind ihre zahlreichen Varianten bezüglich der Zusammensetzung von wasserlöslichen und wasserunlöslichen Substanzen, wovon wiederum direkt die jeweiligen Eigenschaften und Verarbeitungsmöglichkeiten abhängen, die zwischen denjenigen von Wasser- und Ölfarben (→ Ölmalerei) pendeln. Temperafarben besitzen den Vorzug einer sehr kurzen Trocknungszeit, härten jedoch relativ langsam aus. Nach dem Trocknen sind sie zumeist wasserunlöslich.
Darüber hinaus unterscheidet man – unabhängig von der Zusammensetzung der Bindemittel – gefirnißte (→ Firnis) und ungefirnißte Tempera. Während erstere eine der Ölmalerei vergleichbare, tiefe Farbwirkung zeigt, wirkt letztere eher stumpf und matt, ähnlich wie die → Gouache. Als Malgrund wird vor allem Leinwand, Holz, Pappe oder Papier gebraucht; das verwendete Öl besitzt trocknende Eigenschaften wie etwa Leinöl, ferner auch Mohn- und Sonnenblumenöl. Unter den zahlreichen Zusätzen sind besonders Harze, Lacke und Wachsarten zu nennen. Um feinste Farbübergänge zu erzielen, werden dünnste Pinselstriche parallel «ineinander» gelegt und in mehreren Lagen übereinander geschichtet. Doch trotz dieser hin und wieder als «Tratteggio» bezeichneten Technik gelingen nicht die perfekten Übergänge und Schattierungen der Ölmalerei.

Die Geschichte der Temperamalerei reicht bis in die altägyptische Kunst zurück, wo vorwiegend im Bereich der → Wandmalerei Temperafarben mit Bindemitteln aus Eiweiß, Gummi und Knochenleim Verwendung fanden. Doch erst in der Malerei des Mittelalters erreichte die Tempera ihre dominierende Stellung unter den Farben, wobei insbesondere die Wachstempera, bestehend aus wassergelöstem Bienenwachs, eine herausragende Rolle spielte. Sie wurde nach dem Trocknen poliert und in der Regel mit einem Firnis überzogen; durch den entstehenden Glanz, der die Farben vertieft, wurde sie auch «Glanzfarbe» genannt. Im Laufe des 14. Jh.s setzte sich die Eitempera durch, und seit dem frühen 15. Jh. fanden diverse Leinölzusätze Verwendung, welche die Tempera fetter werden ließen und erste Erfolge durch bessere Farbübergänge zeigten. Die Brüder van Eyck in den Niederlanden setzten diese Entwicklung konsequent mit ihren wechselseitig geschichteten Bildern aus mageren und fetteren Farblagen fort, woraus sich schließlich die Entwicklung der Ölfarben ergab. Obwohl die Ölfarben seit dem späten 15. Jh. allmählich die Temperafarben ablösten, wurde bis ins 18. Jh. häufig eine Mischtechnik aus beiden Farbsubstanzen gebraucht. Doch spätestens mit dem Beginn des Barock im frühen 17. Jh. hatte die (reine) Temperamalerei ihre große Bedeutung verloren. Allerdings griff man Ende des 19. Jh.s manchmal wieder auf die Tempera zurück, und auch im 20. Jh., bis hinein in die Gegenwart, findet sie durchaus ihren Platz, auch wenn sie nicht mit der Ölfarbe konkurrieren kann.

Textbild Das Textbild besteht aus der bildhaften Anordnung von Texten, Sätzen, Worten oder nur einzelnen Buchstaben. Die optische Gestaltung gießt die Texte zum Beispiel in gegenständliche Formen oder läßt ganze Textfelder wellenförmig bewegt oder pyramidenförmig konstruiert erscheinen. Zumeist ist der Text entschlüsselbar, so daß der optische Eindruck durch den Inhalt des Textes ergänzt wird. Das Textbild steht in gewisser Weise zwischen den beiden Gattungen → Malerei und Literatur, die es auf vielfältige Art zu verbinden sucht. Bereits die griechische Antike kannte den bildhaften Gestaltwert von Worten und Buchstaben, und das Barock pflegte die optische Ausgestaltung von Gedichten zu verschiedenen feierlichen Anlässen. Der italienische → Futurismus sah im Textbild Möglichkeiten, die traditionellen → Kunstgattungen zu sprengen, um auf diese Weise zu einer neuen Synthese der Künste zu gelangen.
Zu den wichtigsten Vertretern des Textbildes zu Beginn des 20. Jh.s zählen Guillaume Apollinaire und Kurt Schwitters, die – ersterer von seiten der Literatur, letzterer ausgehend von der bildenden Kunst – die starren Gattungsgrenzen aufzubrechen suchten. Eine gewisse Blüte erreichte das Textbild in Zusammenhang mit der → Konkreten Poesie der fünfziger und sechziger Jahre. Als charakteristisches Beispiel sei das breit angelegte Werk von Franz Mon genannt, das insbesondere → Collage und → Fotomontage als künstlerische Verfahren kennt und schwerpunktmäßig im Bereich der bildenden Kunst angesiedelt ist. Durch die Verwendung von Bild- und Wortmaterial aus populären Zeitschriften erzielt Mon, neben der optischen Wirkung auf formaler Ebene, durchaus auch sozialkritische Tonlagen im Bereich der inhaltlichen Aussage.

Textgraphik Unter einer Textgraphik, einem Sondergebiet der → Typographie, versteht man graphische Blätter mit figurativen Kompositionen von Buchstaben.

Als → Druckformen dienen Buchdrucklettern, auf Wachsmatrizen übertragene Schreibmaschinenbuchstaben oder mit Hilfe von Graphikprogrammen auf elektronischem Wege hergestellte Filme. Als künstlerisches Ausdrucksmittel fand die Textgraphik bereits in der Antike Verwendung, zu ihrer vollen Ausprägung verhalfen ihr jedoch erst die Futuristen (→ Futurismus) und Dadaisten (→ Dadaismus), die collagierte → Textbilder, → Fotomontagen oder Synthesen von inhaltlichen und visuellen Elementen schufen.
Künstler wie Filippo Tommaso Marinetti, Theo van Doesburg und El Lissitzky, aber auch Vertreter der → Konkreten Poesie (Eugen Gomringer oder Franz Mon) haben zahlreiche Beispiele für Textgraphiken geschaffen.

Textur Unter einer Textur versteht man die (reliefähnliche) Oberflächenstruktur eines Bildes oder einer Skulptur. Die Textur eines Bildes steht in Abhängigkeit zur Struktur des Malgrundes (Papier, Pappe, Leinwand etc.) und zur Erscheinungsform der Farbe (lasierend, pastos etc.). Je nachdem, *wie* die Farbe aufgetragen wird, entsteht beispielsweise bei pastoser Malweise eine deutlich ausgeprägte Textur, wobei der jeweilige → Duktus entscheidend eingreifen kann. In der Skulptur fällt die Textur je nach der Oberflächenbeschaffenheit des Materials sehr unterschiedlich aus.

Tiefätzung Bei der Tiefätzung, einer besonderen Form der → Radierung, wird eine mit Asphaltkorn versehene Metallplatte über einen längeren Zeitraum (oft Stunden oder Tage) geätzt. Durch die besonders starken Vertiefungen in der Platte wirkt die Farbe auf dem → Abzug später reliefartig (→ Relief). Eine solche «Prägung» kann einige Millimeter dick sein.

Tiefdruck Zum Tiefdruck zählen jene Techniken der Druckgraphik, bei denen die zum → Abdruck kommenden Teile tiefer liegen als die Plattenoberfläche. Metall, speziell Kupfer, wird dabei bevorzugt als → Druckform benutzt.
Zum Drucken wird die Platte mit Farbe eingewalzt, wobei die Oberfläche sorgfältig «abgewischt», die Farbe in die vertieften Partien (Linien, Flächen) gerieben wird. Preßt man nun weiches, feuchtes Papier auf die Druckplatte, wird die Farbe aus den Vertiefungen herausgesogen. Die Tiefdrucktechniken werden ganz allgemein in manuelle Stich- und in Ätzverfahren unterteilt.

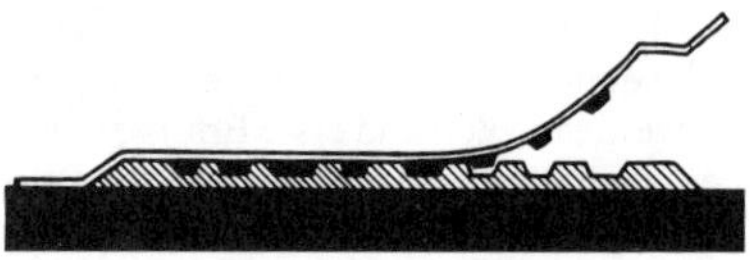

Schema des Tiefdrucks. Man erkennt deutlich, wie die Farbe in die Vertiefungen eingedrungen ist und am Papier haftet

Zur ersten Gruppe, bei der die Vertiefungen manuell mit einem Instrument in die Platte eingraviert werden («trockenes» oder «kaltes Verfahren»), gehören → Kaltnadeltechnik, → Kupferstich, → Punktstich, → Punzenstich, → Schabtechnik und → Stahlstich. Zur zweiten Gruppe, bei der die Vertiefungen auf chemischem Wege in die Druckplatte geätzt werden (auch «nasses» oder «warmes Verfahren» genannt), gehören → Aquatinta, → Aussprengverfahren, → Crayonmanier, → Eisenradierung, → Punktiermanier, → Radierung und → Weichgrundätzung.

Titelkupfer Seit Ende des 16. Jh.s übliche Bezeichnung für einen → Kupferstich, der in Büchern auf der dem Haupttitel gegenüberliegenden Seite eingedruckt oder als eigenes Blatt beigelegt wurde.

Trans-Avantgarde Der Begriff geht in seiner ursprünglichen Bedeutung auf den italienischen Kunstkritiker Achille Bonita Oliva zurück, der damit die Malerei der → Arte Cifra kennzeichnete (ital. *transavanguardia* = jenseits der Avantgarde). Die Arte Cifra gilt als eine der maßgeblichen Strömungen in der europäischen Malerei, die Ende der siebziger Jahre durch eine radikal subjektive, individuelle Bildsprache die Abkehr von den intellektuellen Stiltendenzen der frühen siebziger Jahre vollzog.
Mittlerweile hat sich die Bedeutung des Begriffs Trans-Avantgarde längst auf die der Arte Cifra vergleichbaren Strömungen ausgedehnt. Zeitgleich entstand in den USA das → New Image Painting, welches sich – wie die → Neuen Wilden in Deutschland –, in Ablehnung aller rational kalkulierenden Kunst unmittelbar zuvor (→ Minimal Art, Concept Art), mit den Mitteln einer expressiven Bildsprache einer neuen Form von Sinnlichkeit und individuellem Ausdruck zuwandte. Typisch sind hier die Überschneidungen der Bildebenen bei David Salle, dessen Themen oft dem Bereich der Sexualität entstammen und eine eigenartige Ambivalenz von intimer Nähe und abweisender Distanz hervorrufen. Julian Schnabel bringt vielfältige Geschirrscherben in seine Bilder ein, die dann zum Teil übermalt werden (→ Materialbild). Auch die → Heftige Malerei bzw. die Neuen Wilden in Deutschland faßt man gelegentlich unter dem Begriff Trans-Avantgarde zusammen, wobei zwischen der expressiv gearteten, eng im Zusammenhang mit Rock-Musik stehenden Malerei in Berlin und der mit sehr hintergründigem Bildwitz ausgestatteten, sich stilistisch permanent verändernden Malerei der Kölner Künstlergruppe «Mülheimer Freiheit» unterschieden werden muß.
Allen aufgeführten Strömungen ist gegen Ende der siebziger Jahre die «Wiederentdeckung» der Malerei gemeinsam, ein entscheidender Schritt, der bis weit in die neunziger Jahre hinein wesentliche Auswirkungen auf die Kunstszene zeigt. Eine weitere Gemeinsamkeit findet sich in der Verwendung von Stil- und Motivzitaten aus allen Epochen der Kunstgeschichte (→ Postmoderne).
Zwar ist dieses Merkmal nicht durchgängig anzutreffen, doch typisch genug, so daß – unter Einbezug des «Rückgriffs» auf das traditionelle → Tafelbild – zum ersten Mal eine internationale Stiltendenz (wenngleich in unterschiedlicher Ausprägung) *nicht* als → Avantgarde im eigentlichen Sinne des Wortes bezeichnet werden kann. Mit der Trans-Avantgarde Ende der siebziger Jahre begann zudem jener oft negativ beschriebene Zustand des «everything goes», was soviel wie Beliebigkeit in der Wahl von Stil und Mittel bedeutet – ein die unterschiedlichsten künstlerischen Formulierungen hervorbringender Zustand, der bis in die Gegenwart hinein andauert.

Transformer Ausgehend von der → Body Art, entstand in den siebziger Jahren die Strömung der Transformer (engl. = Umgestalter), wobei sich der Künstler selbst durch Verkleidung, Maskierung und/oder sonstige Veränderungen der Person zum Kunstwerk wandelt. Das Ziel der Transformer, die sich der künstlerischen Mittel der → Performance oder der Videoaufzeichnung bedienen, besteht in der kritischen Thematisierung von traditionellen Rollenbildern und überkommenen Verhaltensnormen. Als wichtige Transformer sind Luciano Castelli, Jürgen Klauke, Urs Lüthi und Salvo hervorzuheben.

Trompe-l'œil Das Trompe-l'œil (frz. = Täuschung des Auges) ist eine illusionistische Malerei, die Gegenstände dermaßen naturgetreu wiedergibt, daß sie dem Betrachter als wirklich erscheinen. Äußerste Detailgenauigkeit, die Wahl der richtigen Perspektive sowie eine präzise Licht- und Schattenführung machen den Trompe-l'œil-Effekt aus.
Durch Plinius d.Ä. ist überliefert, daß der griechische Maler Zeuxis, der im 5. Jh. v. Chr. lebte, Weintrauben so trügerisch malte, daß sie von Vögeln angepickt wurden. Wenige antike Beispiele, so aus Pompeji, haben sich bis heute erhalten. Insbesondere im Manierismus griff man das Trompe-l'œil wieder auf und spielte mit den Effekten der Körper- und Raumillusion (geöffnete Türen, vorgetäuschte Zimmer etc.). Im 16. Jh. wurde die illusionistische Malerei oft in Stilleben angewendet; Gegenstände wurden durch ihre Umgebung (zum Beispiel Flächen oder Hintergründe) besonders hervorgehoben, oder der Realitätscharakter wurde durch unscheinbare Dinge wie Insekten, schrumplige Obstschalen etc. glaubhaft gemacht.
Ende des 17. Jh.s kam das «Quodlibet» (lat. = was beliebt) auf – ein beliebiges Nebeneinander von alltäglichen Dingen wie Spielkarten oder Briefen. Im 20. Jh. zeigt sich das Trompe-l'œil in vielen modernen Strömungen der Kunst, insbesondere im → Fotorealismus.

Tusche Als wäßrige Lösung besteht die Tusche (frz. *toucher* = Farbe anrühren) aus feinstem Ruß und Leim, → Gummiarabikum oder Schellack als → Bindemittel. Tusche eignet sich für → Feder- und → Pinselzeichnungen, außerdem natürlich für die → Tuschmalerei. Die echte chinesische Tusche wird aus Kiefern- bzw. Lampenruß hergestellt, mit Knochenleim gebunden und zu festen Tafeln und Stäbchen gepreßt, die zum Gebrauch mit Wasser angerührt werden. Die in der Regel schwarze Tusche trocknet wasserunlöslich. Farbige Tuschen enthalten synthetische Farbstoffe. Gelegentlich rechnet man auch → Sepia und → Bister zu den Tuschen.
Obgleich die Tusche in Europa bereits in der → Buchmalerei der Spätantike eine Verwendung fand, erreichte sie größere Verbreitung erst im Verlaufe des 15. Jh.s. In der italienischen Zeichnung des 18. Jh.s erlebte sie einen erneuten Aufschwung und setzte sich im 19. Jh. allgemein durch.

Tuschlavierung → Pinsellithographie

Tuschmalerei Die Tuschmalerei wird mit dem Pinsel und schwarzer → Tusche auf Papier oder Seide ausgeführt und zählt zu den zentralen Techniken der ostasiatischen Malerei. Bedingt durch die rasche Trockenzeit der Tusche, erfordert sie ein schnelles Arbeiten, das fast keine Korrekturen gestattet und daher eine intensive Schulung und perfekte Beherrschung voraussetzt. Dabei kommen ganz unterschiedliche Strichtechniken zur Anwendung – es stehen helle, zarte Töne neben tiefschwarzen, und geschicktes Verlaufen der Pinselstriche ineinander bereichert die künstlerische Aussage. Die Tuschmalerei beabsichtigt weniger die naturalistische Darstellung der äußeren Wirklichkeit, als vielmehr die Konzentration auf das Wesentliche, auf den Ausdruck der Persönlichkeit, der sich besonders im Pinselduktus (→ Duktus) zeigt. Gepflegt von kleinen, elitären Kreisen, basiert sie seit jeher auf religiösen Grundlagen und verbindet sich darüber hinaus immer wieder mit der → Kalligraphie.
Die Tuschmalerei entstand während der Tang-Dynastie (618-906) in China , doch die ersten erhaltenen Arbeiten entstammen der Song-Dynastie (960-1279) und

stellen zugleich später nie mehr erreichte Meisterwerke dar. Ende des 13. Jh.s brachten japanische Zen-Mönche die Tuschmalerei nach Japan, wo sie in der Ashikaga-Periode (1337-1573) einen neuen Höhepunkt erreichte.
Zu den bekanntesten, frühen japanischen Meistern zählen Josetsu, Mincho und Shubun. Wichtige Auswirkungen entfaltete die Tuschmalerei auf die europäische Malerei unmittelbar nach 1945 (besonders → Abstrakter Expressionismus und → Informel). Arbeiten von Julius Bissier, K.O. Götz, Hans Hartung, K.R.H. Sonderborg, Mark Tobey oder Fritz Winter verdanken ihr wichtige Anregungen.

Tuschzeichnung → Pinselzeichnung

Typographie Unter Typographie versteht man die ästhetische Gestaltung eines Druckerzeugnisses (zum Beispiel Buch, Plakat) durch die Wahl von Schrifttype, Satzspiegel, Format, Papier etc. Immer wieder findet sich die Typographie von avantgardistischen Strömungen der bildenden Kunst in ihrem optischen Gesamtbild bestimmt.
Stilrichtungen wie → Expressionismus, → Futurismus, → Dadaismus oder → Konstruktivismus haben durch die spezifische Gestaltung der Buchstaben, deren optischer Gewichtung und Anordnung innerhalb einer (Titel-)Seite sowie der Integration bildlicher bzw. ornamentaler Elemente charakteristische, stilistisch unverkennbare Varianten der Typographie geschaffen.

U

Umdruck Der Umdruck, auch «Autographie» (griech. *autos* = selbst; *graphein* = schreiben) oder «Papierlithographie» genannt, ist ein Verfahren der → Lithographie, bei dem eine → Zeichnung zunächst auf Papier ausgeführt und dann auf einen Stein (oder eine Metallplatte) übertragen wird.
Man zeichnet mit lithographischer Tusche oder Kreide (die besonders fettig und konsistent sein muß) auf gewöhnliches Papier, das zuvor mit einer schwachen Kleisterschicht präpariert wurde. Die Seite des Papiers, auf der sich die Zeichnung befindet, wird dann auf den Stein gebracht und gut durchgefeuchtet. Unter mäßigem Druck wird beides durch die lithographische Presse gezogen, wobei sich die Farbe der Zeichnung mit dem Stein verbindet und die Kleisterschicht sich vom Papier löst wie ein Abziehbild. Nach dem Auswaschen des Steins und dem anschließenden Trocknen kann gedruckt werden wie bei der → Lithographie.
Umgedruckt und als Flachdruckform präpariert werden können nach diesem Prinzip auch → Holzschnitte, → Holzstiche, → Radierungen, → Siebdrucke, → Autotypien oder → Fotolithographien. Solche Duplikatstöcke schützen das Original vor Abnutzung oder Zerstörung und finden vor allem im kommerziellen Druck ihre Verwendung. Aus Gründen der Wirtschaftlichkeit verwendete man die Umdrucktechnik auch dort, wo es galt, kleine Formate in hohen Auflagen zu drucken. Etiketten oder Siegelmarken wurden dann so oft vervielfältigt, bis die Druckform (zum Beispiel der ca. 100 bis 150 cm lange Zylinder einer Schnelldruckpresse) optimal belegt war. Die Vorteile des Umdruckverfahrens liegen in der freizügigen, von der Werkstatt des Künstlers unabhängigen Bearbeitung, vor allem aber im seitenrichtigen Auftragen der Zeichnung. Als Nachteil erscheint die leichte qualitative Einbuße gegenüber einem Druck vom Originalstein. Oft ist der → Abdruck etwas flau, oder das verquetschte Papierkorn wird sichtbar. Eine Sonderform des Umdrucks ist der → anastatische Druck.

Unikat Unter einem Unikat versteht man ein nur in einem einzigen Exemplar hergestelltes Bild oder Schriftstück (→ Monotypie).

Unismus In den Jahren 1924-28 entwickelte der polnische Maler Władysław Strzemiński die gegenstandslose, puristische Stilrichtung des Unismus, dessen Theorie er in seinem Buch «Unismus in der Malerei» (1928) erläuterte. Strzemiński forderte die Unteilbarkeit des Bildelements und die vollständige Entsprechung sämtlicher Bildteile untereinander. Formale Spannungen jeder Art, wie sie beispielsweise der → Neoplastizismus oder der → Suprematismus kennen, werden strikt abgelehnt. Die Bilder Strzemińskis zeichnen sich durch große Flächigkeit und Homogenität der Farbe aus. Im Umkreis des Unismus finden sich Katarzyna Kobro, Henryk Stazewski und Mieczysław Szczuka.

Variante In der farbigen Druckgraphik spricht man von Varianten, wenn ein Blatt mit einer anderen Farbe als der (oder den) ursprünglich festgelegten Farben gedruckt wird. Zahlreiche Varianten existieren beispielsweise von den → Farbholzschnitten Ernst Ludwig Kirchners (→ Zustandsdruck).

Vedute Der Begriff Vedute (ital. *veduta* = Blick, Ansicht) bezeichnet die topographisch exakte Wiedergabe einer Stadt, seltener auch einer Landschaft. Alle Regeln des Bildaufbaus, der Perspektive und Komposition ordnen sich dem Diktat der naturgetreuen Darstellung unter, was insbesondere auf die künstlerische Gestaltungsfreiheit zutrifft. Als Sonderformen gelten die «Sammelvedute», die zwar reale, aber nicht an einem Ort existierende Gegenstände vereint, und die «Idealvedute», deren Darstellungen auf Fiktion beruhen. Die Übergänge zum → Architekturbild sind oft fließend.
Die Vedute kam im 17. Jh. auf und erlebte im 18. Jh. in Italien ihre Blütezeit. Ein Zentrum der Vedutenmalerei war Venedig, die Wirkungsstätte der bekanntesten Vertreter Giovanni Antonio Canaletto, dessen Neffe Bernardo Canaletto und Francesco Guardi, der sich von den beiden Erstgenannten durch eine atmosphärische, fast impressionistische Malweise unterscheidet.

Verismus Unter dem Terminus Verismus (lat. *verus* = wahr) wird eine extrem naturalistische Darstellungsweise verstanden. Allgemein bildet der Verismus zunächst eine radikale Form des → Realismus. Doch zumeist wird der Begriff im Zusammenhang mit der Malerei der → Neuen Sachlichkeit genannt. Hier stehen sich → Magischer Realismus und Verismus diametral gegenüber.
Sozialkritisch engagiert sezierte der Verismus die gesellschaftlichen Zustände

V

mit gnadenloser Härte. Soziale Ungerechtigkeiten, Vermassung und Verelendung in den Großstädten sowie das unsichere Schicksal der an Leib und Seele gebrochenen Kriegsheimkehrer sind typische Themen. Ihre Kritik richtete sich insbesondere gegen die staatstragenden Kräfte, gegen Krieg und Militär, Kapitalismus und Bourgeoisie. Eine wichtige Rolle spielten → Zeichnung und → Druckgraphik, die dem Hang des Verismus zur → Karikatur breiten Raum bieten. Doch die Veristen entlarvten nicht nur zeitbedingte Mißstände, sondern wandten sich mit schneidender Ironie und bitterem Zynismus auch den vielfältigen menschlichen Lastern zu.
Zum Kreise der Veristen zählen insbesondere Otto Dix und George Grosz, die im Berlin der frühen zwanziger Jahre ihre Hauptwerke schufen. Aber auch Otto Griebel und Rudolf Schlichter sind zu nennen.

Vernis mou → Weichgrundätzung

Vernissage Als Vernissage (frz. *le vernis* = Firnis, *le vernissage* = Vorbesichtigung) wird eine Ausstellungseröffnung bezeichnet. Wie die französische Herkunft dieses Begriffs verrät, wurden die Bilder ursprünglich erst unmittelbar vor der Ausstellungseröffnung mit dem → Firnis versehen.
Im Falle von → zeitgenössischer Kunst ist oftmals der Künstler anwesend, so daß im Anschluß für den Besucher die Gelegenheit zum Kennenlernen besteht. Neben der Funktion der (zumeist feierlichen) Ausstellungseröffnung kommt

der Vernissage auch eine gesellschaftliche Funktion zu: Ein Treffpunkt von Künstlern, Sammlern, Kritikern und oft auch bunt schillernden Persönlichkeiten, die – in welcher Weise auch immer – ihrer Verbundenheit gegenüber den Künsten Ausdruck zu verleihen suchen.
Im Gegensatz zur Vernissage steht die → Finissage, die Beendigung einer Ausstellung.

Verstählung Unter Verstählung versteht man einen galvanischen Prozeß, bei dem die Oberfläche von Kupfer- oder Zinkplatten gehärtet wird. Verstählte Platten sind resistenter gegen Abnutzungserscheinungen und lassen insgesamt den Druck höherer Auflagen zu.

Videoinstallation Die Videoinstallation stellt ähnlich der → Videoskulptur, von der sie nur schwer zu unterscheiden ist, eine Variante der → Videokunst dar. Im Gegensatz zum einzelnen Videoband, das gewissermaßen wie ein Film vorgeführt wird, zielt die Videoinstallation auf ein Beziehungsgefüge mit dem Raum bzw. mit der umgebenden Architektur (→ Installation). Der oder die Bildschirme finden sich in einen installationsartigen (skulpturalen) Zusammenhang integriert, sind also Teil(e) eines größeren Ensembles, wobei die gezeigten Videobänder die entscheidenden Konzentrationspunkte bilden. Im Gegensatz zum ohne skulpturale Einbindung gezeigten Band weisen sie jedoch oftmals andere Eigenschaften auf. Beispielsweise finden sich Standbilder oder nur langsam sich verändernde Bild- und Klangsequenzen.
Seit 1968 treten sog. Closed-Circuit-Installationen auf, eine Variante der Videoinstallation. Die Aufnahme und Wiedergabe erfolgt zur selben Zeit oft unter der Beteiligung des Zuschauers, der von der Videokamera gefilmt wird und sodann auf dem Bildschirm erscheint. Vor allem in den siebziger Jahren spielte die Closed-Circuit-Installation zum Beispiel unter Gesichtspunkten der Selbstbefragung und des Doppelgängermotivs eine große Rolle. Der zwangsläufig in das Kunstwerk integrierte Betracher wird nicht nur zu dessen Bestandteil, sondern zugleich zu dessen Vollender.
Bekannte Beispiele hierfür sind «Interface» von Peter Campus (1972), «Present Continuous Past(s)« von Dan Graham (1974) oder «TV Buddha» von Nam June Paik (1974).
Im Bereich der Videoinstallation arbeiten außerdem Dara Birnbaum, Klaus v. Bruch, Ingo Günther, Gary Hill, Marie Jo Lafontaine, Bruce Nauman, Friederike Pezold, Ulrike Rosenbach, Bill Viola, Wolf Vostell, Anna Winteler u.a.

Videokunst Die Videokunst (lat. *videre* = sehen) entstand in den frühen sechziger Jahren in Deutschland und den USA und stellt eine neue Gattung innerhalb der bildenden Künste dar. Als Oberbegriff bezieht sich die Bezeichnung Videokunst zunächst auf alle Formen und Varianten, das heißt sowohl auf das Videoband als auch auf → Videoinstallation und → Videoskulptur. Die technische Entwicklung elektronischer Bildaufzeichnung durch (tragbare) Videokamera (Bild- und Tonaufnahme) und Videorecorder sowie Monitor (Bild- und Tonwiedergabe) bot den Künstlern erstmals 1965 die Möglichkeit, filmähnliche Sentenzen auf ein Videoband aufzunehmen und in einem Ausstellungsraum oder sogar im Fernsehen zeigen zu können.
Die Entwicklung der Videokunst begann bereits im Jahre 1963, als der Koreaner Nam June Paik in seiner Ausstellung «Exposition of Music – Electronic Television» in der Wuppertaler Galerie Parnass authentische Fernsehbilder durch den Einsatz starker Magnete ablenkte

und zu gegenstandslosen Formen verfremdete. Im selben Jahr führte Wolf Vostell seine sog. TV-Décollagen durch: Fernsehgeräte sind in ihrem Empfang durch Manipulation verändert oder gänzlich in ihrer Struktur zerstört, mit Stacheldraht umwickelt oder wurden im Rahmen eines → Happening vergraben. Beide Künstler wurzeln in ihren Anfängen im neodadaistischen Klima von Happening und → Fluxus, wodurch sie ihre Anregungen ebenso bezogen wie von diversen → Multi-Media-Aktionen. Den entscheidenden Schritt zur Videokunst im heutigen Sinne bedeutete 1965 die technische Entwicklung der tragbaren Videoausrüstung. 1969 fand die erste zusammenfassende Ausstellung «TV as a Creative Medium» in der Howard Wise Gallery in New York statt. Charakteristische Formen der frühen Videokunst um 1970 sind die sog. Closed-Circuit-Installationen. Das mit einer Videokamera aufgenommene Bild wird sofort (zeitgleich) durch einen Bildschirm wiedergegeben, wobei oft die Zuschauer beteiligt sind, indem sie von der Videokamera gefilmt werden und zugleich auf dem Monitor erscheinen.
Ein bekanntes Beispiel ist die monumentale Videoinstallation «Heuschrecken» (1969-70) von Wolf Vostell mit sozialkritischer Aussage. Die Erfassung des Zuschauers durch die Kamera integriert diesen auf eine bisher nicht gekannte, fast fatale Art in das Kunstwerk und konfrontiert ihn mit seinem Doppelgänger, was zu nachdenklicher Selbstbefragung Anlaß geben kann.
In den frühen siebziger Jahren etablierte sich die Videokunst rasch in der gesamten westlichen Welt und fand 1977 in einer breiten Präsentation auf der «documenta 6» einen ersten Höhepunkt. Zugleich erlangte die Videokunst als neues künstlerisches Medium einen hohen Stellenwert für die Künstler der → Body Art und → Performance, nachdem die Videotechnik bereits im Bereich der → Land Art zu dokumentarischen Zwekken erfolgreich eingesetzt worden war.
Als bedeutende Videokünstler sind hervorzuheben: Klaus vom Bruch, Peter Campus, Dan Graham, Ingo Günther, Rebecca Horn, Wolf Kahlen, Dieter Kiessling, Shigeko Kubota, Marie Jo Lafontaine, Les Levine, Bruce Nauman, Marcel Odenbach, Nam June Paik, Friederike Pezold, Ulrike Rosenbach, Wolf Vostell, Herbert Wentscher, Anna Winteler und VA Wölfl.

Videoskulptur Die Videoskulptur ist eine Variante der → Videokunst und beruht auf einem skulpturenartigen Aufbau der Monitore, die zur Abspielung der Videobänder dienen. Die vom Künstler zuvor bespielten Videobänder werden also nicht filmartig vorgeführt – wie ansonsten bei solitären Bändern üblich –, sondern der skulpturale Kontext spielt eine wichtige Rolle, indem er Bezüge, Assoziationen und Konfrontationen zu den durch die Monitore ausgestrahlten Videobildern herstellt. Im Gegensatz zur → Videoinstallation ist jedoch in der Regel keine direkte Interaktion mit dem umgebenden Raum vorgesehen. Doch ebendieses Kriterium ist oftmals nicht klar bestimmbar, da jede Skulptur auf den Raum einwirkt. Insbesondere im Fall großer Videoskulpturen öffnet sich rasch ein Übergangsbereich zur Videoinstallation. Im Gegensatz zur traditionellen Skulptur bezieht die Videoskulptur aktiv die Dimension der Zeit ein. Erst die *vollständige* Wahrnehmung des Videobandes bietet die Möglichkeit zur Entschlüsselung der Skulptur, so daß sich eine Synthese dreier Dimensionen aus dem einzelnen Videobild (zweidimensional), der Skulptur (dreidimensional) und dem Zeitablauf des Bandes (vierte Dimension) ergibt.

Bereits die ersten Arbeiten manipulierter Fernsehbilder von Nam June Paik und Wolf Vostell aus dem Jahre 1963 zählen durch den Objektcharakter der Fernsehapparate in gewisser Weise zur Videoskulptur. Für die Arbeit mit Videoskulpturen sind darüber hinaus bekannt: Douglas Davis, Shigeko Kubota, Helmut Mark, Marie Jo Lafontaine, Antonio Muntadas und Katsuhiro Yamaguchi.

Vignette Vignetten (franz. *vigne* = Weinrebe) sind kleine → Holz- oder → Kupferstiche, die aus ornamentalen oder allegorischen Motiven bestehen.
Als Kopf-, Titel- und Schlußvignetten sind sie in älteren Büchern, vornehmlich im 17. und 18. Jh., zu finden.

Vintage print Als Vintage print bezeichnet man einen fotografischen → Abzug, der vom Künstler persönlich und möglichst im Anschluß an die Aufnahmen selber hergestellt wurde.

Vorsatzpapier Als Vorsatzpapier, auch «Vorsetz» genannt, bezeichnet man das (dekorative) Doppelblatt eines Buches, das die Innenseiten der Buchdeckel mit dem ersten und letzten Blatt des Buchblocks verbindet. Bei bibliophilen Ausgaben wird das Vorsatzpapier oft eigens von Künstlern entworfen und thematisch auf den Inhalt des Buches abgestimmt.

Vortizismus 1912 gründeten der Maler Percy Wyndham Lewis und der amerikanische Schriftsteller Ezra Pound den Vortizismus (lat. *vortex* = Wirbel, Strudel), eine englische Avantgarde-Bewegung, die sich direkt vom italienischen → Futurismus ableitet. Als Gegenbewegung zu späten Formen des → Impressionismus in England suchte der Vortizismus eine Verbindung von Dynamik und Statik zu erreichen, wobei jedoch das dynamische Prinzip überwiegende Anteile gewinnt. Vortizistische Arbeiten verstehen die Kunst als Energie-Wirbel und erreichten zunehmende Abstraktion und Autonomie ihrer Bildorganisation. Doch bald schon erwies sich die Bewegung als kurzlebige Erscheinung: Nach der einzigen gemeinsamen Ausstellung 1915 in der Doré Gallery in London löste sich der Vortizismus auf. Neben den Begründern Lewis und Pound zählen zum Vortizismus der Schriftsteller Richard Aldington, die Bildhauer Jacob Epstein und Henri Gaudier-Brzeska sowie die Maler Christopher Richard W. Nevinson, William Roberts und Edward Alexander Wadsworth.

Vorzugsdruck Als Vorzugsdrucke werden bei graphischen Blättern → Abzüge auf besonders ausgewähltem Papier bezeichnet, die außerhalb der eigentlichen Auflage stehen. Sie werden zumeist mit römischen Ziffern numeriert und sind begehrte Objekte für Sammler. Bei Büchern spricht man von «Vorzugsausgaben», die sich durch eine zusätzliche Ausstattung (handkolorierte → Holzschnitte, Pergamentpapier, Handeinband o. ä.) von der → Auflage unterscheiden.

W

Wandmalerei Unter Wandmalerei versteht man, im Unterschied zum transportablen → Tafelbild, eine Malerei auf Wänden oder an Decken (wobei letztere als Deckenmalerei bezeichnet wird). Stein oder Mauerwerk bilden den Malgrund, bedingen die Wahl der Farbmittel und Maltechniken und legen die Ausdehnung und Position der Wandmalerei fest. Man unterscheidet allgemein zwischen der → Freskomalerei und ihren Varianten, die auf dem noch feuchten Putz aufgetragen werden, und der Sekkomalerei (hierzu gehören Leimfarben- und die Kaseinmalerei), die entweder direkt auf den Stein oder auf den bereits abgebundenen Putzmörtel aufgebracht wird. Daneben gelten die → Enkaustik, das → Sgraffito und das Mosaik als Techniken der Flächendekoration.
Die frühesten Zeugnisse der Wandmalerei finden sich in der jungpaläolithischen Höhlenmalerei (zum Beispiel in Lascaux und Altamira), wo mit Hilfe von Erdfarben und Holzkohle Malereien auf dem nackten Fels entstanden. Im alten Orient wie auch in der kretisch-mykenischen Kunst findet man Grabmalereien (zum Beispiel im Tempel von Tell Uqair) und Wandbilder in Palästen (zum Beispiel in Mari oder in Knossos).
Werke der griechischen Monumentalmalerei sind kaum erhalten und nur durch Plinius d.Ä. belegt. Die römische Malerei ist jedoch in den Wohnhäusern und Villen von Pompeji überliefert und zeigt neben reinen Landschaftsmotiven und → Veduten auch Mythen und Genreszenen. Den pompejanischen Stilphasen verwandt ist die spätantike und byzantinische Wandmalerei. Insbesondere in Basiliken finden sich erzählerische Bildzyklen; die Freskomalerei wurde dabei zunehmend durch eine Mosaikausstattung abgelöst.
In romanischer Zeit erlebte die Wandmalerei einen großen Aufschwung durch die Ausführung umfangreicher Arbeiten in Kirchen. Man illustrierte biblische Szenen bis in die Gewölbezone der Gebäude, respektierte jedoch die architektonischen Gliederungssysteme der Wand mehr als in der byzantinischen Kunst und schuf fest begrenzte Raumabschnitte.
In der Gotik lösten im nördlichen Europa die Glasmalerei und Bauplastik die Wandmalerei ab, während sie in Italien (vor allem in der Toskana und in Rom) von Cimabue, Pietro Cavallini und Giotto, später von Raffael und Michelangelo, weiterentwickelt und zu neuen Höhen geführt wurde. Im römischen Frühbarock wurde die Wandmalerei durch die Dekkenmalerei ergänzt bzw. abgelöst und nach Mittel- und Nordeuropa (vor allem nach Süddeutschland) verbreitet.
Mit den aufklärerischen Tendenzen des Klassizismus, die das isolierte Einzelbild als Wanddekoration postulierte, begann die Abkehr von der traditionellen Wandmalerei. Eine Wiederbelebung versuchten zu Beginn des 19. Jh.s die Nazarener in Rom (u.a. Peter von Cornelius und Alfred Rethel) sowie die englischen Präraffaeliten.
Im 20. Jh. gibt es Tendenzen zu einer Wandmalerei, die Übergänge zum Relief zeigt (zum Beispiel die Keramikwände am UNESCO-Gebäude von Joan Miró und Joseph Llorens Artigas), daneben gibt es vereinzelte Beispiele moderner Wandgestaltung, wie von Oskar Schlemmer («Brunnenhof» im Museum Folkwang, 1928-39), Fernand Léger (Fassadenmosaik in Assy, 1946) oder Henri Matisse (Kapelle «Nortre-Dame du Rosaire» in Vence, 1949-51).

Die mexikanische Wandmalerei (Muralismo) zeigte besonders in den zwanziger und dreißiger Jahren ein sozialkritisches und politisches Engagement (zum Beispiel Diego Rivera, David Alfaro Siqueiros).
Als politische Wandbilder entstanden Ende der sechziger Jahre die → Graffiti, die die Wand als Mitteilungs- und Kommunikationsmedium nutzten.

Wasserfarben Die → Pigmente von Wasserfarben sind mit (transparenten) wasserlöslichen → Bindemitteln versetzt, wie zum Beispiel → Gummiarabikum. Zu den Wasserfarben rechnet man insbesondere das → Aquarell, ferner auch → Gouache, → Deckfarben und die wasserlösliche → Tempera.

Wasserzeichen Wasserzeichen (Buchstaben, Namen oder Figuren) sind Zeichen im Papier, die im Gegenlicht sichtbar werden. Sie sind seit Ende des 13. Jh.s gebräuchlich und dienen als Herstellerzeichen, oft auch als Sorten- oder Formatzeichen.
Bei handgeschöpftem Papier versieht man die Schöpfsiebe mit einer entsprechend geformten Drahtfigur, die das Wasserzeichen (bei diesem Verfahren auch «Wassermarke» genannt) auf das Papier überträgt.
Bei der industriellen Fertigung prägt eine Gummiwalze das Wasserzeichen in das noch feuchte Papier ein. Künstliche Wasserzeichen werden nachträglich in bereits fertiges Papier eingepreßt. Wasserzeichen sind wichtig für die Bestimmung des Alters und der Herkunft von älteren Drucke.

Wechselausstellung Im Museumsbetrieb (→ Museum) unterscheidet man zwischen Wechselausstellung und → Bestand. Eine Wechselausstellung (oder Ausstellung) ist zeitlich befristet und besitzt ein spezifisches Thema, wonach die → Exponate entsprechend ausgewählt werden. In der Regel sucht das organisierende Museum um Leihgaben bei anderen Museen und privaten Leihgebern nach, da selten alle interessanten Exponate im Bestand vorhanden sind.
Die Themen einer Wechselausstellung variieren ebenso wie Umfang und museumsdidaktische Betreuung. Grundsätzlich kann man monographische Ausstellungen (→ Retrospektive) von thematischen unterscheiden. Letztere können beispielsweise die Kunst eines Jahrzehnts, einer künstlerischen Strömung oder eines bestimmten Landes darstellen. Gerade die überblickartig angelegten Wechselausstellungen werden hin und wieder zum Gegenstand der Kunstkritik, die besonders zu Auswahl und Repräsentanz (oft berechtigte) Kritikpunkte anzubringen hat.
Die umfangreichen Wechselausstellungen, deren Vorbereitung bisweilen mehrere Jahre in Anspruch nehmen kann, werden oft von mehreren Museen gemeinsam organisiert.
Dabei spielt der → Katalog eine besondere Rolle, dessen Produktion besonders aufwendig ist, zumal er in der Regel den letzten wissenschaftlichen Stand zum jeweiligen Ausstellungsthema repräsentiert. Gemeinsam organisierte Wechselausstellungen werden an verschiedenen Orten, oft auch in mehreren Ländern gezeigt, so daß sich die Dauer einer Tour auf ein oder zwei Jahre ausdehnen kann. Hohe Versicherungssummen verschlingen dabei den Hauptteil eines Ausstellungsetats.
Wechselausstellungen bieten für den Besucher die Chance, einerseits selten gezeigte Kunstwerke aus den verschiedensten Ländern zu sehen und andererseits mehrere Arbeiten direkt miteinander vergleichen zu können, die ansonsten auf viele Museen verteilt oder als Privatbe-

sitz überhaupt nicht der Öffentlichkeit zugänglich sind.

Weichgrundätzung Die Weichgrundätzung, auch «Vernis mou» genannt, ist eine Sonderform der → Radierung. Die erhitzte Metallplatte wird mit einem weichen, klebrigen → Ätzgrund überzogen. Darauf wird ein Transparentpapier gelegt, auf das mit Bleistift oder Kreide die → Zeichnung gebracht wird.
Überall dort, wo durch das Zeichengerät Druck ausgeübt wird, bleibt der weiche Ätzgrund an der Unterseite des Papiers kleben und legt dadurch die Zeichnung auf der Platte frei. Taucht man diese anschließend in ein Säurebad, werden an den freigelegten Stellen Vertiefungen ins Metall geätzt, die im Druck die gewünschten Linien oder Flächen ergeben (→ Tiefdruck).
Im Gegensatz zum → Kupferstich oder zur → Radierung wirkt der Strich bei der Weichgrundätzung weich und körnig und ist von malerisch toniger Wirkung. Will man Strukturen und Texturen mit der Weichgrundätzung wiedergeben, so kann man die Stoffe (Netze, Schnüre, Leder o. ä.) direkt in den weichen Grund drücken. Die Vernis-mou-Technik wurde um 1620 von Dietrich Meyer entdeckt und erlebte ihre Blütezeit im 19. Jh., insbesondere durch William Turner und Félicien Rops.
Als Künstler des 20. Jh. sind vor allem Max Liebermann und Käthe Kollwitz zu nennen.

Weingeist- oder Krakelurenaquatinta Eine Technik der → Aquatinta, bei der Harz in Weingeist aufgelöst und anschließend auf die Metallplatte gebracht wird. Beim Verflüchtigen des Weingeists bilden sich in der Harzschicht feine Rißlinien (→ Krakeluren), durch die im Säurebad das Metall angegriffen und vertieft werden kann.

Weißlinienschnitt Der Weißlinienschnitt ist eine Abwandlung des → Holzschnitts, der insbesondere im 16. Jh. zur Anwendung kam. Während beim Holzschnitt schwarze Linien auf weißem Grund gedruckt werden, erscheinen beim Weißlinienschnitt weiße Linien auf schwarzem Grund.
Dies geschieht dadurch, daß die Linien auf der Oberfläche der Druckplatte nicht umschnitten, sondern als Vertiefungen in die Plattenoberfläche graviert werden. Es druckt die Fläche, während sich das Bild aus den nichtdruckenden, weißen Linien ergibt.

Werkdruckpapier Werkdruckpapier, auch «Romanpapier» genannt, wird vor allem für Bücher mit belletristischem Inhalt verwendet. Es wird nur wenig gepreßt und erscheint daher verhältnismäßig dick und doch leicht. Werkdruckpapier eignet sich gut für die Wiedergabe von Schriften, Strichätzungen und Halbtonbildern mit grobem Raster.

Widerdruck → Drucken

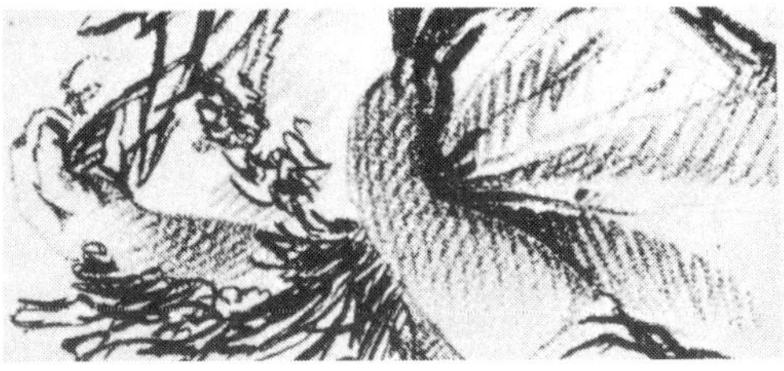

Weichgrundätzung. Sehr deutlich ist in diesem Ausschnitt die körnige Linienführung an Armen und Falten im Gegensatz zu den deckenden Linien des Blumenstraußes zu sehen

Widmungsexemplar Als Widmungsexemplar (auch «Dedikationsexemplar») bezeichnet man die mit einer Widmung versehenen Exemplare einer Graphik oder eines Buches.
Bis etwa Ende des 18. Jh.s wurden dazu Bücher mit einer eigenen Widmungsseite ausgestattet, die entweder die Dedikation in reiner Textform enthielten oder ein → Porträt desjenigen (zumeist als → Kupferstich oder → Radierung), dem das Buch gewidmet wurde. Widmungsblätter solcher Art sind heute insbesondere bei Sammlern begehrt.

Wiegendruck → Inkunabel

Wiener Aktionismus Basierend auf der Tiefenpsychologie Sigmund Freuds und C.G. Jungs, entstand um 1960 in Wien eine spezifische Form der → Aktionskunst, deren Kennzeichen ritualartige, exzessive und zu extremen Handlungen tendierende Aktionen sind. Der Wiener Aktionismus richtete sich gegen die etablierte Kunst und gegen gesellschaftliche Tabus, vornehmlich religiöser und sexueller Natur. In orgiastischen Aktionen sollte die Aggression der Akteure abgebaut und dann durch schockartige Erlebnisse Einblick in die menschliche Psyche und das Gewaltpotential der Gesellschaft ermöglicht werden.
Frühe Formen des Wiener Aktionismus wandten sich durch Beschütten, Zerschneiden und Zerstören der Leinwand gegen den Ästhetizismus des → Abstrakten Expressionismus.
In seinen erotischen → Happenings beschmierte und beschüttete Otto Muehl weibliche Personen, um sexuelle Tabus aufzubrechen. Günter Brus verfolgte aktionsartige Selbstbemalungen, während Rudolf Schwarzkogler Selbstverstümmelungen vornahm, die dann mit seinem Selbstmord endeten. Zu den bekanntesten, aber auch umstrittensten Aktionen zählte das → Orgien-Mysterien-Theater von Hermann Nitsch. Die aufwendig angelegten, ritualartigen Opferzeremonien sollten als Höhepunkt mit der Grausamkeit einer Tierschlachtung der Grausamkeit menschlicher Gewalt (Krieg, Terror, Völkermord) antworten. Im radikalen Abbau von Hemmschwellen und Tabus sollte das volle Bewußtsein über die Realität erreicht werden.

Wiener Schule → Phantastischer Realismus

Zeichnung Neben der → Druckgraphik bildet die Zeichnung eine der beiden zentralen Kategorien der → Graphik. Der Begriff Zeichnung schließt zunächst sowohl die gleichbedeutend gebrauchte künstlerische → Handzeichnung als auch eine technische (Konstruktions-)Zeichnung ein. Im Zusammenhang mit der bildenden Kunst ist jedoch in aller Regel die Handzeichnung gemeint.

Nach ihrer jeweiligen Technik unterscheidet man zahlreiche Varianten der Zeichnung, die jedoch stets in der Dominanz der Linie gegenüber Farbe und Fläche eine grundlegende Gemeinsamkeit besitzen. Allerdings gibt es einen breiten Übergangsbereich zur → Malerei, indem bestimmte Zeichentechniken durch den Einbezug von Farben und/oder flächiger Gestaltungsweise malerischen Charakter annehmen, was zum Beispiel für die → Pinselzeichnung gilt. Weiterhin differenziert man in trockene und flüssige Zeichenmittel. Zur ersten Gruppe zählen die → Bleigriffel-, → Bleistift-, → Buntstift-, → Graphitstift-, → Kohle-, → Kreide-, → Pastell-, → Rötel- oder die → Silberstiftzeichnung, während man zur zweiten hauptsächlich → Feder- und Pinselzeichnung rechnet, die sich → Bister, → Sepia, Tinte und → Tusche als Zeichenmittel bedienen. In der Regel finden verschiedene Papiersorten als Zeichengrund Verwendung, die manchmal auch getönt oder farbig grundiert werden. Demgegenüber standen in den frühen Hochkulturen Papyrus und im Mittelalter in erster Linie Pergament zur Verfügung.

Jedoch nicht nur im Hinblick auf ihre Technik, sondern auch in bezug auf ihre unterschiedliche Funktion lassen sich verschiedene Formen der Zeichnung voneinander unterscheiden. Als ein eigenständiges und unabhängiges Kunstwerk ist die freie Zeichnung von allen anderen Varianten zu trennen, die alle mehr oder weniger einen entwerfenden, vorbereitenden Charakter besitzen. So veranschaulicht beispielsweise der → Entwurf in groben Zügen den Gesamtaufbau eines geplanten Werkes. Die Nachzeichnung hingegen kopiert möglichst genau eine bestimmte Vorlage (meist zu Übungszwecken), während die → Skizze eine (flüchtige) Idee mit raschen Strichen auf das Blatt bannt. Die Studie dient zur genauen Klärung eines bestimmten Details des geplanten Werkes und konzentriert sich deshalb ausschnittartig auf das jeweilige Problem. Die Vorzeichnung schließlich enthält alle wesentlichen Einzelheiten des auszuführenden Werkes und wird häufig mit einem Raster versehen, das bei der Übertragung auf das Originalformat wertvolle Dienste leistet.

Die Geschichte der Zeichnung läßt sich bis in die jungpaläolithische Felsbildkunst zurückverfolgen, in welcher sie keinen Entwurfscharakter besaß, da sie in magisch-kultische Zusammenhänge eingebunden war. Vergleichbares gilt für die Papyrusillustrationen der ägyptischen Totenbücher.

Seit der griechischen Antike tritt die Differenzierung der Zeichnung als ein Hilfsmittel oder als eine den übrigen Künsten gleichgestellte Kategorie auf. Doch während des Mittelalters besaß die Zeichnung hauptsächlich die Funktion der Vorzeichnung für → Wand- und → Tafelbilder oder erhielt sich in einigen wenigen Exemplaren der Musterbücher, Sammlungen von geometrischen Ornamenten und architektonischen Ideen als Vorlagen für die praktische Anwendung.

Das bekannteste ist das «Bauhüttenbuch» (um 1240) von Villard de Honnecourt. Die große Zeit der Zeichnung bricht dann mit dem Beginn der Renaissance in Italien in der ersten Hälfte des 15. Jh.s an. Zunächst noch im Sinne eines Entwurfes, steigt ihre Bedeutung rasch auf die Ebene der Studie.
Da sich die Zeichnung nicht zuletzt auch für die neu aufkommenden Studien nach der Natur besonders gut eignet, erreichte sie zunehmend den Charakter eines eigenständigen, vollständig durchkomponierten Kunstwerkes. Auch für eher wissenschaftliche Studien wurde sie gern gebraucht, wie Blätter von Albrecht Dürer oder von Leonardo da Vinci zeigen. Im Barock steigerte sich der eigenständige Kunstcharakter, und durch die Verbindung von Feder- und Pinselzeichnung wurde eine malerische Wirkung erzielt, die manches Gemälde sogar übertrifft.
In den frühen Jahren des 19. Jh.s setzte sich rasch der neu erfundene Blei- bzw. Graphitstift als beliebtes, da einfach zu handhabendes Zeichenmittel durch und verdrängte sowohl die Bleigriffel- als auch die Silberstiftzeichnung. Die Unterscheidung in eine selbständige, autonome Zeichnung und in eine Entwurfs- bzw. Vorzeichnung (auch Skizze oder Studie) besitzt bis in die Gegenwart hinein ihre Gültigkeit.
Seit dem → Impressionismus sind – wie auch in der Malerei oder Skulptur – rasche stilistische Veränderungen zu beobachten, die sich oft zur gleichen Zeit diametral gegenüberstehen. Im 20. Jh. bereichern der Filzstift und der Kugelschreiber als neue Zeichenmittel die technische Palette.

Zeitgenössische Kunst (auch «Gegenwartskunst» genannt). Dieser sehr vage Begriff kann letztlich in seiner zeitlichen Dimension nicht ganz genau bestimmt werden. Unklar ist dabei, um wieviel Jahre zeitgenössische Kunst von der Gegenwart in die Vergangenheit reichen kann. Gemeinhin bezeichnet der Begriff – unabhängig von jeweils herrschenden Stilströmungen – die Kunst der letzten Jahre, wobei er um so unhaltbarer wird, je älter die Kunstwerke sind. Eine gewisse Grenze verläuft im Bereich von fünf bis zehn Jahren.
Zeitgenössische Kunst umfaßt sowohl die hochbezahlten Arbeiten arrivierter, noch lebender «Klassiker» als auch die Arbeiten völlig unbekannter Nachwuchskünstler. Der Begriff umspannt alle → Kunstgattungen und findet sich zum Beispiel im Zusammenhang mit überblickartigen → Wechselausstellungen, welche die Kunst der Gegenwart darzustellen suchen.
Zu den wichtigsten internationalen Ausstellungen zeitgenössischer Kunst zählen die «Biennale» in Venedig (alle zwei Jahre) und die «documenta» in Kassel (alle fünf Jahre; 1992: «documenta 9»). Nicht zu vergessen sind jedoch die zahlreichen Ausstellungen der → Museen und der → Galerien zur zeitgenössischen Kunst sowie verschiedene internationale → Kunstmessen.

Zinkätzung Bei der Zinkätzung, einer Technik des → Hochdrucks, wird die Zeichnung zunächst mit einer säurefesten Schicht (Asphaltlack, → Firnis, Fettkreide oder ähnliches) auf die Zinkplatte aufgetragen.
Nach dem Trocknen wird die → Druckform in verdünnte Salpetersäure gelegt, wodurch die ungeschützten Partien weggeätzt werden. Farbträger sind die als Relief stehengebliebenen und vom Decklack freien Stellen. William Blake benutzte Ende des 18. Jh.s die Technik der Zinkätzung für seine Illustrationen, im 20. Jh. erprobten sie Horst Antes und Heinz Mack.

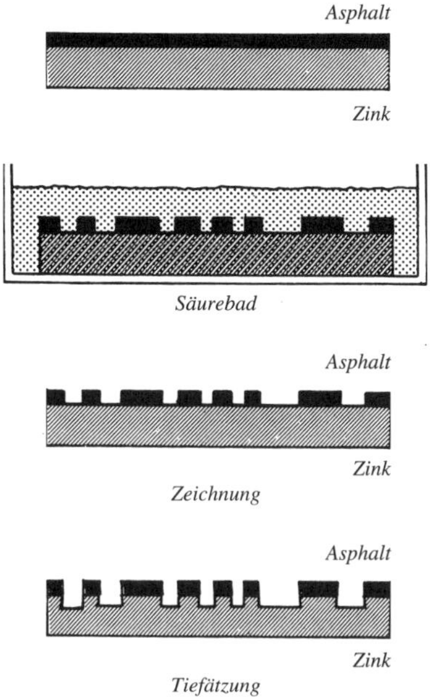

Schema der Zinkätzung

Zinklithographie Die Zinklithographie, auch «Metallplattendruck» genannt, ist ein der → Algraphie verwandtes Verfahren des → Flachdrucks. Die → Druckform besteht aus einer Zinkplatte, die in einem sog. Rüttelkasten mit Porzellan- oder Marmorkugeln (oder im Sandstrahlverfahren) bearbeitet und dadurch leicht gekörnt wird. Anschließend wird die Platte mit einem speziellen Ätzgrund präpariert und kann dann wie ein lithographischer Stein (→ Lithographie) weiterbearbeitet werden.

Zinkographie Der Begriff Zinkographie, der von Émile Bernard geprägt wurde, bezeichnet ganz allgemein diejenigen Reproduktionsverfahren, bei denen Zink als Druckplatte verwendet wird. Beim → Flachdruck wird darunter die fotochemische Beschichtung der Zinkplatte verstanden.

Zustandsdruck Unter einem Zustandsdruck («Épreuve d'état») versteht man den Abdruck von einer noch nicht fertiggestellten Platte. Dieser «Zwischendruck» bedarf der weiteren Bearbeitung durch den Künstler und wird jeweils nur in kleinen Auflagen gedruckt, die als → Unikate bei Sammlern hoch geschätzt werden. Von einer Druckgraphik können mehrere aufeinanderfolgende Zustandsdrucke angefertigt werden, wie etwa in der Serie der zwölf Zustandsdrucke des «Stiers» von Picasso.
Man bezeichnet Zustandsdrucke mit der Zahl, die den Zustand angibt, und dem Wort «Zustand» bzw. der Abkürzung «Z» (9. Zustand/9. Z.). Entscheidet sich ein Künstler nach Abschluß der 1. Auflage zu einer zweiten und bearbeitet er die Platte wesentlich, findet sich gelegentlich das Kürzel «2nd st.« (engl. = *second state*) oder der Zusatz «zweiter Zustand» unter der Darstellung.

Zyklus Ein Zyklus ist eine Serie in sich geschlossener und inhaltlich zusammengehöriger graphischer Blätter, die formal auch als Einzelblätter bestehen könnten. Der kompositorische Aufbau eines Zyklus (mit bewußten Setzungen von Anfang und Ende) unterscheidet ihn von der bloßen «Folge» oder «Reihe», die offener und unverbindlicher erscheinen. Man spricht von «geschlossenen» Zyklen, wenn ihnen ein einheitliches Thema (zum Beispiel Krieg) oder ein entsprechender Inhalt (zum Beispiel Kathedralen) zugrunde liegt. Bedeutende Zyklen schufen Albrecht Dürer («Apokalypse»), Francisco de Goya («Desastres de la guerra»), William Blake, William Hogarth, Max Klinger, Käthe Kollwitz, Max Beckmann, Marc Chagall und Pablo Picasso.

Anhang

KUNSTZEITSCHRIFTEN

Die folgende Übersicht stellt die wichtigsten Kunstzeitschriften im deutschsprachigen Raum zusammen. Zeitschriften mit lokaler Verbreitung oder von ausschließlich wissenschaftlichem Interesse wurden nicht berücksichtigt.

art (Hamburg)
art (monatlich) berichtet in Aufsätzen über verschiedene Themen der alten und modernen Kunst, wobei sich das Spektrum inhaltlich von der bildenden Kunst bis zu Antiquitäten, Architektur, Design oder Fotografie erstreckt.
Interviews mit Künstlern, Museumsleitern oder Sammlern fehlen ebensowenig wie breitgefächerte Meldungen zu aktuellen Ereignissen aus der Kunstwelt. Ausstellungsberichte und ein internationaler Galerien- und Ausstellungskalender informieren über wichtige Ausstellungen; Buchrezensionen weisen auf Neuerscheinungen grundlegender Fachliteratur hin.

Artis (Bern)
Artis (monatlich) widmet sich in Aufsätzen und Interviews aktuellen Themen, vorwiegend aus dem Bereich der zeitgenössischen Kunst. Monographische Berichte stellen einzelne Künstler vor, und eine Ausstellungsrückschau, die nach Museen und Galerien unterteilt ist, kommentiert die jüngsten Ausstellungen im In- und Ausland. Ein Ausstellungskalender informiert über die Ausstellungen in Deutschland, Österreich und der Schweiz.

Belser Kunst Quartal (Stuttgart)
Das *Belser Kunst Quartal* (viermal jährlich) ist der umfangreichste Ausstellungskalender für den deutschsprachigen Raum. Alphabetisch nach Ausstellungsorten geordnet, findet man ein breites Spektrum von den großen Ausstellungen der Museen bis hin zu den Galerien. Renommierte Künstlernamen stehen neben vollständig unbekannten. Ein Register unterstützt die Suche nach bestimmten Künstlern. Kürzel informieren, ob zur jeweiligen Ausstellung ein Katalog, Plakat etc. erscheint.

Graphis (Zürich)
Graphis (sechsmal jährlich) behandelt in monographischen Aufsätzen zu Designern, Künstlern, Art Directors etc. die Themen Design, Fotografie, Graphik, Graphik-Design, Typografie, Werbefotografie usw., wobei der Schwerpunkt auf der zeitgenössischen Kunst liegt. Die Aufsätze werden durch hochwertige Reproduktionen einzelner Werkbeispiele ergänzt.

Kunstforum International (Köln)
Das *Kunstforum* (sechsmal jährlich) präsentiert in zahlreichen Aufsätzen jeweils ein Generalthema zur zeitgenössischen Kunst.
Neben Interviews mit Künstlern, Kritikern oder Ausstellungsmachern finden sich Künstlermonographien und Ausstellungsberichte, die durch Meldungen aus dem Kunstgeschehen und durch einen kommentierten, internationalen Ausstellungskalender ergänzt werden. Außerdem informiert eine Übersicht über Mes-

sen, Kunstmärkte, Symposien, Festivals, Preise, Ausschreibungen etc.

Kunst und Antiquitäten (München)
Kunst und Antiquitäten (zehnmal jährlich) enthält Aufsätze zu allen Themen der (vorwiegend) älteren Kunst und Kultur im weiteren Sinne, wobei Antiquitäten einen Schwerpunkt bilden.
Darüber hinaus informieren Meldungen über das aktuelle Geschehen in den Sparten Kunsthandel, Auktionen und Museen. Die Beiträge werden ergänzt durch einen internationalen Ausstellungs- und Auktionskalender.

Neue bildende Kunst (Berlin)
Die *Neue bildende Kunst* (sechsmal jährlich) löst seit 1991 die *Bildende Kunst* aus der ehemaligen DDR ab.
Der redaktionelle Schwerpunkt liegt auf der Entwicklung der zeitgenössischen Kunst in den neuen Bundesländern. In einer Vielzahl von Aufsätzen, Essays, Kommentaren und Interviews werden Künstler und Galerien, Kunstprojekte und allgemeine künstlerische Fragen diskutiert und dargestellt.
Ein Nachrichtenteil informiert in Kurzform über die wichtigsten Ereignisse. Buchrezensionen behandeln zentrale Neuerscheinungen. Der Ausstellungskatalog konzentriert sich auf die neuen und alten Bundesländer.

Noema (Salzburg)
Noema (sechsmal jährlich) stellt in umfangreichen, monographischen Aufsätzen zeitgenössische Künstler vor.
Die Beiträge werden dabei durch unterschiedliche Künstlerinterviews ergänzt. Ein internationaler Ausstellungskalender und Ausstellungsberichte informieren über das zeitgenössische Kunstgeschehen. Neue Ausstellungskataloge werden jeweils in einer breiten Übersicht zusammengestellt.

Pan (München)
Pan (monatlich) beschäftigt sich in Aufsätzen und in Essays mit den verschiedensten Bereichen alter und moderner Kunst. Künstler und Sammler werden porträtiert, neue Galerien vorgestellt. In der Rubrik «Expertentip» findet man konkrete Empfehlungen zum Kunsterwerb. Zahlreiche Ausstellungsberichte und ein internationaler Ausstellungskalender werden ergänzt durch aktuelle Meldungen vom Kunstmarkt und Kunstgeschehen. Kunstreiseberichte stellen beosndere Kulturlandschaften vor, Kurzrezensionen die wichtigsten Buchneuerscheinungen.

Parkett (Zürich)
Parkett (viermal jährlich) widmet sich in breitem Umfang ein oder zwei zeitgenössischen Künstlern, die in mehreren Aufsätzen von verschiedener Seite (monographisch) dargstellt werden. In zwei Rückblicken (Europa, USA) schildern Fachleute persönliche Beurteilungen und Bewertungen zum aktuellen Kunstgeschehen. Ein Ausstellungskalender informiert über Ausstellungen in der Schweiz.

Texte zur Kunst (Köln)
Texte zur Kunst (viermal jährlich) charakterisiert sich durch kunsttheoretische Aufsätze einerseits und aktuelle Berichterstattung andererseits, wobei jeweils ein übergeordnetes Thema der modernen bzw. zeitgenössischen Kunst dargestellt wird. Künstlerinterviews, Ausstellungsberichte, Buchrezensionen und allgemeine Meldungen informieren aus dem aktuellen Kunstgeschehen.

Weltkunst (München)
Weltkunst (zweimal monatlich) berichtet in Aufsätzen aus allen Bereichen der bildenden Kunst, des Kunsthandwerks und über Antiquitäten, wobei alle Epo-

chen Berücksichtigung finden. Zahlreiche internationale Auktions- und Ausstellungsberichte sowie einschlägige Buchrezensionen werden ergänzt durch Berichte und Meldungen aus dem Kunsthandel. Ein internationaler Kalender informiert über Auktionen, Ausstellungen und Kunstmessen.

BÜCHER

Die folgende Literaturzusammenstellung – unterteilt in Lexika und Monographien, Kataloge etc. – stellt nur eine engbegrenzte Auswahl dar. Berücksichtigt wurden Publikationen, die sich durch ihre übersichtliche und verständliche Form als weitere Quellen zur Vertiefung einzelner Fragen besonders empfehlen.

Lexika

Irena du Bois-Reymond: Die graphischen Künste. Geschichte, Techniken, Gattungen, Hauptmeister.
Hermes Handlexikon, Düsseldorf 1983 (Econ Verlag)
Das Lexikon informiert über sämtliche technischen Verfahren der Graphik, wobei auch wichtige Künstler berücksichtigt werden. Zentrale Begriffe (wie etwa Holzschnitt) werden in umfangreichen Artikeln abgehandelt, die besonders auch auf die historische Entwicklung eingehen.
Das zeitliche Spektrum reicht dabei vom ausgehenden Mittelalter bis in die Gegenwart. Ein Literaturverzeichnis und zahlreiche Farb- und Schwarzweiß-Abbildungen ergänzen die Artikel.

Johannes Jahn: Wörterbuch der Kunst. Stuttgart, 11. Aufl. 1989 (Alfred Kröner Verlag)
Mehr als 3000 Stichwörter informieren über alle Gebiete und alle Epochen der Kunstentwicklung von der Vorgeschichte bis zur Moderne. Die überwiegend mit Literaturhinweisen versehenen Artikel behandeln die Bereiche bildende Kunst, Archäologie, Architektur, Denkmalpflege, künstlerische Techniken, Kunsthandwerk sowie die wichtigsten Künstler, Orte und Stilströmungen. Schwarzweiß-Zeichnungen ergänzen die Ausführungen.

Keysers großes Stil-Lexikon Europa, 780-1980. München 1982 (Keysersche Verlagsbuchhandlung)
Im Stil einer Kunstgeschichte präsentiert das Lexikon die Kunstentwicklung in chronologischer Reihenfolge (geordnet nach Kulturepochen). Die Kulturepochen sind wiederum nach Kunstgattungen unterteilt. Ein einführender Text erörtert im allgemeinen das jeweilige Thema, gefolgt von einer Reihe kleiner Abschnitte, die exemplarisch ausgewählte Künstler bzw. Kunstwerke vorstellen. Die Abschnitte werden jeweils durch eine Abbildung ergänzt. Die Kapitel zum 19. und 20. Jahrhundert sind nach Kunstgattungen unterteilt und darin nach Stiltendenzen in chronologischer Reihenfolge. Mit umfangreichem Literaturverzeichnis und einem Register.

Heijo Klein: DuMont's kleines Sachwörterbuch der Drucktechnik und grafischen Kunst. Köln, 7. Aufl. 1988 (DuMont-Buchverlag)
Ein einführender Aufsatz behandelt die wichtigsten technischen Grundbegriffe

und führt in die historische Entwicklung ein. Die Lexikonartikel erläutern in komprimierter Form alle technischen Verfahren der Graphik. Ein Fremdsprachenglossar, Literaturverzeichnis, ein Index der Künstlernamen und zahlreiche Farb- und Schwarzweiß-Abbildungen ergänzen das Lexikon.

Künstler. Kritisches Lexikon der Gegenwartskunst. München 1988 ff. (WB Verlag)
In Form einer (ergänzungsfähigen) Loseblatt-Sammlung werden in alphabetischer Reihenfolge die wichtigsten internationalen Künstler (aller Bereiche der bildenden Kunst) nach 1945 ausführlich dargestellt und sorgfältig dokumentiert. Bis dato ist das Lexikon noch nicht abgeschlossen. In den nächsten Jahren wird es – wie bisher – um 32 Künstler pro Jahr fortgesetzt (vierteljährliche Erscheinungsweise).
Jedem Künstler ist ein kleines Heft gewidmet, das – neben Selbstaussagen und zahlreichen Farbabbildungen – einen umfangreichen Aufsatz enthält, der die jeweilige Werkentwicklung charakterisiert. Eine gesonderte Karteikarte enthält in tabellarischer Form biographische Angaben, Ausstellungs- und Literaturverzeichnis.

Der Kunst-Brockhaus. 10 Bde. Wiesbaden 1987 (Brockhaus Verlag)
Alle Bereiche der bildenden Kunst, Archäologie, Architektur, Design, Fotografie, Kunstgewerbe etc. werden in kurzen, prägnanten Artikeln dargestellt. Dabei finden alle Kulturepochen von der Vorgeschichte bis in die Gegenwart und alle Länder Berücksichtigung. Die zum Teil mit Literaturhinweisen versehenen Stichwörter informieren über künstlerische Techniken, Künstler, Stile, Orte etc. und werden durch zahlreiche, überwiegend farbige Abbildungen ergänzt.

Das große Lexikon der Graphik. Künstler, Techniken, Hinweise für Sammler. Braunschweig 1984 (Georg Westermann Verlag)
Drei einführende Kapitel informieren breit über die historische Entwicklung und Technik von Zeichnung und Druckgraphik. Den größten Raum innerhalb des Lexikons nimmt ein Künstlerlexikon der wichtigsten Zeichner und Graphiker ein, das – alphabetisch geordnet – von den Anfängen bis in die Gegenwart reicht. Daran schließt sich ein Lexikonteil an, der in prägnanter Form die technischen Begriffe klärt. Großformatige Farb- und Schwarzweiß-Abbildungen ergänzen die Ausführungen, ebenso im Anhang ein umfangreiches Literaturverzeichnis und Hinweise für Graphiksammler.

Lexikon der Kunst. Architektur, bildende Kunst, angewandte Kunst, Industrieformgestaltung, Kunsttheorie. 5 Bde. Leipzig 1968-78
(Neubearbeitung: 3 Bde. A – Konv, 1987-91; E. A. Seemann Verlag)
Das Lexikon bearbeitet in sehr umfassenden Artikeln alle Kulturepochen von der Vorgeschichte bis in die Moderne, wobei alle Länder bzw. Kulturen Berücksichtigung finden.
Dargestellt werden die Bereiche der bildende Kunst sowie Archäologie, Architektur, Design, Kunstgewerbe, Kunsttheorie, Volkskunst. Die Stichwörter behandeln sowohl wichtige Künstler und Orte als auch Materialien, Techniken und Stile, wobei auch abgelegene Randgebiete erfaßt werden. Die Artikel sind überwiegend mit Literaturhinweisen ausgestattet. Eine Einschränkung im Gebrauch ergibt sich allerdings durch die einseitige, sozialistische Einfärbung, die jedoch nicht auf alle Artikel durchschlägt, so daß sich eine kritische Sichtung in jedem Fall lohnt.

Lexikon der Kunst. Malerei – Architektur – Bildhauerkunst. 12 Bde. Freiburg 1987-90 (Herder Verlag)
Das Lexikon behandelt die Bereiche bildende Kunst, Archäologie, Architektur, Design, Fotografie, Kunstgewerbe etc. Dargestellt werden alle Kulturepochen von der Vorgeschichte bis in die Gegenwart, wobei alle Länder bzw. Kulturlandschaften einbezogen sind.
Die Stichwörter umfassen die wichtigsten Künstler, Techniken und Stile. Die zum Teil sehr ausführlichen Artikel werden überwiegend mit Literaturangaben ergänzt. Stichwörter zu bedeutenden Künstlern und Stiltendenzen enthalten eine separate, exemplarische Kurzuntersuchung eines zentralen Kunstwerkes, das als Abbildung gegenübergestellt ist. Großformatige, überwiegend farbige Abbildungen vermitteln einen guten Eindruck und gehen über den gewohnten Lexikon-Standard hinaus. Bd. 12 enthält ein umfangreiches Bildregister.

Edward Lucie-Smith: DuMont's Lexikon der bildenden Kunst. Köln 1990 (DuMont Verlag)
Mehr als 2000 Stichwörter informieren in kurzer, prägnanter Form über alle Bereiche der bildenden Kunst, Archäologie, Architektur, Fotografie, Kunstgewerbe etc. Das zeitliche Spektrum spannt sich von der Vorgeschichte bis in die Gegenwart, wobei auch die wesentlichen außereuropäischen Kulturen Berücksichtigung finden.
Die Artikel umfassen gleichermaßen Technik- wie Stilbegriffe, ergänzt durch zahlreiche, überwiegend schwarzweiße Abbildungen.

Meyers kleines Lexikon Kunst. Mannheim 1986 (Bibliographisches Institut Mannheim)
Über 3000 Begriffe erschließen alle Bereiche der bildenden Kunst, Archäologie, Architektur, Fotografie, Kunstgewerbe etc. Die durch Farb- und Schwarzweiß-Abbildungen ergänzten Artikel sind zumeist in prägnanter Kurzform gehalten, zentrale Stichwörter nehmen größeren Raum ein. Die zeitliche Bandbreite reicht von der Vorgeschichte bis in die Gegenwart, Technik- und Stilbegriffe treten gleichermaßen auf.

Herbert Read (Hg.): DuMont's Künstlerlexikon. Aktualisiert von Nikos Stangos, dt. Überarbeitung und Ergänzung von Karin Thomas. Köln 1991 (DuMont Verlag)
Das Lexikon stellt rund 3000 Künstler aus allen Bereichen von Malerei, Graphik, Bildhauerei, Kunstgewerbe, Architektur, Fotografie, Installation und Performance vor. Die Zeitspanne erstreckt sich von der Antike bis zur Gegenwart. Kunsthistorische Sachbegriffe sind markiert, so daß sie in «DuMont's Lexikon der bildenden Kunst» von Edward Lucie-Smith nachgeschlagen werden können. Farb- und Schwarzweiß-Abbildungen ergänzen die Ausführungen.

Karin Thomas: DuMont's kleines Sachwörterbuch zur Kunst des 20. Jahrhunderts. Von Anti-Kunst bis Zero. Köln, 5. Aufl. 1985 (DuMont Verlag)
Rund 240 Stichwörter charakterisieren alle wichtigen Stilströmungen vom Impressionismus bis zur Gegenwart. Neben den traditionellen Kunstgattungen Malerei, Bildhauerei und Graphik erstreckt sich die Darstellung auch auf neu entstandene Mischformen oder Randbereiche, wobei beispielsweise auch neue Techniken erläutert werden.
Schwarzweiß-Abbildungen stehen einem Block ganzseitiger Farbabbildungen gegenüber.

Carl Vogel: Zeitgenössische Druckgraphik. Künstler, Techniken, Einschätzun-

gen. München 1982 (Keysersche Verlagsbuchhandlung)
Den Hauptteil des Lexikons bildet ein Künstlerlexikon der wichtigsten Graphiker nach 1945. Prägnante Artikel charakterisieren die jeweilige Werkentwicklung, vervollständigt durch zum Teil ausführliche Literaturhinweise. Ganzseitige, überwiegend schwarzweiße Abbildungen zeigen beispielhaft ausgewählte Hauptwerke.
Ein umfangreicher Einführungsteil erörtert insbesondere praktische Fragen zu Auflagenhöhe, Qualität, Preisentwicklung, Signatur etc. und liefert damit wichtige Hinweise für Sammler. Auch Randgebiete wie Plakat, Postkarte oder Fotografie werden dabei eingehend behandelt.

Fritz Winzer: Das rororo-Sachlexikon der Bildenden Künste. 2 Bde. Reinbek 1986 (Rowohlt Taschenbuch Verlag)
In 1150 Artikeln erklärt das Lexikon Stil- und Technikbegriffe aus den Bereichen Malerei, Graphik, Bildhauerei, Architektur, Kunsthandwerk und allen benachbarten Künsten.
Zeitlich reichen die durchweg prägnanten Ausführungen – ergänzt durch zahlreiche Schwarzweiß-Abbildungen – von der Antike bis zur Gegenwart.

Monographien, Kataloge etc.

Jean Adhémar und Raymond Cogniat: Europäische Graphik im 20. Jahrhundert. Paris und Hamburg o.J. (Verlag Somogy)
Vom Jugendstil bis weit in die sechziger Jahre hinein entwickeln die Autoren kompetent die Geschichte der internationalen Graphik. Wichtige stilistische Strömungen werden dabei ebenso charakterisiert wie das künstlerische Schaffen der wichtigsten Künstler, wobei der Schwerpunkt auf der Klassischen Moderne liegt. Zahlreiche, überwiegend schwarzweiße Abbildungen erläutern die Ausführungen.

Cornelia Bassenge (Hg.): Almanach der Graphikpreise für Künstlergraphik aller Techniken. Berlin 1990 (Galerie Gerda Bassenge)
Der Almanach enthält eine tabellarische Aufstellung von Angeboten und Ergebnissen der wichtigsten Auktionen von 1989 in Deutschland und der Schweiz im Bereich der Graphik. Alphabetisch nach Künstlern geordnet, werden die einzelnen Arbeiten mit ihrem eingereichten Schätzpreis und dem erzielten Preis aufgelistet.

Felix Brunner: Handbuch der Druckgraphik. Teufen, 6. Aufl. 1984 (Verlag Arthur Niggeli und Verlag Gerd Hatje, Stuttgart)
Das Handbuch versteht sich als Leitfaden für technische Verfahrensfragen aus dem Bereich der Druckgraphik. Es ist aus der Sicht des Praktikers geschrieben, so daß auch komplizierte Zusammenhänge deutlich werden, jeweils erläutert an wichtigen Werken aus der Kunstgeschichte.
Besonderen Hinweis verdient das Kapitel zur Bestimmung der Techniken, das Identifikationsmöglichkeiten nennt, aber auch zeigt, wo Verwechslungsgefahr besteht. Der deutsche Text wird parallel von einer englischen und französischen Übersetzung begleitet.

Deutsche Kunst im 20. Jahrhundert. Malerei und Plastik 1905-1985. Staats-

galerie Stuttgart. München 1986 (Prestel-Verlag)
Der umfangreiche Ausstellungskatalog zeichnet in einer großen Anzahl von Aufsätzen und Essays die Kunstentwicklung in Deutschland im 20. Jahrhundert nach. Ein gewisser Schwerpunkt liegt dabei auf den Strömungen der Klassischen Moderne (vor 1945), was sich auch im farbigen Abbildungsteil widerspiegelt. Im Anhang findet man ausführliche Künstlerbiographien mit entsprechenden Literaturhinweisen.

Klaus Honnef: Kunst der Gegenwart. Köln 1988 (Benedikt Taschen Verlag)
Die mit zahlreichen, großformatigen Farbabbildungen ausgestattete Monographie stellt verschiedene internationale Kunstströmungen der achtziger Jahre vor, zum Beispiel Arte Cifra, Graffiti, Neo Geo, Neue Wilde, New Image Painting sowie neue Formen der Fotografie und Skulptur. Einführende Kapitel schildern Voraussetzungen und künstlerische Entwicklungen in den sechziger und siebziger Jahren in Europa und den USA. Im Anhang finden sich Kurzbiographien der behandelten Künstler.

International Auction Records. New York (Archer Fields Press)
Seit 1975 faßt diese jährlich erscheinende Publikation nicht nur die Adressen wichtiger Auktionshäuser zusammen, sondern ermittelt auch den Marktwert von mehr als 60 000 Kunstobjekten (Stiche, Zeichnungen, Gemälde, Aquarelle, Skulpturen), die jährlich auf Auktionen angeboten werden.
Mehr als 600 Illustrationen und ein strenges Beschreibungskonzept geben einen Überblick über die Entwicklung des internationalen Kunstmarktes.

International Directory of Arts. Frankfurt am Main (Art Adress Verlag)
Das seit mehr als 30 Jahren erscheinende *Internationale Kunst-Adreßbuch* enthält in zwei Bänden aktuelle und detaillierte Angaben zu mehr als 140 000 Adressen, Namen, Daten und Fakten aus dem Bereich der Kunst, des Kunsthandels und des Museumswesens.

Walter Koschatzky: Die Kunst der Graphik. Technik, Geschichte, Meisterwerke. Salzburg 1972 (Residenz Verlag – und als Taschenbuch bei dtv, 1980)
In ausführlichen Darstellungen schildert der Autor sämtliche technischen Verfahren aus allen Bereichen der Graphik. Die Ausführungen werden sowohl von technischen Zeichnungen begleitet als auch durch wichtige Hauptwerke der Kunstgeschichte in großformatigen Abbildungen ergänzt. Zu zentralen Begriffen führen historische Tabellen überblickartig die wichtigsten Künstler und deren Werke auf. Im Anhang findet sich neben einer Bibliographie ein Verzeichnis der Fachbegriffe in fünf Sprachen.

Walter Koschatzky: Die Kunst der Zeichnung. Technik, Geschichte, Meisterwerke. Salzburg 1977 (Residenz Verlag – und als Taschenbuch bei dtv, 1981)
Im Hauptteil beschreibt die umfassend angelegte Monographie sämtliche technischen Verfahren der Zeichnung und zugleich deren jeweilige historische Entwicklung. Großformatige Abbildungen der Hauptwerke wichtiger Künstler dienen als anschauliche Beispiele. Weitere Teile des Buches stellen zum Beispiel die kompositorischen Mittel oder die verschiedenen Funktionen und inhaltlichen Spezialisierungen von Zeichnungen dar.

Kunstpreis-Jahrbuch. Augsburg 1991 (Battenberg Verlag)
Seit mehr als 40 Jahren gibt das *Kunstpreis-Jahrbuch* des Battenberg Verlages

einen umfassenden Überblick über den internationalen Kunstmarkt. Für die Ausgabe 1991 wurden ca. 2300 Auktionskataloge der Saison vom 1. Juli 1990 bis zum 30. Juni 1991 ausgewertet.
Über 14 000 Beschreibungen mit knapp 4300 Abbildungen finden sich in den beiden Bänden des Jahrbuches, ergänzt durch eine umfangreiche Auflistung aller wichtigen Auktionshäuser.

Jean Leymarie, Geneviève Monnier und Bernice Rose: Die Zeichnung. Entwicklungen – Stilformen – Funktion. Genf und Stuttgart 1980 (Skira-Verlag und Verlag Klett-Cotta)
Die umfangreiche Monographie zu allen Aspekten der Zeichnung erläutert zunächst sämtliche technischen Details und Verfahren. Ferner werden die typischen Aufgabenfelder, die bevorzugten Verwendungsbereiche sowie die charakteristischen Motive der Zeichnung an wichtigen Beispielen aus der Kunstgeschichte entwickelt und dargestellt. Ein gesondertes Kapitel beschäftigt sich mit der Zeichnung im 20. Jahrhundert. Zahlreiche Farb- und Schwarzweiß-Abbildungen sowie eine umfassende Bibliographie vervollständigen den Band.

Gottfried Lindemann: Graphik. Meisterwerke aus fünf Jahrhunderten. 2 Bde. Braunschweig 1975 (Georg Westermann Verlag)
In zwei Bänden behandelt diese Monographie die historische Entwicklung der graphischen Techniken vom ausgehenden Mittelalter bis in die sechziger Jahre des 20. Jahrhunderts. Beispielhaft werden dabei Graphiken der wichtigsten Künstler untersucht, die in großformatigen Abbildungen reproduziert sind.

Horst Richter: Geschichte der Malerei im 20. Jahrhundert. Stile und Künstler. Köln, 7. Aufl. 1988 (DuMont Verlag)
Die kleine Monographie stellt in prägnanten Aufsätzen die einzelnen Stilströmungen des 20. Jahrhunderts dar, beginnend mit Fauvismus und Expressionismus bis hin zu New Image Painting oder Graffiti. Obgleich am Beispiel der Malerei entwickelt, informieren die Abschnitte allgemein über stilistische Entwicklungen, arbeiten formale Unterschiede und Ähnlichkeiten heraus. Neben großformatigen Farb- und Schwarzweiß-Abbildungen und einem Künstlerregister ist insbesondere die Bibliographie zu erwähnen, die zu jeder Stilströmung weitere Literatur nennt.

Wolf Stubbe: Die Graphik des 20. Jahrhunderts. Berlin 1962 (Rembrandt Verlag)
Ausgehend vom Jugendstil, beschreibt die umfassende Monographie die Entwicklung der Graphik in der ersten Hälfte des 20. Jahrhunderts bis in die fünfziger Jahre hinein. Sie zeichnet sich nicht zuletzt durch einen umfassenden Abbildungsapparat aus, der wichtige Werke in Großformaten präsentiert. Im Anhang findet man Kurzbiographien der Künstler und entsprechende Literaturhinweise dazu.

Karin Thomas: Bis Heute: Stilgeschichte der bildenden Kunst im 20. Jahrhundert. Köln, 7. Aufl. 1986 (DuMont Verlag)
In chronologischer Reihenfolge werden die internationalen Stilentwicklungen des 20. Jahrhunderts vom Expressionismus bis in die frühen achtziger Jahre dargestellt. Neben den historischen Voraussetzungen und Entstehungsprozessen arbeiten die Abschnitte wesentliche Charakteristika der Stilströmungen heraus und erwähnen beispielhaft die wichtigsten Künstler. Ein Glossar erläutert Fachbegriffe aus den Bereichen Stil und Technik. Zahlreiche Farb- und Schwarzweiß-Abbildungen ergänzen die Ausfüh-

rungen, eine Bibliographie nennt grundlegende Literatur.

Karin Thomas: Zweimal deutsche Kunst nach 1945. 40 Jahre Nähe und Ferne. Köln 1985 (DuMont Verlag)
Die Monographie untersucht die völlig unterschiedliche Entwicklung der bildenden Kunst in der DDR und der Bundesrepublik im Zeitraum von 1945 bis 1985, wobei auch die Graphik Berücksichtigung findet, die gerade in der DDR gepflegt wurde. Der Sozialistische Realismus der DDR wird in seinen Variationen und Nuancen den westlichen Strömungen gegenübergestellt. Historische Voraussetzungen und Abhängigkeiten werden ebenso herausgearbeitet wie zentrale Charakteristika der Werke wichtiger Künstler auf beiden Seiten.

Paul Vogt: Geschichte der deutschen Malerei im 20. Jahrhundert. Köln 1989 (DuMont Verlag)
Die umfangreiche Monographie umfaßt auch die graphischen Künste. Untergliedert in größere Epochen, wird die Geschichte der Malerei anhand kleiner Kapitel entwickelt, die jeweils das Werk eines bedeutenden Künstlers darstellen und charakterisieren. Großformatige Abbildungen zeigen wichtige Hauptwerke, eine umfassende Bibliographie nennt sowohl Literatur zu den Künstlern als auch zu den Stilströmungen.

Monika Wagner (Hg.): Moderne Kunst. Das Funkkolleg zum Verständnis der Gegenwartskunst. 2 Bde. Reinbek bei Hamburg 1991 (Rowohlt Taschenbuch Verlag)
Die beiden Bände enthalten eine umfangreiche Sammlung von Aufsätzen, die das Thema Moderne seit ihren frühesten Ursprüngen um 1800 bis zur Gegenwart erörtern. Die Beiträge gehen zurück auf das «Funkkolleg Moderne Kunst», das vom Saarländischen Rundfunk produziert und über verschiedene Sender ausgestrahlt wurde. Renommierte Fachleute behandeln wichtige Einzelfragen, stellen zentrale Veränderungsprozesse, Stilentwicklungen oder Künstler aus allen Bereichen der bildenden Kunst und ihrer Nachbargattungen dar.
Auf diese Weise entsteht nicht nur ein plastisches Bild der stilistischen Entwicklungen, sondern gerade auch gesellschaftliche, politische und psychologische Hintergründe werden eingehend beleuchtet. Jeder Aufsatz führt die wichtigste Literatur auf.

Rolf Wedewer und Herbert Schneidler: Aquarelle und Zeichnungen des 20. Jahrhunderts. Köln 1981 (DuMont Verlag)
Die Publikation umfaßt den Zeitraum vom Ausgang des Impressionismus bis zum Surrealismus. Sie ist in kleine monographische Abschnitte zu bedeutenden Künstlerpersönlichkeiten untergliedert, wobei großformatige, überwiegend farbige Bildtafeln wichtige Hauptwerke wiedergeben. Der Anhang enthält Künstlerbiographien mit entsprechenden Literaturhinweisen.

Bildquellennachweis

Aleš Krejča: Die Techniken der graphischen Kunst, Verlag Werner Dausien, Hanau o. J.: Seiten 22, 198, 204

ARS, New York: Seite 180

Berlinische Galerie, Berlin (VG Bild-Kunst 1992): Seite 52

Bildarchiv Preußischer Kulturbesitz, Berlin: Seite 43

Deutsche Kunst im 20. Jahrhundert. Malerei und Plastik 1905–1985. Staatsgalerie Stuttgart 1986 (Ausstellungskatalog): Seite 52

Deutsches Museum, München: Seiten 73, 93, 222

Fons van der Linden: DuMont's Handbuch der grafischen Techniken, DuMont, Köln 1983: Seiten 91 rechts und links, 143 oben und unten, 200

Galerie Monika Sprüth, Köln: Seite 183

Grafische Techniken (Ausstellung des Neuen Berliner Kunstvereins), Berlin 1973: Seiten 126, 190, 233

Hamburger Kunsthalle: Seite 127

Heijo Klein: DuMont's kleines Sachwörterbuch der Drucktechnik und grafischen Kunst, DuMont, Köln 1974: Seiten 109, 132 (VG Bild-Kunst, Bonn 1992), 187

© Horst Antes, Karlsruhe: Seite 184

Kunstmuseum Bern (Dauerleihgabe der Gottfried-Keller-Stiftung): Seite 217

© Museum Boymans-van Beuningen, Rotterdam: Seite 166

Neue Galerie, Sammlung Ludwig, Aachen: Seite 77

© Nolde-Stiftung, Seebüll: Seite 94

Öffentliche Kunstsammlung, Kupferstichkabinett, Basel: Seite 113

Rheinisches Bildarchiv, Köln (VG Bild-Kunst 1992): Seite 62

Rheinisches Bildarchiv Köln/Museum Ludwig (VG Bild-Kunst, Bonn 1992): Seite 46

© David Salle, New York (VG Bild-Kunst 1992): Seite 157

Sammlung Gerd de Vries, Köln: Seite 155

Sammlung Speck, Köln: Seite 140

Staatliche Kunstsammlungen Kupferstich-Kabinett, Dresden: Seite 199

Städtische Galerie im Lenbachhaus, München: Seite 25

VG Bild-Kunst, Bonn 1992: Seiten 13, 21, 46, 52, 54, 62, 99, 101, 116, 132, 157, 162, 194

Walter Koschatzky: Die Kunst der Graphik, Residenz Verlag, Salzburg und Wien, 1972: Seiten 94 (© Nolde-Stiftung Seebüll), 95, 128 rechts und links, 133, 188, 237

Whitney-Museum of Modern Art, New York, Seite 12

4507/1

Literatur

Rowohlts bildmonografien mit Selbstzeugnissen und Bilddokumenten. Begründet von Kurt Kusenberg, herausgegeben von Wolfgang Müller.

Eine Auswahl:

Franz Kaffka
dargestellt von Klaus Wagenbach
(091)

Heinar Kipphardt
dargestellt von Adolf Stock
(364)

David Herbert Lawrence
dargestellt von Richard Aldington
(051)

Gotthold Ephraim Lessing
dargestellt von Wolfgang Drews
(075)

Jack London
dargestellt von Thomas Ayck
(244)

Molière
dargestellt von Friedrich Hartau
(245)

Marcel Proust
dargestellt von Claude Mauriac
(015)

Ernst Rowohlt
dargestellt von Paul Mayer
(139)

Sappho
dargestellt von Marion Giebel
(291)

Friedrich Schlegel
dargestellt von Ernst Behler
(014)

4505//1a

rororo bildmonographien

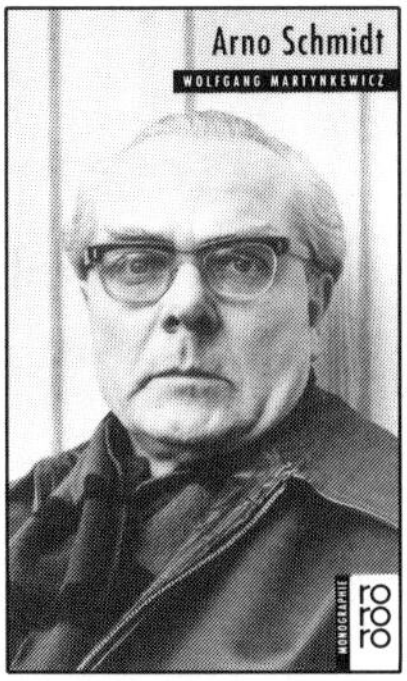

Arno Schmidt
dargestellt von Wolfgang Martynkewicz
(484)

Theodor Storm
dargestellt von Hartmut Vinçon
(186)

Jules Verne
dargestellt von Volker Dehs
(358)

Oscar Wilde
dargestellt von Peter Funke
(148)

Émile Zola
dargestellt von Marc Bernard
(024)

Stefan Zweig
dargestellt von Hartmut Müller
(413))

Ein Gesamtverzeichnis der Reihe rororo *bildmonographien* finden Sie in der *Rowohlt Revue.* Jedes Vierteljahr neu. Kostenlos. In Ihrer Buchhandlung.